轻与重
FESTINA LENTE

姜丹丹 主编

卢梭
一种心灵的哲学

[法] 保罗·奥迪 著　马彦卿 吴水燕 译

Paul Audi

Rousseau
une philosophie de l'âme

华东师范大学出版社 | 上海

华东师范大学出版社六点分社　策划

主 编 的 话

1

时下距京师同文馆设立推动西学东渐之兴起已有一百五十载。百余年来，尤其是近三十年，西学移译林林总总，汗牛充栋，累积了一代又一代中国学人从西方寻找出路的理想，以至当下中国人提出问题、关注问题、思考问题的进路和理路深受各种各样的西学所规定，而由此引发的新问题也往往被归咎于西方的影响。处在21世纪中西文化交流的新情境里，如何在译介西学时作出新的选择，又如何以新的思想姿态回应，成为我们必须重新思考的一个严峻问题。

2

　　自晚清以来，中国一代又一代知识分子一直面临着现代性的冲击所带来的种种尖锐的提问：传统是否构成现代化进程的障碍？在中西古今的碰撞与磨合中，重构中华文化的身份与主体性如何得以实现？"五四"新文化运动带来的"中西、古今"的对立倾向能否彻底扭转？在历经沧桑之后，当下的中国经济崛起，如何重新激发中华文化生生不息的活力？在对现代性的批判与反思中，当代西方文明形态的理想模式一再经历祛魅，西方对中国的意义已然发生结构性的改变。但问题是：以何种态度应答这一改变？

　　中华文化的复兴，召唤对新时代所提出的精神挑战的深刻自觉，与此同时，也需要在更广阔、更细致的层面上展开文化的互动，在更深入、更充盈的跨文化思考中重建经典，既包括对古典的历史文化资源的梳理与考察，也包含对已成为古典的"现代经典"的体认与奠定。

索个体的主体性与节奏，又承载历史文化的积淀与转化，融思辨与感触、考证与诠释为一炉。

选择这样的文本，意在不渲染一种思潮、不言说一套学说或理论，而是传达西方学人如何在错综复杂的问题场域提问和解析，进而透彻理解西方学人对自身历史文化的自觉，对自身文明既自信又质疑、既肯定又批判的根本所在，而这恰恰是汉语学界还需要深思的。

提供这样的思想文化资源，旨在分享西方学者深入认知与解读欧洲经典的各种方式与问题意识，引领中国读者进一步思索传统与现代、古典文化与当代处境的复杂关系，进而为汉语学界重返中国经典研究、回应西方的经典重建做好更坚实的准备，为文化之间的平等对话创造可能性的条件。

是为序。

姜丹丹（Dandan Jiang）

何乏笔（Fabian Heubel）

2012 年 7 月

目 录

致朱莉①

　　我心中暗暗怀着恐惧的感觉进入这世上最辽阔的荒野；纷乱的景物使我感到可怕的孤独，周围是死一般的寂静。我沉重的心，原想在这寂静中得到舒展，但却处处感到压抑。有一位古人曾经说过："当我独自一人时，我反而不感到怎么孤独。"而我现在，虽身在人群之中，却落落寡合，既没有你，也没有别人可以谈心。我的心想说话，但它感到它的话没有人听；它想和人交谈，但他人的话没有一句能深入我的心扉。我听不到一句我家乡的话，这里的人也听不懂我的语言。

　　这并不是因为人们没有对我表示热情的欢迎、友好和关心，也不是因为他们没有对我说许许多多官样文章的客套话。我恰恰讨厌这些东西。怎能用这种办法和一个素不相识的人交朋友

---

　　① 本书开头引用了《新爱洛伊丝》卷二书信十四。译文选自《卢梭全集》第8卷，《新爱洛伊丝》（上），李平沤、何三雅译，北京：商务印书馆，2012年，第273—279页，略有改动。——译注

呢？真挚的情谊和待人以诚的朴实的感情流露，与虚伪的礼仪和按社会习惯不得不装出的骗人的外表是毫不相同的。我很担心：第一次见面就把我当一个相交二十年的老友看待的人，二十年后，当我真有重要的事情求他帮忙时，他会把我当陌生人看待。八面玲珑的人，尽管见人就献殷勤，但我敢说，他们对谁都是不关心的。

我说这番话是有依据的。因为，法国人虽天性善良，性格开朗，殷勤好客，乐于助人，但法国人说的话，有许多是不能当真的。他明明知道你要拒绝，却假情假意地硬说要给你这样或那样东西；他们对乡下老实人的礼貌表示，实际上是设的一道陷阱。我在别处就不像在此间这样经常听到有人这么说："你有事就来找我，我愿效劳，我有钱，有房子，有仆人，你尽管用好了。"如果这些话是真心实意说了就算数的，则世界上就没有哪一个国家的人是比法国人更淡于财富的了。有钱的人不断拿出钱来，而穷人一再得到接济，大家的生活就自然而然地处于同一个水平了，就连斯巴达人也没有巴黎人这么贫富均匀。然而实际情况并非如此；这座城市，也许是世界上财富最不平等的地方：富人穷奢极欲，而穷人却衣不蔽体。用不着太多的思考就可明白：那种虚假的济人之急的同情心没多大价值；一见面就和人侈谈永恒的友谊，这种随口表白的好心，不是真的。

你不需要虚伪的感情和骗人的信任，而要获得启迪和教益吗？这里正是使人获得许多启迪和教益的地方。首先使人感到快乐的是，人们的谈吐很有知识，很合道理；不仅是学者和文人，

2

各阶层的男人,甚至妇女,谈起话来也都是这样。他们谈话的语气平易而自然,既不装腔作势,也不轻浮;他们有学问,但无书呆子气;他们很活泼,但不疯狂;他们有礼貌,但不矫揉造作;他们对女人爱献殷勤,但不庸俗;说话既有风趣,又无下流的双关语。他们不爱发长篇大论,也不说什么俏皮话;他们谈话条分缕析,而又不罗列甲乙丙丁;既妙语连珠,也不做文字游戏。他们很巧妙地把才思和理智结合在一起,既有隽语,又有高论;既有尖锐的讽刺,又有十分得体的夸奖话和严厉的训诫之词。他们什么问题都谈,以便使每个人都有话可说;他们对问题并不刨根问底,以免使人生厌。他们所谈的问题,好像都是顺便提出来的,而且一提出来就立刻讨论,干脆利落地及时解决。每个人都可发表自己的意见,三言两语就说明了自己想说的问题,谁也不面红耳赤地和别人争论,也不固执己见硬说自己是正确的。他们进行讨论,是为了弄清问题,适可而止,而不彼此驳难。每个人都受到了教益,得到了乐趣,然后高高兴兴地分手散去;甚至哲人也可以从他们的谈话中获得值得他们深思的问题。

不过,从他们有趣的谈话中,你究竟想学些什么呢?学会冷静地观察世界的事物吗?学会如何好好地利用社会吗?学会如何评判和你一起生活的人吗?我的朱莉,我们要学的,不是这些。我们从他们的谈话中,要学会如何为谎言辩护,如何用哲学的力量去动摇美德的原则,如何用巧妙的诡辩给自己的欲望和偏见披上伪装,如何使谬误具有某种符合今日名言的流行色彩。根本用不着去了解每个人的性格,只需弄清他们的利益何在,便

3

可大致不差地猜到他们对每件事情有何看法。一个人一张嘴，你就可以断定他想说什么话，因为我们只需看他的衣冠，不必看他这个人，就可以知道他的感情。什么时候他的地位一变，什么时候他就可以变换他的装束。你让他时而戴一副长假发，时而穿一身军官服，时而在胸前挂一个十字架，他也就时而使劲地宣扬法律，时而拼命鼓吹专制，时而又为维护宗教裁判所卖力气。穿长袍的人有一番理由，理财的人也有一番理由，佩剑的人也同样有一番理由。每一种人都能头头是道地论证其他两种人的理由不好；三种人的说法，各有千秋，每个人口里讲的都不是心里话，而是他想使别人产生的想法，因此，他们表面上对真理的热爱，只不过是掩盖他们私利的外衣。

你以为离群索居而独自生活的人，至少有他们自己的思想。他们没有；机器是从来不思考的，它们必须借助弹簧的作用，才能启动。你只需打听一下他们结交些什么人，打听一下他们的那个小圈子，他们有哪些朋友，和哪些女人往来，认识哪些作家，你就可以猜想得到他们对一本即将问世的书(尽管他们尚未看到)，对一出即将上演的戏(尽管他们尚未看过)，对这个或那个作家(尽管他们并不认识)，对这种或那种制度(尽管他们对之毫无所知)将发表些什么意见。正如钟摆每走二十四小时要上一次发条一样，这些人每天夜里到他们的社交场合去，只是为了获取他们第二天谈话的材料而已。

这样，就有少数几个男人和女人为其他的人思考问题；而其他的人，无论谈话或办事也为的是那少数几个男人和女人。由

4

于每个人只考虑自己的利益,因此谁也不考虑公众的利益;而他们个人的利益,总是彼此矛盾的,最终必将形成集团和帮派的没完没了的冲突;敌对的偏见和论调此起彼落地互相冲击;在冲击中,那些受他人挑动闹得最欢的人,连究竟是怎么一回事情也弄不清。每一个小集团都按自己的规章、论点和主意行事,而一到了他处就必然碰壁。这一家中的最诚实的人,到了邻人家中却被看作是骗子;好与坏、美与丑、真理和美德,这些只能在某个地方和范围之内得到承认。谁想广交游和出入于不同的社交场合,谁就必须变得比阿尔西比亚得更能屈能伸,见什么人说什么话,可以说每走一步都要用尺子量一下自己的行为是否符合规格,并根据情况来决定自己的方针。他每到另外一个人家,一进门就必须抛开自己的灵魂(如果他有灵魂的话)换用一个同那家人的房屋同样色彩的灵魂,如同一个去当仆役的人一样,到了别人的家,就必须穿别人家的号衣,只有在离开那家,在出门的时候,才穿自己的衣服,取回自己的灵魂。

更有甚者,每个人都在不断地自己和自己闹矛盾,而且还不知道他们这样做于己不利。他们说的是一套,而做的却是另外一套;谁也不对这种言不符行的事情感到气愤,而且容许言行脱节,可以有一个距离。他们并不要求一个著述家,尤其是一个道德学家,发表的言论要符合他自己所写的书,也不要求他的行为要符合他的言论。他写的书,他发表的言论和他的行为,是三码事,用不着非一致不可。这一切,是很荒谬的,但谁也不觉得奇怪,因为大家都司空见惯,习以为常了,而且还给这种言行不一的做法披上了一件许多人自以为很体面的外衣。尽管大家都使劲地吹嘘自己的职业如何好,但实际上一言一行却以能模仿另一个职业的人为荣。法院的老爷装出一副骑士的样子,税吏把自己打扮成显贵,教士满口是风流才子的话,宫廷中的人谈起话来是一副哲学家的口吻;自己明明是政客,却偏偏要装成书生;甚至一个只会说自己行话的普通工匠,在礼拜天也要穿上黑袍子,摆出一副贵人的样子。军人看不起所有其他等级的人,只有他们还保持他们原来的作风,因此被好心的人看不起。德·穆拉先生之所以偏爱军界人士,不是没有道理的,只不过是在他那个时代是对的东西,在今天就不对了。文学的进步,已把一般人的作风改好了,只有军人不愿意改;他们的作风,从前是最好的,如今,却变成最坏的了。

因此,你与之谈话的人,并不是你想与之交心的人;他们的话,根本不是出自他们的内心;他们的高明见解,不是他们自己的。他们说的话,不能代表他们的思想;你只能见其面,不能见其心。你在一群人当中,等于是站在一幅活动画前面一样;唯一一个内心激动的,是静静地观看画面的人。

以上是我在巴黎看过那些大社交场合之后形成的看法;这个看法,也许与我个人的特殊情况有关,而与事情的真实情况不太符合。当然,等我将来有了新的见解以后,我这个看法会改变的。此外,我经常涉足的社交场合,都是爱德华绅士的朋友带我去的。我认为,要了解一个国家的风尚,还须深入到其他阶层,因为,富人这个阶层的人,几乎到处都是一样的。以后,我要进一步把所有的情况都了解清楚。此刻,请你判断一下:我是不是该把这一群人所在的地方叫做荒野? 我对我在这个荒野上的孤独处境感到吃惊,因为在这块荒野上,我所看到的,全是虚情假意和真理的外表;它们每时每刻都在变化,并自己摧毁自己。荒野上的鬼怪和幽灵在你眼前一晃而过;你用手去抓它们,它们马上就消逝得无影无踪。到现在为止,我看到的是许许多多的假面具;真正的人的面孔,我何时才能看到呢?

引　言

真正的哲学

虽然伦理学总是饱受各种误解,但凡是跟随让-雅克·卢梭来调整步伐的人,都将立刻领悟"用来装饰头脑的文化与滋养心灵的文化之间着实存在诸多差异"[①]这句话的含义。同时,他也将迅速习得如何触发社会"区分"的陷阱,并知悉对于一个热爱自由的人来说,令自己摆脱自私心的控制以及借此证明"心灵力量"的实存,是多么至关重要。

然而,要想完成这一系列的行为,须具备一个先决条件:人们必须全力"拯救"的,一定不是现象——毕竟哲学的重心不等同于科学的重心——而是现象最根本的"如何发生",即现象最初的表现形态,这也就是卢梭以一种他特有的、与众不同的方式所称作的"自然"。

[①]　卢梭,《致亨叶特的信》(*Lettre à Henriette*),1764 年 5 月 7 日,《卢梭全集》(*Collection Complète*)第 20 卷,第 22 页。

而之后,康德必然会对此进行阐发:形而上学必须始终是第一位的,因为没有它就绝不会产生道德哲学①。然而,在形而上学(作为对什么是真实、什么值得称作"存在"的发问)说出它的事实之前,难道不应该让现象学先介入其中吗? 这便是在 20 世纪初期,现象学方法的创立者埃德蒙德·胡塞尔将教给我们的重要一课。通过胡塞尔的这一课,我们最好从一开始就牢记,"只是因为(先)有'显现'(l'apparaître)的出现,而且是在显现出现的范围内",才有谈论"存在"(l'être)的必要。正如米歇尔·亨利这般解释道,"显现和存在的同一性是以后者为基础,而由前者所决定的",这就意味着,"存在的本质,或者允许其存在的本质,只有在显现中才找得到,因为显现已向存在展开了自身的本质,而显现的本质是由实际出现的事实所构成的"②。换言之,于"存在"显现自身之前,为了使它以真理的方式显现出来,必须每次都先让"显现"显示自身。现在,这一基础可以——或者是必须——被赋予原始的起源性,而这一最原初的"开端"正是让-雅克·卢梭将特别关注的,因为在他自己的语言中,所有可能的表现形式都依赖于最初也是最原始的显现,故而这般的显现才收获"自然"之名,尽管这个名称意义含混,但其内涵却已

---

① 康德,《道德形而上学的奠基》(*Fondements de la Métaphysique des Mœurs*)前言,维克多·德尔伯(Victor Delbos)译,《哲学著作》卷二,巴黎:伽利玛出版社"七星文丛"(Gallimard, Pléiade),1985 年,第 247 页。

② 米歇尔·亨利(Michel Henri),《生命现象学》卷一:现象学(*Phénoménologie de la Vie. Tome I : De la Phénoménologie*),巴黎:法国大学出版社(PUF),2003 年,第 79 页。

经得到了强烈的暗示。只有在卢梭的哲学中,通常被称作"自然"的这一术语才得以指明任何可能的"显现"(manifestation)的原始维度。也可以说,就这一名称的概念而言,它指的是一种开端,不属于有关历史的理解,而是真正现象学上的(即便在卢梭的时代还没有这个词和这个概念的存在,也必须这样说)某种"在场"(présence)。

那么究竟是何种在场呢? 在卢梭这里,现象的"自然"表现并非源于对客观现实的天然和自发的感知。它与被描述为自然或物理的现象也没有任何关联。有了让-雅克·卢梭这位思想家/作家/小说家/音乐家,西方哲学史上可能是首次,"自然"一词不再指一种外在性,也不是某种类型的客观性。相反,"自然"表明了一种绝对的内在性(Intériorité)。在卢梭的哲学词典中,这个词命名了一种内在的现实,可用"内在的情感"或"实存的情感"(sentiment de l'existence)加以理解。举例来说,这其实就是卢梭在一封意味深长的信中所宣称的、以一种迂回曲折的方式所写下的关键话语:"自然,也就是说内在的情感……"①

如果我们承认"自然"为现象的出现定义了最原始的维度和条件,并且还认可(也许正如我们刚才聆听卢梭的语录时所体会到的那样)"自然"是加诸生命绝对主体性之上的称谓,也就是说,在感发性(Affectivité)的内在中、在自我的享乐和自我的痛

---

① 卢梭,《致凡尔纳的信》(*Lettre à Vernes*),1758 年 2 月 18 日,《卢梭全集》(*Collection Complète*)第 10 卷,第 32 页。

苦中，"自然"为"心灵"体验"自然"本身提供了一种方式，那么其重点就在于坚守心灵的内在和感发的本质，并将乔装改扮的"新哲学"拒之门外。而这种"新哲学"恰是在"本世纪"——即所谓的启蒙时代——如卢梭所说，"急于使心灵的一切运动物质化，并剥夺人类感觉中的所有道德"（EOL，419）。

于卢梭而言，这句话更像一种预感，而非一种判定：因为不成熟的唯物主义往往只能与摒除了所有道德考量的事物并驾齐驱。而且事实上，构成物质的原子本身不好也不坏，以至于如果把万物都还原为物质的原子，抑或把生命的存在仅仅当作是"有机的"，在这种情况下，凡是自称为人的东西，都不能再被"评判"。也许，卢梭在思考这个问题时，他更多地是问向自己而非他者。上文中卢梭强调的那对并列的词语（自然和内在的情感）已向我们表明，他引以为豪的、自诩想从他的第一篇论文《论科学和文艺》中建立起来的"真正的哲学"（DSA，7，30）应该用于防止"物质化"，或者说是阻止人类心灵活动的"物化"，如果哲学家所追求的目标在于奠定感发的伦理学的基础，那么其关键正是（这里再次援引卢梭的另一主张，我们将在之后进行解释）"让我们始终牢牢扎根于人类自身并认真关注那些瞬间触动我们的事物"（参见 E，359）。

但新的问题立刻浮出水面：什么可以证明卢梭的哲学（心灵的哲学）和伦理（感发的伦理）的核心思想并行一致呢？它的首要动机又是什么？

我们将试图用整部书表明，这都是因为卢梭所设想的存在

（存在的内在本质），只是基于一种表现形式为"内在的情感"或"实存的情感"的"生命"，也正是由于这一关键的本体论，卢梭的伦理学决不满足于发明——或依靠——一个客观的、理性的、超越性的、理想的普世价值体系，从而迫使所有善良的人以上帝之名来顺应这个体系、规范自身的行为，因为这简直就是一项从外部强加的"义务"。与任何规范性的思考相反，卢梭伦理学所要捍卫的是，"我们应该利用生活，如果可能的话，应使自己的心灵有朝一日可以享受到它充分扩张时所需的一切坚定和活力"。对应于卢梭在《论人类不平等的起源和基础》开头就写明的："为自己谋利，要尽可能地少损害他人"（DOI, 156），这句格言所展示出的不同寻常的简单质朴、深思熟虑的还原主义、略带挑衅的极简主义，实在令人惊叹。

* * *

不把自己局限于理论层面上纯粹的道德"可能性"，而努力考虑（为了实现）使这一可能性"有效地"成为可能的实际条件，也就是说，对于这样或那样的个体，根据其自身的特殊性来实现这一可能性——这一思想正反映在卢梭的全部著作当中。卢梭主义的所有伟大和力量都在于"它不断地使道德从属于伦理"，也就是说，它把道德行为建立在道德之外的东西之上。因为伦理不同于道德，它既不涉及善，也不涉及恶。当然，并不是说伦理对善恶本身漠不关心，而是对它而言，所谓"善"与"恶"并不存在。伦理学所考虑的，是要首先适用于自身的，不是普遍意义上的善与恶,而是"我的"善与"我的"恶,它们从理论上来说不一定是他人的善恶。于是,伦理不可避免地招致一些问题,而其中首要的问题自然是:我的善,我所认为的善,难道就不会成为我对他人作恶的原因吗?以自私或个人主义的手段,或至少是自私或个人主义的姿态,来寻求我"自身"的善,岂不是令自己陷入一个伤害同伴的困境?简言之,如果伦理以"自我满足"为目的,正如卢梭在许多哲学家之后所断言的那样,那么,伦理不就与一种个人主义道德相混淆了吗,这不就是自相矛盾吗?我们如何才能确保使伦理意义上的"善"(bonté)舍弃道德不公的原则呢?

对于这些基本问题,卢梭的回答是,伦理上的"善"(我们当然需要回到这个词)是唯一能天然地支撑起道德公正的东西,就像对他人的善行一样,是道德正义的基础。"天然"——意味着不借助于法规计谋或推理理性的策略。对于这样一个问题:伦理上的"善"如何能成为实现所有道德正义的条件?让我们在期待中做出回应:"凡是自给自足者,不欲害人"(D,790)。这句话总结了卢梭在伦理方面的主要发现,其真知灼见在于,一个人不应像自己最初所认为的那样,满足于尽量不伤害他人的同时来为自己谋利。因为若是想合理地成全自身的善,并尽可能减少带给他人的恶,最重要的前提是每个人"自给自足"。或者至少,每个人都应给予自身足够的关照,也就是"尊重自己",以便能够争取到某种形式的公正和善。

但是,这种自给自足指的是什么?甚至于它有可能实现吗?人,由于其作为一个生命体的有限性,难道不总是阻碍着人类征服"自给自足"吗？这其中是否也存在一个普遍标准呢？它到底适用于哪类人？这些正是卢梭哲学的关键问题。

*   *   *

卢梭很早就被"心灵的哲学通向真正的荣耀"的肯定性所征服，但如果心灵哲学真的造就了荣耀，那么它就不能"从书本中被学到"(A-DSA,81)。此外，有谁敢大胆教授什么是心灵的本原——生命，或者有谁敢教授什么是合乎心灵的呢？有谁可以凭借何种知识或依据何种非凡的经验来做到这一点呢？生命，非但没有像卢梭伟大先辈之一——他称其为"我们所有人的导师"的蒙田所希望的那样，受到"好奇"观察，反而无人能够看见它，因为生命的本质仍是不可见的。而事实上，生命不就是敦促我们去生活、去维持生命，也就是去体验它自身，正如它永不停息地通过我们的存在来体验它自身吗？

生命，作为我们每一个人的缩影，确实应当被我们享受，正如生命应当首先享受自身那样，但不幸的是，当生命中的自我体验与"内在情感"的负担变得过于沉重的那一刻起，我们就自我封闭了这种享受，由于生命遭到(纯粹"爱自身"的)内在压迫，这种持久不灭的"压力"突然间显得难以承受。总之，这就是卢梭认为自己从生命中得来的基本伦理指示：努力为一种与大家共享的生命而欢欣鼓舞。就像生活中的不幸一样，生存的幸福也可能使我们走向绝望——因为我们常常没有足够的力量(也没有足够的毅力)去接受生活的本来面貌。卢梭在《爱弥儿》(E,

860)的结尾部分写道:"啊!乐得心醉神迷啦!唉,这正是人类的弱点!幸福的感觉冲昏了人的头脑,他还不够坚强,还承受不住这种快感的迷醉。"事实的确如此:"没有什么比一般人的命运更可悲的了",这句话也被卢梭反复诉说。但是,这里的问题难道不就是因为人类"在自己身上发现了一种贪得无厌的欲望,让他们时时刻刻都觉得自己生来就是为了向往幸福"(MM,13)吗? 因此,问题不在于幸福的不存在,也不在于它的空想性质,而在于我们都感到了一种享受的需要,这种需要是任何东西都无法动摇和否定的,甚至连我们一生注定要在这人间度过的悲惨命运也无法改变这一事实!

随之而来的是以下一系列问题:我们该如何处理生命所催生的人心中对幸福的贪婪渴望? 我们该如何处理这种几乎永远无法控制的欲望? 当我们无可救药地屈服于这一欲望之时,又该怎么办? 事实上,这就是一位哲学家必须面对的——至少在理论上是这样——伦理学的全部问题。然而,人不仅有成为哲学家的责任,也担负着成为圣贤的使命。因为只有圣贤才能最终骄傲地认为,自己所体验的对幸福的贪婪欲望不存在于匮乏或痛苦的模式中,反而在于欢欣鼓舞的模式中,正如卢梭在某处所断言的,"欲望和享受"对圣贤而言只不过是"'一件'相同的事物"(D,857)。

那么,我们如何得出"欲望"与"享受"的完美等式呢? 我们如何享受快乐的欲望呢? 我们这般"脆弱"(而不仅仅是"必有一死")的生物,却在人类心灵中孕育了对幸福的渴望,我们又如何能在这种情况下欢欣鼓舞呢？对此，卢梭将给出实质性的答复：不仅要以敏锐的判断力，还要以知足的心态来使用生命，并认同生命所赋予我们的生活，不违背其内在和隐秘的"意志"；不与生命作对，也不干预生命反对生命本身；总之，首先让生命表达自己，而不是急着去反驳它或预先禁止我们自己做任何事情。

但是，"生命精神"（R, 1002）自然会超越我们，使我们四面楚歌。当生命"过剩"的生存模式溢出"过剩"之时，岂不就在压抑、压制我们这些活生生的生命吗！然后，我们也会变得难以忍受自己——从而也被他人憎恶，这不就是事实吗？

活着可以是一种痛苦，令我们头晕目眩、精神错乱、理智扭曲——这是容易理解的。而当这种恶化袭来时，正是"厌弃自身"（dégoût de soi）在瞬间扼住了我们的喉咙，使我们喘不过气。到了这个地步，我们不得不"学习"一些东西来避免这种窒息的可能，而这也仅仅需要我们"更多地尊重自己"。虽然我们每个人都无法补救这个"自我"，但仍要向这个肉体和脉动的"自我"传递它的实存情感——纯粹的"内在情感"——实际上"我"总是与"自我"紧密连结，甚至已经被"自我"所征服。

如果伦理学具有某种意义，那么这种意义就在于使自己找回"享受生命的品味"，尽管没有人会去主动接受这一经历，更不用说在其中遭受痛苦了。此外，卢梭将"有品味的人"定义为：有品味的人是"为了活着而活着"的人，也就是"懂得如何享受自身"，并为此寻求"真正、单纯的快乐"的人（NH, 482—483）。那么，活着就是为了活着，为了享受自身，为了能够辨别出真实、单纯的快乐,这不就是要求我们预先认识生命、自身的情感、快乐、陶醉、真理和朴素,通过我们的敏感性来获取这一切吗?当然,可以肯定的是,在某种程度上——本书将对此进行详细讨论,真正有品味的人才算得上是一位真正的"哲学家"。同样,这也将是本书研究的高潮部分:一位真正的哲学家,首先"应当"成为一个有品味的人,一个不会被生活抛弃的人,否则就会沦为卢梭在《爱弥儿》中所称的"尸体般的灵魂"(E, 596)。——我们为何用了"应当"这个词?正是由于成为此类有品味之人属于一种伦理上的需求。就"知识"和"品味"的双重意义来说,这一需求代表对"智慧"(sapientia)的真诚渴望。若仅用一个词组来概括的话,卢梭毫不犹豫地称之为:"真正的哲学"。

* * *

在"真正的哲学"中,伦理占据了最重要的位置。就生命所承担的责任而言,伦理也占据着最高的地位,而"活着"(vivre)对生命自身提出的任务,恰恰在于成为"自身"(soi)。然而,若想成为自身,"自我"(moi)在渴望做自己之前首先要回到自身。因此,这将是哲学家的使命:使"自身"同时在理论和实践层面上回归自己,在"自我"重新获得自身之后,"自我"将不再有任何矛盾,"自我"将完整拥有闲暇、愉悦、内在的快乐,因为此时的"自我"成为了一个鲜活的"自身",与其他任何人都不相同,能够完全自由地品味存在的乐趣;从此以后,"自身"将以这种奇异的快乐滋养自己,为自己的生命欢欣鼓舞;尽管拥有着生命,却还是将其分享;这一生将永远无可比拟、无可辩驳地成为自己。

卢梭在这点上或许牢记了蒙田的教诲,但可以肯定卢梭对此并没有感到满足。卢梭其实还修正了这一教诲,更进一步地说,卢梭正是通过这种方式成为了他自己。另一方面,卢梭当然与蒙田一样认同"懂得诚实地享受自己的存在"①十分重要,与此相对,卢梭并未如其前辈们那样认为:"世界上最伟大的事情是懂得自己的存在。"②他的宣告更为简单直接:"必须成为自己"③,或者"必须一直做自己"(E,685),这两句几乎雷同的表达总结了实践和理论层面上所有的核心问题。相比蒙田的哲学,卢梭的"真正的哲学"更强调伦理学的再审视中不存在任何意向性以及任何内省的反思。卢梭很快就会表明,对于"自我"的到来,无论是"懂得"的秩序,还是"成为"的秩序,都不需要借用"智力的镜子",尽管我们总是设想这面镜子可以反映自己。

在传统形而上学的语言中,"存在"(être)除了"在场"(présent)之外别无它意。有了这一前提,"存在于自身"(être-à-soi)便意味着"向自身在场"(être présent à soi)。但"向自身在场"体现着一种"关系"(rapport)的秩序,它可以被解释为一种"对自身的接近形式"。而使这种接近成为可能的,其实就是我

---

① 蒙田,《蒙田随笔》(*Les Essais*)卷三,巴黎:伽利玛出版社"七星文丛",1962 年,第 1096 页。

② 同上,第 1051 页,第 364 页。

③ 皮埃尔-莫里斯·马松(P.-M. Masson),《卢梭的宗教》(*La Religion de J.-J. Rousseau*)卷二,巴黎。

们事先所拉开的自身与自身之间的距离。然而,"自身意识"只有凭借其意向性结构,才能拉开这一距离,使自我从自身中分离出来,同时又能使自我与自身再次结合。这个距离体现了意识的维度,它与行使判断力的思想媒介是相同的。正是由于意识造成的最初和最原始的距离,"接近"才成为可能,而"接近"只发生在意识内部,受到表象的支配,需遵循特定的模式(意向对象的位置)。然而,越是刻意地接近,就越是必然地远离,以至于在这种所谓"向自身在场"的关系中,"我"(je)总是被外在看作一个"自变量"和"主语"——更不如说是一个(作为宾语的)"自我"(Moi)[①],与"我"自身的内在情感几乎毫无共通之处,所以"修辞"对"我"来说,显得尤为脆弱淡薄,并且只能表现为一种不可理解的、神秘的、奇怪的甚至是陌异之物。蒙田,在他经历自我体验的高峰时刻,做出了最为真挚的坦白:"我越是纠缠自己、剖析自己……我越是理解不了自己。"由于这种陌异感(与自身的不相似性)不断加倍并否决熟悉感(与自身的相似性)所带来的外在感,此时的蒙田虽然十分想把握"自我"的身影,但"自我"却不断通过获得自己而失去自己,不停地对自己躲避自身,而同时又始终在重新发现自己的不安感[②]。这里,"自我"其实是不断地在无意中发现自己,这种发现之于自我,好比是一泓持续流淌出惊奇的源泉。蒙田总是怀着一颗善良的心来制造不幸,他还

---

① 法语中 je 为主语人称代词,moi 为重读人称代词,可用作宾语。——译注
② 蒙田,《蒙田随笔》卷三,巴黎:伽利玛出版社"七星文丛",1962 年,第 1006 页。

特别喜欢将之展示在整篇《蒙田随笔》中。以及，他借助幽默的方式来解释甚至支持他那不切实际的努力，来描述把握自身的兴衰变迁，是以蒙田所采纳的方法完全反映出了一种悲喜剧性质。不过，蒙田仍在某一时刻承认书写自身是一项"棘手的事业"①，尽管套用了极尽委婉的措辞，这仍然是一个不得不承认的事实。

　　然而，另一方面，我们不应佯装忽视这样一个事实，即蒙田书写自身的"事业"首先是由于自身的"棘手"性质——因为书写需要无休止地反复进行——才使得它独特的美感和无与伦比的坦诚遭受破灭。正是为了这一必要的反复，蒙田才更应该"成为"自身；他对作品的书写恰好展现了他的"存在—成为"所缔造的"存在于自身"是基于对自身的背离。蒙田曾有一句著名的格言毫不掩饰地表明："与其说我创造了我的书，不如说是我的书塑造了这个我。"②但是，若要令"书本"与"自身"得以共存，就不能停止创造和完善，还要加以润色、改良和修正，因为除了这种接受自身塑造的"自身"之外，更别无其他的"自身"。在这点上，雨果·弗里德里希（Hugo Friedrich）的观点是完全正确的，他在其关于蒙田的著作中曾这样写道："个体，对自身的认识与自身的现实之间有着巨大的偏差，比之陌生的旁观者犹为不及……在与自身的亲密关系中，人一旦发现了通往人类现实的唯一真

① 同上，卷三，第358页。
② 同上，卷二，第665页。

实途径,就会立刻撞见现实为他所保留的惊喜,那就是现实其实根本无法被理解。越是接近自身,人越是成为所有奇迹中最陌异、最伟大的事物。然而,正是这种同时进行的接近和远离的体验发挥着最为强烈的作用,它使内省的地位远远高于其他任何了解人类自我的方式。我到底身居何处?'自我'所在何处?跨越何处的边界,我将不再是我,而是他人的仿造品和无名势力的产物?我自身的品质在何处得到统一?我的内在生命中的所有反应又在何处集中?这些反应对我来说如此熟悉又陌生,如此温顺又顽固,如此美好又糟糕?正是这类问题统领了《蒙田随笔》全篇。"但是在我们看来,雨果·弗里德里希的错误在于,继上文所给出的结论之后,他又补充道:"蒙田知道,只有当他伺机观望、掩护自身、耐心等待、不作任何预判的情况下,才有可能成功找到'自我'的形象。只有让认识自我的活动主动找上他,才能捕捉到自我那超乎期待的奇异之处。"①弗里德里希这样的说法颇无道理,因为蒙田根本不是真的在寻找"自我"的形象。相反,他所追求的,是审视自己的内心②。而只有当他意识到不可能把握自我的时候,他才不得不满足于仅仅获得所谓的"形象"、一个简单的身影、一个每次都略显不同的表象,因为形象必须不断地变异。

---

① 雨果·弗里德里希(Hugo Friedrich),《蒙田》(*Montaigne*),R.洛维尼译(R. Rovini),巴黎:伽利玛出版社(Gallimard),1968 年,第 225 页。

② 蒙田,《蒙田随笔》(*Les Essais*)卷二,巴黎:伽利玛出版社"七星文丛",1962 年,第 641 页。

雨果·弗里德里希的另一个错误是关于自我认识事业的可行性。如果蒙田一直对生命保持观望和窥伺、聆听其存在的突变，就会永远处于无法认识自我的风险中；如果他继续一心一意地等待进入他所尝试描绘的"分秒畅行的通道"①，那么属于他的所有实质性存在都将在等待中被耗尽。实际上，蒙田终将承认，只有当一切自我反思都失去光辉，他才有机会触及自身。蒙田诚恳地坦白："在我所寻找的地方，我找不到自己；相比自身判断力做出的探究，我更多的是通过偶遇的方式来找到自己。"只有"自身"(soi)和"自身"自己(soi-même)经历过一场预料之外的相遇，才能弥补认识自我的失当②。在这个独特的"相遇"(rencontre)一词中，蒙田阐明了两种含义：这个词既表达了一种偶然性(如我们所说的运气)，也表达了一种自己与自己之间产生的巧合。只有当自我摆脱了"认识你自己"(*gnôti séauton*)③的安排时，这种巧合才会显现出来，它(这一相遇)与人的自我意识无关，而是活生生的身体的自发动作，无需通过表象的镜子来反映其运动。因此，为了展现与自己的相遇，蒙田采用重复言说的阐释法也不足为奇："当我跳舞时，我就跳舞；当我睡觉时，我就睡觉。"④由此种重言法引出的另一个结论是，至少，这句话语进入了一个独特的共振活动

① 同上，卷三，第782页。
② 同上，卷一，第41—42页。
③ 相传是古希腊德尔斐阿波罗神庙的神谕之一。——译注
④ 蒙田，《蒙田随笔》(*Les Essais*)卷二，巴黎：伽利玛出版社"七星文丛"，1962年，第1087页。

中，它与不断显现的基础活动（"认识自己"[①]）在某种程度上形成了一种略为矛盾的共振。靠着宣扬智慧原则，这一"矛盾"在《蒙田随笔》最后一卷的终章处终于得到解决。这种作品的"建构"与"自然"不同（"自然"迫使自己不去做其他任何事情，不生产任何差异），"建构"是"坚固而完整的"："我们伟大而光荣的杰作就是恰如其分地活着。"[②]

当"认识"崩塌时，我们总是一如既往地转向伦理学来弥补缺憾。我们伟大而光荣的杰作并不是科学，既不直指我们自身，也不关切世界。既然人无法"找到"自己，那他便不得不"塑造"自己，以至于对这个人来说——这个受困于自身反思意识的囚徒，这个为认识自我而遭受不幸的受害者，唯一能称得上"杰作"的，就是恰如其分地活着。自我不是永恒不变的，正如瞬息一刻所发生的也不尽相同，所以至少在这个瞬间，在这个自我存在稍纵即逝的当下瞬间，在这个占据了自我的时间波峰上，人将能够感觉到此时的他与自己是一体的。但确切地说，这一刻之于蒙田，并非一种在场（présent），而向来只意味着一个当下瞬间（instant）——一个转瞬即逝的、短暂的、飘忽不定的瞬间——正如这一刻的本质所规定的那样。其实，"活在当下"与"享受在场"也毫无关系。"享受在场"并不意味着恰如其分地活着，而是指当生命把它自己交付给我们，也就是作为"自身"的我们，我们才

---

① 参照同上，卷三，第 979、1052 页。
② 同上，分别见于第 1054、1042、1054、1088 页。

会享受到生命赋予我们的在场。这是一次与自己发生的巧合，对自身的馈赠，以一种朝向自身的绝对直接方式进行运作。若是用一个单词来总结，便称作"自身性"(ipséité)。综上，不仅有蒙田采取迂回间接的方式来感知自身性，更有卢梭首次从"正面"把握它，并且在汲取了某种笛卡尔主义的教训后，利用"自身性"自身来揭示"自身性"的本质：一处"自我触及"之地，一处"心灵"的居所。

如此，对于蒙田所提出的"我到底身居何处?"之问，卢梭才是需要我们不假思索去回应之人："我的位置完全取决于自己的所在。"①——当然，我们必须对这句话加以研究，而且只有厘清了"位置"的概念才能对其作出澄清。一旦理解了活在当下并不意味着占有在场，卢梭便克服了蒙田的"事业"所注定面临的失败。卢梭从一开始就用了轻松愉快的比喻总结道：蒙田的确描绘了"肖像"，但仅止于"轮廓"(初稿 C，1150)……

* * *

因此，存在于自身(être-à-soi)并不等于成为自身，而成为自身并不意味着向自身在场(présent à soi)。对卢梭来说，问题的关键不在于向自身在场，而仅仅只关乎"在场"。这种去关系性的、不及物的在场，体现着一种绝对性，不可能成为"自我"

---

① 卢梭，《致米拉波的信》(*Lettre à Mirabeau*)，1767 年 1 月 31 日，《卢梭全集》第 32 卷，第 83 页。

(moi)的在场。事实上,"自我"总是受到"向自身在场"的奴役,从而无法停止逃避自身。(此外,这种奴役却使得蒙田的"事业"完全合理化,即使它同时也标志着自身的局限。)让我们重申:出于构成自我意识的必要,"自我"总是免不了或多或少地向自身在场。然而,卢梭所确认的在场(présence),我们可以称之为现成性(présenteté)①,以区别于任何的"向自身在场"。所以卢梭的现成性不是指"自我"的在场,这里的在场指的是"自身"(Soi)赋予自身存在。"自身"是一种令"自我"成为它自己的"力量",从而使得"自我"向自身在场。只有当代的现象学才成功揭示了这种"现实性"(不同于"向自身在场")的概念,而历史上的现象学,比如生命的意向性现象学(胡塞尔)或存在的超越哲学(海德格尔)只能黯然背离。在《显现的本质》一书中,米歇尔·亨利支持并证明了"关系"(rapport)中的"同……相关"(在这一关系中居于首位的是使得"关系"成为可能的条件,即"向自身在场")并没有在超越性中发现它的成立条件,相反地,正是"同……相关"才使得"关系"成立的条件成为可能"。什么是"同……相关"(se rapporter à)? 是什么构成了超越性自身的可能性? 米歇尔·亨利回答:"'同……相关'意味着'把自身带向……'";现在,"'把自身带向……'是指,为了使自身所朝向的运动不与自身分离,

---

① Présenteté 这一法语词在现象学中被用于翻译海德格尔早期术语"现成存在"(Vorhandensein)或"现成性"(Vorhandenheit),表示一种区别于 Dasein 的静态的现成状态,指仅仅是在那(être-là),参见海德格尔《现象学之基本问题》(*Die Grundprobleme der Phänomenologie*, 1927)。——译注

使运动同自身保持关系,使其延留(demeurer)于自身,以这种方式,让'自身'维持运动的状态,并随运动的朝向而移动。在运动中维持和留存的'自身',以及随着运动的朝向而移动的'自身',便成为了运动本身。运动带有'自身'的意思是:该运动,即自身所朝向的运动,在它实现运动的过程中始终维持着接近自身的状态,同样也是对自己进行着一种原始的揭露。"[1]

我们刚刚所命名的"绝对在场"(la présence absolue)或"现成性"(présenteté),在米歇尔·亨利的著作中被间接表示为"延留于自身"(demeurer en soi)。"自身"的"绝对在场"不是由时间性(或者叫做即刻的当下性)带向存在的,这一事实正是通过动词"维持"(maintenir)和"留存"(conserver)来表达的。至于这个非暂时的现成性、这个现时的在场与时间的当下性没有任何关系。卢梭唤起了(这无疑是他思想的巅峰,他觉得这一顶点耗尽了他所有的语言策略)一种"永远持续的在场,不标明持续期限,也不流露任何续接的痕迹"(R,1046)。这个不属于任何续接过程的在场,就是"留存于自身",或者只能将其理解为"无法脱离自身"。而正因为这一现成性的"在场"维持和留存于"向自身在场"之中,恰使这种"向自身在场"成为一种对它自身而言的"向自身在场"。若失去了这一在场——"自身"不再留存于自身,不再维持和留存于自身存在的内在性中,而"自我"本身却并没有

---

① 米歇尔·亨利,《显现的本质》(*L'Essence de la Manifestation*),巴黎:法国大学出版社,1963年,第316页。

停止变化——那么任何的向自身在场就不可能发生:既非一种朝向性的"在场",也非在场将朝向的"自身"。

最原初的自我揭示决定了"把自己带向……"的可能,由此也使得"同……相关"①的超越性成为可能,米歇尔·亨利将其特别命名为:内在性(immanence)。卢梭是第一个采用"现成性"概念的人,"现成性"即为"延留"的内在。内在所表示的"自身"的在场,使得"自我"在现象学意义上的"向自身在场"成为可能。卢梭只有在《一个孤独漫步者的遐想》中才真正发觉了这种绝对的现成性、才重新发现自己:"孤身一人立于大地上,不再有兄弟、朋友、邻居、社会。"在这个奇怪的"位置"中,在构成主体性的绝对内在性中,"自身"的位置才向自身显露。

而其实无论是(大师级作品)《爱弥儿》还是(第一和第二次的)《忏悔录》②都未能成功表达出这一重要本质,而是都忙于阐发其他分析。对于这些书的作者来说,重要的是拷问人的本质或遵循特定存在的框架,而不是提出一种关于自身现成性的普遍模式,正如我们将看到的那样,这就意味着要突出"生命蓝图的构成原则"。

"逆境逼迫我们转向自身……"(R,1075)。无论如何,摘自《遐想》中的这句话隐约表明,卢梭完全是出于孤独,才去寻求

---

① 这当然是关于现象学意义上的超越,与哲学或宗教意义上的超越是相对立的,哲学或宗教通过超越看到的是逃避俗世的东西,即"彼世"。

② 卢梭在《一个孤独漫步者的遐想》中称第一次的忏悔录才是《忏悔录》本身(R,1001),这令我们可以推断出他把《对话录》视为他的"第二次忏悔录"。

"向自身在场"的启示。诚然,继《忏悔录》和《对话录》之后,卢梭再一次走上了"回到自身"的险峻道路——但这一次他不再沉湎于"忏悔",而仅仅任由自己"遐想"——卢梭坦诚地重新认识到他所谓的自传作品并没有"说尽一切"。"说尽一切"并非指要说尽涉及卢梭自身的一切(从经验主义和心理意义上说,指的是他的"微观个体"的本质[参见 R,1079]),而是关于卢梭的每一次的"自身",准确地说,是什么让他的自我在每时每刻都成为自我?

　　如此一来,我们又该如何看待《忏悔录》中最简短的一句:"只我一人"(C,5)?《忏悔录》原已"前无古人",而这句话更是在其开篇就如闪电般耀眼,它是否想让我们相信它只是卢梭的一句心理解读、只是一种自命不凡的自恋式宣告?对我们而言,这句独白首先声明了一种纯粹而简单的独特性,于是,我们自然需要用整本书对此进行解释①。

---

　　①　需要指出的是,根据 1694 年的《法兰西学院词典》,"忏悔"(confession)的含义之一是"对某事的声明"。参见沃伊森(J. Voisine),《忏悔录》导言("Introduction"aux *Confessions*),巴黎:Classiques Garnier 出版社,1980 年,第 XXVI 页,n. 4。

第一章

自然之善

对蒙田而言，他本质上回归了一种塑造生命的哲学——至少从他自己创立的哲学来说。"我全力以赴来塑造自己的人生。这是我的职责，也是我的工作"[1]，蒙田曾在他的其中一篇随笔中如此写道。然而，他又认为，"每个人都不处于自身的工作之中"[2]，自我有必要通过它自己赋予生命的形式来进行反思；通过这一形式，自我将把握自己，回到自身，转向自身，一言以蔽之："卷入"[3]自身。果真如同"借自我经验以观之，我以为，若我是一名好学者，就足以令我明智"的话，就不难理解蒙田那真挚坦率的总结："为了成为一个论据和一个主语，我向自我展现了自己。"[4]但是

---

[1]　蒙田，《蒙田随笔》卷二，巴黎：伽利玛出版社"七星文丛"，1962年，第764页。

[2]　同上，卷二，第366页。

[3]　同上，卷二，第641页："我将自己卷入了自身。"(Moi, je me roulie en moy mesme.)

[4]　同上，卷三，第1051页；卷二，第264页。

在蒙田看来,如果没有(彻底)达成"完善自己"、"思考自己"、"好奇地寻找自己"①的关怀,自我便既不能完全存在"于自身",也不能完全"与自身"同在②。那么,这种关怀、关切自身的本质是什么呢?对应于蒙田所提炼的这句声明,下面这句话可以作为他的《随笔》总题词:"我同自我将视线在内里折叠。"③这就是说,即使不涉及什么"心理学",蒙田所从事的事业也不外乎"自省":自我——以蒙田偏爱的方式,应该说"我同自我"——在反省中并只有通过反省才得以完全实现,以至于一个人的一生很可能成为不间断的、大概率是知识分子占有自我的救赎性事业,如同视线在生命内里折叠④。

---

① 概括来说,关于"寻找自我"的大问题参阅雨果·弗里德里希的《蒙田》(*Montaigne*)第220—270页;以及让·斯塔罗宾斯基的《变化与永恒:论蒙田》(*Montaigne en Mouvement*),巴黎:伽利玛出版社,1982年,第263页。

② 参阅蒙田《蒙田随笔》卷一,第234页。

③ 同上,卷二,第641页。

④ 在蒙田看来,从"自我将我看穿,直击我的五脏六腑"(同上,卷三,第824页)到"与其说我创造了我的书,不如说是我的书塑造了这个我,书与我这个作者共存,它是占据我生命事业的固有一员"(同上,卷三,第648页),这一折叠的结果相当好,甚至完美。这样做的好处是,可以从伦理的角度(也是蒙田的智慧所依托的原则)克服本体论的困难;换言之,内省的变迁最终在"自身塑造"中得到了很好的解决。此外,雨果·弗里德里希借由以下方式介绍蒙田式内省:"内省不仅会揭示,也会不由自主地隐藏;它将'自我'建立在模式化的概念和简略的价值判断之上;内省通过语言传递自我,使其暴露于本质的危险中,这意味着若是自我想要讲述真实,只能用虚假的话语,而将原创性掩盖在与他人的表面统一之下。为了能够交流,内省不可避免地要对自我加以整理和润色:'现在,我不断装饰自己,是因为我不断地描述自己'(同上,卷二,第358页)。蒙田认识到'自我'是一种永恒的运动,在整体不断逃逸的情况下,其可见之处永远只能澄清一个部分,或者只能通过并置偶然捕获到的元素来追溯其大致轮廓,所以蒙田推翻了他所处时代的整个古代心理学"(前揭,第224页)。

而卢梭却不这么认为。在他眼中，"反思是一种反自然的状态"（DOI, 138），如我们将要看到的那样，"自然"赋予生命名字，以及它作为每个生命整体的起源，总是独立于任何反思行为之外，也就是说，在这个生命体回归到自身之前，它就已经自然被赋予了，以至于在卢梭的哲学中，占据主体地位的不是自我，而是生命（"自然"）。我们应该阐明：生命在其自身情感（sentiment de soi）中，即生命在其原始的自我触及（auto-affection）中；生命的"给予自身"先于任何的意识获得、立场获得、任何真正的"自身意识"或"反思"。

卢梭的所有作品都趋于表明，与其说存在，不如说是生命才是真正的"原始事实"。于是，"爱自身"（l'amour de soi）——即生命的首要原则，如卢梭在《论人类不平等的起源和基础》中所说——在它被认为是人的自我规定之前，必须把它理解为"生命现象的结构"，而因为生命的特点表现为总是已经被赋予（自身），所以在卢梭的笔下，就有了"自然"这个古老的名字。

诚然，卢梭仍心甘情愿地认同蒙田的这一想法：若要"成为我"，这件事必须先于"我自身发生"。而卢梭赞同的前提是，这种"来到自身"只涉及主体的社会认同，也就是主体的"公民身份"，总是取决于主体与其同类们所争执的"位置"，处在已经构成了意义统一的环境中，有人便称之为"世界"。现在，卢梭道出了关键所在："在我们之中，每个人都具有双重性。自然作用于内在，社会精神表现于外在"（参照《爱弥儿》法弗尔手稿版，57）。这意味着，"在生命中存在"与"在世存在"是对立的，正如内在与外在的对立一样。这种对立是无法克服的；它受生命的本质支配，也就是由它的"感发性"构成所控制。因此，通过我在世的旅程和冒险，我才确信自身的存在，而绝不会如这个世界所希望的我是什么或不是什么，用《一个孤独漫步者的遐想》中的一句决定性的格言来说，我是"自然的本意"（R, 1002）。在这种情况下，如果我们承认自然一直希望我如己所是，而且如果单单只有自然能决定我如己所是、使我成为独一无二的个体，那这便是经由"实存的情感"的自我触及、实际上就是被痛苦（souffrance）和愉悦（jouissance）所凸显的，于是我们必须立即承认，自然总是先于我的自身性（ipséité）构成。同样重要的是，必须承认这种优先性的强制形态，它使自我的每一次生命运动——原则上为"自然"的——如卢梭所言，都成为一种"纯粹的运动"。生命在任何时候都会通过这种运动回到自身，这种"先于一切反思"的运动（DOI, 155）受"自我触及"的支配，作为那个肉体的、脉动的、具象化自己的自身（soi）——也就是自然而然的自我（moi），即"我是"（je suis）。

生命陶醉于自身，自身在生命中陶醉，特别是当自我完全自由地行使其行动和思考的权力时，自我所体验到的这种愉悦享受，对卢梭而言，代表了存在的第一个也是最原始的背景条件。这种纯粹的"自身的情感"代表了自我存在的始与终（α和ω）；它也被称为"实存的情感"，是通过存在本身（而不是自我），以一种感受性的又生气勃勃的方式来体验自身的。根据其主体性的运动态势，所有力量立即转化为感发（affect），而所有感发立即转化为力量①。

因为首先经历自身的本就是生命，而非自我。自我无法把自己的生命与自身拉开距离，因为这个生命本身填补了自身存在的每个组成点——应该说：自身肉体的每个组成点。因此，生命实际上就是自身的具现。正如笛卡尔所言，从形而上学的"确定性"出发，或者就"比一切证据都有力"的情感而言（E, 574），抑或如卢梭在《爱弥儿》第四卷"萨瓦省牧师的信仰自白"中明确指出的那样，生活不是一枚被抛在眼前的证据。但另一方面，每个人都拥有体验生命的可能和福泽，因为生命永不停止感受自身，所以，只要生命发现自己不可避免地受制于消极和即时的自我触及，它便具有了一种特殊性，那就是它可以享受自给自足的幸福。《爱弥儿》曾提出过一个基本主张："自然人的幸福就像他的生命一样简单。"这种"真正的幸福"，这种简单的幸福，其"源头就在于我们的内心"（R, 1003），而不寄居于空间或时间的外在性中，也不依于历史的延伸或世上的别处（毕竟这些视域永远只能提供一种整体性的形象）。由于这种实在的幸福被"感发性"（affectivité）所构成，原则上生命总是能陶醉其中——正是这种原始的愉悦享受，使卢梭将"自然"（Nature）定性为"善"（bonne），尽管这一定性在当时引发了无数的误解。

生命在体验自身时所感受到的这种愉悦，标志着生命的善。因此，生命利用自身的情感，通过这份"善"向我们提供这种愉悦享受。

---

① 关于"实存的情感"的含义，见本书附录 3，第 362 页。

但这种原始的幸福首先需要符合生命的自然状态。自然而然地,生命处于(也就是感觉于)这种幸福的"自然状态"中,卢梭称之为一种平衡或平等的状态,也是唯一能够为智慧奠定可能性的状态[①]。

当然,智慧必须基于"仅凭永久的内在满足感,就能使一位有思想的存在者变得幸福"(NH,84);因而智慧对这种脱胎于满足自身的"纯粹快感"(E,591)并不陌生。但是千万不要误解这一感性条件的内涵。这里所讨论的感性结构与幸福论的心理学规律几乎无关,因为心理学假说(正如斯宾诺莎和其他许多哲学家所指出的那样)是以反思"最好的"目的来实现理性的。如果真的是"诸如人类这般被动、必死的存在,其自然状态便是要以人类自身实存的情感为乐,带着愉悦去感受使之留存的事物,带着痛苦去感受使之毁灭的事物。(如果)处于这种自然而简单的'状态'中,必须寻求我们的激情之源",随即有必要衡量这种"状态"的含义。于是卢梭补充:"我们曾将最初的欲念想象为获得幸福的欲望。我们错了,因为幸福观的构成十分复杂,幸福是一种永久的状态,它的欲望取决于我们对知识的掌握程度,所以我们欲念的产生,并非来自独立于知识的当下感觉。"(MLM,1324)

可一切欲念不都是在这种实存的情感中找到了涌现自身的

---

① 这种生命与自身的平衡或平等问题,在之后不到一个世纪里变得不再陌生,见于被尼采舍弃的《权力意志》(*La Volonté de puissance*)一书的草稿中所颂扬的:"……生命的总特征,在变化中始终是一样的,一样强大,一样幸福……"参见《尼采遗著残篇》(*Fragment posthume*)第14篇,《哲学全集》卷十四,艾梅里(J.-C. Hémery)译,巴黎:伽利玛出版社,1977年,第30页。

条件和决心吗？实存的情感使自我有可能活生生地体验自己、有可能向自身显现，存在还有可能无条件地交付给自身、绝对地链结于自身，这个肉体的、脉动的自身是不可还原甚至是坚不可摧的，难道不是吗？若果真如此，那么这种原始情感的真实"结构"又是怎样的呢？

我们将在下一章中给出详细的回答。在此之前，我们先要感谢卢梭，因为是他致力于展现什么是、如何是"爱自身"——那"原始的、固有的欲念，优先于其他的一切欲念，而从一种意义上说，其他一切欲念只不过是它的演变"（E, 491）——以及卢梭探讨了以何种方式来界定人的主体性本质，也就是他用闻所未闻的方式所称的"自然"的本质，即"自然的纯粹运动"（DOI, 155）。"自然，也就是内在的情感……"这些都是必须要重复的关键话语，它们使卢梭的基本哲学立场成为可能。根据该立场，一切事物的起源（而不是它们的"原因"，无论是物质的还是最终的成因），即一切事物之显现的最初来源，都拥有其真正的名称：实存的情感。但是，正如前文中指出的那样，这种实存情感与"内在情感"（sentiment intérieur）（这一命名缘起于马勒伯朗士）同义，并不指人或经验的自我在心理和生理上建构出来的感觉。"实存的情感"可以拥有自身的存在（当然，如果它有办法能像把握对象一样来攫取这种实存的话）。这一情感实为生命体验自身的感觉——生命，在其纯粹的运动中，在其自身的触及中，不涉及任何客观之物。对卢梭思想的整个诠释都建立在这一关键的细微差异之上，而卢梭也极其谨慎地强调了这一点——他在《爱弥儿》中特别宣称"我们欲念的起源,其他一切事物的源头和原则,以及唯一与人同生共存、只要人活着就永远不会离开的,就是爱自身"(E,491)。"爱自身"可以用来称呼欲念(存于自身和对自身的激情),指的是"实存"(但最好说成"生命")体验自己的感觉。因此,若将这种非凡的激情等同于现象学家米歇尔·亨利新近构想的"绝对的现象学生命",也并不过分。米歇尔·亨利断言,"生命"根据自我触及的彻底被动性和自我揭示,在现时的自我奉献中来体验自身①。

得益于这一现象学视角,我们甚至可以尝试纠正我们刚提到的理论——它往往倾向于从生命的内在体验里排除任何"幸福"的痕迹(这里幸福的涵义为"被构成的幸福")。实际上,在《一个孤独漫步者的遐想》的一个不可或缺的段落里,卢梭将被归还给自己的即时幸福、于自身感受到的生命和活着的纯粹幸福概括为一种"自然和简单"的感觉,并用来代替"理想化"的幸福、投射在不确定的黑暗未来之中的幸福"观念"、永远处于未来的以及永远被推迟的幸福。仅仅是估量这类幸福的价值,就足以从每一个生命体中挖掘出一种无法餍足的欲望,并在他身上锻造出一种不可磨灭的煎熬。不似"被构成的幸福"以回忆为基础来预设前提,卢梭的"幸福"可以被定性为自然和简单,是对在场的体验,它甚至将在场定义为生命的维度,而非时间的维度。它是一种作为(自

---

① 关于"绝对的现象学生命"的含义及其"自我触及"的结构,请参考拙著《米歇尔·亨利:哲学的轨迹》(*Michel Henry. Une trajectoire philosophique*),巴黎:美文出版社(Les Belles Lettres),2006 年。

身)在场、作为赠与和自我赠与的纯粹而简单的生活。

自然与心灵之间的联系至少可以追溯到亚里士多德。若说 *natura*(源自 *nasci*,意为"出生")对应希腊语 *phusis*(自然)的拉丁文翻译,则 *anima*(âme 的词源)对应的就是希腊语 *psychè*(灵魂)[①]。*Phusis* 原指"内生的推动,事物的自发生长,但同时产生秩序"。亚里士多德将 *phusis* 解释为终点或终极目的与起源或原理,并从两个截然不同但互为补充的方向进行阐发,分别为:1. 自然是"完成目的和为了某事物"(*télos kai* 或 *énéka*)的发生[②];2. 自然是"事物的本质,其本身就具有运动的原理(*archèn kinéséos*)"[③]。在后一种诠释中,正如柯奈留斯·卡斯托里亚蒂斯所解释的那样,"自然 *phusis*(或属于自然之事物)指本身所具有的东西,本身包含其运动的起源和原理。再次重申:自我运动,是 *phusis*,是自然"[④]。然而,基本特征为具有自主

---

① 拉丁语词 anima 意为呼吸、空气、生命、心灵,法语词 âme 原指灵魂、心灵,用以代指生命、思想的主体。为区别于当代意义上的心灵概念,此处有关"灵魂"的提法更多地参照了亚里士多德《论灵魂》。——译注

② 亚里士多德,《物理学》(*Physique*),II, 194 *a* 28—29。

③ 同上,192 *b* 21。

④ 柯奈留斯·卡斯托里亚蒂斯(Cornelius Castoriadis),《自然,创造,自治》(*Phusis*, création, autonomie),载于《事实与创作》(*Fait et à faire*)卷五《迷宫的十字路口》(*Les carrefours du labyrinthe*),巴黎:瑟伊出版社(Seuil),1997 年,第 198—199 页。卡斯托里亚蒂斯详细说道:"*phusis* 本身就具有其运动和成为某事物的原理或起源;phusis 本身也具有其变化、变更的原理或起源"(同上,第 200—201 页)。但是必须重申:卢梭赋予"自然"这个词的意义(我们已经认识到这个词首先表示"内在触及")既不同于物理科学的对象,也区别于古希腊人所说的 phusis。卡斯托里亚蒂斯另外补充道,phusis 总是用来命名"本身独立于任何人类行为,并在一定的趋性或宇宙(taxis/kosmos)秩序中成为它自身的事物。这一秩序具有严密的逻辑和价值,它本就是对人的强制规定,而并非赋予人价值"。——《社会历史世界中的主体与真理》(*Sujet et vérité dans le monde social-historique*),巴黎:瑟伊出版社,2002 年,第 318—319 页。

的、属于自身的、发于自身的行动的，正是灵魂(âme)。柏拉图在《斐多篇》中明确指出了这一点(参见245 e—246 a)。亚里士多德不仅继承了灵魂的这一概念，将其定义为(通过)自身运动的灵魂，他还挑起了深化灵魂概念的重担。实际上对亚里士多德来说，灵魂是生存的原则。但是，运动的生命体对"灵魂"命名的接受，是出于这个完全确定的意义：朝着对生命具有重要意义的方向发展。为此，生命必须具有运动和感知的双重能力。这里的感知意味着(在"构成"生存的层面上)：在感性(aisthèsis)、理性(noûs)、知觉和知性的帮助下——单单的知觉只存在于动物身上，而它和知性共存于人类身上——能够完成区分(krineinin)，这种区分的力量就是使灵魂在与它接触的一切事物中，识别出与运动的持续息息相关的重要因素。"动觉的本原"(l'archè kinéseôs)即生命体的运动原理，由批判(krinein)和推动(kinein)组成①。有必

①　生命之外空无一物并不代表生命体之外空无一物，而生命体之外的这些事物(这些区别于自身的东西)只为生命本身呈现世界的外观。生命体之外的事物只有在生命赋予它们的形式范围内，对生命体才具有意义。赋予它们形式，就是将它们从"混乱"的深渊抽离出来，使其摆脱这种混乱，以将之精确地转换为信息。这种行为，既是转化性的，又是塑造性的，正如卡斯托里亚蒂斯将以他自己的方式解释的那样，这种行为的前提是，生命体(灵魂)授予这种形式"直接相关性、重量、价值、'意义'"；这相当于说，对于生命体，意义总是先于感觉，或者说，"关切"(根据卢梭的用词l'intérêt)决定了呈现(参见《自然，创造，自治》，前揭，第204页)。按卢梭的观点，产生这种优先的原因是，心灵的第一原则是为爱自身，从如这第一条原则出发来要求自爱本身(就其被误解为人的关切而言)，则绝不会招致深层的变性、变形或彻底的歪曲。就目前而言，我们只是在所谓美学/伦理学领域内，才努力对意义优先于感觉的贡献作出说明；有关这一视角的思考，见拙著《艺术的迷狂：尼采与美学》(L'Ivresse de l'art. Nietzsche et l'esthétique)，巴黎："随笔丛书"(Essais)(口袋本)，2003年；以及《创造》(Créer)，拉韦桑：海墨出版社(Encre Marine)，2005年。

要说明的是,这里所讨论的运动并不只是指局部的移动、地点的改变、空间的位移,简言之,并非指迁移,而是更迭变换意义上的所有类型的运动,这一"变化"标志着变更(alloiôsis),因而也标志着生成(genesis)。

对于心灵来说,运动的原理并不脱离于始终变更的事物之外,换言之,如果事物确实一直在运动,那么它的运动原理绝不会超越它本身。正如卢梭所指,当自然将生命视为同一或生命将自然视为同一之时,"自然"一词最终指的就是原理的内在同一。然而,如果心灵的原理被永恒地包含在它自身之中,那么,心灵自身所遮蔽的运动原理,以及它试图通过运动所趋向的终点,也被包含在了它自身之中。生命体确实如此,它趋向于生成为某种东西,而这种东西无非就是自身。但是我们必须思考得更远:因为作为生命的自然若想要自我终结,至少需具备某种形式的初步意向,即自我保存(se conserver)。有关这种自我保存的倾向,卢梭将追溯至更远、挖掘至更深,以及寻求其可能性条件来进行分析。至于自我保存的可能性条件,卢梭将其揭示为"爱自身",是借用了从亚里士多德到伯纳德·曼德维尔(Bernard Mandeville)的悠久思想传统中的术语。曼德维尔是当时著名的《蜜蜂寓言》(La Fable des abeilles)的作者,也是盎格鲁-撒克逊自由主义的伟大启蒙者。不过卢梭为"爱自身"赋予了全新意义。我们暂且归纳一下,卢梭的心灵哲学是依靠于两大概念性发现:一是把爱自身作为生命体自我保存的条件,二是生命体的可完善性(perfectibilité)。

此处先用简短几句来概括一下原因(当然,我们会再回来谈这个问题):正如我们所说的,生命体本身就具有其运动的原理。我们甚至应该说生命体自己就是它自身的运动原理。不过生命体也包括人类,而人类的另一个特征是作为"将要生成之物的本原和起源"(archè tôn esomenôn)①。如果说心灵的第一个原则使心灵成为一种自然的存在,那么刚刚所讨论的亚里士多德发现的特征就是使人成为一种社会和历史性的存在(如亚里士多德口中的政治动物 zoôn politikon),这种"存在"会转向或朝自己的可能性而敞开,却并非注定要永久存在,也并非注定要在现实中实现自身②。这种不确定性和自由的维度是人类独有的特权,卢梭将为此命名,甚至近乎创造一个名字③:可完善性(参照 DOI,142)。他说:与其他种类的心灵不同,人的心灵被赋予了可完善性,而可完善性与人的社会历史个体化有关,在"社会状

① 亚里士多德,《解释篇》(Péri hermeneias),9,19 a 7—8。

② 此处有必要回顾一下布鲁诺·贝尔纳迪的一句非常贴切的点评:"'必然'与'可能'之间的关系表现为一种模式,在此模式中,变质了的自然状态(在《论人类不平等的起源和基础》第二部分中有过该描述)被设想成契约所认为的公民合法状态。政治秩序即为一种可能的秩序。对于卢梭来说,政治是一种艺术的秩序。政治是一门艺术";贝尔纳迪还补充说明:"可能性用于区分偶然性,后者是卢梭思考历史的基本范畴……利用政治,人们可以使自己摆脱偶然事件,但又会陷入意外之中。必然性,体现为偶然性的僵化或可能性的夭折。艺术则是对可能性的识别判断,也是对可能性的守护能力"(布鲁诺·贝尔纳迪,《概念的制造:关于卢梭创造概念的研究》[La Fabrique des concepts. Recherches sur l'invention conceptuelle chez Rousseau],巴黎:奥诺雷·尚皮翁出版社[Honoré Champion],2006 年,第 276 页)。

③ 这个新编词极富学术价值(参见 OC,III,1317—1318),卢梭无疑是首位将其概念化的人。

态"中,人的心灵总是能够改变甚至自我创造①。"可完善性"其实就是这样一种"独特的能力"——从它将人与动物区分开来的意义上说——"而且几乎是无限制的"(DOI, 162),可以说在整个人类历史上,这种能力始终是人类不幸和幸福的根源②。它既可以是消极的,也可以是积极的:它可以使人对生命产生更强烈的感应,使"精神的进步"(DOI, 143)为生命体服务;同样,卢梭还发现在某些情况下,它反而会背离生命体。

当卢梭以自己的方式重新勾连起自然与灵魂之间数百年的羁绊时,他是否意识到了这背后的整个本体论?卢梭极有可能受到过二手"斯宾诺莎主义"的影响,他曾写道:"发展'幸福的组成观念'需要求助于理性,但在理性之前,有个原理业已存在。这个原理是什么? 我将其描述为:存在的欲望"(MLM, 1324)。这不失为一个极其宝贵的观点,它及时地强调了,从本质上将自然刻画为生命的,首当其冲的是对存在的渴望。渴望存在,"实存"对自身的欲望,这种生命奔向自身的冲动,由内在的"意念"支撑着它,裹挟着它,将它带到自身面前。这种"欲求"——按照

----

① 自此,当代生命科学废除了非人类生命体的运动原理("不可完善"的运动,重复运动)与人类生命体的运动原理(可"完善"的运动,自我改变)的界限。因为在当代科学看来,有多种理由确信确实存在着"特定于生命体的形式",这一词组实际上意味着:生命体的自我创造。因此,如果考虑到此点,那么似乎必须要将生命本身理解为生命体的自我构成(一种等同于自我"建制"的形式创造)。——为此,我们参考了卡斯托里亚蒂斯的《自然,创造,自治》,前揭,第203页。

② 这就是《论人类不平等的起源和基础》注释九中禁止仅用"进步"来认定可完善性的载体的方法(参见 DOI, 202—208)。

亚里士多德的说法，是 *orekton*①——构成了内在运动，并在任何时候、任何地点对自身进行内在体验，顺着这一体验永不停息地抵达自身、占有自身、把自身作为它的本体，使自身不得不被委以重担。在向自身的抵达中，在不知疲倦地渴求和占有自身存在的张力中，在感觉和"激情"中，生命不曾离开过自己的感发体验领域，也永远无法同自身撕裂，更无法充分地把握自身，因此也无法扩大自身。这种抵达自身，以朝向自身、超越自身的方式发生。在《论人类不平等的起源和基础》中，卢梭称之为纯粹的自然运动、纯粹的存在欲望，即不断地给予活着的事实；我们称这种基本的运动性（自我运动 [*autokinèsis*]）为生命的过剩（l'excédence）。

长久以来，主体的生命一直受制于过剩状态，就主体生命的本质而言，它所持存的东西与增长的东西一样多，这就是本文将在接下来的部分中试图证实的。卢梭写道："一切看似能扩大或加强我们的存在的东西都会使我们受宠若惊，一切看似能破坏或紧缩存在的东西则会使我们痛苦不堪。这就是我们全部欲念的源头"（同上）。这些欲念是"我们持存自身的主要手段"，实际上汇成了"一条不断壮大的河流"，并且其"来源是自然的"（E，490—491）。在某种程度上，有了这种生命的持存和增长法则的支撑，存在的真正尺度位于自我的深处——在其肉体的"感受力"中。的确：任何欲念的启示力量都会建立起真正的知识，可以说这是"自然而然"的。

---

① 参照亚里士多德《论灵魂》(*De anima*)，III，9，433 *a* 18。

一种"判断性"的知识,其意旨建立在肉体的直接和恒常的自我触及之上,也就是说,建立在生命的自爱之上。因此,卢梭做出了最大限度的澄清:"用来衡量生存、'更准确地说是衡量生命'的尺度总是不尽相同,它可以增多或减少,具有一定的自由度。这一尺度存在于人的情感中,并同时由情感进行判断……"

也就是说,衡量实存的现实尺度从来都不是一劳永逸的:尺度自身绝不是一成不变的,也不会囿于某种价值判断,即便每个人都会为了自己的利益而不得不认同这种价值判断。然而,这种判断,或者说用于判断实存并为其提供尺度的,仍然取决于敏感性(经由感官调合的印象和感觉)、想象力(通过图像)、记忆(来自回忆),以及在某种程度上,也取决于习惯。如果这一判断同时依赖于所有这些官能,那可以归于一个简单的原因:它根植于生命感发性的终极活力,脱胎于这些官能所带来的愉悦和苦难。卢梭想到了用这样一句话来总结他的文字:"……但是这种情感本身(这种判断性的情感为实存提供衡量的尺度)是被动的,它(当然)取决于许多东西,感官、想象力、记忆、理解力、习惯都影响和修改着它,但除了它与我们实存的关系之外,或者除了我们被它所激发的判断力之外,再也没有任何东西可以影响它"(MLM,1324)。卢梭的原文尽管透着些许犹豫①,但似乎要告

①　卢梭是要唤起判断性的和我们自身实存之间的直接关系呢,还是说他只是谈论情感传递给我们的判断呢,我们应该承认这个问题尚未明朗。也许正由于这种不确定性,卢梭的原文仍处于混乱之中,故而卢梭没有将这些文字纳入他一生中所发表的任何作品中。

诉我们,如果情感本身并非总是占据先验感发、纯粹内在的中心,即实存的情感所激发的愉悦或痛苦的中心,那么就没有什么可以永远影响我们。为了使以上表述更加连贯一致,我们甚至可以说,只要"感觉"是通过自身的愉悦或痛苦、增强或减弱对存在的欲望来显现其自身,那么世界上就没有一种感觉是人所不能体验到的。这就是主体性的规律,也是卢梭在上文中略为含混地提及的"判断"的秘密法则——判断是任何存在者天生所固有的,它本身与任何理性的、虚构的或感性的评价都无关。

卢梭正是以他最坚定不移和最个性化的论述,以及依靠不断阐发这句"毋庸置疑的格言"(E,322)——"肯定自然之善",才使得卢梭对生命本质的描绘臻于完善。若这句格言属实,它将成为对生命的最不寻常的刻画,引得无数人泼墨书写,终而造就当时西方思想史上闻所未闻的一笔。即使这算不上初次的"颠覆柏拉图主义",至少也应承认它直言不讳地反对柏拉图主义——更不用说,从基督教教义的角度来看,这一论题颇具争议。尤其诸如"人性本善"(DOI,202)或"自然界所有最原初的运动都是善而正直的"(D,668)之类的陈述,使我们难以相信这种善遵守道德或伦理秩序。不,应该说自然之善在卢梭哲学中实属一种本体论规定,自然之善以其普遍性的本质来定义存在。按照卢梭的说法,合乎自然之善,实际上就是"绝对的善,使某物依其本性而成为它本该成为的样子"①。

① 卢梭,《未出版作品和书信集》(*Œuvres et correspondance inédites*),斯泰克森-穆图(George Streckeisen-Moultou)编,巴黎:勒维(Lévy)出版社,1861年,第135页。

善是对存在的一种规定,对作为生命的自然也不例外。但善不归于任何一种品质、特性或属性。因为它既不适用于作为某种特定主语的谓语,也不表现为头脑所能把握的普遍性。善是现实生活的实体,是构成现实的结构和物质。换句话说,绝对的善表现为坚不可摧的生命肉体。这种自然之善(就绝对主体生命的意义而言),其本质既指完全依附于自身的自我肯定,又指具有积极意义的充分而完整的自我肯定。因此,认为自然是善的,就是承认生命除了自身之外,不附属于其他任何事物,它最先享受的是自己的存在。但是为了支撑这一论点,就必须展现出最过人的胆识,因为它相当于把"纯粹的自然运动"变成了一种纯粹的享受自身,而且它还认识到,若要对一切事物有益、对一切普遍的存在有益,就得在生命之中显现自身,也就是从"纯粹的自然运动"中完全把握善的存在。简而言之,自然而然形成的善,是在自然之善中持有自身的存在。正如有史以来卢梭最伟大的"读者"荷尔德林所说的"万物皆亲密"(*Alles ist innig*)①——万物从本源上来说都享有纯粹的亲缘性。我们也可以用米歇尔·亨利的话来说:那将要揭示的,便是告知自然——告知那体验自身的生命——何为"善","当生命经历自身时,它所体验到的不单单是也不首先是体验到的事物,而是体验自身的这一事实过程,这种体验所催生的幸福感,也就是生命享受自

---

① 荷尔德林(F. Hölderlin),《平面与碎片》(*Plans et fragments*),选自荷尔德林作品集,菲利普·雅各泰(Philippe Jaccottet)译,巴黎:伽利玛出版社"七星文丛",1967年,第924页。

身的愉悦"①。一方面,生命从一开始就为事物赋予了一切(无论被赋予的事物后来被评价是好还是坏),而这些事物被生命所赋予的同时又被排除在生命之外;另一方面,生命拒绝与存在者(l'étant)的状态条件保持任何结构性关系,因为生命的善首先是由生命自身给予的,它产生于生命的自我揭示,属于生命自身,也源于生命自身。

"善"涉及一切存在者以生命为核心的原始的自我显现,等于是以存在(l'être)为核心的生命显现,再怎么强调这一事实也不为过。鉴于诸多误解,我们还要反复强调,"善"刻画了这一特殊的现象化过程,最终通过赋予存在者以原样,使生命显现出最契合自身的样貌。

由于这种善定义了生命,也由于只有生命体才拥有生命,这种善在人的身上才体现得淋漓尽致。卢梭写道:"任何一个只想活着的人,都会快乐地活着;结果就是,他会活得很好"(E,306);这意味着当"善"服从于内在情感的"无穷的力量"(E,588)之时,利用向自身的绝对压制和对自身产生的绝对依附(卢梭称之为爱自身),便能占有自身,生命就会听任自己(浑然天成地)去享受自身,从而将生命自身交付给体验者("感受生命者"),即人,作为一种纯粹的快乐而存在。在《信仰自白》中,萨瓦牧师就此指出,"善是一种无穷的力量和自爱

---

① 米歇尔·亨利,《道成肉身:一种肉身哲学》(*Incarnation. Pour une philosophie de la chair*),巴黎:瑟伊出版社,2000年,第320页。

的必要结果,对每一个有感觉的人来说都是必不可缺的"(同上,588)[①]。这里,我们至少应强调两件事物的定义。首先,我们须知只有主体性的无穷力量化身于基本的"我能"以及"自爱"之中、形成一种"感觉自身"的结构,善才会"必然"流淌出来。接着,这一定义表明,人们若想令主体性的无穷力量和生命的自爱相分离,这个想法是极其荒谬的,因为只有这两者的结合才能使"活生生的自我"成为可能。

因此,有必要做出最后一次澄清:一方面,自然之善被认为是生命在享受爱自身中所体验到的幸福;但另一方面,如果说自然之善除了作为生命的本质以外,还是活生生的自我的本质,这是因为自我的主体性也依附于"感觉自身"。换句话说,"自然之善"一词实际上既指生命的自我触及,也指人总是可以体验到的幸福,因为它的源头是内在的:幸福,其动机(如果允许用这样一个词来表达)缘于其自身的存在,这种存在在自我触及的运动中从来没有阻碍过自身,因为它既不违背也不反对自身[②]。

所以卢梭在这里用"自然"一词来指代"活着"(vivre)的主体性。"自然之善"只不过是对自身的一种享受,而这种享受持久不渝地依附于自身,不可能偏离或退缩。这就是"自然之善"真正的哲学意义,要说这一意义非凡卓绝当真也不为过。

---

① 让我们回忆一下,卢梭眼中的《爱弥儿》只算得上"关于人类原始善良的一篇专论"(D,934)。

② 关于如何辨别原始的善和幸福,参考罗伯特·里卡特(Robert Ricatte)的杰作《反思〈遐想〉》(*Réflexions sur les « Rêveries »*),巴黎:科尔蒂出版社(Corti),1960年,第63页。

尽管如此，我们仍不禁要追问，到底是什么促使让-雅克·卢梭最初的"战友们"对他实施了这一切的"冒犯、报复、辜负、侮辱和不公"(R, 1080)！嗟乎，这位悲惨的受害者！他们仿佛想令卢梭为其大胆的言论而赎罪，在他的肉体上烙下替"自然之善"作伪证的耻辱印记，攻击他居然敢为之大声疾呼并大肆颂扬！难道我们永远也无法知晓，为什么卢梭要自由而真诚地宣告在绝望、怨恨和邪恶之下，暗藏着生命的善良和仁爱的震颤——他还说，应该尽可能地妥善利用这种生命，以免被针对他者的敌意所左右——是的，难道我们永远也无法知晓，为什么卢梭不得不被那些"哲学家"的"仇恨"和"敌意"的枷锁拷得如此之久(同上，1081)？难道我们永远也无法理解，为什么是卢梭首次要求用"善"来命名生命赋予自身的情状实体？

生命于其深处便是享受存在，而生命享受存在，亦是享受生命自身，往往脱离不了生命体验自身的内在和它与自身的紧密关系。我们可以肯定正是针对卢梭这一观点，而不是他的政治思想，卢梭的反对者才会表面上高举"现实主义"的大旗，实则挑起针对卢梭的排斥。当然，我们还不能毫无顾忌地断言，"对那些感觉到自己实存的人来说，存在总比不存在要好"(LV，1070)——特别是我们再次补充这句"只有当他乐于存在时，他才是善的"(E，818)。对生命萌生这样的信念，总是需要付出相应的代价。的确，若不是迟早要降临的虚无主义的电闪雷鸣(那始于18世纪末扰乱西方思想视野的平地一声雷)劈击自身、封缄其口，人们也不会把生命的主体性解释为一种纯粹的自身享受。

但我们要尽量避免陷入这些问题。相反,我们更需要坚持这一点:卢梭用"自然之善"一词表述了主体性的本质。这种本质一直作为自我的生命存在于自我之中,并一直向自我揭示,使自我得以延留于自身并保持自身成长。这一本质的实体由欲念构成,而此间第一种欲念,即对自身的爱,直接导致卢梭在作品中用了"自然"为之命名——仅仅因为这个词总是指(至少从希腊人开始便以自然[*phusis*]之名)发生在自己身上的、摆在自己面前的东西,因此,也指的是当知性的精神决定认知它的时候才能转向的东西。如果说,自然之善是存在的——而其证据就来自纯粹的自身享受中"活着"的体验——那是因为自然之善来源于每一个生命体的肉体中进行的内在而多样的、混合了感发与力量的游戏;也是因为自然之善是实存情感的充分性所带来的美满结果。正因为如此,卢梭终将宣称,即使我们经常苦于太过入世、服从规则而歪曲了心灵的正直,但最重要的是"存在的幸福由自然维系着……它把我们所有人都置于这种幸福的观念中,仅凭此,我们的心灵才始终保持最原始的品格"(D,669)。

50

第二章

自然状态

"我曾试着竖起一座丰碑,其力量和坚实却并不归功于艺术:只有我甘愿为之献身的真理,才有权利使这座丰碑屹立不倒"(A-DSA,96)。

这座由卢梭竖立的、被他专门用来献给真理的丰碑,正如上文所说,就是"真正的哲学"。这座丰碑应具有两面:一面理论,一面实践。在实践的一面,这座丰碑揭示了感发性的伦理规则,其终极目的乃是达成人类心灵的福祉,因为卢梭确实说过,"人类生命的目的在于实现人的极乐"(LM,1087)。在理论的一面,丰碑则揭示了人类心灵的原则,这些原则甚至建立于"存在"的最为内在的本质之上,即"渴望幸福的贪婪之欲,使人类在任何时刻都感到自己生来就是为了存在"(MM,13)。纵观卢梭的主张,没有哪一条能比这句话更能表达"真正的哲学"企图在理论与实践之间建立的密切联系:"最了解人类自我之人,最接近智慧"(LM,1112—1113)。

在认识心灵的过程中,卢梭提出的方法与笛卡尔的方法大相径庭。区别于笛卡尔的"心智省察"(inspectio mentis)法,卢梭采用的是由他本人发现并命名的谱系法(généalogique)。卢梭在《致博蒙书》(Lettre à Christophe de Beaumont)中展示了这一方法的原理。他解释道,其本质在于呈现"原始之善的连续改变",而我们实际上读到的是:"依据我在自己全部著作中所梳理的一切道德的基本原则,人性本善,热爱正义与秩序,人类心中不存在原始的邪恶,自然的最初运动也总是正当的。我曾指出,人类与生俱来的唯一欲念,即对自身的爱,是一种对善恶无动于衷的欲念;只有在偶然的情况下,并根据自身发展情况,这一欲念才会显得有好有坏。我也已经阐明,所有归咎于人心的恶行都不是天生的;我已经说过它们是如何诞生的;甚至,我已经遵照谱系澄清了人是如何通过连续改变其原始之善,而最终形成人类现有的样貌"(LCB,935—936)。

谱系迥异于考古学。考古学旨在把我们带回至一个时间性的起源。因此,它在时间意义上抵达起点的方式通常都是历史性和历史化的。与此相反,谱系更关注阐明这段历史本身的可能性条件。而这些条件都是非历史性的:它们完全隶属于"本质"。谱系以现实为基础,落实了与心灵相关的现象的先验生成;谱系为了疏清这些现象,展示了它们何以成为"爱自身"的模态。早在 1752 年,卢梭就用了以下表述来制定一项律法,以确保谱系的合理性,并限制其学说的考古学主张:"内部越是败坏,外部越是复杂"(A-DSA,73)。要知道,在卢梭的全部论著中,唯有这一主张最能彰显诉诸谱系方法的必要性。

为了理解这一主张,必须从另一个同样重要的思路加以澄清:"在我们之中",卢梭说,"每个人都具有双重性。自然作用于内在,社会精神表现于外在"(参照《爱弥儿》法弗尔手稿版,57)。从中我们可以看到,内在和外在实际上指向两种"显现"方式:一是作为生命的自然内在性,其中,自身所体验的东西作为一个活生生的"自身"向自己显露,这一显现程度对任何它者来说都是不可估量的;二是人类社会的外在性,也就是世界的外在性,在这个世界中,我们所看到的一切均为如其所是的表象,它们总是像这样或那样地被置于外部,被安放在自身之外,总是作为他者的他者(l'autre d'un autre)而显现。区分显现方式的差异具有决定性意义:这一区分构成了卢梭谈论存在、心灵、上帝和世界的全部话语。但并不是说这一区分(此外还需注意避免与笛卡尔式二元论相混淆)没有点出卢梭在理论上的疑难。真正的问题在于,我们从来没能完全把控这个二分法,也没能掌握它的来龙去脉。尽管缺乏对区分的把握(反映在卢梭的思想中,现象学二元性的论断更多指直观而非反思),卢梭还是在此基础上"悬置"了他的主干论述。如果说卢梭在尚未认清区分的情况下,还是任由主体性的本质和实存依托于这一区分,那么,这一区分作为与自身分裂的"动机"、作为难以逾越的"矛盾"的源头,首先是由它自己在自己身上经历了存在性的考验。卢梭笔下"让-雅克"和"卢梭"的二分性象征性地证明了这一点。

那么这是否意味着只有经过"心理学"甚至"自传式"研究,

我们才能获悉生命（"自然"）的原始本质？这一问题重负千钧，我们必须一路解释两点：(a)为什么在卢梭的理论著作中，生命的本质不断地成为双重指称的对象——既然它归结为"自然"一词，却既表明心灵具有个体的、有限的本质，又表明主体生命具有普遍的、绝对的本质；(b)以及为什么如此般规定，非但没有把事情简单化，反而证明了一种困窘，即这位《爱弥儿》的作者似乎只有在濒死之际才能实现自身的消散，但与此同时，这一困窘会被推向极端，导致他将生命作为存在的绝对基础，冠之以"人性"这个便利但从未明朗的头衔，从而赋予生命以本体论和心理-人类学（psycho-anthropologique）的模糊本质。

在卢梭的文本中处处可见分界线，它们将内在的领域（内部）和超越的领域（外部）分隔开，但分界线的实际内涵却因卢梭自身所持的不同观点而各不相同。作为抵偿，不变的事实是，超越性总是基于内在性，而外部是由内部生成的（因此要采用谱系法），于是根据生命体验自身的方式，世界的法则才会适用于这般或那般领域中的存在。

不过此时还是很难理解为什么内部越是败坏，外部越是复杂。毕竟，如果真的存在两种显现的方式，两者也可能完好地共存，不会因为另一种方式的增长而减弱。一切难点都在于如何将现象学中的二元性解释为本体论甚至是实体论（ontique）的二元性，也就是把显现的模式当作一种存在的模式，甚至（我们稍后再谈）一种存在类型。因此，内在/外在的划分往往被自然/社会的二分法所掩盖，卢梭在《论人类不平等的起源和基础》中首次揭露了这一点。不过这里需要做出澄清：卢梭在《论不平等》中论述的历史理论在某些部分显得前后不一，是因为其中一些概念从根源上属于心理-人类学范畴。如此导致了"自然状态"与"社会状态"之间必然孕育出一种新的创造，也就是说形成了一种长期的"第二自然状态"，它实际上浸润在以上两种"状态"的现象学的实体(substance)之中。但是，这些状态本身并未获得其真正的哲学意义，直到卢梭将它们归入两种类型的人的显现条件之中。这两种人按其属性被称为"自然人"（或"原始人"）和"人类人"(homme de l'homme)。同样，《爱弥儿》向我们呈现了主体的双重"诞生"(E, 489—490)，即自我的心理物理学(psychophysique)结构的两个不同发展过程。总之，虽然人类学视角明显不符合这一学说的追求目标，但人类学的观点却以一种沉重而不幸的方式促成了这样一个结论，那就是先验生命的存在若无法显现——然而这一生命剧烈挣扎着脱身于形而上学的阴影——只能采取相反的措施，即通过生命的实体化过程才能使其显现。

因为，即使这种生活方法的激进性和独创性使它必须与哲学传统（该传统仅赋予思想以存在的显现能力）的打击相抗衡，但想要摆脱仍旧被语言紧密依赖的过去，也并非易事。同卢梭一样，即使人们格外意识到自己必须站在某种高度来表达自己的"真理"，但往往对改变现实情况无能为力。卢梭在《论科学和文艺》出版后的第二天写道（他不免自负地写道）："我相信我发现了伟大的东西"（《致博德的第二封信序言》）[*Préface d'une sec-*

onde Lettre à Bordes],全集卷三,第103页),这并不意味着,为了把这些伟大的东西强加于人,他能够避免在预先架构的概念框架内自我搏斗。尽管这些框架有助于卢梭提出质疑,但他未尝成功地将它们完全打破。毫无疑问,笛卡尔和洛克对卢梭的影响深远:他们使得卢梭的基本思想陷入了人类学的僵局,而在18世纪,法兰西思想一般都不鼓励规避这种僵局。

对卢梭思想的阐释总是显得特别微妙,因为它旨在解释为什么卢梭觉得有必要设想一种起源——自然作为生命的纯粹本质——这一起源按理说往往被思想弃如敝屣,却又在某种程度上显得难以捉摸。由于其不确定性,解释者可以从好几个角度进行拓展,并且每一个角度都载有不同的命名。当然,多样性总是令人迷惑的,除非我们设法使之归复到一种悄然建成的统一状态,使卢梭的所有著作成为他口中引以为傲的"丰碑"。不过多样性仍是可以还原的,毕竟多样性只是具象的排列。具象化绝不是任意的,因为它必然是同时由自然的内在和绝对不可见性所塑造的,这种作为生命的自然,事实上从未有一个人、一个生命体曾亲眼目睹过。

声称要"研究""原始自然"的思想将必然面临"原始自然"的逃逸,因为这一自然永远不可能屈服于知识的审视,而在"理论家"日益专制的统治下,"原始自然"似乎越来越不容易接近了。卢梭决计没有忽视这一点,我们还应该感激他曾如此说:"更残酷的是,当人类的一切进步都在不断远离原始状态的时候,我们越是积累新的知识,就越是剥夺了自身获取最重要之物的手段,从某种意义上说,只有通过研究人类自身,我们才得以使自己从认识人类的状态中抽离出来"①(DOI, 122—123)。在《论不平等》中,复杂的联系将"自然"、"自然状态"、"人类本性"、"自然人"、"心灵"等概念相连结,这些联系主要依赖于一种不可能性,凭着直觉(或完满、明显的意向)来确定问题的原初本质。这些事物被赋予了如此多样的"标签",正是由于人们采取使事物客观化的手段,并禁止用一种再现的思考方式来接触事物。如此,"自然"被认为应该预先投身于任何构成性的目的,似乎对应于"自然"在具体实现其现象的有效性时,应该从任何"意义的馈赠"中逃逸出来,于是除非考虑到本体论意义上的优先性,才能解释为什么对"自然"进行"研究"就非得经历对自然本质的具象化以及建构出一个自然的"典型"。

实际上,当卢梭以绘制自然人的形象为己任时,他感兴趣的正是这种"典型"的基本样貌。乍一看,我们不能说这些形象构成了卢梭理论独创性的基础,因为卢梭并非第一位企图在自然状态中呈现人类形象的思想家。然而卢梭提出的自然人的形象,却与同一时期自然法理论家们所阐述的截然不同。一旦我们明白了这一形象在卢梭那里象征着绝对的主体生命最初以何种形式表现出来;一旦我们领会了其本质以何种模式在活生生

---

① 我们需指出,区分"文明人"与"原始人"的历史距离,在这里是通过类比的方式,象征着一切智性知识所亟需的现象学距离,以便能够再现一个不同于自身的、外在于自身的对象。这种象征化同时也作为一个面具掩盖住这一距离,让距离本身变得不可见。

的个体心灵中表现出来；一旦我们推断出，正是由于这种现象学的条件，生命不可能毫无遮蔽地显现在可见世界的外部，在这一切的观照下，我们就已经成功地把握了卢梭主义的方法及其独特性的全部尺度。

没有哪一种人类的实存能够逃脱自然的状态，对此，自然状态体现出普适性的意义。即使是文明人，似乎已经走出了自然状态的人，也就是我们每个人在社会上生活、在历史进程中铭记言行举止的"人类人"，即使是这样一个人，也无法脱身于自然状态。在《爱弥儿》中，卢梭还谈到"生活在社会状态中的自然人"（E, 213），这句话也许精确描述了我们每个人的心灵屈服于"去自然化"之后所沦落的样子。但在自然状态中，何为自然人呢？从卢梭的冗长描述中，我们将仅保留一个线索：自然人的特征首先在于他并不反思自己的"原始状态"（DOI, 160）。因此他就忽略了自身原始状态的情况。从本质上讲，自然人丧失了关于自己的所有知识——这种知识即为反思、思想的结晶，并基于对现实的客观化。以自然状态为对象的思想——这难道不就是卢梭在《论不平等》中发展的哲学吗？以及，只有当这一思想在人的心灵中觉醒后，它才能走向自然状态。如此，心灵原本陷于不懂得如何运用思想的状态，而觉醒本身正伴随着这种状态的消失。所以，对于重现自然状态的思想来说，它的知识对象在它自身的表象中是"未实现的"，它的实在性已经被取消了，只停留在思想本身所给予自身的意义层面上。但是自然状态并没有因为这一切而消失，自然状态依旧现实存在。在自然状态的维度中，每个生命体的生命，也就是心灵的生命，进入自身并占有自身，所以自然状态的维度恰恰就是"自身"。而且实际上，自然状态的现实性是不向思想揭示自身的，它只向心灵显露，如生命骤然降临自身时所经历的悲怅一般。那么是什么令思想感触到自然状态是一种已结束的东西呢？正是这样一个事实：自然状态在思想的凝视面前将立即消失，思想总是，正如米歇尔·亨利敏锐捕捉到的那样，"认为自己被遗弃给了虚无，其实思想是失去了从它当前表象中逃离的一切"①。但是逃离表象并不一定意味着跌入虚无。按理说从表象中逃离的事物实际上可以幸福地存在，这样的事物毫无疑问就是指作为生命的自然。自然一直存在着。从某种意义上说，自然依然存在着。它的存在，当然不是在思想凝视之前，而是在灵魂的无形包围中，即在其"内心"的深处出现，而表现出来的自我。它的存在是通过将自己献给自身，通过显现，当然不是在思想的凝视中显现，但肯定是在心灵的无形怀抱中——在"心"的最深处显现。

因此，卢梭在铺陈他的论述时遇到理论上的阻碍绝非偶然，毕竟他不得不求助于"知识之光"来把握这一自然的本质，而偏偏自然的特性就在于它的表现形式往往被知识的光亮所遮蔽。卢梭反复论说理智之光遮蔽了自然的显现，甚至还断言："反思的状态是一种反自然的状态"（DOI, 138）。由于自然的感发维度，由于自然的"内在性"，自然在心中体现出来。卢梭非常清楚

---

① 米歇尔·亨利，《道成肉身：一种肉身哲学》，前揭，第 274 页。

这两种通路之间的对立（通过心灵进入自然与通过头脑获取自然），以至于他在《论不平等》开篇就不假思索地承认："我希望读者不要以为我敢自诩已经发现了我觉得很难发现的东西。"这确实困难重重，以致为了得出哪怕是一个粗略的结果，首先要做的是费尽心思地把自然的问题"还原"到它的"真实状态"（DOI，123）——遗憾的是，卢梭从来没能够明确指出这种状态遵循的是现象学规律还是人类学规律①。

---

① 让我们举例说明这些困难。在《论人类不平等的起源和基础》的第一部分中，卢梭一开始就以一种非常含混别扭的方式跨越了两种相分歧的方法，用来勾勒他所认为的野蛮人的"景象"：第一种方法利用在"实体的人"和"从（他的）形而上和道德方面"所考量的同一个人之间预设一种差异；第二种方法是引导在人性和动物性之间树起对立。然而，只需参照文本就能认识到，对这些不同视角——如果我们还能区分这些角度的话——进行分别描述，都会引向对"自然人"的存在的全面和统一的考虑，即人是绝对的主体生命的具现，是先验生命的化身，在具象化的过程里，生命体的人性和动物性都参与其中。而且，既然这种生命，在其原始的自然性中，在其绝对的主体构成中，在其本质的感发性中，只能再现一种原则：它既可以主宰心灵和肉体的实质性的双重区分，且又掌管动物性和人性的实质性的双重区分，我们又该如何感到惊讶呢？

作为生命的自然的本质，只有凭借其绝对的、不可逾越的优先性，才能将其自身赋予"自然人"。这就首先意味着，自然人的身体（这种绝对主观生命的形状）、由"自然状态"所构成的条件下存在的肉体、处于"原始状态"的肉体，远非自然人在客观模式下所能认识，反而像自然人的灵魂一样无法被表现。自然人的身体是显现其主体性的场所，在这个意义上，他的行动力和驱动力贯通了其感性和内在。所谓的自然人，无法使身体与自身保持一定的距离，无论是观察身体还是将身体作为工具，都显得完全浸没在他所掌握的力量中，而身体根据具体需要才"偶尔"发挥力量。这就解释了为什么自然人的本性与其"身体"完全一致。

但这里指的究竟是哪种身体呢？肉质的身体，活生生的身体，当它在生命中体验到自己的时候，却没有能力在它的任一有机组成中进行自我再现，这是因为身体仅仅依靠内在力量对自己的考验，才得以不休止地于其存在的每一处准确地感觉自身。

（转下页注）

鉴于我们所采用的视角，没有什么能比卢梭笔下迸发出的

（接上页注）为了把握住这一肉体性，我们首先要对卢梭在《论不平等》中所使用的语言保持怀疑。毕竟语言所极度依存的逻辑，正是经由身心二元论引入到思想中的。接着卢梭写道，"野蛮人的身体是他唯一了解的工具"，并补充，野人"将身体用于各种用途"(DOI, 135)，他想暗示的是，对于自然人来说，身体并不适合作为工具使用。但对我们这些只了解客观的、再现的、器官化的身体的"文明"生物来说，自然人的身体除了作为自然人所能拥有的唯一工具之外，不能再以其他方式出现在我们面前。据卢梭所举的例子，用以证明这一切的是自然人的手腕，这只手腕可以用来折断粗壮树枝，却并不等同于斧头，也就是并不等同于被人控制后可以使用的物品、在任何情况下都有别于人自身的物体、经过一番思考之后能根据其"功能"来加以认识的对象。这里需要再次回忆起"反思的状态是一种反自然的状态"(DOI, 138)，这就意味着，尤其在分析"原始身体"的语境中，自然人的自然性是独立于反思视界，并在反思抬头之前发展起来的，而反思的视界由于其外在性，最终塑造的总是世界的视界。就其"原始"意义而言，生命在自我赠与的即时性中保有着纯粹的内在性。它使自己摆脱了外部的一切事物，却抢先为自身保留了内在性。由于生命内在的构成，生命既不清楚目的，也不清楚手段，至于将这两者联系起来并相互评价的审议(反思)就更少了。结果，当"野蛮人"努力折断树枝之时，最先发挥作用的绝不会是他的手腕(作为自己身体中多少算是"自主"的一员)。用来折断树枝的，是作为一个整体的身体，在"我能"的模糊的、不可估量的、分散的本体力量中，有且仅有身体能在没有丝毫"犹豫"的情况下发挥力量(犹豫只由反思行为所导致)，但也无任何"技巧"可言(技巧是犹豫的反面，同样从反思行为中产生。自然的和活生生的肉体按其原则，即在直接表现其肉体的生命力时，会忽略任何本体论的层面，也不再认可列举人体器官并识别其功能。在这种独一无二的条件下，肉体可以被描述为"无意识的"、"本能的"、"野生的"或"初级的"。卢梭本人就极为精彩地论述了：正是因为在"原始状态"中，肉体不断地变得完整，在肉体的每一处"活"于自身(DOI, 193)。卢梭再次强调，正因为肉体使"一切为了自身"(E, 249)，它才显示出自己能够"随时为任何事件做好准备"(DOI, 136)。换言之，使活生生的身体一直持续可用的，是它自身所拥有的力量(也是归功于其生命本身所拥有的力量)不断进入并占有自身、它所体验和经历的自身，准确地说，是它不断地支配自身的可能性。自由使用身体是一种自由使用自身的模式，而这种自在性构成了"我能"的条件。但肉体的活力及其不断的再次激活，来源于被卢梭天才地定义为"心灵的第一原则"的内在力量，其名为：爱自身。

"还原"(réduction)二字更具挑战性了,因为它奏响了卢梭阐述其学说的前奏。事实上,如果不实施这种还原,也就是不首先消除一切客观性(而且很明显,卢梭在《论不平等》中提出的关于人类起源的论述与历史的、客观的、科学的论述毫无关系)的话,"澄清"自然的本质似乎是一项极其无用的任务,以至于卢梭所有最本质的分析都将在这个基础纪元内展开。而建立起一个纪元并非易事,卢梭本人似乎也承认这一点。他说:"在人类的现实本性中,把先天的和人造的分离开来,以及弄清一种不复存在的、也许不曾存在的、也许永远也不会存在的状态,可不是一项轻巧的事业"(同上)。然而,我们可以觉察到,对卢梭式"真理"的全面领会,将取决于对这一主张的恰当理解:它关乎自然的状态,即关乎存在的绝对主体基础。

综上所述,我们该如何理解自然状态这一概念? 自然状态是一种具象,或者用卢梭的话说,是一种"图象"(tableau)(DOI, 149),是生命的彻底内在性——生命的主体和绝对本质持续指挥和支配着"现实的自然",却被人为的假象所遮蔽。也就是说,为了实现生命的具象化,必须观察理解人的当下状态如何在本质上仍然是由"原始自然"决定的,以及为何"艺术可以被伪装、折叠甚至扼杀,而自然却丝毫不能改变它"(《爱弥儿》法弗尔手稿版,57)。卢梭甚至还明确规定,为了绘制原始人的形象,首先要考虑"我今天所见到的"现实的存在,然后再剥离"被如此构成的存在可能接收的所有超自然馈赠,以及通过长期的进步才可能获得的所有人为能力"(DOI, 134—135)。不过,即使卢梭沉涵于伤感的见解(例如,在上一处引文的同一页中,卢梭补充说:"自然人已经消失了,永不再归来"),有了这样的论述,我们怎能不认识到"原始自然"在其纯粹的现实中是一种永恒的、经久不变的东西呢? 如此,或许我们应归纳出一个结论,即卢梭所采用的谱系学方法对自然本质的认识太过模糊。一方面,自然实际上被呈现为持续的在场:一个隐匿的或被遮蔽的主体(*subjectum*),一切事物都不断地建立在这个主体之上,只要它不受制于实存的条件(这"也许根本不存在"),这一基础便不会随时间而变化。但另一方面,人们又说自然"已不复存在",这便是自动将自然定位成时间上的起源,它在很久以前就已消失,也可能是在涌现后不久就消失了。

无论如何,在"自然人"能够意识到他自己"之前",即在他(以反思性的知识)知道这种自我赠与先于他对自己的意识之前,自然早就把它自身给予了"自然人"。所以"在……之前"是指:在显现之前,亦可在显现之后保持存在。自然的赠与被赋予了过了,就像"完全自然"的东西被赋予了过去,因为其实更确切地说,自然的赠与是根据一种原始的本体论被动性而被赋予了被动状态(关于这一点,我们将不得不质问自身),必须强调,这一被动性的赋予促使人们将自然状态具象化地解释为不复存在。当自然成为思想再现的对象时,自然的赠与会引导思想授予过去存在的意义。但是,赠与的被动性,正如它逃避了再现的思想一样,也逃避了任何时间性的标记;因此,卢梭被迫在他的论述开头补充说,自然的状态或然"将永远不会存在"。

卢梭质询"自然状态"的意义,试图从一个引发了他那个时代整个哲学和政治争论的问题上找到共识。但甫一开始,他就不满足于现成的纲要,而将自己与同时代的学说区分开来,声称"自然界的一切法则,如果不是建立在人类内心的自然需求之上,那么它不过是一个空想"(E, 523)。这究竟是一种怎样的"法则",人们决定将其定性为自然的法则,而且它并不来源于现实的本质——也就是说,来自绝对的主体生命,其自我揭示的维度被卢梭置于心中(不是作为身体的一个器官,而是作为实存情感进行自我触及之"部位")? 它会不会是精神幻觉以外的东西? 再举一个充分有力的例子,霍布斯的哲学人类学就是最佳证明。霍布斯所贡献的不可否认的功绩或许在于,他"非常清楚地看出所有关于自然法的现代定义中的缺陷"(DOI, 153),他明白这些定义完全只建立在人类的理性基础上,他也洞悉在自然状态中,即"在公民社会之外,唯余欲念才是统治者"[1]。但是,霍布斯仍旧对基础的方法视而不见,因为他"把满足无数欲念的需求,不适当地掺入野蛮人对自我保存的关心中,其实这些欲念是社会的产物,正因为这些激情的欲望才使法律成为必要"(DOI, 153)。对于卢梭来说,仅仅将欲望或激情放在开端是不够的:还需要明确指出属于"开端"本身的特性。这就是"自然需求"的全部功能,而霍布斯的理论却轻慢地忽略了这一点。

---

[1] 霍布斯(Th. Hobbes),《论公民》(De Cive)卷一,索比埃尔(S. Sorbière)译,戈雅-法布尔(S. Goyard-Fabre)编,巴黎:卡尼尔-弗拉马里翁出版社(Garnier-Flammarion),1982年,第195页。

对于这位《利维坦》的作者,必须指出第二点批评:"这位作者(霍布斯)在对他所确立的原则进行说理的时候,他本想说,在自然状态中,我们对自我保存的关心会对他人造成最少的损害,因此,这种状态是最适用于和平的,也是最适合人类的。"然而,这些其实都与霍布斯所说相左。因为他从来不希望看到人类对自我保存的关心植根于爱自身,也就是说,植根于一种纯粹的感受性的怀抱,在这样的怀抱里,生命(而不是作为自身意识的个体人类)不懈地依附于自身、占有自身,享受着这份赠与——这份无与伦比的礼物,被生命无限制地提供给自身,卢梭称之为"自然之善"。换句话说,霍布斯从不希望看到这种关心是内在的,也不希望仅凭此就可以表明原始真理之所在。这一所在是生命与自身斗争的无形之地,此处的生命对自身充满激情,不断地渴望着自身,由于自身的"自然需求",即自身的"可完善性",而不知疲倦地渴望着。

自然法学家们所遵循的方法,与那些跟在其后亦步亦趋的哲学家们的做法大相径庭。按照后者的说法,没有一种欲望不是起源于客体的缺失,不是起源于与他人的争执,不是起源于社会内部的主张;没有一种欲望不是来自剥夺、侵占、作恶。这些欲望的消极性组成了它存在的理由。让我们再好好思考一下霍布斯。从一开始,霍布斯就设想"所有自主运动的首个内部开端"——这里是指他所说的"动物性运动"的固有努力(*conatus*)——都依赖于表象。按《利维坦》的说法,"努力"一词始终基于"朝向何处、经由何处、关于何者的先行思想"①。由于缺少或缺失客体,欲望首先要表现某种事物,用来将其投射到自身之外。因此,致命的是,所谓努力(conatus)的"内部"的运动,这种为欲望赋予存在的运动,已经不能再被限定为"内部的"——从主体的彻底内在性来看——因为它完全被托付给了表象的外在性,更确切地说,是被赋予了空想的维度。"欲望一词总是意味着客体的缺席"②,这实际上正是霍布斯所宣称的,是所有现代自然法学说共享的基本原则,卢梭恰恰极力反对这一原则。

因为这些学说仍存有缺陷。事实上,似乎一切欲望所再现的客观对象,其本身就标志着一定的社会价值:因为它们都是人们模仿争论的对象,是在众人的嘶吼、在集体的狂怒中被撕裂的对象。关于欲望的事实,霍布斯是否只认识到这一支配着社会需求的可怕推论将产生主观上的反响?卢梭在《论不平等》中指出,这位《利维坦》的作者和所有自然法的理论家一样,都将不可避免地遇到失败,因为通过"不停地谈论需求、贪婪、压迫、欲望和骄傲",他们"都把自己从社会里得到的一些观念,搬到自然状态中去了;他们论述的是野蛮人,而描绘的却是文明人"(DOI,123)。然而,他补充说,需求本身就具有一种绝对自然的地位,

---

① 霍布斯(Th. Hobbes),《利维坦》(*Léviathan*),第一部分第六章,F. 特里戈(F. Tricaud)译,巴黎:西雷出版社(Sirey),1971 年,第 46 页。对于此处的问题,我们将参阅扎卡(Y.-Ch. Zarka)《霍布斯的形而上学决议》(*La Décision métaphysique de Hobbes*),巴黎:弗林出版社(Vrin),1987 年,第 255—292 页。

② 霍布斯,《利维坦》,第一部分,第六章,前揭,第 47 页。

这意味着它不应"依赖"除了"自身"以外的任何东西。需求是与自身一起诞生的,它甚至是一种感受性(*pathos*)的却又生机勃勃的运动,它将自我置于生命的平面上,于是卢梭立刻想到从实存的情感中辨认出它。

"自然状态的图景"(DOI,149)充其量也就是蘸取了主观的色彩,像霍布斯这样的作者甚至成功地使作为主体性原则的感发性在这一"状态"中产生了共鸣,这不应误导我们:自然法理论在"自然主义"偏见的驱使下,将主体性仅仅置于存在的外在性中,将其视为一种本质,总是已经参与到确定的主体间关系中——这是由社会暴力所决定的。然而,隐约贯穿"自然状态"概念的整个哲学问题难道不应该在于建构——哪怕是借助于"假设"的建构——这些关系本身的可能性吗?所以卢梭认为针对"自然法"教条主义者的批评似乎颇有道理,因为他们一贯以"公民社会"或"社会身体"的形式来预设外在性的展现,而他们本应从质问自己开始,质问这种关于外在性的外在性,更确切地说,质问这种外在性的可能性条件和自身动机。无论如何,正是这种预先质疑的展开使卢梭写道:"内部越是败坏,外部越是复杂"……不可否认的是,霍布斯和斯宾诺莎确实强调了外显(extériorisation)的动机从属于欲念和不可压缩的感发游戏。但是,不同于直接涉及某些欲念或某些特定的感发(无论这些情感被称为"消极的"还是"积极的"),自然状态,从卢梭本想赋予这一表达的意义上来讲,为了益于理解,它将原始的和无形的平面"具象化"。正如卢梭在《论不平等》中所说的那样(第168页),

在这个平面上,只有共同的本体论基础在起作用,即爱自身作为绝对主体生命的内在结构,作为"简单而孤独的"生命。也正因为如此,对于最终背弃了当时人类学和政治学的卢梭来说,除了"活着"的主体性(因为它表现在人类内心的非物质空间中),不可能再有其他东西可以构成和奠定"自然法则"。正印证了,"自然的一切法则,如果不是基于人类内心的自然需要,那么它只不过是一种空想"。

第三章

心灵的第一原则:爱自身

从原始(希腊语)意义上讲,根据人所置身的视角,"原则"(principe)意为"最初始于何者"或"从最末溯源"。正是因为原则已经超出了人们所能追根溯源的范围,因此它是作为"最初"出现的。然而,原则不仅是事物得以存在的开端,也控制着起源于这一开端的一切。"原则"要求其追随者成为"如原则所是",于是原则便作为事物的本质统治着事物的存在。所以想要了解某事物的本原,就是要寻找这一事物是"如何种原则所是"。卢梭在《论人类不平等的起源和基础》一开始就使用了这个词组,指的是使心灵成为心灵的一切,指的是使生命体可谓"活着"的一切。如果说心灵在本质上处于运动之中,如果说心灵即为其"生命存在"的运动,那么"心灵的原则"这一表述只能用来命名"生命存在"(être-en-vie)的运动从哪里开始,却无法指明这一运动本身的发展。而对心灵来说,"原则"并非运动或成为自身的东西(即心灵);它始终处于运动之外,但它通过自身的行动、自身的活动性，驱使处于运动之中的东西开始运动。如果说心灵因其原理而发生蜕变(运动)，那么这些原则唯有借助能使自身行动的东西，即生命，来推进心灵的运动。因此，这些原则从生命中(从生命的"最初"中)汲取了启动心灵的能力。

对于卢梭来说，有两条原则能够从生命中汲取力量，推进心灵的运动，终而使心灵成为心灵。这两条原则对生命体来说，是其生命存在(être-en-vie)的本源，即爱自身(l'amour de soi)和怜悯心(la pitié)。爱自身建立起了心灵主体性的基本：正是由于"爱自身"为生命所固有，心灵才能够并且事实上总是能够体验自身。怜悯心使得这种主体性(看似以自我为中心)始终保持自身存在，并以此保持一种主体间性(intersubjectivité)。在卢梭对"秩序"的沉思过程中，即便不对其进行主题化(thématiser)的归纳，他最终也会一点一点地发现，究竟是什么使一个心灵(绝对的主体生命)不仅成为心灵，而且成为自身(Soi)，究竟是什么使心灵成为真正的"个体化原则"(*principium individuationis*)。这不是别的，正是心灵所享有的"地位"(position)，或者说是它所遭受的"境况"(situation)：不是在外部、在世界中、在自身和他人的众目睽睽之下，而只是位于无形的"平面"(plan)之上，生命通过不断修改自身所体验到的情感而展开自身。

涉及"心灵的原则"之问显然为数众多，而这些正是我们将在此次分析中尝试回答的问题。为什么爱自身和怜悯心建立起了心灵的存在？这两条原则如何控制它们的内部运动？它们之间如何相互连结？按照卢梭的说法，它们本身的关联是以何种方式构成了"使用欲念时所有人类智慧的总结"(E,501)？为什么卢梭最终将这两个原则的联合作用等同于"自然的纯粹运动"(DOI,155)？

根据我们的初步分析,目前可以肯定的是,卢梭并不仅仅试图证明生命"在自身内部"、"借助自身",拥有"使自身生长"的力量,他还想证明"自然",也就是他一贯所称的"生命",由于其本原性的自我赠与和内源性的生长,作为个体主体性的展开和自我潜能的实现源泉,是心灵接纳全部"触及"(affection)的可能性条件,也是自我存在期间可能经历的全部"欲念"(passion)的变化起源。然而,这种缘起(或源头)使我们在理论层面上被迫处于一种被动状态。因为不仅心灵其本质上是被动的,而且心灵在任何时候可能体验的感发都脱胎于一种被动性,而这种被动性甚至比接纳(或遭受)"外在"感发的心灵所体验到的被动性更为基本。

那么问题就来了:"感受性"(接受性)的本质不就在于这种原始的被动性吗？而这种原始的被动性实际上不就是"自然"的固有特性,即生命的绝对主体性的特性吗？考虑到生命对自身的原始情感,考虑到它的"感受自身"——正如卢梭所说,感发性(affectivité)的基本结构与所有意识、印象、感觉、形象、观念都必须最终"相关"(rapportées)。鉴于卢梭所说的这些"内在情感"(sentiment intérieur)的先验特征,一个关于"欲念"(passion)的本体论概念不就向我们揭示出来了吗？这一概念的彻底性会使它超越传统的"行动"和"停滞"的二分法吗？

我们已经指出,"自然的纯粹运动"等同于绝对主体生命的自我触及(auto-affection)运动,因此这一运动本身就孕育出了自己的自身性(ipséité)。事实上这种"纯粹运动"是如此进行的:生命(作为生命的自然)抵达自身,并多亏这一运动,生命得以在对自身的即时情感中,以及对这一情感不知疲倦的遭遇中揭示自身。但这一过程其实也体现了"内在情感"的自主力量,它表现为一种真正的原始欲念,在自然的秩序中优先于任何其他事物,根据本体论和现象学的观点,也就是说它显现了自身。只不过,虽然卢梭在致维尔纳(Vernes)神父的信中已经提及"自然,即内在的情感",但他仍然没有向我们告知他是如何理解这种内在情感的。我们也不知道是什么原因造成了这一感受性(pathos),正是它构成并修改着生命的绝对主体性。因此,为了铺陈这一问题的应有之义,并试图更好地理解为何卢梭"通过沉思人类心灵的最初和最简单的活动"这一方式,能够成功地在心灵深处发现一个"原则……它先于理性,先于超越性的最初实现"(DOI,125—126)并构成了心灵,我们现在就应该打开《论人类不平等的起源和基础》一书。因为,让-雅克·卢梭的"真正的哲学"正是建立在心灵的"第一原则"的概念之上,即他所称的"爱自身"。

爱自身:凭借这一本体论的规定,卢梭成就了他的第一个伟大发现。在处理爱自身的问题时,卢梭发现,心灵的根本基础是那蕴藏于奇异的、连续的、无法遏制的、无限的欲念之中的"停滞"(le pâtir),它与生命并存,与其他一切欲念并存,就此意义而言,"停滞"是原则性的。只有主体的绝对内在性才有可能理解这一原则,因为它被认为是主体绝对内在的基本组成部分。为了更准确地指明这个"心灵的第一原则",卢梭调用了斯多葛主义中起源的概念,此外,还增添了对奥古斯丁学说历史的强调①。但是,与这两种思想传统相反,爱自身在卢梭那里是为了指代化身生命(卢梭所称"心灵")的自我感发,也就是构成生命主体性的基本欲念。对于这种永不停歇和难以抑制的欲念,《爱弥儿》将提供一个最好的定义。卢梭宣称,"唯一与人一起产生而且终生不离的[欲念],是自爱:一种原始的、固有的欲念,优先于其他的一切欲念,而从一种意义上说,其他一切欲念只不过是它的变体"(E,491)。有了这一基本规定,心灵的"变体"(modifications)便是它所体验的情感(或这些情感表现出来的调性),因此这一被情状的激发所贯穿的心灵,显现在整体和每一次它经历的情感所确定的存在之中,诸如心灵自身连续的停滞、"遭受自身的痛苦"、"陷入自身的性能"、"占有自身"或"束缚自身",所有这些存在方式的共同点是防止自我与自身拉开距离,更防止把自己当成客观的对象。在这一如此精确的意义上,感发性(作为生命的本质)的结构,体现为一种纯粹的内在拥抱:它以最彻底的自我感发的直接性将自己与自身捆绑在一起。

这就已然明了:如果说爱自身可以被定义为"心灵的原则",那就是说它指定了这种绝对主体生命的内部结构,即卢梭所称

①　关于历史上论述"爱自身"这一主题的先例,见附录 2,下文第 355 页。

之"自然"。卢梭说道,自然的在场所揭示的是,自"开端"就存在着感受性(pathos)、感发性(affectivité),即欲念(passion),而一切的欲念(即使是最残酷的绝望或最残暴的仇恨)都基于生命所固有的爱自身,因此必须将欲念理解为自身与自己的纯粹"拥抱"(étreinte)。

然而,为了避开陷阱,(1)我们决不能把爱自身与任何一种"自恋"(narcissisme)混为一谈,如精神分析中所描述的"原初"(primaire)或"认同"(identificatoire)的自恋;(2)我们在此使用的"结构"(structure)一词——不久前在学界中被用得最凶——其合理性必须得到进一步的证明。

我们从第二点开始说起。

爱自身作为感发性的结构,或者说情感的结构,我们必须从两个不同和互补的角度来看待:创造(naturant)(生命)与被创造(naturé)(自我)。因此,在爱自身中,既存在着依附于自身(从而使自身生长)的生命,也存在着依附于生命(从而保存自身)的自身。所有的感发都是由第一人称来体验的,因为它能立即在感受的内在性中感受到自己,这一"感受自己"的拥抱使生命诞生出一个"自身",自身正是通过感发体验到了自己,而无法逃离自己,也无法抽离自身。因此"爱自身"一词,显示为一个绝对不可拆分的表达:即使要不惜一切代价地将其分解,我们也会发现"爱"朝向"自身",而"自身"朝向"爱"。从这个意义上说,爱自身可以被认为是一种"结构"。

此外,爱自身这一"心灵的原则"组成了作为生命本质的感发性的结构,即意味着这种普遍欲念存在于每一种特殊欲念的基础中,并且是作为一种特殊欲念来阐述和执行自身的。在这种欲念中,自我找到了攫取自身性(ipséité)(成为自身)的可能。由此我们想表达的意思是,如果一切特殊的欲念实际上即为"爱自身",那么"爱自身"本身,首先就是一种特殊的欲念。这也解释了为什么卢梭把任何欲念(或情感)都阐述为"爱自身"这一原初欲念的"变体"。(卢梭用了变体[modification]一词,但也许我们应该更确切地将其称为:模态化[modalisation]。我们稍后再议。)如此,每一种欲念(每一种情感)都不过是与这种特殊欲念相对应的经验在现象学意义上的实行;它是爱自身在每一次的自身现象化中所做的特殊决定。当然这并不是爱自身的唯一特征。因为这种原始的、不断实有的欲念(我们称其为"不断实有",是由于爱自身从来就不表现为潜藏的或然性,相反,它实实在在地赋予了自我的一切特殊权力和一切能力),于是我们所称的这种自身的欲念并不涌现于外在感发之际,而其法则,支配这一欲念的内部法则,便是"内在性"(l'immanence)。

爱自身通过将肉身与内在性融为一体,从而表现出内在性的具体本质,正如卢梭所精准描述的话语:"对自己的爱……除了激发它的感触之外,再无其他的法则。"换言之,爱自身无非就是统一各种规定、不断在自己身上进行更改,再从自身的普遍性中提炼出特殊化的规律。

卢梭思想正是围绕这一关键点而展开:正是由于自我的可能性,由于对自身的基本欲念,其他的一切欲念才得以产生。这些其他欲念都是最初的、不可还原的和奠基性质的欲念的变体，是爱自身的变体，是调制生命之爱自身的模态，永远不允许"爱自身"这一行为脱离自身、离开其感发体验的范围；因此这一模态使生命接近于自身，同时又使生命作为一个绝对的"自身"而得到滋养。卢梭依据他那个时代的术语学，实则将"绝对的自身"归为"自然人"的绝对自身。此外，后者将自己定义为"自然人的一切都是为了自己：他是一个数量单位，是一个绝对整体，只对自己或自己的同类负责"（E, 249）——正如《爱弥儿》中所指出的那样。

归根结底，"爱自身"是什么？爱自身是自我所体验的每一种欲念，对主体性的每一种决定，尽管它有特殊的内容和特定的身份认同，但其深处仍旧是对自我的爱。因此，无论是欲念还是情感，它们都是构成性的"自然"。如此也结成一条纽带，将自我在实存过程中的所有欲望和激情统一起来，并在它们的相互依存中维系彼此，而这些欲望和激情使自我在每时每刻都成为一个"主体"。爱自身是一种根本的内在性（类似荷尔德林所说的"亲密性"[Innigkeit]）。在这种内在性中，主体生命中影响心灵感发的一切模态——观念、表象、意志、印象、感觉、情感、感发性的情调——都是内在的自我激发，并在这些模态之间形成一个整一，即一个个体的"生命"。于是，所有这些"真实经历"（vécus）都汇集成同一种现象学性质的激流，而这种激流自身又催生了某种独特、奇异、完全无与伦比的"个人历史"。

在严格的现象学层面上，我们应该感激米歇尔·亨利曾对此做出的解释。例如他在《道成肉身》中写道："每一种印象的内在可能性就是它降临于生命，生命向它给予感受自我印象的可能性，只有通过生命、在生命中、在生命感受的自我触及中，它才能成为活生生的、真实的和在场的东西；通过不断更改生命所体验的、事实上是生命自己体验自身的东西，它才成为绝对的、独一的和同一的生命。"[1]我们之后还有机会再回归这个文本，但从现在开始我们有责任指出，以及必须牢记，对于"爱自身"这一感受性，卢梭把它理解为一切欲念的内在欲念、一种自我触及，这使得"模态化"（modalisation）也成为纯粹、严格意义上的欲念，也就是等同于生命的"事件"（événements）。卢梭对此问题回答说："我们的欲念是帮助自我保存的主要手段"，这些手段甚至允许生命强化自身，从而使生命承担起新的可能性。爱自身依附于生命的自我触及，这种不间断的自我触及因其内在感受而赋予生命以自我生长的可能，这种依附也是唯一可以防止我们把原始的欲念与单纯的"保存自身"混为一谈的东西，不幸的是评论家们常常将其混淆[2]。

更主要的是，这种破坏性的混淆往往会颠覆现象的形成秩

① 米歇尔·亨利，《道成肉身：一种肉身哲学》，巴黎：瑟伊出版社，2000年，第92—93页。

② 然而，布鲁诺·贝尔纳迪在他的著作《概念的制造：关于卢梭创造概念的研究》（前揭）中表现出的特别警惕是值得赞扬的，尤其是第273—274页的内容。

序。而唯有爱自身的原则才能创造自我"自身性"（ipséité）。卢梭为证实这一点，曾声明爱自身"热忱地关切着我们的福祉和保存我们自身"（DOI, 126）；而读这句话时，谁会去注意卢梭小心翼翼地避免把保存自身和爱自身区分开来呢？更不用说假使卢梭真的区分了两者，那便不会导致上文中单单对爱自身的强调，也就不会主张这一原则的独创性了。

若想使我们的存在实现其肉体生存的保存，则其有效条件或多或少的确需要根植于爱自爱的普遍原则中。如此，试图以保存自身来遏制爱自身，便不啻为一种荒谬。当然，正如卢梭所说，"爱自身是一种自然而然的情感，它引导着每一种动物关注保存其生存"（DOI, 219）。但要使动物关注保存"自己"、使其能够关注自身，那么这个"动物"的"自身"，即每一个生命存在的"自身"，必须当即在自己身上、通过自身来揭示自身。换言之，借助生命所固有的"爱自身"，其肉体一定已经在其自身性的即时体验中完成了自我触及。

结果就是，我们应当辨别出这其中的细微差别。而正是为了使我们注意到这种细微的差别，以及区分自然的自我触及和保持肉体生存的必要性，卢梭坚持认为使"先验感发"模态化的"内在情感"与动物为保持生存而携带的"关怀"（soin）之间存在着差异，这一"关怀"与支配着爱自身的特定强度成正比。于是，一旦我们在《论不平等》中读到："人最初的情感，来自其实存；人最初的关怀，是对自己的保存"；或者："自然状态应是我们在保存自身时对他人造成最少的损害"；抑或最终，一旦我们看到卢梭进一步补充:"对自己的保存几乎是他唯一的关怀……"①(同上,164,153),我们便不禁要思索,对卢梭来说,我们时而对自身存在的"关怀",均源于我们的实存对其自身的触及;因此,这种关怀,首先是生命(而不是那个意识到自身的自我)对"其自身"的爱的延续和直接结果。不过《爱弥儿》这部著作展现出了一个更为成熟的卢梭。他曾在《论不平等》中怯生生维持的细微差异,让位给了坚决明确的肯定:"因此,为了保持我们的生存,我们必须要爱自己,这种情感将直接产生这样一个结果:我们同时也爱保持我们生存的人"(E,492)。换句话说,对爱自身这一情感的内在揭示,必须始终先于自我保存观念的确立及其意向性的实现。

如此归纳起来便是现象真正的基础秩序:如果对保存自己生存的关怀仍然依赖于反思(每一次反思都是一种占有手段,其目的是为了再现自己,即赋予自己有用的东西),那么,爱自身就是"先于一切反思"。它甚至排除了任何自省意向,尽管它仍然使这种自反性(réflexivité)在主观上保有着可能。此外,在作为意识特性的关怀或操心(souci)中,生命发现自己被投射到自己面前是为了巩固一个目的②,以致通过这样的方式,生命"原初的"赠与模式,即体验自身的直接性和彻底的被动性(过度受动性[l'archi-passivité]),便被隐藏在意识的注视之外。这时,我们

---

① 同一页还指出:"[……]在有关保存的关怀方面。"

② 这个目的是矛盾的,因为生命本身就具有这一目的,即将自己投射到自我的表现形式中去。

才能令保存自身的肉体优先于生命所固有的爱自身,而不是简单地混淆两者。无论如何,自我保存作为一种关怀,它从来都不是一种"原始"的体验,相反,它是建立在"纯粹的自然运动"的表现之上的。所以当现象的基础秩序被颠倒,我们就失去了一切手段,再也不能把自我保存理解为心灵的原则。

但是,为什么我们命名心灵的第一原则之时,必须召唤"爱"的概念呢?如果"爱"这个词是恰当的,确切地说,它是以一种对自身的依恋来返回自身的,一种比任何被动性更被动、比任何活动性更具活力的依恋,一种绝对的、持久不衰的纽带,一种无坚不摧的偏爱,一种内在的、不知疲倦的拥抱,正是生命在其原始的自我触及中,在其即时的"感触自身"中,不断地以自己运动着的现实来执行的一种依恋。而如果说存在着爱自身,则是因为在自我触及所决定的感发性中,在陶醉或痛苦的"内在情感"中,那占有自己的、绝无任何可能永远失去自己的事物,就是"自身"(Soi)。正是在这种比任何拥有都要强烈的占有中——在这种"知识"中,正如我们所看到的那样——活生生的"自身"将显现出来。是的,正是在自我触及的体验中,在临界点迸发的本性才是真正内在的"自然"。同理,除了基于最根本的爱自身之外,不可能再产生其他的个体。

生命是通过爱自身来体验自己的。生命,不同于自我。如果不是自我而是生命经历着爱自身,那么是否有可能证明生命的实存呢?无论如何,我们不可能通过对自我及其情感生命的分析来完成这一证明。因此,如果《一个孤独漫步者的遐想》的

"第二次散步"中所突出的段落并不是为了强凑论据,那么对爱自身的断言在卢梭那里就仍然是一种纯粹的思想假设、一种思辨理性。从"孤独漫步者"自身的分析方式中可以看出,《遐想》的叙述具有象征意义。为了论证"爱自身"作为感发结构的合理性,几乎没有什么能比"具体的"和"活生生的"例子来做支撑更令人信服的了,这点难道还需强调吗?的确,如果这一基础从原则上就回避抽象的反思,那么"理论"就不可能缜密地接近此基础的真理。现在,为了形成基础的秩序并对其加以认同,此基础的真理便只能居于主体内在经验的层面上。在此处,作为生命的"自然"将生成为自我揭示,卢梭在《遐想》的末尾将其更合乎逻辑地称为"从自我到生命的诞生"。

自《遐想》初始,卢梭就觉得有义务将这一体验(从自我到生命的诞生)与一个具体的形象联系在一起,而在这一形象背后,一种特殊的现象学分析正在悄然浮现,这并没有逃过评论家们的眼睛,他们经常指出《遐想》这部杰作所展现出的"多因决定"(surdéterminé)的特征。但不得不说,这些评论家们在今天同样也经常为厘清哲学问题而苦苦挣扎。实际上,该事件还在等待一个恰如其分的解释。所以我们便要给出答案。

为了说明原始的生命——绝对的主体生命在其原始显现中——以如此绝对的、即时的、无条件的方式保持自身,以至于没有必要把对自身恒定不变、无法摆脱的"依附"建立在意识的意向性和反射"关怀"的自我保存中;为了展示生命如何揭示它基本的、不限时效的"权利";为了让这一纽带显现出来,使生命在自身情感的内在性中既与自己紧密连接，又不得不延留于自身；为了表现这种竭尽自然的"纯粹运动"的内在情感，卢梭决定唤起一个奇特的意外事件，它突然降临于1776年10月24日星期四，夕阳西下，当卢梭漫步于梅尼孟丹山冈之时。

这是个怎样的意外事件呢？这位漫步者回忆说，他被一条凶猛的狗从冥想中拉回现实，尚有余力亲眼目睹这条大狗向自己猛然扑来，然后他才被撞倒在地，失去神智（卢梭在文中所用"神智"二字显然是极其重要的）[1]。"上颌承受着全身的重量，磕在十分崎岖不平的路面上，而那里正是下坡，脑袋比双脚跌落的位置还低，跌得也就更重了。"(R,1005)

对于跌倒实情的描述，是目击者事后告知卢梭的。那么此刻卢梭的主观体验和内在体验又是怎样的呢？卢梭专心致志、细致入微地收集记录这些线索，而主导其记录的先决问题如下：自我如何重回自身？自我又如何（重新）获取自我？换句话说，如果生命的现象性确实符合"内在情感"的秩序，如果生命的结构确实为自身向自己敞开了无坚不摧的怀抱，简言之，如果生命的自我赠与是以爱自身的模式进行的，这种"爱"坚持不懈地将自我与其自身紧密连接在一起，那么，生命是如何将自己赠与感发性的核心、生命的主体性又是如何出现在自己面前的呢？

---

① 卢梭在《一个孤独漫步者的遐想》漫步之二中回忆被一条巨型丹麦犬撞晕，直到天黑才恢复"神智"(connaissance)。Connaissance 除了表示"知觉、意识"，更有"认识、理解力、知识"之意。——译注

卢梭继续说道:"天越来越黑了。我看到了天空、几颗星星以及一小片花草。初次的感觉来临的一刹那真是美妙。我只是通过这一感觉才感到自己的存在。我就是在这一刹那间复活过来的,我仿佛觉得我所见到的一切都使我感到我那微弱生命的存在。在那一瞬间我全神贯注,别的什么都记不起来了;对自己的健康状况也没有什么清楚的意识,对刚发生的事也毫无概念;我不知道我是谁,又是在什么地方;我既感觉不到痛苦,也没有什么害怕和不安。我看着我的血流出来,就跟我看小溪流水一样,丝毫也没想到这血是从我身上流出来的。在我心底有着一种奇妙的宁静的感觉,现在每当我回顾此事时,在我所体会过的一切乐趣中我找不出任何可以与之相比的东西"(同上)。

这里需要指出三点。

1. 表面上对自身的剥夺不是解除对自身的占用:这一剥夺并不意味着主观性的废除,而是"意识"(conscience)或"认识"(connaissance)的丧失。意外事件使自我失去了所有的自身意识,而只有这种自身意识才能够提供"[其]独特的个体概念",从而使自我知晓自己是谁,自己身处何地。剥夺自身标志着意识的意向性和正题性(thétique)变得无效,因此具有终止异化(désaliénation)的价值。终止异化对自我来说,是真正重新占有自己的权力和个人能力的条件。事实上,剥夺自身的占有物,仍是对其自身权力的侵占。正如一个人即便能摆脱得了他的所思(*cogitata*),却也摆脱不了他的"我思"(*cogito*)……我们还记得,卢梭早就指出"内部越是败坏,外部越是复杂"(A-DSA, 73)。所以我们才可能会对上文中《遐想》的段落产生如下感触：外在的构成越简洁，内在的腐朽就越轻微。因为最后，在我们所评论的这一例子中，梅尼孟丹事故后发生的剥夺自身似乎是建立在一种更深层次的、不间断的占有之上的，这恰恰使意识（conscience）得以恢复。正是在这种对自身"极度占有"（archi-appropriation）的基础上，卢梭才"恢复了神智"。极度的占有与一种自身的原始揭示相混合，这种极度占有被卢梭明确地描述为"感受自己"（"我仍旧只借此来感受自己"）——"感受"并不质疑那导致极度占有的盲目性条件，即：漫步者在回归自身之时，仍然不具有"与他的个体丝毫不同的概念"，他不知道自己是"谁"或"在哪里"，正如他通常也不知道任何可能"属于"他自己的东西一样①。

坦白讲，在自身情感和生命的自我馈赠的专属层面上，已经没有任何空间可以容纳"认识"及其意向性的、对象化的结构。任何外部的元素都不会再以这些方式出现。所有感受都被其自身的可能性条件所覆盖，即自身的感发性，所谓"感受自己"。（而这种感受在文中确实被表述为"感受自己"。）当然，卢梭坚持认为，他"用自己那轻如鸿毛的实存充实了"他"观察到的一切对象"，但是确切地说，如果这种实存是"轻如鸿毛"的，是因为在那一刻，他的整个"我"只作为一种纯粹的"遭遇"："我"的实存被一切有效的内容、感觉或情感所淡化，无法超过一切可能的感觉或

① 在这里，占有自身并不是"拥有"（possession）的同义词。

84

情感的原始形式，而"世界"自身只作为一个关乎内在性的术语，用来表达自我肉体性的延伸……卢梭在文中提到了天空、星星和小草，要不是它们被列举在文中，我们还难以相信卢梭竟然或多或少客观地再现了这些事物的"鲜明的概念"：因为这些再现其实只关乎他的感发经验领域中非客观的"界限"，以及他的主体肉身对自身权力的"延伸"，亦即迈纳·德·比朗（Maine de Biran）将在不久后——众所周知，卢梭对其影响深远——以"抵抗的连续性"（continu résistant）为之命名的主题①。

2. 让我们牢记，汇聚这一切问题的焦点，并不是卢梭在其作品中所采取的一切立场的基础，而是立足于这样一个主题：自然是一种本质上的、无条件的善。作为卢梭和他那个时代的"哲学家"们之间的主要争论点，正如我们所说，"自然的善"这一论题往往极富误导性。如今，此类误解仍然存在，而且很可能会长期存在，毕竟爱自身的结构还没有得到应有的澄清：从绝对的主体生命现象学的角度来说。在卢梭所说的"自然"与"活着"的可悲本质相吻合之前，以及在"自然"的内部结构还原为"自我触及"之前，这些误解仍将横行无忌。要想理解上文中《遐想》所叙述的这一情节的含义，就必须如此：即使摔倒导致了痛苦，但它

---

① 关于迈纳·德·比朗（Maine de Biran）所重拾的莱布尼茨"抵抗的连续性"（*Continuato Resistentis*）这一基本概念，见于其《心理学基础漫谈》（*Essais sur les fondements de la psychologie*），草拟于 1811 年。此文中引用的注释可以参阅布鲁斯·贝谷（Bruce Bégout）《迈纳·德·比朗，一种内在生命》（*Maine de Biran , la vie intérieure*），巴黎：帕约出版社（Petite Bibliothèque Payot），1995 年，第 179—183 页。

似乎仍受生命的依恋自身所限制,因此这份痛苦理应转化为——通过生命的爱自身来实现——美妙、平静和善良。这种奇怪的二分法背后暗含着经验论与先验论之间的差异。叙事的悖论受哲学意义的支配,叙事的荒诞性质必须足够引起读者的注意,使他们注意到梅尼孟丹这一意外事件的叙事所要实现的功能。这是一种——怎么说呢,难道说形象地(figuralement)、象征性地(symboliquement)?——对真实体验的处理,甚至是对典型现实事件的处理。但是这种现实不是经验的,而是先验的。它与情感触及(affection)的秩序无关,而是与感发性(affectivité)的秩序有关。更确切地说,它所要强调的是,将一切经验的情感触及与其先验的感发性编织在一起的关系。根据这一关系,在显现自身的过程中,没有哪一种情感触及不是自己先感受自己的。然而,若是只立足于可感知的经验层面,又怎么能将先验性的层面显现出来呢?如果说卢梭所描述事件的时间性显得如此"不切实际"、如此夸张,相关的细节也如此过于夸大,难道这不正是为了向读者表明这一问题的背景吗?实际上,在此事件中发生的一切,仿佛"心灵"体验到的享乐突然发现自己陷入了自身的勃勃生机中,沉浸在取之不尽用之不竭的生命"源泉"中,通过其感发性,生命有机体的痛苦被掩盖(我们记得卢梭曾暗指鲜血流出)。如果从"为生命而生"的经验中排除一切在"外部"的敏感的情感触及还不算重要的话,还有什么算是重要的呢?诚然,如果不是现象学的策略和方法,尤其如果不利用"悬置"这一概念,我们几乎永远不可能以象征的模式来揭示这种原始体验的来龙去脉。并且,即使我们参考《萨瓦牧师的信仰自白》[1]也是枉然,在此文中,卢梭力图证明,情感触及在一般情况下从实存情感的感发性中——并借此建立其具体的实现性(effectuation)——获取其可能性条件,除此之外,我们将不会再有别的进展[2]……尽管如此,在情感触及和感发性之间,在从属于"心灵"的"肉体"和"感受自己"所携带的痛苦或愉悦之间,在身体的感受和使我们如此感受的内在情感之间,确实存在着本质的区别。而正是为了强调情感触及和感发之间的这种基本关系,准确地说在《遐想》的论述中,为感触和存在的欲望所特有的愉悦"掩盖"直至"遮蔽"了梅尼孟丹意外事件所造成的肉体痛苦[3]。

3. 最后,在这种矛盾的叙事中,卢梭对经验的时间性提出了质疑:我们是否在此经验中遇到了时间的"连续法则"?卢梭认为,这里提及的经验发生在当下,但这种当下是一种活生生的现在,其本身的感发内容(即被称为"活生生"的内容)由"令人愉快的平静"这一表述来表示。不过,这种平静——这可不是巧合——本身就与孤独的漫步者在圣皮埃尔岛逗留期

---

[1] "萨瓦牧师的信仰自白"收录在《爱弥儿》第四卷,参考:卢梭,《卢梭全集》,VII,北京:商务印书馆,2016年。——译注

[2] 关于这一主题,见下文附录3,第361页。

[3] 卢梭的爱自身概念与斯宾诺莎在《伦理学》(*L'Ethique*)中提出的同名概念之间存在重要差异。我已经在别的著作中分析过这一问题,所以在这里重复一遍也没有什么用处。然而,我想提及自己在研究卢梭语言哲学时就这一问题发表的意见,主题为"发言"(Prendre la parole),载于拙著《创造》,拉韦桑:海墨出版社,2005年,第365—370页。

间所感受到的安宁状态是一致的,卢梭在《遐想》的"第五次漫步"中向我们解释说,他的心灵在当时所享受的平衡与深沉的宁静状态便是如此。实际上,此刻的时间对这一宁静来说不再是"什么都不是","现在将永远'持续'下去,却没有标明它会持续多久,没有显露任何连续的痕迹,没有任何的剥夺或享受、愉悦或痛苦、欲望或恐惧的情感,而只有我们的实存,只有实存的情感'将会'完全充实这一当下"(R,1046)。当意外事件发生时也是这样,卢梭写道:"我既感觉不到痛苦,也没有什么害怕和不安",没有任何一种感觉能够把我投掷到未来或过去之中不真实的地方。因此,在这里,无论是自我投射中固有的未来,还是回溯投射中的记忆,都没有发挥作用。至于被唤起的"当下",它似乎也不能用时间持续(连续瞬间)的长短来衡量,它不具有"现在"的在场,而是被它所经历的感觉所填充。此时的在场,就是"令人愉快的平静"。由于在场享受着"周围"一切事物激发情感的经验范围不断扩大(虽然周围的事物没有可指定的界限),但经验的主体,即被剥夺了自我意识的"我"却无从辨认这一扩张;事实上,正如卢梭所说,主体对发生在他身上的事情"一无所知"。然而在这个活生生的、绝对的当下,尽管他发现自己无法再现自己被赋予生命的"真实"的缘由,却唯独有一个真实的事实展现在他面前。对他来说,那是一种难以言喻的、难以形容的生命之力,那是一种内在的、强大的、永不停息的怀抱,不知疲倦地拥抱着他自身和肉体,赋予他"唯一而同一"的"自身"的统一性。当然,那是一个逃离所有身份的"自身"。一个在任何地方都不产生反射的自身。但这并不重要：因为经验的主体（遭遇了意外事件的"我"，被剥夺了自身意识）如果不是由于缺乏反射性，也应该归因于他的跌倒所带来的剥夺自身的影响。其结果是"丧失意识"，这是不折不扣的事实，正是因为他被这种丧失意识的"美妙瞬间"所承载，并且是"完全在当下"的，也正是因为他感觉到了这种平和的调性——也就是无所挂虑的，这种调性为经验的当下提供了感发内容。所以卢梭可以说，他的经验主体是"为生命而生"（naît à la vie）的。卢梭说，"我是为生命而生的"，指出了经验的结果和形成经验叙述的原因。这些精心甄选的词语切中了要点。它们说，生命特有的爱自身是人们所应该意识到自身的绝对自然基础。它们说，生命所特有的自爱，在人们还没来得及意识到自身之前，就已经与那个绝对的自然基础有了交集。它们还说，从自我到生命的诞生不是"抵达世界"，而是"抵达自身"①。最后，它们说，爱自身和为生命而生是息息相关的。

如何为生命而生：这已成为卢梭主义思想的基本内容。对卢梭来说，这就是他的伦理学的首要对象，也是他的隐性现象学的首要对象，《遐想》开头的片段就象征性地说明了这一点。为生命而生，因为生命恰恰就是自然（natura），是朝向生命自

① 大家应该已经明白，在我们所谈及的《遐想》叙事中，这种"抵达自身"是以"回归自身"的形式被象征的。

身的永恒诞生，是不断的觉醒、成长和留存；为生命而生，因为这种先验的、无形的、感发的诞生，同时又是触动人心的、不可捉摸的诞生，是生命提供给自己的一个活生生的当下（一种"永恒的当下"），把当下带向在场，把当下赠与存在。当下——生命的当下，因其自我赠与而产生的生命的当下——在这样的当下中，生命不是突如其来地降临自身，在世界的现象学的外部性中，生命会发现自己会被某些"事件"（événement）的偶然性所左右，永不停止地抵达自身，而永远无法失去自身或等待自身。

若说生命是被给予的，就等于说生命是被体验的。但是，若说它是被体验的，就等于说它允许自己每一次都被这个存在——这个"肉体"或"心灵"所体验，但也许我们应该说：在这个"肉体"中，生命化为肉身又获得生机。卢梭将用他自己的方式说道，"生活得最有意义的人，并不是活得岁数最大的人，而是对生命最有感受的人"（E, 253）然而，当生命被体验的时候，它是在当下被体验的，而这一体验自身的当下，不应该被理解为一个注定要消失的"现在"，相反，它永恒地包含在自身之内。这种当下是一份毫无保留的馈赠，是一份不知疲倦地感动"生命存在"的恩惠，并使其本质保持客观性（自然性），以至于如果我们不惜一切代价将绝对主体生命的本质限制在一个本体论的定义中，且不顾其中紧迫发生着的矛盾，那么我们将要说的是，曾有诗人表述过自然就是生命，他明言我们这些活生生的存在被赋予了"感受生命"的能力，"我们会不断被安放于源头之上"①;此外,卢梭又在《对话录》中以自己的方式指出,人作为自然的本意,永远不会"只存在于源头之上"(D,672)……

① 保罗·克洛岱尔(Paul Claudel),《诗艺》(Art Poétique),收录于《诗歌作品》(Œuvre Poétique),主编雅克·佩蒂(Jaques Petit),巴黎:伽利玛出版社"七星文丛",1967年,第164页。我们引用克洛岱尔的句子,首先要强调的是"安放"(poser)这个动词:我们会在卢梭的笔下(在《遐想》的开头)发现这句话提炼出了卢梭学说的基本概念之一。

第四章

心灵的第二原则:怜悯心

在《论人类不平等的起源和基础》中,卢梭并不局限于将"爱自身"的本体论规定突显为构成主体本质的原则和普遍存在的基础。正如卢梭写道,在"思考人类心灵最初的和最简单的活动"(DOI,125)的同时,他还致力于提炼出一个"第二原则",这一原则蕴含于主体性的天然本性中,与第一原则(爱自身)一样,无论是它诞生之时还是行使理性之时都是"先于理性"的(同上,126)。在卢梭看来,第二原则是爱自身的"衍生"或"发散",他称之为"怜悯心"(pitié)或"同情心"(compassion)。正是用此类情感的特殊饱满性作为基础,卢梭才能竭力创建其全部的伦理学说。

然而,卢梭以怜悯之心回归的阐释,却引出了错综复杂的学说问题。在我看来,只有用一种现象学的方法,也就是向自我显现自身的方式,才有可能解决这些问题。因此,卢梭主义在思考怜悯心这一现象时所提出的首要问题便与它作为心灵第二原则的本体论地位有关。为什么卢梭觉得有必要把这一情感置于如此突出的地位呢？事实上，卢梭先是用了实存的情感来定义心灵的绝对主体性，而这一情感本身又是被爱自身所定义的，爱自身与自爱(l'amour-propre)完全不同，因为爱自身的特点是生命的自我触及、自身的享受以及存在的幸福(《遐想》对此表述得再清楚不过了)。

这一困境其实就是：从爱自身、从这种纯粹的依恋到自身之间毫无偏离，毫无退缩，毫无距离，似乎自我的存在是如此强烈地依赖于这种触及，直至被它升格为最无与伦比的个体性。在这种触及的欲念里，自我的存在从根本上被孤立在自身之中[1]，而自我只得与自身打交道。现在，如果爱自身不是同时地从如其所是之中、从它允许我们体验到的东西之中生发以及引发对他者的原始经验，那么，我们岂非有理由认为，对于始终具备自身情感的自我来说，他者的实存的真正显现形式仍将是一种纯粹的"神秘"——这将使卢梭的学说自然而然地还原为一种主体的唯我论(solipsiste)理论，并趁机消解道德的真实的(或自然的)基础吗？此外，若是没有任何东西可以证明关于他人的这种原始经验，卢梭又怎么会在《爱弥儿》的中心篇章里坚定地确立人的主体性地位，又怎么会写道："自然人完全是为他自己而生活的；他是数的单位，是绝对的统一体，只同他自己和他的同类

① 当然，我们必须从本体论的意义上来理解"孤立"(isolement)，于是它顺理成章地应以"孤独"(solitude)为名，这一命名在卢梭最后一部作品的标题(《一个孤独漫步者的遐想》)中，是非常有分量的。我们之后再议这个问题。

才有关系"(E, 249)？

　　或许，卢梭提出的关于怜悯心的论题中隐含的关键是将我们引入了以下的问题：《论不平等》中首次提出"怜悯心"概念，是如何以哲学的、先验的方式建立起我们与他人发生关系的可能性的？对卢梭而言，生命中是否存在着一种我与他者（l'Autre）的关系，以致后者的存在无论成为什么样子，于"他的同类"看来都是"自然的本意"（R, 1002）？如果我们也认同《论不平等》中所说的"反思的状态是一种反自然的状态"（DOI, 138），那么，我们怎么才能把我们自己表现为一个即时的、自然的共同体呢？卢梭是否已经成功地阐明了"共在"（Mitsein），即"与…共同存在"（l'être-avec）或"主体间性"（l'intersubjectivité）这些概念？它们是否可以像"同情"（Mitleid）一样催生出一种基本伦理学？

　　既然所有原始经验的本质都是以"内在情感"意义上的自然为基础，那么我们就应该假定，他人的经验——作为对他人的活生生的自我的直接揭示——也是从内在情感的基本感发性中汲取其存在的。现在，如果仅仅出于这个原因，我们是不是也应该从自身情感所激发的基本"感受"出发，来理解我们最初进入与他人"交流"的方式，以及我们与他人连接的即时手段？如此一来，我们是否可以得出这样的结论：不仅是伦理行为，还有任何一种主体间的关系，都根植于绝对的"非关系"（non-rapport），即"爱自身"？其实如此一来，我们将不会再惊讶于当卢梭努力建立他者本质性的"原始"显现形式时，是基于构成绝对主体的感发性，并坚持认为这种显现形式与"自身"——这一"完全为自己而生"的"绝对整体"——的内在教化是相辅相成的。总之,正是为了理解这一基础,卢梭的杰作论述着"怜悯心",向我们发出了邀请。

在卢梭文集中,有三份文本争相表达了关于他人的原始经验和感发经验的基本理论。它们都试图打破看似由"爱自身"所引发的唯我论,而"爱自身"正是支配活生生的个体主体性的第一原则。但是,并非所有文本都能轻松达成这一企图①。论及"怜悯心"的文本为:(a)《论人类不平等的起源和基础》(全集III,第155—156页);(b)《论语言的起源》(全集 V,第395—396页);(c)《爱弥儿》(全集 IV,第505—509页)。

我们在《论不平等》中窥见的怜悯心是"人类最普遍、最有益的一种美德,尤其是因为怜悯心在人类能运用任何思考以前就存在着,又是那样自然,即使禽兽有时也会显露一些迹象"(DOI,154)。

这无疑是一个具有四重优势的定义。首先它表明,怜悯心虽作为"心灵的第二原则",却并不为一切的生命存在所拥有,尤其不为一切人类所有。诚然,如果把怜悯心理解为共感(co-sentir)的能力,并与生命体的感受能力相联系,那么在某些动物身上能看到它的作用也很正常,虽然动物是否存在怜悯心(我们基本上是通过人与动物的类比来认识这一存在)这一问

————————

① 由于这里无法集中讨论所有这些文本,我们将首先强调卢梭在《论不平等》中所坚持的观点,正是关乎怜悯心的问题,即"心灵的第二原则"。

题仍有待商榷。若说心灵的第二原则特别适用于人类的心灵,不仅是因为人类心灵具有想象力和理解力(我们将发现这两种精神能力在行使怜悯心的过程中起着重要的作用),而且还因为只有人类心灵才能够浸润美德(正如我们将在后文中看到的那样,人类能够通过自身手段增强心灵的力量和活力)。然而,我们可以从卢梭给出的定义中推断出第二点,即怜悯心明确地提到了其原则上具有两个特征,即普遍性(任何人类心灵都不能缺失怜悯心,尽管有些心灵由于某些原因可能会将自身"封闭"在其中)和自然性(在这方面,我们要重申,怜悯心应当被理解为生命所固有的爱自身的一种发散)。第三,卢梭的定义首次指出,心灵的第二原则是以美德的形式完成的,更确切地说,是以"唯一的自然美德"(同上)——即以一种绝对非反思性的、严格内在性的和专有的感发性的方式完成的。最终,这个定义表明,卢梭所理解的美德是一种与"实践理性"的创造和介入无关的行为,在他看来,"实践理性"的目的在于通过反对"人类本性"而即刻与之背道而驰。这一普遍美德具有自然的本性体现为怜悯心,它参与了主体性的内在建构,成为其本质的一种模式:一言以蔽之,它关乎其自身的"强烈"(fort)存在与心灵的卓绝力量,这种力量本身便被理解为生命个体自身力量的存在①。

---

① 卢梭早在 1749 年就说过:"美德,是心灵的力量和活力"(DSA,8)。我们将在下一章讨论这个问题。

然而,这一概念尚未定论,毕竟它明显迥异于卢梭在《语言的起源》和《爱弥儿》中所捍卫的观点,因为卢梭曾写道:"从不反思的人不可能是……值得怜悯的"(EOL,395)——根据后来人们对"值得怜悯的"(pitoyable)一词的理解,它在这里的意思应为:"能够怜悯的"(而不是:"怜悯心"的对象)。这种把怜悯心与反思、道德与理性一一联系起来的表述,除了使我们更加坚定地认为心灵的第二原则比其他任何一种类型的心灵都更关切人类心灵之外,还使我们认为,与《论不平等》相反,《论语言的起源》和《爱弥儿》支持了"一种更加理智主义的怜悯观"①。

　　无论如何,为了深入了解这一现象的奥秘,并就卢梭主义伦理观的特殊性而言,我们有必要找到一种适当的进入方式。现在,似乎唯有先验感发性的理论才有可能使我们明白,为什么基于怜悯心的东西无非是对存在所共享的痛苦的原始启示:共享的痛苦——或者说共同患难——并不顺着"比较"而随心所欲地显现出来,它要先出现于自我与他者之间的反思关系之中,因为它的显现方式从原则上忽略了思想作为意义的馈赠这一意向性和对象化的过程。其实这种现象("心灵的原则"似乎也是一种"自然的美德")的起源即是如此,以至于对他者的同情关系总是在自我意识到任何将面对自己的相异性之前,也就是说,在自我

_____

　　① 维多克·戈尔德施密特(Victor Goldschmidt),《人类学与政治:卢梭体系的原理》(*Anthropologie et politique. Les principes du système de Rousseau*),巴黎:弗林出版社,1983年,第337页。

拥有对另一个自我的"感知"（perception）之前。这意味着（正如我们将试图表明的那样），怜悯心正是在"他者"身上揭示出了与我自己相同的东西，或者说，在"他者"身上揭示出了相同的基底——揭示出这种作为生命的"自然"的本质相似性的基础。

所以我们自问：卢梭首先是如何看待怜悯心的本质的？他在《论不平等》中清醒地说，"（怜悯心）使我们在看到任何有感觉的生物、主要是我们的同类遭受灭亡或痛苦的时候，会感到一种天然的憎恶"[①]（DOI, 126）。不过，我们的同类又是谁？答曰：那些和我们一样的人，也就是活生生的个体，他们在生命中体验自身，因为他们首先从未想过将生命"摆"在生命的内在和印象的平面上。但这恰恰是最主要的难点，因为一颗懂得享受自身的心灵，一颗本质上由其爱自身的"纯粹的快感"（E, 491）所规定的心灵，怎么可能去遭受他人的痛苦呢？

卢梭正是为了回答这些令人望而生畏的问题，才构建了一整套理论。其中心论点如下：一方面，如果痛苦不属于我们本性中的一个组成部分，如同享受自身的内在情感一样；如果痛苦建立在活生生的自我的"自身性"的自身体验之外；如果另一方面，这种痛苦在涌现和被自我体验时，不能被当作不存在的事物来否定；如果它类似于幸福感的方式，从现象学意义上的有效性来讲是无可辩驳的，那么赋予它一个地

[①] 在《论人类不平等的起源和基础》（全集卷三）第 154 页，卢梭认为怜悯心是一种看到自己的同类受苦时天生就有的一种反感——在这里我们看到，自然性和天生性对卢梭来说是同一回事。

位也是应当的。那会是怎样一种地位呢？卢梭立刻从唯一一种相同的意义角度出发做出了决定：愉悦，作为自身的享乐，是生命的自然的本质特征，是自我意识到了自身却无法把握的那个基调，而痛苦则仿佛是在自然的最初统治中就被驱逐出境。痛苦不具备"永远"留存下去的能力，它的调性无法在绝对主体生命的基底中引起回响。我碰巧体验的痛苦，仅仅是世界中的偶然性问题；它参与外在现实的沧桑变迁；在它本身的消逝中，它只是"境况"所造成的结果。在这个意义上讲，如果我遭受痛苦，如果我碰巧遭受了痛苦，那么我的痛苦从来只是他者痛苦的结果：实际上，这要么是由于别人遭受的痛苦(于是我的痛苦成为怜悯心)，抑或是别人造成的痛苦(于是我的痛苦是暴力行为的事实结果)。这意味着，在卢梭看来，人只有在世界(按卢梭的说法是社会状态的)内部才懂得痛苦的感觉，而且这是一种位于自身之外的存在，甚至他碰巧所体验的痛苦只同他人一起出现，只在与他人的接触中才会出现。

但"他人"是谁呢？"他人"不就是我的同类吗？而在这些条件下，我们是否应该反问自己，痛苦被卢梭呈现为只属于相异性所管辖的存在者，这对主体性来说意味着什么呢？什么叫做应当从外部原因出发，即总是被卢梭所定义的"偶然"呢？

实际上，从这一理论中可得出三个结果：

1. 愉悦和痛苦在两个不同的主体中面向彼此(因此这里的

差异是主体性质的)。

2. 这两种调性在真实的对立中显现出来(这里的区分遵循实际秩序)。

3. 痛苦的现象只有在社会状态的实存的基础上才能被理解,更深入地说,是在"社会性"的"原始情感触及"(proto-affection)中,即通过怜悯心才能被理解。

但同时,卢梭似乎又否定了最后一点,因为他继续将怜悯心视为一种"自然的情感"(DOI,156),只将其归于"人类的本性",它不取决于任何普遍的社会现实,也不依赖于任何特定的历史社会。因此,我们应该注意不要将怜悯心完全看作一种"社会美德",即使卢梭宣称"只有从这种品质中才流露出一切社会美德"(同上,第155页)。不,怜悯心是一种"不可还原"的自然美德。不过,既然自然和社会的异质性在卢梭看来是存在的,因为异质性标志着不可化约的差距,那么,似乎就更有必要了解怜悯心这种自然的情感触发是如何变得可能的,它作为一种美德是如何与"一切社会美德"共享同等地位的?

人们可以预感到:围绕着怜悯心这一概念,无数困难正在积聚,一旦人们决定比较其本质性的两个定义,这些困难甚至变得纠缠不清。正如我们已经指出的那样,卢梭对这一概念的界定摇摆不定,一方面卢梭(在《论不平等》中)将它设想为一种情感,先于自我的反思目标以及自我在自身状态和他人状态之间建立的比较;另一方面卢梭(在《论语言的起源》和《爱弥儿》中)又将

它视为一种建立在"后天知识"①之上的情感。如果分析这些差异和它们所提出的理论分歧，就太过枯燥繁杂了②。相反，让我

---

① 卢梭在《论语言的起源》中是这样讨论怜悯心问题的(这是第九章的节选)："社会情感通过我们的启蒙才会在我们身上发展。怜悯心虽然自然而然存在于人类心中，但如果没有被想象力发挥出来，便将永远处于停滞不动的状态中。我们如何让自己被怜悯心所感动? 就是要通过把自己转移到自身之外，通过使自己与苦难的存在化为同一。我们受苦只是因为我们判断他受苦；我们的痛苦不是在我们身上，而是在他身上。试想一下，这一转移涉及多少后天知识啊! 我怎么能想象出我根本不知道的恶呢? 如果我连别人在受苦都不知道，如果我忽略别人和我之间的共同点，那么当我看到别人在受苦时，我又如何能感受痛苦呢? 一个从来不思考的人，既不能变得宽厚，也不能变得公正，更不值得可怜；他既不能变得恶毒，也不会睚眦必报。一个从来不想象的人只能感觉到自己，他在人类之中也是独身一人"(EOL，395—396)。

② 然而，我们必须从《爱弥儿》和《论语言的起源》中的这些段落澄清以下几点(大家在阅读本章后也许会更容易理解这些观点)。

1.《爱弥儿》中致力于描写怜悯心及其"箴言"的各式文本，是从普遍的人类学框架的要求出发，试图从"情感感知"(因为它表现出一个自我对另一个自我、一个人对另一个人，以同情的方式统一起来的关系)回到自我(ego)的无形共同体中去，也就是回到它们各自的真实经验领域的内在和有序的联系中去。即使这部著作凭借某些语句的迂回参与了《论不平等》所勾画的现象学的还原精神——因此也难以对它进行解释——但它始终强调的是他者的相异性(l'altérité)，而不是他者在绝对主体生命层面上所构成的存在的自身性(l'ipséité)。如果我的另一个自我的痛苦不能被我体验到，那更多的是因为这另一个自我是一个他者(区别于自我的存在)，而不是因为他首先是一个自我，一个主体性的、绝对独一无二的本质——一个纯粹的、没有任何东西和任何人可以替代的"我"。这就解释了为什么卢梭在《爱弥儿》中要考虑想象力的"活动"。这也解释了，为什么我们能在非现象学的分析中感受到某种循环性：一方面，怜悯心为了发挥作用，预设了他者已经被认定为他者；另一方面，它又作为一种享有特权的可能性进入这个他者的存在(感发性)中，也就是形成一种先验性的经验。

2. 至于《论语言的起源》第九章的意义，其中有一段话已被前注所引，部分基于《爱弥儿》中所发展的预设，但部分也属于《论不平等》所提出的谱系学方法。于是它的地位可以说是中间性的，随之引起了无数评论家的兴趣，也招致了含混不清的歧义。我们在本书附录4中探讨了这一部分内容，见下文第397页。

们直奔问题本身的核心，即申明在我们看来，如果不思考怜悯心的起源，或所有同情心的起源，就完全不可能澄清怜悯心这一情感的显现条件，更不可能阐明这一情感所产生的美德的行使条件。于是就有了卢梭在《爱弥儿》中所说的存在的"极丰富的敏感性"（E, 515），即生命的感发性，因为它以一种牢不可破的"快感"的"内在情感"的形式涌现——引用卢梭在《遐想》（R, 1005）中的说法，即为一种绝对的享乐，在这份愉悦中，人"在所有已知的愉悦活动中，发现不了任何可以进行比较的东西"（这些已知的愉悦是指那些为了依附于世界而永远只能表现为相对的、人为的、偶发的或意外的东西）。

事实上，若是不考虑幸福感的调性的显现，就不可能追溯这种"美德"的原则，而其调性与主体生命本身的丰富性是相互融合的。因此，《爱弥儿》的这段文字为我们做出了有用的说明："在这种情况下，他[同情者]觉得他有一股能使我们超越自我的力量，使我们除了为我们自己的幸福以外，还能把多余的精力用之于别人"（E, 514）。所以这个问题可以这样理解——而且必须这样理解，因为：这个问题远不是一种自私的或自我中心的情感，它是建立在那种小心翼翼而又焦躁不安的"谨慎"之上的，用卢梭的话说，这一"谨慎"把感发的力量限制在相关人员的范围之内——也就是说，"在人类自我的范围内"，并依照"渺小个体的骄傲"（同上，602）——怜悯心，只要它建立在自身成长之上，其中就包括了爱自身所固有的享乐，于是它将同情心扩展到自身之外，直至扩展到"它者"。其实对于卢梭来说，只有幸福、独立的存在才真正富有同情心。他们的关怀和慷慨的善意不是为了见不得人的交易，也不是为了获得任何报酬；同情心从不是他们用来"安慰"的工具，正如尼采所说，他们这样做的本质原因，并不是为了让他们对自己的命运感到放心，更不是为了让他们忘记自己身在何处，忘记自己正在做什么。

卢梭十分谨慎地指出，富有同情心的人正是"看到自己免除了多少罪恶"，"才会感到自己比想象中更幸福"。这岂不是承认，怜悯之情只会落于一个已经感受到幸福之人身上(或者至少是想象自己已经足够幸福的人)，或者说，只有通过发生同情的现象，看到自己的幸福感进一步增加，心灵才会表现出这种怜悯之情？反之，不幸的人被自身的痛苦所侵袭，而永远不能逾越他们的情感所能触及的"极限"。因此，他们倾向于表露刻薄，或者至少是缺乏同情心。不幸之人都有一颗"坚硬"的心。并且，卢梭在这方面补充说："一个硬心肠的人总是很痛苦的，因为他的内心状态使他没有多余的敏感性去同情他人的痛苦"(同上，514—515)。痛苦的陷阱向痛苦的存在者逼近——而这一向他逼近的陷阱，同时也是他与世隔绝的原因，是他孤立无援的理由，是他"自私"的源头，是他冷酷无情的起源。

如此，由于不幸之人把自己的心灵压缩在他的自我表象所设定的范围内，他只会对自己更加敏感——如果他能在其铁石心肠之中仍然保持敏感的话。不幸之人被迫为爱自身而牺牲一切，于此，我们必须与卢梭一起看到一种反"内心的逻辑"，根据这种逻辑，自身(爱自身的"本体")若要"被爱"，只有当它受表象约束,从而成为"爱"或者"偏爱"的单纯的对象——爱自身中的"本体"是在与他者的关系中、与他者的比较中才得到确认的,而他者不是根据自然状态中的位置,而是根据社会状态中的位置得以显现的。虽然在爱自身的结构中,一切都符合帕斯卡所发现的这一天才般伟大的现象学原则:"我们不能爱自身以外的东西"①,但爱自身的逻辑在各方面都与之对立,因为"本体"被认为是在自身以外,更具体地说,"本体"是他者的"他者"。

那么世界呢? 至少在"爱自身"看来,那个"特别地在自身之外"的世界又是如何呢? 对于不幸之人来说,他们把自己封闭在爱自身之中,并经常深陷于爱自身所引起的怨恨,整个世界便如同他们的自我,似乎毫无情感的眷顾,缺乏能量和品位;正如那位绝望的圣普乐在《新爱洛伊丝》中写道,在这个世界上的逗留对他们来说似乎是"悲哀和可怕的"——从而不断增强他们的"忧郁"感(NH,90)……然而,最严重的后果并非世界在心灵中显现,生命渐渐撤离了厌烦和无所事事的源头。最严重的是,不幸之人最终仍在诅咒自己的"本性"(nature),仍旧彻底拒绝、谴责属于他的生活,这不免导致了他最深层的悲哀、最绝望的软弱。这种软弱的本质源于对实存的深深敌意(即对自我的仇恨——因为只有实存才能化为肉身,只有化为肉身才是个体的),这种自我仇恨就使得"坏人"不再作为狄德罗的一面镜子,可以将其所映出的肖像面朝卢梭投射过去,即不再作为一个"子

----

① 帕斯卡尔,《思想录》(*Les Pensées*),布伦士维格(Léon Brunschvicg)编。

然一身"的人,而是一个蔑视生命的人,随之消失殆尽的,还有他的自私、对自身心灵力量的占有、表达精神能量之广阔的能力,以及对天然感受性的充分使用。

此外,这种使用还得益于这样一个事实——原始的事实——即"自然之善"不可摧毁地屹立于每个生命体的根基处,从而在生命的心灵中滋养着一种献给同情和正义的"天生的"品味①(DOI,154)。至于自私心,表现在一切爱自身之外,它是卢梭伦理学所要振兴、培育甚至建立在理性基础之上的。例如,在《爱弥儿》中,卢梭努力探究为什么我越是从痛苦中感到安全,这一愉悦越是激增,并从我的四面八方强势袭来,我被它驱动着,把这一愉悦"扩展"到他人身上,使他们分享我这种不可战胜的存在之乐。因为尽管这一愉悦具有自相矛盾的特点,也具有明显的"自私"性质,但我们确实得承认,这一愉悦产生于我自己的命运与"我的同类"的命运的比较之中,并且多亏于此,我才倾向于对所有遭受痛苦的人显示我的善意。为此,《爱弥儿》中的这句话值得注意:"他那洋溢着感情的心,是喜欢向人倾诉情怀的"(E,494)。卢梭以自己的方式在《卢梭评判让-雅克:对话录》的一篇文章中,重复诉说着这些语句:"善良、怜悯、慷慨,这些自然的最初倾向[……]都只不过是爱自身的流露[……]从他[自然人]的内心中生发出的需求,将更多地满足自己的幸福,而不是

---

① 《爱弥儿》中又说到"对正义或非正义的情感……是人心中与生俱来的"(E,286)。

通过人性的原则,他几乎不会想到将人性归结为规则。"(D,864)

受此种说法的启发,我们得以发现自然的第一定律——即如卢梭所言,它总是"过剩的生命力,[它]力图向外奔放"(E,502),而正是在这种自身的扩张中,更确切地说,是在这种主体性的扩张中,怜悯心以其最具体的形式存在着("扩张"比"延展"要准确得多,前者倾向于表明一种纯粹的性质内涵,而后者往往用来描述可测量的方位移动的数极概念)①。可以说,人类心灵的道德倾向建立在"生命"的感发基础之上,而决不像伦理家学们错误地想象为在义务规则的先验领域中。我们还必须认识到,正如社会美德来源于怜悯心——唯一的自然美德——一样,所有的道德关怀以及所有的社会仁善都来源于爱自身,且只来源于爱自身。最后,必须理解我们对他人表现出来的行为,是植根于自然的——也就是植根于这一"心灵的原则":怜悯心——并依靠这种享受自身的"力量"来满足其道德需求(E,514),而这种力量是每个心灵根据自身情况被督促去确认或争取的。但既然这里的享受自身意味着为自己的爱自身而欢欣愉悦,那么就有必要得出这样的结论:在卢梭那里,只有愉悦和坚毅的心灵力量才能支撑起他的怜悯的道德伦理。在这一点上,对他人的公正和善意总是以对自己有益为前提,这是最不可或缺的可能

---

① 原文用词 expansion,意为"扩张、膨胀、表露",侧重空间上的扩大;extension,意为"伸长、展开、延伸",侧重平面上的延展。——译注

性条件。只有当自我品尝到自身的愉悦和满足时，才能充分与他人共存，也才能充分认识自己。

在《论人类不平等的起源和基础》所徐徐展开的人类学图景中，卢梭对怜悯现象的思考既不是基于理想的人的类型，也不是基于个体的心理生理结构，而是基于同生命感发性一致的"自然"的本质。这种感发性是由对自身的爱构成的，在某种意义上，活着的自我的所有感发方式都是对爱自身的修饰。在自然中，向自身在场的充实，爱自身——卢梭所称的"善"的绝对积极性，以及在自我触及这一"纯粹运动"中体验到的生命的"超丰富性"(surabondance)，都可以在这些事物的自身内部中得到解释。卢梭用"扩张"一词来形容。生命作为一种自身的情感，其本质便是不断扩张的。一颗鲜活的心，伴随着愉悦和痛苦，不知疲倦地随着生命的脉动而震颤，这就是一颗"扩张的心"(cœur expansif)。而且这颗心是绝对的：它对其内在性具有最崇高的理念、最宽广和最慷慨的情感，因为正是这种绝对的内在赋予心灵自身的一切。然而，只有当心灵认同它的运动原则，即爱自身(这一认同的对立面产生出了自私、绝望或对自身的憎恨)的唯一条件下，人们才可以合理地赋予它(心灵，甚至内心)"扩张"的美名。

卢梭说，心灵的扩张(或内心的扩张)等同于向"外部"倾泻而出(E, 289)。但必须注意的是：在卢梭的心目中，"扩张"并不发生在世界境域之中，或者在其外部性的"自身之外"(hors-de-soi)。所谓"扩张"不是超越性，它的运动没有超出主体性的经验范围。反之,扩张所具有的特征是"经验",是主体经验领域的核心,是生命整体的核心。

因此,扩张指的是活生生的自我与自身的关系在一种充分的外溢中、在一种被动的饱和中、在一种无法控制的情感触发的丰盈中所经历的一切。"扩张"被卢梭用来命名主体性的过剩(excédence),这意味着所有主体性的决定都超过了体验它们的自我,即自我通过精确体验"过剩"来体验。"扩张"作为"过剩"的代名词,指的是当生命不转向自身,当生命不沦为怨恨的玩物、不因之变得狭隘和衰弱的情况下生命自我赠与的方式。关于这点,《忏悔录》唤起了"生命中那个宝贵的时刻,当它扩张的充实性借着我们的全部感觉扩大了我们的全部存在,并在我们眼中美化了我们实存的魅力的全部本性"(C,57—58)。

扩张赋予实存以魅力,于是在这种充实性中,心灵被自身所充实,心灵在自我触及的现象性的饱和中向自身在场,引出了如卢梭所说的成为一种真实的"善于沟通的心灵"的可能性(NH,592)。事实上,心灵可以通过它的所有感觉来延展其外部存在,这意味着心灵能够增加自身敏感性的力量。这至少是卢梭在《爱弥儿》中对孩子所说的精确感的含义,属于原始和具有"标识度"的感发性。卢梭说,他的"第一情感正是爱自身,而从第一情感中衍生出来的第二情感,则是爱那些亲近他的人";他还说,如此一来,孩子的内心活动"是极丰富的,并且向外部延伸;甚至可以说,他觉得他有足够的生命来为他周围的一切注入活力"(《爱弥儿》法弗尔手稿版,78)。

对于扩张的心灵,卢梭认为它不仅摆脱了世界,而且还不再意识到它自己。它剥夺了自己的世界和"自我",以至于彻底丧失了身份的认同。这一丧失,是如此深刻透彻,竟使得心灵再也无法重现任何物体。卢梭在"漫步之七"(R,1063)中宣称:"所有的特定物体都逃离了他。"但当所有的特定对象都逃逸时,"整体"(tout)的性质就会改变:对于那些还想把"整体"当成一个世界来凝视的人来说,它已经面目全非了。但世界确实已经变得不可感知,这种不可感知(imperceptibilité)标志着现在的一切都是自然的,且属于一种非物质性的、非客观性的自然。从此,"当大地在大自然的吹拂下获得勃勃生机,在潺潺流水和悦耳的鸟鸣声中蒙上了新娘的披纱,它就通过动物、植物、矿物三界的和谐,向人们呈现出一派充满生机、兴趣盎然、魅力无比的景象——这是我们的眼睛百看不厌、我们的心百思不厌的唯一的景象"(R,1062)。如同"大地"一样,世界已重获新生——从此只存在自然,整个自然,唯一的自然。自然,也就是内在的情感……所以,在这扩张之处,仅留存了生命"整体"的活力和活生生的情感。卢梭还在《遐想》中写道:"他[体验这一情感之人]除了整体之外,什么也看不见,什么也感觉不到"(R,1063)。扩张的心灵品尝到了统一感和整体感的迷醉,其最真实的表达方式可以表述为:我是鲜活的,世界活跃着生机,因为整体都充满活力,所以整体都在生命之中,生命也在整体之中。

如果说卢梭特别指明了心灵感觉到对"自然的系统"的认同,那无疑是因为这种认同绝非自愿,而是完全取决于一种"自身感觉",而这种"自身感觉"本身就标志着自我抱有的一种极度受动性(archi-passivité)。这种认同或者说这种对生命整体的认同的陶醉,往往被卢梭称为"出神"(extase)。遗憾的是,"出神"一词极具误导性,因为它是一种"静滞的"(inekstatique)①如痴如醉;是一种毫无片刻时间空隙的心醉神迷,它的扩张并不缘于心灵对自身实存的感受性所持有的极度敏感性②。这是为何?我们为什么要在这里谈"整体"(Tout)呢?这一"整体"并不是一种先于心灵扩张而存在的全体性(totalité),也并不独立于心灵而存在。恰恰相反,它是一个只"于它、由它和为它"构成的整体。生命的整体不是一个可量化的,而是彰显性质的全体。它既不是一个总和(somme),也不是一种全面性(entièreté),它是一种充实性(plénitude)。我们已经看到,卢梭在《忏悔录》中所论及的就是"广阔的充实性"(plénitude expansive)。心灵的扩张所达成的充实、所孕育的充盈,必须依据荷尔德林的这一决定性的句子来理解:"万物皆亲密"(Alles ist innig),即"一切——或

---

① Inekstatique 在法语中按构词法可以理解为"静态的、停滞的"。保罗·利科认为海德格尔的时间三维度——将来-过去-现在的统一,是一种非静态的(ekstatique)、相互包含和相互流露的统一。此处翻译衍生于保罗·利科《时间与叙事》第三卷,巴黎:瑟伊出版社,1985 年,第 95 页(Paul Ricoeur, *Temps et récit* III, Paris: Seuil, 1985, p. 95, 103)。——译注

② 关于卢梭作品中"出神"(extase)的概念分析,有一种更为"古典"的,或至少是非现象学的方法,参考亨利·古耶(Henri Gouhier)《卢梭的形而上学沉思》(*Les Méditations métaphysiques de J.-J. Rousseau*),巴黎:弗林出版社,1984 年,第 101—117 页;以及将"出神"与祈祷相联系的皮埃尔·布格林(Pierre Burgelin)的《卢梭的存在哲学》(*La Philosophie de l'existence de J.-J. Rousseau*),巴黎:法国大学出版社,1952 年,第 460—469 页。

者说整体——都是亲密的"。一切皆亲密的意思是:生命中的一切都是亲密的(innig),同时,亲密性(Innigkeit)是生命的整体;卢梭还补充说:当心灵享受扩张时,生命所达成的整体,便是一个充实的整体。

从此,当我们谈论生命的整体时,就必须通过这一表述来理解"活着"的"充实性"概念;就是说,心灵已经设法为自身实现了大部分(即使不是全部)的生命可能性,必须明确的是,这些可能性是以其特定欲望的特征性作为索引的。个体心灵被授予了这种对生命可能性的实现,而这一实现唯有在扩张运动中才得以可能。现在我们能理解得比较透彻了,因为扩张所表明的事实是,尽管活生生的自我承载着自我意识,尽管它受到自身负荷的挤压,尽管它受制于自己那"成为自身"的情感激发的重量(这一重量按照自身结构——爱自身——而自行增长),但它永远不会停止对自身的充实,以至于生命随着扩张而变得过剩,使生命向自我的四面八方漫溢而出,使生命从"心"倾泄至"外边"。但是我们必须强调,这一"外边",这一"自身的外边",既不是外在的,也不是外来的(以致卢梭在论述中使用了许多"于是可以说"[pour ainsi dire],逐字逐句地注明了谈论这一概念的困难):因为这个"外在"是被自己"激活"的,它本身就是这个生命的延伸,它以存在情感的形式向自己显示。这种"在外边"(au-dehors),也就是生命所包含的、生命中的没有空间、没有距离的"广延"(事实上,它是没有尺度的),而"广延"若是要想"出现",就要依靠其显现能力。"外边"的涌现只青睐于原始的本体论意义上的欲念,即爱自身的自我触及,这种自身与自己的纯粹拥抱,在自我与他者产生任何有效"认同"(identification)之前,或认同自我与自己作为同类的自觉关系之前,就已经被激发出来了。

另外,在爱自身的主要模态中,尤其是善良、慷慨和怜悯中,自我在另一个自我面前"出现"的不是其"第二自我"(alter ego),而是一个不可还原的、活生生的自我。而这也是我们现在应该能得出的第二个自然法则。这应是一条公理:原本就(或"天然地")面向他者在场之人,其实并不是作为另一个人而向他者在场,而是对他者来说具有成为另一个人的意义;"自我"是向他者的自身而在场的,向他者的"自身存在"而在场的,也就是说,自我也首先是向"如己所是"而在场的。

因此,这一公理意味着,怜悯心的"对象"或"理由"并不属于另一个超越性的自我,或一种"受苦的动物",并不在空间中这样那样的时间和地点,于另一个自我"面前"在场。怜悯心的"对象"或"理由"也不在于实际对他者造成痛苦的动机。不,导致怜悯心的原因在于,构成他人自身的感发性与我自身的生命原则中、我自身存在感触中的情感性相类似(但在具体表现上有所不同)。换言之,同情者所同情的与其说是他者体验的痛苦,不如说是同情一种自我触及,即同情把(他者的)痛苦赋予痛苦自身的"自身感觉"。怜悯心是自身对他者的自身所抱有的共同欲念。而"他者的自身"无异于"他者中的自身"。在此意义上,同情——作为自身对自身的欲念(即使这一自身本身就是他者的自身)——我认为,"同情"无法真正与"爱自身"区分开来。

这是何意？如果同情心总是由爱自身所孕育的(因为爱自身也是产生友谊或任何其他原始经验的条件，在这种情况下应该唤醒与"同类"的关系)，如果这些经验只有从"同情"这一最原初的欲念的内在运动中才能被理解，作为"每个人在别处携带的爱自身"①，那么，似乎同样有必要为此定义加上卢梭的一句启发式格言：如果没有从爱自身中"直接衍生"出来的同情心，就不可能有更多的爱自身。

在爱自身中，怜悯心其实总是作为其最即刻的决定、作为其现象学现实化(actualisation)的内在可能性而被包括在内。怜悯心确实被强有力地包含在爱自身中，这来源于它与爱自身那扩张之力量——与那"充沛"(profusion)之力量和情状融合在一起，使活生生的自我充满了欲望和行动的力量。但这首先可以解释为，我对其感到怜悯的那个他者，总是已经被"赠与"给我、感觉到活生生的自我。那么如何赠与？他者绝非是被"当作另一个人"赠与给我，或对我来说带有"另一个人"的意思。这种在爱自身中的来自他人的馈赠、爱自身的"于力量中存在"(l'être-en-puissance)，既是典型而特殊的，也是唯一和独特的衡量标准。在此标准下，自我与其同类的共同在场，正如现象学家所说的那样，是"预意向性的"(pré-intentionnelle)。这种来自他人的馈赠的预意向性，正是卢梭打算用他自己的语言来表达的、带着或多或少的幸福感所宣称的：怜悯心不仅展现于任何反思之前(该理

---

① 卢梭，《爱弥儿》(法弗尔手稿)；《卢梭编年史》(*Annales*)卷八，第 284 页。

论出自《论不平等》),而且还是想象力的果实(参见《论语言的起源》和《爱弥儿》中的理念)①。

但是,抛开这些差异和几乎毫无掩藏的困境,我们在此发现了卢梭认为可以将怜悯心的构成性定义归属为"在同类中感觉自身"的原因。

卢梭早就在《论语言的起源》中谈及了对他人的同情:"同情并不在我们之中,而是我们在同情之中遭受痛苦"(EOL,395)。但卢梭在《爱弥儿》中是如此解释这一活动的:"[……]当感官一发育,燃起了[孩子的]想象的火焰的时候,他就会在他的同类中感觉自身,他就会为他们的烦恼感到不安,为他们的痛苦感到忧伤"(E,504)。那么既然有了这些描述,随之而来的问题就是:什么叫做"在同类中感觉自身"? 这句话难道不是自相矛盾吗?但如果我们根据先前的结论来做出判定,可能其含义并非如此。"在同类中感觉自身"也可以指:通过在自身之外向自身在场,从而把握自身。而这一主张并不意味着,为了能够"感觉自身",就必须将自己转移到自己的存在之外。相反,这表明了我所能从自己的"本身"(自己)②中获得的体验,以及我的"成为自身"的体验,是一种类似性(similitude)的体验,而这种类似性的体验(当然与相像性不同)并不在于意识到我的存在与自身是为同一

---

① 此外,这一障碍趋向消逝,即使无法自行解决,也往往会被力量/行为的关系所掩盖,例如卢梭在《论语言的起源》中所分析的那样(参见《论语言的起源》,第395—396页)。

② 原文为拉丁语 ipse,意为"自己"。——译注

(这种意识是通过自身的某种再现而产生的),而是通过"于彼中"体验我自身,也就是说在另一个自身中,在这一本身即为"自身"的"他者"中体验我自身。

于是问题就转变成:这一本身即为"自身"的"他者"是什么?我们真的能将之称为"他者"吗?事实上,正如卢梭说的那样:不,我们所受的痛苦并不完全来自"他",因为他者还没有出现在知觉中,也没有出现在意识中,也就是说,还没有形成(对我而言的)"他者"的意义。当卢梭声称同情者是"在受苦的动物之中"遭受痛苦的时候,我们也不应将此理解为同情者与动物所体验的苦难化为同一。相反,我们需要认识的是,通过与他人共同遭受痛苦,通过向他人给予同情,与其说是同情者把自己"移植"到自己之外,不如说他是把自己"移植"到生命的感发深处中,每个人——同情者与他者——都从此处汲取了其"自身性"的无形实体和其本质中牢不可摧的坚实性。

卢梭在《论语言的起源》中发问:"如果我连别人受的苦都不知道,如果我连我们之间的共同点都会忽略,那么我看到别人受苦,又怎能感同身受呢?"(EOL,395—396)。事实上,对"我"与"别人"而言又有什么可能是"共同"的呢,又有谁能不忽略这些共同点呢?回到原始的感受性的共同体中,又是什么使怜悯心——这一自然和即时的感受所经历的奇异和直接的体验成为可能呢?是了,正如卢梭接下去又说,我们"把自己转移到自己之外",我们"与受苦的动物化为同一,于是可以说,我们离开自己的存在而去获取他者的存在",这怎么可能呢?

如果我任凭自己"自然而然地"被怜悯心所感动，那是因为他人的痛苦、他人体验痛苦的这种经历是我所经历过的，这种经历在其存在的每一个方面都认同自身——我的经历亦是如此。并不是说我们两个人都遭受着同样的痛苦，而是他的"受苦"和我的"受苦"具有同样的性质：二者皆来自爱自身，爱自身不仅使我们二人的根本个性得到教化，而且使我们彼此"类似"，有时还使我们在这种"类似性"的隐秘基础上结为一体。

因此，如果"于是可以说，我们离开自己的存在而去获取他者的存在"这一定论成立的话，那是因为，早在认同他人为可能的另一个自我之前、在认同我自己之前，也就是在意识到自我并以某种客观的、实质性的身份来代表我自己之前，我就与他人分享了某物，此物同时构成了我与他的不可化约的自身。此物就是我们二者都赖以生存的"生命"；生命，也就是卢梭在《论不平等》中所说的作为"自然的纯粹运动"的"自然"。是的，他和我的那个"共同"之物就是作为生命的自然，因为生命通过其自身结构直接将自己给予了自身，即爱自身。

所以，在我意识到自我之前，以及在我意识到他人之前（"之前"——指的是基于现象学意义的"在先"），必须（在先验必然性的意义上）已然形成了一种预先的、不可化约的同一。据此，我总是"认同"自己，认同自己的绝对主体性，却不认同我的"第二自我"，也就是说，认同我与自我二者在自己身上体验到的对自身的同样的爱，以此作为生命的基础，作为生命不间断地感发自身、不知疲倦地爱自身的感受性。然而，这种认同是基于一种本质上的类似性,基于一种牢不可破的平等性,并不源于任何预先显示出来的一致性,也不来自他者的任何模仿(或相像性),更不出自这一他者的身份,因为他者的身份与我的身份显得截然不同。这种认同的唯一本质便是通过一个既无从感知又难以设想的过程来完成的,卢梭将其意义归纳为这样一个定义与限度:怜悯心是自己在同类中的一种"感觉自身"。

尽管卢梭遇到了一些思辨性的困难,但他仍然描述了一条杰出的法则——让我们称之为自然的第三法则——它支配着我们与他人之间的一切关系,支配着一切原初的、活生生的主体间性。在《卢梭评判让-雅克:对话录》中,卢梭写道:"我们最甜蜜的实存是相对的、集体的,我们真正的自我并不完全在于我们自身。总之,这就是人在一生中的构成,如果没有他人的协作,人永远无法成功地充分享受自身。"(D,813)

真正的自我不完全在于我们自身!而事实又何尝不是如此? 由于自我总是被其自身胜过、倾轧、超越,也就是说,当对自身的爱不再属于活着的"自我"的特权,只因它首先成为了超溢自身的生命之爱。"相对和集体的甜蜜的实存"指的就是这种超丰富性,这种内在扩张。它们认为对自我而言,"自身"不是一种附加、补充、额外,而是自我的"多"(plus);"自身"指明了其感发性所具有的不可化约的过剩。他们还认为,正是由于这种过剩,"我们"(nous)、"共同体"(communauté)这类的现象才最终成为可能。

为了证实这一点,我们只好在总结分析时参考《忏悔录》

中最美丽动人的文本之一,即第五卷中的一段话,卢梭通过描述原始(或"自然")共同体的特征,揭示了它既简单又隐秘的不可思议的一面。结束了痛苦的经历(一场重病)之后,卢梭回归了与自己共同分担痛苦的华伦夫人和他自己之间相连结的本性,卢梭写道:"如果说人生中存有一种美妙的感觉,那就是我们所体验到的回归彼此的感觉。要说我们互相之间的依恋没有增加,那是不可能的;但这份依恋却用它伟大的纯一夺走了最亲密真挚、最触动人心的东西。我成了为这份依恋的作品,成为了它的孩子,它甚至更胜过我的亲生母亲。我们开始不假思索地不再让彼此分离,并以某种方式使我们所有的实存处于共同之中;我们觉得彼此之间的交互不仅是必要的,而且是充分的;我们习惯于不再顾及任何的外来之物,习惯于把我们的幸福和所有的欲望绝对地限制在人类之间相互的、或许也是独一无二的占有之中。这并不是我曾提及的"爱的占有",而是一种更本质的占有,它不考虑感官、性别、年龄、身材,不在意人如其自身所是的一切,因为人只有停止成为自己才能去占有自身"(C, 222)。

可见,同情心在这里远不止是一种美德,它甚至是一种自然,命名着主体间性,或者结合我在上一段中摘录的文字,它描述了我将称之为"生命之中不可见的共同体"的可能性条件。这一预意向性的、感受性的共同体,这一正如字面意义上富有同情心的共同体,卢梭在别处曾称之为"心灵社会"(société des cœurs)(例如 D, 820)。一个亲密的共同体,一个真挚的共同体,一个不可见也不可预测的共同体,心灵社会植根于生命,因为其实存并不来源于任何身份、任何外在的和先决的认同(外貌、性别、年龄等),而是来源于如其自身所是的一切,以及如他者自身所是的一切。

我们将通过强调两点来结束本章。

1. "人在此生的构成"是这样的,即一个人在没有他人帮助的情况下永远无法好好地享受自身。对此,我们不能依据表象(représentation)来加以理解,而只能以"享受自身"为前提,享受自身不是自我的特权,因为自我超越了"心理物理学之统一"的意义。于是,它也并非胡塞尔所称"原始人"[1]的特权,因为它更多地属于原始自然,也就是说,属于原始人的自我(égologique)生命,它的特点是一种坚不可摧的"自然之善",意为原始人爱自身的绝对充分性(suffisance)和根本的内在性。

2. 上文引用《忏悔录》的描述所隐含的三个生命"条件"[2]和三条"普遍"的实存法则[3],先天地(a priori)将卢梭主义的伦理学建立在我们所称为"生命之中不可见的共同体"之上。如果我们承认这一共同体是建立在"如自身所是"的基础上,那么它就

---

① 参考胡塞尔《笛卡尔式的沉思》(*Méditations Cartésiennes*),马克·德·洛内(M. de Launay)译,巴黎:法国大学出版社,1994年,第159页。

② 即为:(1)扩张性(l'expansivité);(2)自身性(l'ipséité);(3)"共同体的"特征(le caractère «communautaire»)。

③ 让我们回忆一下:(1)生命的超丰富性永远渴求向外边延伸;(2)向他者在场才是真正向自身在场,也就是向自己的本身在场;(3)我们最甜蜜的实存是相对的、集体的,我们真正的自我并不完全在于我们自身。

只能是单体性的(monadique)。或者更准确地说是单体间性的(intermonadique)。就其自然性而言,即就其出现的内在性和直接性(immédiateté)而言,这种单体间性(intermonadicité)是绝对首要的,因为在这个意义上,任何东西都不能对其本体论的优先性提出异议,也不能对其在伦理层面的绝对优先性提出异议。

第五章

德性作为心灵的力量和活力

卢梭企图捍卫的"心灵的哲学"不是从书本上习得的,而是在每个人拥有闲暇之时,按照他个人的欲望和能力,以自己的方式使用分享(*fruitio vitæ*)而来的生命。卢梭说,他为此必须"研究自身"——因为对他来说,对存在就是生命的化身的人来说,对人性就是被其心灵所定义的人来说,认识自身是理解与他有关之事物的唯一途径。对卢梭而言,伦理学不仅仅是其心灵哲学的自然延伸:因为它既是理论,也是实践。现在,如果卢梭的心灵哲学逃脱了唯物论的魔爪(我们记得卢梭曾解释说,须注意不要将人类心灵的活动变得物质化),那么另一方面,卢梭的伦理学,也就是它的发展方式,采取的却是一种物质伦理学的形式,它不支配任何责任,也不向理想性(idéalité)的天空投射任何价值、任何法则或人类必须遵守的任何标准。就其基于一定的自身认知而言,这种伦理学在坚持承担起先验感发性的赠与过程中会被完全耗尽,它导致了生命的过剩,即朝向自身超越自身的运动。由于情感激发的内容——其素材是动态的也是感受性的——通过不断运作的"愉悦"或"痛苦"的基本调性而得到启发，自我的自身性（自身-存在）才变得鲜活起来。如此来说，卢梭所关心的伦理学绝不是道德说教；"伦理良知"不承担任何义务，而更多地是在生命的"愉悦"和"痛苦"的意义上建议一种善用"自然"的知识。用一句简单却也严苛的格言来概括便是："我们必须时刻成为自身，而不是与自然作斗争：这些虚无缥缈的努力会耗尽生命，以及阻碍我们使用生命"（E,685）。

在这种情况下，理性对自身内在构成的情感所产生的影响似乎并不明显。确实，如果总是能把握住本质和结构，理性就不会飘得太远，也不会错过比最近的事物还要近的"心"了，难道不是吗？而理性似乎总是跳过自己的感发焦点（自身），它的概括性和客观化的光辉并没有盖过实存情感内在的黑暗。同理，理性不能对这一焦点采取任何行动，无法修改感发内容；而且，理性也从未评价过感发内容。这就是为什么，如果使用某种理性与作为生命的自然秩序相矛盾，那么，对这一理性的使用实则建立在其"自主性"的幻想之上。理性通过想象自己来停留于自身（停留在决定其特性的原则之上），认为自己可以反对自然，以至于企图"主宰"自然。但是没有什么能比理性与激情、灵魂与内心的斗争更为徒劳的了。尽管如此，卢梭还是从马勒伯朗士的理性主义借鉴许多，卢梭偏爱帕斯卡尔的教诲，并反对某种传统，以至于毫不含糊地下定论：我们只有在这唯一的条件下才能达到我们的目的，即依循"唯有激情才能使我们摆脱激情"这句格言。因此，他在《爱弥儿》中写道："激情只能由激情来操控；它们必须借助自己的统治来对抗自己的专制；用于调节自然的工具总是要从自然本身中去找寻"(E,654)。

但是，为了什么而抗争？我们希望达成的生命最终目的是什么？如果我们从"人类生命的目标是人的幸福"(LM,1087)这一原则出发，那么，人所追求的最终目的（即使是无意识的）将是"享受"这种总是被动而感应地被"定格"在内在性和感受性层面上的生命。"享受"其实意味着人的心灵和意识都享受着愉悦。因为"愉悦"意为"于自身滋养存在的快乐"(D,816)。这就是我们的"理所当然的关怀"(CS-I,289)。这就是"德性"存在的理由。

卢梭其实想探究："我们也许想仅凭理性来建立德性，但我们可以为之赋予何种坚实的基础呢？"(E,602)因为需要首先建立起理性，才能使其作为基础本身，所以有必要以热忱的智慧进行部署，从而代替理性的德性，来代替这一理性道德的基本。因此卢梭认为，如果说"德性只是一种在困难境遇中履行义务的力量"，那么，"智慧则相反，它旨在消除我们义务中的困难"。反思到最后，卢梭提出了这条看似自相矛盾的公理："一个人若是只满足于做一个善良的人，那他是幸运的，因为他把自己摆在了一个永远不必成为高尚之人的位置上。"①我们说"看似自相矛盾"，其实没有任何矛盾：这是一句主张"伦理"(éthique)优于道

①　卢梭，《致卡隆德莱神父》(Lettre à l'Abbé de Carondelet)，1764年1月6日，CC，XIX，第13页。——为了较好地说明"高尚"(Vertueux)之意，我们可以将其理解为专属理性的道德律令失去应用的效力。

德(morale)的论断。在道德及其强加给他人的义务之上,还存在伦理及其所规定的自身的满足。

《忏悔录》中的一句话表明了此种优越性:"如果我们想永远拥有智慧,几乎不需要变得高尚"(C,64)。这是否意味着德性代表着智慧的"反本质性"?面对此种论断,许多评论家不甚重视道德与伦理之间的概念差异,往往容易将卢梭的学说谴责为具有迷惑性的矛盾或缺乏严谨性。一些精明圆滑之人判定这一问题是悬而未决的,仿佛卢梭本人并没有为解决问题而费心。就像令人遗憾的是,恩斯特·卡西尔这位对卢梭学说的统一性做出如此杰出贡献的解释者,也对此产生了极大的误解:"卢梭的道德,"卡西尔写道,"不是情感的伦理学,它是先于康德①发展起来的最彻底的法规的纯粹伦理形式。所有像卡西尔那样把卢梭的"道德"与他所捍卫的律法观念混为一谈的人,从未停止在康德和卢梭之间架设桥梁——而且,他们还总是建议只朝一个研究方向前行!然而卢梭的所有著作都没有表明他主张"实践理性批判"的原则(尽管康德多次声称自己的思考都仰仗卢梭)。这就是为什么人们更饶有兴致地依赖皮埃尔·布格林②(Pierre Burgelin)的出色分析,他在统计了卢梭明显"自相矛盾"的引文之后,已经得出了结

---

① 恩斯特·卡西尔,《卢梭问题》(*Le Problème Jean-Jacques Rousseau*),德洛内(M. B. de Launay)译,巴黎:阿歇特(Hachette)出版社,1987年,第81—82页。

② 皮埃尔·布格林(1905—1985)是卢梭研究领域的重要学者之一,著有《卢梭的存在哲学》(*La Philosophie de l'Existence de Jean-Jacques Rousseau*,1952)、《卢梭与日内瓦宗教》(*Jean-Jacques Rousseau et la Religion de Genève*,1962)等,以及《爱弥儿》笺注。——译注

论:"在所有这些重复的[引文]背后,我们觉察到[卢梭]公开仰慕那绝对服从于无条件命令的理性法则。但这种审慎的态度不正是掩盖了一个布格林不敢承认的亵渎性问题:德性是否是可能的? 布格林个人的这种失策是意外吗? 还是他没有思忖过自身统一的基本要求与法律的非个人性、道德的超越性与情感的内在性相兼容的问题? 一个人能否既是善的、完全现存的又是高尚①的呢? 对于布格林如此精深的文本,我们仍要稍作更正:布格林的所有问题并不是在承认自己失策之后提出的,相反,这些问题开启了卢梭式的沉思。事实上,卢梭一开始就挑明了这些问题,将它们作为一种质询的序言,质问出一个明确而坚定的答案,恰恰是这个答案彻底重新阐释了德性的概念。

要想彰显德性,要想拥有德性,首先就要体验到欲念(passion),而要想体验欲念,要想能够支配激情,就必须具备一种燃烧欲念的自然天性,成为"火热心灵"。这就是"真正的圣人":他不会保护自己免受欲念的灼烧,因为他需要借助欲念来达成自己的目的。就像某些武术讲究跟随受到的击打以更好地躲避攻击一样,卢梭的伦理学建议使用欲念来更好地克制欲念。例如,卢梭在《新爱洛伊丝》最美妙的段落中,唤起了这种对德性的欲念;他安排小说的主人公之一沃尔玛说出:"即使是最微弱的欲念,一旦失去了抗衡的力量,又如何能将其抑制住呢? 这就是冷

①　皮埃尔·布格林,《卢梭的存在哲学》,巴黎:法国大学出版社,1952年,第332页。

淡与安静性格的弊病。只要他们的冷淡助自己抵挡住了诱惑，一切都好办；但如果有人来侵入他们，他们马上就会被打败或被攻击；而理性，当它独自统领一个人的时候，总是抵挡不住丝毫的影响。我只被诱惑过一次，我屈服了。如果其他某种欲念的迷醉让我再次动摇，我就会步履蹒跚、跌跌撞撞：只有火热心灵才懂得如何战斗和克服。一切伟大的努力，一切崇高的行动都是它们的杰作；冷酷的理性从来没做过什么显赫的事情，只有通过将欲念一一对立起来才能战胜欲念。当德性升涌之时，只有它能支配并保持一切平衡；真正的圣人就是这样形成的，他并非比其他人更能抵御欲念，但唯独他自己懂得如何克服欲念，就像飞行员驾驭着狂风航行一样。"(NH, 493)

因此，在这种非规范性的智慧中，"自然的纯粹运动"从来没有被废除、否定或毁坏，相反，它得到了提升、肯定和强化。"真正的圣人"与奉行苦行主义的"垂死之人"无关，垂死之人将自己放逐在自身之外，而圣人的心灵是火热的，因为他在内心理性的唯一支配下强烈而密集地盛放。

卢梭在《论科学和文艺》中把德性定义为"心灵的力量和活力"(DSA, 8)，比起对苏格拉底，更多地是考虑到加图①(Caton)

① 此处指马尔库斯·波尔基乌斯·加图·乌地森西斯(Marcus Porcius Cato Uticencis 或 Caton d'Utique，前 95 年—前 46 年)，一般称其为小加图(Caton le Jeune)以与其曾祖父老加图区别。小加图是罗马共和国末期的政治家和演说家，践行斯多葛学派哲学。卢梭作品中经常涉及"苏格拉底与加图之争"。在卢梭笔下，老加图与小加图都是古罗马共和精神的代表，若无特别说明，本书中多指小加图。——译注

的学说。为了理解这一定义,我们应该牢记当卢梭在写《论科学和文艺》之时,被普鲁塔克①放在平行的地位上,并大加称赞的苏格拉底和柏拉图,这些让同时期的其他作家和剧作家们深表敬意的"伟人",尤其体现了,特别是对卢梭来说,两种特别的基本实存方式:思想和行为。我们还必须牢记卢梭在《纳西瑟斯》②序言中所肯定的"人生来就是为了思考和行动,而不是为了反省"(参见 OC, II, 970),如果我们现在把这一论断放在一个道德而非本体论的角度,它就会让人觉得,任何一个人,其内在的实存——也就是"卓越"的品质——将在于保持和控制自己,即借鉴"摹仿"苏格拉底和加图的行为。

为什么呢?首先关于加图,卢梭在他的《答博德书》(A-DSA, 88)中就已提及了《论天意》(De Providentia),塞涅卡在这部著作中赞扬了心灵的力量,也正是英雄的典范特征。塞涅卡写道:"有一种景象能够转移神的注意力,有一对组合值得神的关注;那就是强者与厄运的斗争,尤其当强者藐视厄运之时。"如果我们看到一位强者不是在和厄运搏斗,而是在和险恶的欲念搏斗,那又该当何论?他的力量是不是证明他拥有一颗火热心灵呢?

至于苏格拉底和加图之间的关系,我们今天受益于克洛

---

① 阿米约(Jacques Amyot)翻译的普鲁塔克(Plutarque)《道德论集》(les Œuvres Morales)和《希腊罗马名人传》(les Vies Parallèles des Hommes Illustres)极大丰富了卢梭的思考。

② 《纳西瑟斯或他自己的情人》(Narcisse ou l'Amant de Lui-même)是卢梭早期创作的一部喜剧剧本,大约创作于 1729 年。——译注

德·皮舒瓦(Claude Pichois)和勒内·平塔尔(René Pintard)整理的《苏格拉底和加图之间的让·雅克》①,该书收集了卢梭的一些遗作片段,极有启发性。然而令人惊讶的是,这两位编者虽然在各方面都很博学,却在他们的解释文章中省略了主要的参考文献,而他们所忽略的恰恰表明了卢梭的立场,并为其赋予了全部意义——我们指的是蒙田《随笔集》的第2卷,标题为"论残忍"(De la cruauté)。因为在这篇同样以普鲁塔克的记述为基础的"随笔"中可以读到这样的内容:"……人们在这两位人物[苏格拉底和加图]以及他们的摹仿者(我十分怀疑是否有人得到其真谛)的灵魂中看到了如此完美的德性习惯,美德已经成为他们的一种气质性情。这不再是一种令人难以忍受的德性,也不是理性的约束迫使他们的心灵保持僵硬紧张的状态;这是他们心灵的本质,是他们天性自然而寻常的步调;他们受到哲学信条的长期熏陶,又与美丽而丰富的自然天性相遇,才培养出这样的心灵。内心的邪念找不到侵入他们心灵的道路;他们心灵的力量和坚定在邪念蠢蠢欲动时已把它们压制和消灭。对于卢梭来说,以及对于理解卢梭来说,这一参考给予我们决定性的启示。

而我们从未强调或评论过的以及我们显然希望在《论科学和文艺》的伟大批评家维克多·戈尔德施密特(Victor Gold-

---

① 《苏格拉底和加图之间的让-雅克》(*Jean-Jacques entre Socrate et Caton*),巴黎:科尔蒂(Corti)出版社,1972年;这一论著包含在《卢梭全集》IV 的附录中。

schmidt)的笔下遇到的是,《随笔集》的这一章也成为了卢梭在1751 年撰写、后来被他否定的这篇《论英雄的德性》的主要来源之一①。卢梭在文中受普鲁塔克的启发,再次试图将这两个"人物"并列,他们的"心灵"在卢梭眼里具有十足的象征性和可摹仿性。

　　但这又是出于什么目的? 卢梭强调这种双重特性是为了什么? 有一点是显而易见的:苏格拉底和加图不属于同一个世界,他们一位是雅典的英雄,另一位是罗马的英雄。为此,我们完全可以说,苏格拉底和加图之争代表了这两个世界的对立:一方面是希腊世界(通过亚里士多德的哲学)从"活动"(energeia)的概念——即作为存在者的实际存在②——来理解力量的本质;另

----

　　① 高尚之人的努力被认为是一种"朝向……的张力",这其实正是《论英雄的德性》的主旨。即使卢梭急于将其否定,也将其视为"非常糟糕"的片段(OC,II,第 1262 页),甚至向他的编辑雷伊(Rey)吐露:"如此蹩脚的文章如一团废纸般不值一提!"(CC,XXXVII,第 36 页)。然而,此文的目的还是源于这样一个事实,即德性一直被认为是"英雄的",有着"英雄的"本质,除非(此观点非常模棱两可)英雄主义将自己树立为最高的德性……因此,不管引起这些犹豫的原因为何(大概与被强加的主题有关),《论科学和文艺》仍将"心灵的力量"作为一切德性的本质,只适用于 1751 年这篇文字中的英雄形象。卢梭在这篇《论英雄的德性》中说:"对于心灵的力量,我愿意把它赠予英雄,他也不必抱怨自己分得的禀赋。的确,力量是英雄主义的真正基础,它是构成英雄主义的德性的源泉和补充,正是这种力量使英雄主义适于成就伟大的事业……仅仅是心灵的力量就必然向那些极具天赋之人赠与大量的英雄德性,并弥补其他所有的美德"(OC,II,第 1272 页)。因此,只要依靠心灵的力量就可以建立英雄主义,并在必要时补偿心灵应当具备的所有德性。

　　② 通过存在者的现实化存在(翻译自亚里士多德的 énergeia),我们必须理解:存在者,就其形式的恒常性而言,它表现出了自身内部所承载的所有可能性或潜在性。

一方面是罗马世界,理解力量的本质的主流是通过"行为"(actus),也只有这种行为力量能将存在者变得实际化。

力量在其概念中指的是行为的潜力——这样的世界实为斯多葛主义的世界,塞涅卡在这里以一种特别有效的方式促使心灵的力量成为道德的基本主题之一。对于那些希望了解卢梭观点的人,我们将从塞涅卡的《致鲁西流书信集》中保留以下非常具有启发性的线索:"我知道,你拥有巨大的心灵力量[塞涅卡写给鲁西流]。即使在你尚未持有有益的准则来主宰命运严酷性之前,你面对命运之时对自身是相当满意的,更何况你还会用命运来衡量自己,尝试自己的力量……因此,心灵的真正力量不可能向他人的裁决妥协,而是需要经受体验。这是心灵的试金石。"①

但斯多葛派的参照无论多么具有决定性,仍远非卢梭唯一的灵感来源。维克多·戈尔德施密特在其关于"初期"卢梭的卷帙浩繁的著作中指出了要点,他提及了犬儒主义者,并说,如果我们坚持这种"强有力"的德性概念,它就会在苏格拉底主义和斯多葛派之间扮演一个中间角色②。毫无疑问,力量对德性的定义可以追溯到芝诺所教授的犬儒主义,以及芝诺的"努力的道德"启发了斯多葛派在心灵力量的原则之上建立起德性的本质。(我们确实必须把斯多葛派的"张力"[tonos]观念理解为一种犬

---

① 塞涅卡,《致鲁西流书信集》(*Lettres à Lucilius*),II,13,1,前揭,第628页。
② 维克多·戈尔德施密特,《人类学与政治:卢梭体系的原理》,前揭,第65页。

儒主义的深化:ponos,在这里的意思是"努力"而不是"痛苦")。但是为了回答这样一个问题:到底是什么条件使心灵的这种"张力"成为一种力量,也就是成为一种德性的真正条件是什么,我们最好读一读克里安西斯①,这是普鲁塔克让卢梭认识到的,克里安西斯的残篇是如此完美地代表了斯多葛派学说:"当心灵中的张力变得足以执行我们义不容辞的行为时,它就成了所谓的力量和潜力。"正如克里安西斯所说:"这种力量和潜力,当它被应用于坚持时,就能控制自身;当它被应用于担当时,就成为了勇气;当它被应用于功德时,就化身为正义;当它被引导为选择或逃避时,就表现为节制。"②至于西塞罗,他在同样的意义上指明:"心灵的张力必须施加于一切职责的执行:可以说,只有它才是职责的守护者。"③

但也正是由于德性建立在心灵内部力量的紧张趋势上,所以在斯多葛派看来它可以与科学和掌握真理联系在一起。一位斯多葛派评论家曾指出:"如果张力足够大,那么它就显示着逻各斯的力量,使它能够牢牢地抓住真和善。"这里心灵的力量来自逻各斯,因为心灵是由它的理性能力恰如其分地定义的。因此,不应忘记,在卢梭那里,至少在《论科学和文

---

① 克里安西斯(Cléanthe,前331—前232),阿苏斯的法尼亚斯之子,斯多葛学派哲学家,曾在雅典师从季蒂昂的芝诺。——译注

② 普鲁塔克,《斯多葛的矛盾》(*Des Contradictions des Stoïciens*)VII,1034 d;收录于《斯多葛派》(*Les Stoïciens*),P.-M.舒尔(P.-M. Schuhl)编,E.布雷耶(E. Bréhier)、戈尔德施密特特译,巴黎:伽利玛出版社,"七星文丛",1962年,第95页。

③ 西塞罗,《图斯库路姆论辩集》(*Tusculanes*)II,23,55。

艺》中，真理与德性、精神与坚定是相统一的，这种联系似乎来自最正宗的苏格拉底主义，却被西塞罗续写了。这是西塞罗在《图斯库路姆论辩集》中所说的一段话："只有认识德性，才能最好地证明许多事物是可以被感知和把握的。这听起来像是对《论科学和文艺》的总结①，更何况西塞罗还指出，这种"认识"，远非"只是对事物的把握——或理解"，而首先是"一种稳定的、永恒的把握。这也是一种智慧，是生活的艺术，它本身就意味着恒定"。该结论立即导向一个问题："而这种恒定性，如果它既不意味着感知，也不意味着知识，那么我可以用什么方式询问它从何而来呢？"

这正是《论科学和文艺》的任何一个读者都应该扪心自问的问题。但读者还不能忽视：对斯多葛主义来说，保证智慧的"恒定"，无非就是使智慧与其自身、与宇宙的理性秩序保持永久一致。确实，根据芝诺对"目的"（télos）的定义，恒定性（constance）一般是指"根据与自身同构的理由（kath'ena logon kai sumonon），

---

① 我们记得，《论科学和文艺》的学说是基于这样一种信念：任何名副其实的"思想"（pensée）——任何艺术作品、任何知识事业以及卢梭在文中明确宣称的这种"真正的哲学"——不仅必须是一种关于"真理"的思想，而且必须首先主观地从"心灵的力量"或"坚定的精神"中产生，后者以其最本质的个性激励着思想家本身。按照卢梭的说法，这种奇异的力量源于个体心灵并且在个体心灵中迸发，与德性的内在本质合而为一。因此可以说，正是由于德性的存在，思想才能任意发挥影响力，更重要的是，才能具备权威性。其实在卢梭看来，"思想"更加证明了权威者的权威，继而也证明了思想家本人德性的影响力。换言之，真理要求发现者拥有一种根本的、"自然"的坚定心态。这便是"前-心灵情感"（ex animi sententia），显示着无与伦比的力量、不灭的"心灵的力量"。

生活在一致性之中(*Zen homologoumenos*)"。或者如克里安西斯所言,这种恒定性将自己定义为"按照自然生活"(*homologoumenos te phusei zen*)的能力,并与它的意志,也就是与它的逻各斯和谐相处。(让我们回顾一下,每一意志都依赖于一种意向性,即"逻各斯",同时这种意向性以它的对象为目标,并为其提供意义,因而表明了对象的目的或存在的理由)。恒定性是心灵力量的"存在依据",因此以"知觉和认识"为前提,也就是说它通常基于理性的运用,依赖于"理性与自身相一致,坚定而不可动摇",正如普鲁塔克①转述芝诺的精准定论。因此,安德烈-让·沃尔克在他对西塞罗的评论中指出,在这整个过程中,逻各斯"使自身拥有运动起来的能力,从而维持或改变自身的张力";这等于认为,"归根结底,唯有它和它自身作为一个整体[逻各斯,理性]才能对它的力量或弱点、它的恒定或它的欲念[心灵的欲念]负责"②。

那么对卢梭来说,"自然"是否和斯多葛派所认为的一样,遵循着逻各斯的秩序呢? 自然所规定的东西、构成自然的"意志"的东西,是否只是自然的理性呢? 答案显然是否定的。卢梭认为自然是作为一种感发秩序形成了理性的基础,从而自然优先于理性,甚至超越理性。我们已经说过,并且还要再说一遍:理性所具有的这种特殊性,很少被哲学家们承认。理性从来都不

① 普鲁塔克,《论道德德性》(*De la vertu morale*)III,441 c。

② 安德烈-让·沃尔克(A.-J. Voelke),前揭,第91页。

是自给自足的——它"只依靠自身的虚妄诡辩",卢梭在《新艾洛伊丝》(NH, 359)中写道——这是因为理性植根于另一根本的异质原则:植根于一种先天存在的馈赠之中,这也正是《论科学和文艺》本身所赋予自己的思考任务。

这里并不是想对《论科学和文艺》进行详细注释,我们只想问问自己,既然卢梭的心灵学说认为不必将其锚定(或绑定)在自身的理性中——理性,也就是斯多葛派所认为的组成心灵的主要内容,亦即克律西波斯(Chrysippe)所说的主宰原则(hégémonikon)——那么,卢梭的心灵哲学应该怎样才能保证它的恒定性呢?然而,在回答这个问题之前,我们首先要强调一点:出于实质性的原因,斯多葛主义的道德观对卢梭伦理学的影响是被严格限制的——遗憾的是,试图突出这种影响的研究从未揭示出这一点。但仍然有两条重要的线索应该能启发我们的思考:

1. 当卢梭在他的《论英雄的德性》中论及心灵的力量这一问题时,似乎是对培根提出的,而非影射西塞罗或塞涅卡[1]。而且,他对培根的引用尚未深入细致地穷尽其根源。对培根来说,"力量是最英雄的美德",但对卢梭来说,力量不同于别的德性,它是所有德性中最英雄的一种:力量是杰出的德性,是典范中的典范,因此力量是德性的典范。就其本质而言,力量也属于德

---

① 参见居约(Ch. Guyot)的注释(《卢梭全集》第 II 卷,第 944 页),他引述了培根的《道德与政治论文集》(*Essais de morale et de politique*)。

性。这种对德性的本体论理解,大概就解释了为什么卢梭对区分德性的普遍哲学基础从不感兴趣,也不关心德性所包含的可能性或必然的等级划分。

2.卢梭对古代哲学主题的挪用有局限性,因为对于犬儒学派或斯多葛派来说,似乎德性的本质存在并不在于心灵力量的生发。当然,在后者的学说中,"恒定"(constantia)所固有的坚实性代表了"典范"的一座高峰、一个最突出的顶点,但这种坚实性并没有从本质上定义德性。或者说,如果心灵的力量仍然必须与德性的本质相关联(比如克里安西斯所论述的),那么,这一"本质"就不会停止作用于心灵的力量,因为德性的本质适用着不同的原则——我们曾论及的"充分的张力"。然而,这种充分的张力没有被斯多葛派同化为逻各斯(在理性的意义上),即便卢梭总是拒绝承认这一点。(甚至可以认为,卢梭学说的特殊性——如果能够勾勒其框架的话——正是完全基于对这种本性的拒绝。)而且按照卢梭的说法,这种构成心灵力量的内在张力,并不是从它所应依循的普遍的逻各斯那里(对古人来说)得出其可能性的先验条件,而是完全从它自身,更确切地说,从作为生命的"自然"的感发性中得出的。因此,为了更好地从语文学上质疑"心灵的力量和活力"这一表述,放弃对历史和主题相似性的追寻或许是有益的。于是,在对《论科学和文艺》的文学渊源产生兴趣之后,我们将不难获得德性的本质,这也是卢梭邀请我们来思考的。

于是我们可以给出两条注释:

1."心灵的力量和活力"这一表述，即使乍一看似乎来自塞涅卡，但其实更多是隐秘地来自维吉尔的《埃涅阿斯纪》，卢梭所追随的"导师"蒙田就十分欣赏此书。《埃涅阿斯纪》第九卷的第611行也说道："缓慢的老去并不会削弱我们的力量，也不会损害我们心灵的活力。"

2.从词源上讲，"活力"（vigueur）源自拉丁文 vigere，意思是（根据埃尔努和梅耶①的说法）："充满活力；生命力旺盛；保持清醒"——或者（如果我们信任加费欧词典②，它对此引用了《埃涅阿斯纪》第五卷第438行的语句）："保持警惕。"但严格说来，这里被定义为充满活力的不是"心"（ètor）——当然，用作比喻时除外——而是"心灵"（psyché）。因为与其说"活力"是一种情感触发的调性（"内心"的现象），不如说它是一种只适用于整个生命体的存在模式，所以卢梭用"活力"这个词意在强调构成心灵的生命力所具的有节制的内在亲密性。而"心灵活力"的特点正是如此，它使心灵时刻保持警惕、时刻处于警戒状态。只要自身仍然以自身为中心，那么心灵力量的内在张力就无法得到释放和舒缓。

---

① 法国著名印欧语言学家阿尔弗雷德·埃尔努（Alfred Ernout, 1879—1973）和安托万·梅耶（Antoine Meillet, 1866—1936）合著了《拉丁语源学词典：词的历史》（*Dictionnaire Étymologique de la Langue Latine : Histoire des Mots*）。第一版由法国巴黎克林西克（Klincksieck）出版社于1932年出版。——译注

② Le Gaffiot 或者 Le Grand Gaffiot 是法国古典语文学家菲利克斯·加费欧（Félix Gaffiot, 1870—1937）受法国阿歇特（Hachette）出版社委托并负责编纂的《拉丁语—法语词典》（*Dictionnaire Latin-français*）。此词典自1934年问世以来已多次重版。——译注

这种心灵本身所包含的张力(tension),这种风度(contenance)——正是斯多葛派所命名的风度,鉴于"紧张"(tonos)[1]的内化,亦被称作"恒定"(constantia)[2]——这种恒定的风度形成了心灵力量(fortitudo)的本质。但有必要作更进一步的解释:卢梭将德性与心灵活力(vigor animi)联系起来,实际上是想把心灵的力量作为一种能力表现出来,特点是不会从外部的"实现"中汲取其实在的特征。的确,如果心灵力量的本质依赖于心灵的活力,如果活力命令心灵不断地保持警觉,那么必然得出的结论是,心灵凭借它的力量,也就是说凭借它德性的力量,只会在这种"约束"之中摇摆,而在这种"约束"中,它"关系"到的只会是它自身。换句话说,若要确立心灵力量的内在能力,大可不必与自身可能的外在化或现实化作对立——或对比:因为心灵所具有的潜能——或潜在性——即所谓本质的"警惕性",才是心灵的现实。

卢梭引用维吉尔的术语(当作者试图摆脱斯多葛主义和塞涅卡时,这种引用是必不可少的),便是以最隐秘的方式表达了这样一个事实:在构成力量的能力和它可能的现实化之间不存在距离——二者是相同的。这并不是说心的"潜在"力量——真正的德性——不会显现。恰恰相反,它完全按照

①　斯多葛派哲学家发展出抽象的 tonos 一词来指称位于人的心灵中的、在整体的宇宙中的、以神性秩序为方向的张力。——译注

②　这方面可以参照由塞涅卡捍卫并由沃尔克解释的立场,特别见于沃尔克的著作,前揭,第168—171页。

"如其所是"和"为其所是"来向自身馈赠,而不必在逻各斯的可理解范围内显现自身。心灵是一种内在力量——保留在自身中,作为一种基本的"我能",正如现象学家所说的那样,其概念与亚里士多德在《形而上学》中谈到的"伴随理性的潜能"（*dynamis meta logou*）并不重叠。心灵（卢梭借此阐述其"哲学"）在其最不可化约的本体论规定中,忽视了从古希腊形而上学中衍生出来的 dynami 和 énergeia[1] 之间的真正区分。力量——确切地说是心灵的力量！——并没有建立一种离心的（导出性的和相对性的）"内部性",而是建立了一种向心的（内在性的和绝对性）亲密性。"亲密性",让我们再重复一遍,即荷尔德林的 Innigkeit,但卢梭却更想从心灵的第一原则——爱自身——来理解它。

在《论科学和文艺》中,除了（心灵的）活力之外,卢梭仿佛是为了证实我们刚才提出的解释,还给德性的本质起了另一个名字:（精神的）"坚定"（参见 DSA, 21）。有了这一概念,卢梭所要表达的意思就更加清晰了。只有心灵仍然坚守着它那牢不可破的"原则",也就是说,封闭在它的自然原则——爱自身——所强加给它的那个自身内部的紧张存在,才会有（作为心灵的力量和活力的）德性。因此,将心灵的活力与精神的坚定相结合有助于强调以下事实:对心灵来说,唯有当它的存在

---

① Dynamis 和 énergeia,即潜在性和现实性,关于对复合物统一性的解释请参阅亚里士多德《形而上学》。——译注

保持对自身的封闭、围截——好比筑起人们所说的堡垒或"要塞",并与外部、存在的现象学意义上的外在性保持绝对分离时,它才能成为一个强大的存在,成为构成性的、原生的力量。这外部的一切,直至存在本身,都须站在自身之外,沐浴着世界的光,与自身对立。

何为强大的心灵?对于这个问题,卢梭回答说:正是那"最崇高的哲学难以向我们解释的东西,相比为追求科学者所给出的解释,它为追寻真理者给出的解释要少得多"①。然而!之前所有的"语文学"运动不也至少向我们保证了一件事,正如卢梭在文中提出的那样,德性在其自身的现象学实质上不愿意服从于认识主体的意向,首先是因为德性凭借其原则(爱自身)所界定的"心灵的力量",很难以"主体"的身份被摆放于它所面对的表象空间中?其实德性的特殊性便是谁也看不到它。只有心灵的力量对其作用点上的效果是可见的,而力量本身在它实在的现实中、在它努力的部署中却是不可见的。显然,心灵力量的不可见性并不意味着它完全不表现出来。这里包含两点意思:(a)在心灵中,力量变得可见并不是通过显示自身(例如通过成为"心智省察"的对象);(b)力量只向行使、驱动和体验它的人显露出来,所以这其实也是心灵的力量处于行动状态的原则,以及(以德性的名义)表现其"道德"内容的特征。于是也必须明

---

① 参见卢梭《未刊作品和书信集》,前揭,第 135 页。

确德性是"未燃而暖"之物，是人们"求之即爱之"、"未识而感之"的东西①。

事实上，德性作为一种精神的努力和主观的能力，以及作为心灵的力量和活力，除了在"自身"的亲密性中显现自身之外，再也不会在别处显现。在亲密性中，德性表现为对自己生命的直接规定，以一种激发心灵的情感形式出现。这里，我们当然可以再一次拉近卢梭与斯多葛派的距离，特别是与克里安西斯的距离，他明确指出："努力好似一阵烈火的冲击，当它能够在心灵中刻下烙印的时候，就被称为力量和潜力。"尽管我们之前曾表达过保留意见，但其实是有道理的。然而！这种特殊的冲击本身是如此的直接，以至于它的内在揭示并不基于任何外部中介：它的发生是通过拒绝任何意义范围的先决馈赠，来允许一种再现的发生——在这种情况下，是再现"感觉"或"印象"。因此，对于这种激发心灵的"火"，我们可以说它吞噬了一切外在的立场和一切客观性。它可以防止自身的任何外在的投射，以至于触及根本问题：什么是德性？卢梭毫不犹豫地宣布和自身保持一致，并完全忠于自己的思想："我可以用短短两句话告诉你，谁也不能向任何人学习，而只能向自身学习；如果你的内心没有预先回答你，那你就永远无法知晓一切。"

这句话道出了本质。按照卢梭的想法，这句话断言了德性总是先于代表性的知识或普遍的"道德科学"网络开始控制它之

---

① 同上。

前出现,以便解释它自身或使它被人学习。尽管德性是无法通过学习得来的(显然这里我们可以联想到塞涅卡①);然而,我们不必经过一段学习期也能并且也必须准备拥有它。德性就是即使没有提出任何问题也可以提供给自身的"回答"。它是对尚未归结的问题的回答。如果这一回答总是在没有要求的情况下提供给我们,那是因为它忠实于内心,并存在于其中。这里排除了任何形式的再现,唯有感触和情感作为主宰统治。

①　"塞涅卡完美地断言:'你不会想要你正在学习的东西'(*Velle non discitur*),这句话更倾向于他的斯多葛派朋友们的真理;他们的教诲是'德性可以学习得来':Didaktèn einai tèn aretén。若要在意志外部进行活动,只有一种手段,那就是'动机'。但是,动机不能改变意志本身;如果它们对意志产生任何影响,那也只是在意志保持不变的前提下。因此,动机能做的就是调整努力方向,在不改变作用对象的前提下,引导意志用新的方式去寻找对象。故而教化的知识、正在改进的知识,总之一切外来的影响力所允许发挥的作用只限于表明意志采取了错误的手段⋯⋯"(叔本华,《作为意志和表象的世界》[*Le Monde comme volonté et comme représentation*],第 55 节,奥古斯特·布尔多[Auguste Burdeau]译,理查德·鲁斯[Richard Roos]审校,巴黎:法国大学出版社,1966 年,第 374 页)

第六章

智者的唯物主义[①]

通过将德性定义为心灵的力量和活力,卢梭把这句看似微不足道、实则至关重要的感叹放在了他的伦理哲学(也是他真诚的智慧)的顶端:"想象一下,我作为我,但我的行为却如同另一个人,那将是荒谬的!"因为如同自身那样行动,或者如同另一个人那样行动,就是决心把生命固有的爱自身置于行动的基础上,而不是在任何情况下都迎合渺小个体的骄傲的自爱。

卢梭在一封信中更直接地解释了他所认为的"智慧"的内容,卢梭的"智慧"既是感受性的又是动态的,与通信者(亨叶特)的意见形成鲜明对比。他总结说我的智慧是与一切时髦的哲学观点[②]相抵触的,时下流行的哲学总是把他们所谓的人文主义

---

① 卢梭常言思构却从未写成的一本书的标题即为"感性伦理学或智者的唯物主义"(*La Morale sensitive ou le Matérialisme du sage*)。参见卢梭《忏悔录》IX。——译注

② 这些哲学在今天不还是那副老样子吗?

建立在视人性为超验实例的错误观念上。所以我说我们必须使自己"对那不断把我们抛向外部的虚假智慧的喧嚣充耳不闻,因为它总是把虚无的当下[生命的活生生的当下]贬得一文不值,并寻求一个随着我们的接近而飞离的未来,不断地将我们带到我们不存在的地方,最后将我们带到我们永远不会去的地方。因此,在我们准备使用生命的过程中,死亡总是让我们感到惊奇"(《爱弥儿》法弗尔手稿版,82—83)。

卢梭的回应是,为了摆脱痛苦的沉重负担,为了从自身实存的压抑中解脱出来,他试图在"学习"哲学的过程中,在各种反思和推理中自我排遣。他要确保智慧更好地致力于深化生命的本质,致力于认识自身存在,最重要的是在生命始终将活生生的自我"安放"在实存情感的构成调性中时,也致力于坚持自身。他写道:"现在对您来说,'学习'是阿喀琉斯的长矛,应该被用来治愈它造成的伤口。但是您只想消除痛苦,而我是想消除造成痛苦的原因;您想用哲学来分散自己的注意力,而我,我希望它使您脱离一切(脱离显现于外部的一切),并使您归复自身(归复于存在的亲密性)。要知道,只有当您不再需要别人的时候,您才会对他人感到满意;只有社会不再需要您的时候,社会才觉得您讨人喜欢。永远不去埋怨那些您不需要的人,那么您就将为他们所必需;如果您觉得自己足以满足自身,那么他们将感激您,因为您愿意共享您的价值。他们将不再认为他们在使您沐浴恩泽,他们将永远接受恩泽;仅凭这一点,生命的乐趣将主动找上您,而您却不必寻找它们。那时,您就会对自己倍感满意,而不会对别人心存不满,您将安宁地睡去并甜美地醒来。"这类智慧依循每一个体的主要"条件"和内在秩序,关乎其自身的独特性;在充分的"利用生命"中,反思决不会被侵吞,并且得益于这种利用,生命完全有可能与自身保持充分一致。于是卢梭在此处承认,感发性——首先作为生命的本质——构成了始与终。

这就揭示了卢梭为其感发性的伦理学所赋予的头衔。这一设想回应了感性伦理学(Morale sensitive)之名,但却从未成功将其穷尽;这一设想无疑是生命尽头的伟大事业,即使经历了政策制度的阶段性失败后,依旧深深地依恋着内心。卢梭在《忏悔录》中吐露:"我更有勇气去做这件事,因为我有理由希望写出一本真正对人类有用的书,甚至是一本最有用的书。"(C,408)然而,一些评论家却认为,卢梭著此书意为回应英国哲学家沙夫茨伯里、哈奇森或休谟等人所阐述的"道德情感"(sentiment moral)学说;或者仅仅说此书"原是洛克和孔狄亚克门徒的作品"①,正是这些观点阻碍他们接触到问题的关键。除了卢梭绝不可能充任某某的"弟子"之外,我们还必须承认如果卢梭只是受到这些众所周知的理论的启发,便绝不会像这些著名作家一样难以写出关于"感性伦理学"的论著。但是,整个问题是由这样一个事实引起的,即从错误的前提(洛克式或孔狄亚克式的)开始的,如我们现在必须表明的那样,它注定直接走向失败,也终将从失

---

① 参见加涅班(B. Gagnebin)和雷蒙(M. Raymond)对此的注释,OC, I, 1469 年。

败中解脱出来,毕竟它还是能克服一些困难。

卢梭的"基本观念"(C,409)诞生于一个完全合理的观察:"大多数人在他们的生命过程中常常会变得与自身截然不同,并且似乎会把自己变成另一个人。"但是,卢梭明确说道:"我并不是要像写书那样建立起一些知名的东西:我有更崭新、更重要的目标。目的就是为了寻找导致这些变化的原因,并使自己与那些取决于我们的事物[令人想到斯多葛派的 eph'hêmin①]保持关联,以展示它们如何被我们所引导,以使我们变得更好、更自信。因为对于一个诚实的人来说,抵挡这些本应克制的却已然形成的欲望,无疑比从源头上阻止、改变或修改这些欲望更为艰难,如果他有条件再重返源头的话。"(C,408—409)因此对他而言,最关键的是回到他欲望的源头,以及去平衡那"张力",即欲望与生命力量(puissance)的关系,这种力量使欲望在主体性的核心中生效,这就是所谓的"心灵"含义。

然而,在《忏悔录》中,令人惊讶的不是卢梭对"感性伦理学"主线的勾勒,而是他解释为何放弃这一"设想"的理由。卢梭简言:"很快就能知晓导致我分心的原因"——那"妨碍我多加关照"的分心(C,409)。我们应该相信他的话吗? 会不会有更"客观"的原因,不是源于让-雅克受到的迫害折磨,而是源于他的分析假设?

---

① 斯多葛派的 eph'hêmin 意为法语中的 « ce qui dépend de nous »(那取决于我们的)。——译注

让我们仔细看看《忏悔录》想要阐发的"基本观念"。让我们扪心自问,此书透露出来的欲望"起源"是否可能存在? 为了获取智慧,是否必须尽可能地通过"回溯"来修改欲望所特有的内容? 卢梭是这样继续他的论述的:"通过探究自己的内心,当我在他者身上寻求不同的存在方式的含义时,我发现它们主要取决于我们对外部对象的前印象,并且它们被我们的感觉和感官不断地修改,在我们的观念中、我们的情感中、我们的行动中,我们不知不觉地受着这些改变的影响:气候、季节、声音、色彩、黑暗、光明、元素、食物、噪音、沉默、运动、休息,一切都影响着我们的运转,因此也影响着我们的心灵;一切都为我们提供了千百种可靠的支撑,从而控制我们去自行支配的情感起源"(同上)。即使我们谈论的问题关乎"起源",我们在此面对的也只是"外因"(即卢梭所描述的"偶然"),其"效果"首先作用于我们的感觉,然后才是我们的心灵,它很可能引起我们情感和观念的"变异"(variation),同时激发出一种欲望。如果使用一个音乐术语做比喻,卢梭在这里似乎坚持扭转了和谐的音调,以至于牺牲了对旋律的强调:因为他所要揭示的是从一种感发到另一种感发的过渡——从外部观察到的感发的"更改"——而非它们内部之间的相互转换,即它们之间的相互转调(modulation)。相较于生命模态的先验谱系,卢梭在这里对身体"机器"内部客观过程的经验性成因更感兴趣。在这种情况下,我们真的有可能像卢梭所相信的那样最终寻得欲望的起源吗? 必须承认,毫无可能——更何况在这种语境下,原初被动性(爱自身和实存情感所固有的被动性)的本体论问题不失被解释为一种"物理原则"(同上),但实则并不恰当。

因此我们要说的是,由于卢梭曾一度相信"满足自身"是实现自身与世界之间协商沟通的功能,也曾相信情感取决于感觉,尤其是取决于其外部再现对象[1],他蓄意使自己跟随洛克的脚步,避免回到"欲望之源头",人们在此处既要消受存在的幸福,同时又要承受最深的绝望,而且两者在感发性的牢不可破的统一之内只形成同一个现实[2]。从这个意义上说,《新爱洛伊丝》这本书以及《爱弥儿》里的某些重要篇章,远远超越了"感性伦理"的基本观念对卢梭思想的最初促进作用。也正是由于这个原因,卢梭的基本设想仍未完成。(我们稍后将研究卢梭是如何看待先验感发性的基本结构时,那时我们就会明白为什么这种未完成是不可避免的)。

同样重要的是卢梭希望为他的"感性伦理学"赋予的第二个标题。事实上,至少如《忏悔录》所描述的那样,"感性伦理学"似乎并没有就绝对性的本质、就"感发性是形成生命的唯一材料、唯一材质"这一事实作出任何结论性的说明,但另一个标题"智者的唯物主义"却恰恰相反,它给出了更清晰的阐释。如果这个标题弥补了前者的缺失,恰恰是因为它成功地纠正了不足,为"感性伦理学"赋予了真正的范畴。卢梭在《萨瓦牧师的信仰自白》中先是喜欢于虚无的深渊中拒绝唯心主义和唯物主义[3],后又回到唯物主义,人们无疑会质问:以这种方式来界定卢梭哲学的实质,难

---

① 参见本书附录 3,第 361 页。
② 参见尼采的"矛盾"(contradictoire)概念,我们之后再议。
③ 同样参见下文附录 3,第 361 页。

道不令人不安吗？卢梭会忽然感到后悔吗？但其实"智者的唯物主义"这一称谓远没有包含"霍尔巴赫主义"①（卢梭偏好的说法）的痕迹，也远没有借鉴感觉物质所特有的孔狄亚克式意义——这种物质不是由它自己揭示的，而是由与它相对立的感受性（sensibilité）收集起来并为其赋予精准的"形式"。我们认为，这一称谓更多是为揭示原初的现象，其内容正是现象本身，是绝对主体生命作为先验感发的极度揭示（archi-révélation）。

"智者的唯物主义"被卢梭用来重新命名"真正的哲学"，这种心灵的哲学应该产生某种有关享乐的艺术（参见 OC, I, 1173），因为这种唯物主义的物质无非是卢梭笔下"生命"的感发材料，它滋养着我们每个人存在的乐趣。据此种关于智慧的训诫，善与恶在形成价值观之前，在转化为理想的和超越的概念之前，就已经构成了——如果为"肉体"（chair）换个说法——我们生命经验的"材质"（étoffe）。因为事实是，每一种生命经验（也是每一种"活着的"经验）在其直接性中都会被显现为是关切的、有趣的东西——依据"关切"（intérêt），用卢梭的说法来讲就应该将其界定为"伦理学的"，不是在道德义务的意义上，而是在感发性的意义上，是在具有至高力量的意义上触动心灵，使心灵变得活泼，使心灵富有生机，去激励它，调动它，让它"动起来"，与

---

① 霍尔巴赫（Paul-Henri Thiry, baron d'Holbach, 1723 – 1789），生于德国巴伐利亚，1735年移居法国，1744年就读于荷兰莱顿大学。他与狄德罗等人参加了《百科全书》的编纂工作，是"百科全书派"主要成员之一。霍尔巴赫主义（holbachisme）可以指霍尔巴赫本人所主张的唯物主义自然观。——译注

它的烦扰作斗争,消除它的绝望,引导它超越自己,总之要鼓励它去行动,去思考,去磨砺它的感受性,去培植专属于它的权力,去唤醒让自己只受"爱自身"所支配的愉悦,而且这种愉悦往往造就引导它去行动,去说话,去思考,去爱。

向往智慧的人所怀有的关切显然迥异于那些表面上热衷于真理的假面人的兴趣(参见本书开头摘录的《新爱洛伊丝》节选)。明智的卢梭主义者的"关切"也不同于之后克尔凯郭尔所提出的那种关切,后者以心灵的基本"欲念"为形式,使心灵向往"永恒的至福",向往"重复",向往"终结"("可朽")之后的"恢复原状"(restitutio in integrum),因为这种"具有无限欲念的个人关切"需要"伦理的悬置"和信仰的飞跃。卢梭主义者认为:不,应将智者追求实现的关切看作一种有限的、具有合理欲念的、节制的、缓和的、平衡的个人关切,它并不要求悬搁伦理,相反它催生并巩固着伦理需求;它不仅压制自身所有的自私心(个体小我的愚蠢傲慢),最重要的是不再使自己与自身产生矛盾,更实在地说,正如卢梭自己所言,最重要的是感觉到自己成为如自然所希望我们成为的那样。再用一种规定性的方式来说明就是:顺应自然才是明智之举,因为顺应自然才能使得自己与内在情感保持一致,"我们将知道[那时]自然是以怎样的温柔来统治一切的,人们听见了它的声音后将发现它是以怎样的魅力成为自身的极佳见证的"(E,597)。

因此,智者就是享受"因满足于自身而催生出纯粹快感"的人(E,591)。这就是"真正的哲学"——如果我们要想享受生存的幸福,就必须攀登这座高峰。这类生命智慧的产生,正是得益于"我们可以成为并不博学的人"(E,601)。这些话语都是"心灵的哲学"的要素,这种哲学诞生于它对自身自然而然的服从。当心灵出于警觉和对自身的忠诚,拒绝聆听那些企图把它流放至"陌异之地"的塞壬歌声,它就会充满活力、坚强和坚定——从德性的意义来说。而陌异之地,严格来说是一个无法生存的地方,心灵在这里无法停止与"同类们"争夺一个完全矫饰的、至少是外在的身份,概括而言就是在社会中产生的关于自身的某种形象,并为了让自己在世界之中占有一席之地而损害受同样条件制约的第三者的利益。我们必须对此深信不疑:如果"一个善于交际的人,总是脱离于自身之外,只知道奉迎他人的眼光而生活",那么"可以说他是从自己的判断中获得自己实存的情感"(DOI,193)。恰恰相反,卢梭设想的智者是以自身之名,由生命以及在生命中孕育,在实存中屹立不倒,而摒弃所有那些优先的区分,因为这些区分总是起源于自私心及其对区分的贪婪渴望①。智者的智慧不可能来自他对"这一浩瀚宇宙中的事物"的体验,因为在那里,我们都"被抛入了冒险之中"(LM,1092),何况就蒙田在《随笔集》中的精准比喻来说,这个世界不过是一架"恒久晃动着的秋千"

①　初次接触卢梭的"区分"(distinction)的关键概念,可以参阅皮埃尔·阿特曼(Pierre Hartmann)的研究《区分的考古学:论卢梭赋予美学在不平等的产生和发展过程中的作用》(*Une archéologie de la distinction : du rôle confréré par Rousseau à l'esthétique dans l'émergence et le développement du processus inégalitaire*),《十八世纪》(*Dix-huitième Siècle*),第 38 期,巴黎:探索出版社,2006 年,第 481—493 页。

（branloire pérenne），而心灵正是被抛入了这一浩瀚的宇宙，却从未在那里找到它真正的"基底"（R, 1046），得益于这一内部平衡的源泉，他似乎可以合理断言——就像孤独的漫步者那样："在四面八方的压力下，我保持平衡，因为我不再依附于任何东西，我只依靠自己。"（R, 1077）

　　事实上，如果心灵所关注的是从世界中夺得其存在的"调节尺度"，那么，心灵是否会觉得必须异化自己，以至于它将不得不任由自己被驱逐出那个活生生的和内在性的源头（存在的情感），而这个源头正使它成为如其所是（一个活生生的自身）以及如其所至（到达那个不可见的生命层面上，对它而言即为内在性的和感受性的平面）？

　　存在的情感所显现的是真理的秩序，其中不存在任何幻觉和假象的可能性，这也是卢梭继笛卡尔之后所坚持的观念①。如果说"自然永远不会欺骗我们"，如果"我们永远是自己欺骗自己"（《爱弥儿》法弗尔手稿版, 213），那是因为一切属于自然界的范畴——一切属于内在情感的东西②——永远不会丧失真实。"真实"不仅意味着我在体验我所体验到的东西这一点总是真实的，而且是因为我所体验到的东西（我所感觉到的东西）总是能

---

　　① "……无论一个人是睡着了还是在做梦，他都无法感到悲伤或被任何其他的激情所感动，除非他的心灵本身就有这种激情"（笛卡尔，《论灵魂的激情》[Traité des passions de l'âme]，AT, XI, 第 349 页）。

　　② "自然，即内在的情感……"（《致雅各布·维纳斯的信》，1758 年 2 月 18 日, CC, V, 第 32 页）。

体验(感觉)自身,从而在这种自我感受的直接性和极度被动性中获得无可置疑的积极性和确定性。这种关于自身情感的真理还可以用其他的方式来表达,比如说:这就是作为生命的自然的"意愿"(vouloir),它每次都会在实存情感的基本布局中向我们提出"要求"(而我们自己却不想要),尽管我们拥有这种原始的感发,但它还是把自己强加给我们,并要求我们对它进行处置。因此,如果自然的概念与真理的概念有交集,那也是在任何认识论语境之外,因为实存情感的自我触及总是自然的,自然总是(自我)感发的。简言之,这是因为自然总是在"内心"中显现自己。

但我们却任由自己被世界的景象和一切地狱般的表象的诡计干扰,因为就我们感性存在的主体性而言,我们就像遭受着孤独的漫步者一样;我们在这个"幻想"的世界里(LM, 1092)、这个虚幻的世界里漫游,好似徘徊在我们对生命的关切的边缘。对我们大多数人而言,生命已经在这种漫游中失去了意义,或者形容得雅致一点,失去了生命的品味。因此,智慧的征服将有赖于这种生命品味的内在教化(心灵的教化[cultura animi]),有赖于这种感发智慧(sapience)的使用。然而,(作为修改心灵一切体验的源泉)不仅有爱自身在每个人身上根据实存情感的特殊调性而呈现出不同的内容,而且每个人为了到达自己"在这片大地上的终点",还必须使自己的欲望与能力相匹配。因此,这就是卢梭伦理学的关键:它要求行动的自我(卢梭所说的"自由施动者")认识自己,学会认识自身力量中的可能性和被唤醒的欲望的本性,自我的行动目标与人类社会及其混乱和虚假的要求无关,而是与自身有关,是为了不使生命与自身发生矛盾。这就是为何卢梭的伦理学不邀请任何一种妥协,不邀请任何一种对世界的迁就,哪怕是再现意识的"内在世界"、世俗事物的"外在世界"或形而上事物的"背后世界"(l'arrière-monde)。主体生命的绝对内在性与存在的外在性是根本不可通约的,自我的□□与存在者的客观性也是不可通约的,妄图在它们□□□□任何的协调确实是荒谬的。因为凡是参与其□□□□方,都将不可避免地使自己陷入错误、徘徊,最□□□□望。另一方面□□有可能达成某种一致,即□□□□想中□□□□是内在的——它只涉及关□□□□□□遭受那种迫使它(成为)自身和产生朝向自□□观念的孤独。

因为唯有这种孤独才印证着矛盾的根源:"矛盾"的根源就在自身内在。所以我们必须给予自身最大的"关照"。因此,智者将是唯一一个见证"认识你自己"(*Gnôthi seauton*)之人——"认识你自己"为"真正的哲学"提供基本对象,正如《论不平等》的卷首语所表明的那样——原则上"认识你自己"与第二句德尔斐铭文"如何都不为过"(*medèn agan*)相伴相属——这句"如何都不为过",恰恰澄清了卢梭伦理学的根本规定。事实上,在不恢复自私心的情况下,只要正确地理解这种"共属"(coappartenance)关系意味着什么,智者就能根据爱自身本体的善和积极性,为自身得出最佳结论。智者是会与自然达成一致的人(不过得从非斯多葛派的角度来说),他知道如果这种一致对每

个人来说均为可能，那么它同时也会在每个人身上以不同的方式达成一致。"在每个人身上"即：依据他的个体本性，他的自身情感的内容，他的欲望的内容和他自己的能力范围①。

由于卢梭的伦理学力求恢复内在的"平衡"，它所做的便不仅仅是规定当一个人希望生活在人间时应该做什么或不应该做什么的规则：它首先取决于主体性的履行（accomplissement），即其潜能的和谐实现。所以目前，这种伦理学完全有可能按照"自然[即自身本质]的要求"来享受自身（这的确是卢梭眼中"智慧"的至高点），只有当人们先努力挫败盘踞于自身内心中的绝望之时，这种享受的愉悦才会发生，而任何爱说理的理智的指令都无法阻止它的觉醒。

其实，伦理学只需要概括道德和痛苦，玩弄善与恶的超越性价值。这两种普遍价值在相互对立中明显地处于生命现实的层面之外；当它们作为一种理想性，则成为想象力的投射或比较性的理性的抽象概念。然而，这些价值虽然属于表象的范畴，但它们并不是虚假的，因为它们来源于其自身力量的再现：它们都源于人的主体性，是人的主体性的精准反映。因为在断言自己受到共同理性所支持的观念或价值之前，善与恶就以"好"与"坏"的形式建立在绝对的主体生活之中；它们从"活着"中喷涌而出，成为我们与自己不断发生的无声的、直接

---

① 在这里，卢梭显然需要与自然协调一致，而绝不是符合斯多葛式的简单再现或重复使用。卢梭认为，智者只契合于他自身所具有的那种本性——他的个性——而绝不是契合于宇宙的总体性质或逻各斯的普遍规律。

的经验的感发方式;它们植根于爱自身的深处,在这个意义上说,"善"是自我肯定,"恶"是对自然的否定。唯有如此,唯有充分发展爱自身的感发性,伦理学才能被定义为一种合理发展的"享受的艺术"。

享受的艺术是建立在行使德性的基础上的——"纯朴心灵的崇高科学"(DSA,30),其前提是,毫无保留地认同德性并服从于德性,并且先于直接关系的核心处阐明一种有关内部调节或比例的法则,它从本体中将欲望与其内在力量联系起来。这一法则实际上是为了确定爱自身对自身的肯定或否定,所以它根据自我主体性的快乐或痛苦来表露各种变化或者模态。于是这些模态产生了两种类型的情感:一种是贫乏(insuffisance)的情感,它产生于欲望与能力、力量与意志之间痛苦的不相称;另一种是满足(suffisance)的情感,它产生于欲望与能力、力量与意志之间幸福的平衡。

贫乏的情感所具有的特殊性体现为,它削弱了自我,导致自我越过了卢梭所说的"范畴的半径",并由此成为一种社会性的和政治性的动物——这确实要感谢依靠他者的力量来确保强化自身——根据卢梭早在1752年就发现的基本规律:内部越是败坏,外部越是复杂(A-DSA,73)。(这一规律连结起自然内在的断裂性与社会体的构成,甚至还将成为卢梭主义分析"社会状态中的人类"所依据的原则;我们之后再谈这个问题)。至于满足的情感,它不仅是智慧的必要条件,而且也是使对他人的公正成为可能的原因,如卢梭稍后理解的那样,"凡是对自己善良的人,在某种程度上对他人也善良"①,或者说"凡是能满足自己的人,就不会想着去伤害任何人"(D,790)。

但我们该怎么做呢? 如何才能对自己善良? 如何才能满足自己? ——卢梭在《爱弥儿》第二卷中提出的法则正是用来调节这两个基本的主体性决定因素之间的关系。在谈到痛苦现象时,他写道:"我们的痛苦正是……在我们的欲望和能力不相称的情况下形成的。"(E,304)而且,卢梭还描述了关于快乐的形态:"对于有感觉能力的存在而言,他的能力等同于他的欲望,他将是一个绝对快乐的人。"(同上)

不过这一等同的比例关系仅能解释自我的"独特性"(singularité)以及每个人的不可类比的存在,于是卢梭在此基础上成功地建构了一种没有客观或固定特征的、没有预设公理的感发伦理学的准则。卢梭的设想支配着其学说的建构,但却忽视了强制命令性的戒律或规则。卢梭所倡导的伦理学特别适用于个体,它每次都是根据每一个体的独特的力量和欲望,使个体致力于认识自己(因为事实上,"最可怕的敌人就在我们自己内部"[DVH,1273]),并尽可能地平衡自己的"我想"和"我能"的比例,将二者作为个体主体性的"组成部分"。这种把"可实践性"建立在构成自我独特性的主体潜能的整体之上(卢梭称之为"人类能力")的伦理学、这种坚定的个体主义(但决非个人主义,

① 卢梭,《致米拉波的信》(*Lettre à Mirabeau*),1767 年 1 月 31 日,CC,XXXII,第 82 页。

因为"人们善待自身在某种程度上也是善待他人")、这种实现心灵哲学的伦理学,逆反一切超越的规范性,它被揭示为适用于自我感发性的内部规定的载体,依据"何为感发性"以及"何为自我",处于其独特和单一的、有限和绝对的、不可还原和总体性的存在之中。

只有为了使伦理规制真正成为一种合规性,才有必要阻止它为任何一种主体权力赋予特权而损害所有的他者。为此,伦理规则应以自身的生命规定为基础,因为权力与欲望之间的本体论关系在每个人身上表现得极为独特。这些规定并非为了唆使人们选择减少欲望以增强力量,反之亦然;也不是鼓励彻底消灭欲望或权力,因为这样一来,自我面临的结局将是挫败,挫败可能会唤醒绝望,从而将顺理成章地加剧对自私心的激发,而自私心已经不再需要别的东西来使自己变得更为有害。不,为了避免这种伦理学惹出与其目标相反的麻烦,就必须使赞同这种伦理学的人只按照他自身能力自由而愉快地发展欲望。对于这个问题,卢梭在他最重要的著作之一当中表露:"那么,人类智慧或通往真正幸福的道路又是什么呢? 并不完全在于减少我们的欲望;因为如果欲望低于我们的力量,我们的部分力量就会一直闲置,我们就无法享受我们的全部存在。也不是在于扩大我们的力量,因为如果我们的欲望同时以更大比例扩大,我们就会变得更加痛苦:所以是为了减少欲望相对于力量的过剩,并且实现"能做"和"想做"的完美平等。唯有此时,所有力量都在起作用,心灵却保持着安宁,人类便会发现自身秩序变得井井有条。"

(E,304)人首先为自身建立井井有条的秩序,因为在他的"我能"和"我要"之间建立起了"完美的平等",如此一来,他就会和实存情感的秘密内容达成一致——也就是在一个既非心理学也非社会学意义的层面上对这一内容进行内在的定义。他感到自己已与他的本性保持了完全一致,他对属于他的"内在情感"感到愉悦。当他感到和自己保持了一致,那么,这就标志着在他身上以及他自身与自己的关系中,终于不再有什么"如何都不为过"的东西。

当然,因为这种伦理学是由一种内部调节(或节制)的法则所定义的——根据受其启发的"特殊构造"进行调节,所以,如果卢梭的"节制"智慧并未引发对生命的具体描述,而是像斯宾诺莎的《伦理学》一样,仍然是相当"思辨的"①。在规则的抽象概括性与其"适用性"的极端特殊性之间,卢梭实则让位于一个典型的个体,他可能会关注这一法则的效力,亦可能不会关注。如此一来,力量/欲望之间差异的模态化(根据愉悦或痛苦)被考虑添加进对这种差异的调制中,并据此确定"强"的存在或"弱"的存在。

卢梭仍是在《爱弥儿》中自问:"当我们说一个人软弱时,我们究竟想表达什么意思?"卢梭回答说:"软弱一词表明了它所适

---

① "在人心中,纯粹的思辨观点不能凌驾于欲念之上,这就是宁愿选择外来事物,也不选择我自己;这种情感不存在于自然之中。"——《致德·卡隆德莱修道院院长的信》(*Lettre à l'Abbé de Carondelet*),1764 年 3 月 4 日,CC,XIX,第198 页。

用的存在关系。当力量超出需求，不论是昆虫还是蠕虫，都是强者；当需求大过力量，不论是大象还是狮子，不论是征服者还是英雄，抑或是神，都是弱者。"(E,305)因此，如果只考虑力量、能力、天赋来彰显强者的力量，就等于阻止自己获得自身存在的独特性，等于剥夺自身的真实。因为"存在"实际上是活生生的自身，而这一自身激活着"自我"，在生命中并通过生命化身为自我，也就是凭借生命的爱自身化为自我；既然"活着"意味着行动，那么只有在活生生的实践中——当在"存在"的每一个点上感受到自己时，"所有的[主观]力量都开始行动"(E,304)——一个人的"自身存在"才得以揭示，因此这个"存在"部分地取决于它的欲望内容。此种情况下，我们就能理解，为什么从力量的角度来说最强的心灵（例如上帝），从行动的角度以及最终主导它的欲望的角度看，很可能是最弱的。因为涉及行动本质的是权力和意志、能力和欲望、力量和需求的比例、"关系"甚至是相互的修改，正是它们赋予行动的自我以"自身性"。

问题是：何种心灵可以被称为弱者？我们将据此回答：软弱发生于自我的心灵不再享受自身、不再享受成为自己、不再享受自己的痛苦、苦于不再遭受自身的痛苦之时。换言之，软弱就是因拥有太多的"自己"，或因"成为自己"的负担太重而痛苦的存在。弱者受苦，他的苦就是"过多"。不要过多——正如萨特所说的那样——而要做一个弱者，他的软弱源于感到自己内心所背负的一切（欲望、力量）在他实际存在的某个时刻好似一个沉重得不能再沉重的包袱。

为什么？因为当弱者的欲望超过自身力量时,他们就会痛苦。同理,如果强者感到幸福,那是因为他们只渴望自己有能力获得的东西。但是,就"我能"的原始力量而言,它既存在于弱者身上,也存在于强者身上(因为不仅只有力量是强大的,软弱也是一种力量),应该说上帝可以强大,昆虫也可以强大——关键是要正确把握"适用于"这样或那样的"存在"的结构关系。因此,强者就是根据自己的可能性来行使他所享有的力量的一种存在;他的一切活动就在自身的享受中耗尽,在他以"自己是谁"为乐的事实中耗尽。而另一方面,尽管弱者总是拥有力量(他总是拥有"我能"的力量),但在这种力量中他停止了享受,因为他发现自己被淹没了,被一种欲望超越了,他不仅无法抑制和承担,更无法尊重这种欲望。换句话说,弱者即是如此,由于强烈的欲望在任何地方都得不到满足,他的行动力只能在单一方向上进行,那就是对他所得到的生活作出反应,于是在绝望中,他有时会转而反对自身(反对他的"无力"),由于与自身作对和对自身的不满,他对"自己的所作所为"和"自己是什么"失去了所有的敬意。

综上所述:由于软弱在一定程度上是与"成为自身"的负担联系在一起的,所以软弱的人除了恐惧和逃避之外,别无他法——卢梭说:"他把自己抛向自身之外并以此取乐。"(E,597)事实上,让他感到恐惧的是他所遭受的痛苦,而这种痛苦作为他的"内在情感"向他自己揭示。于是这种感受性的启示使他寻求一切手段——特别是那些认识的手段——来抵御这种生命在他身上激发的恐惧,这种恐惧从四面八方压倒他,使他感到过分压抑,使他不再行动,而只是做出反应,仿佛他自己只不过是敌对力量的可怜玩物。因为他害怕自己,又找不到真正逃脱这种恐惧的方法,所以弱者最终会想着背离自身。"他所在的地方"并不是他向往的地方。他无视自己所处的位置,混淆自己内心的晶莹"透明",只能在排斥任何可能性的情况下,为自己的欲望施加过度的负担。

第七章

在主体性的中心：
真正的"让-雅克·卢梭问题"

由于心灵在本体论上的独特性意义，我们不可妄下定言自我具有实质的现实性。因为自我其实是每一次力量/欲望发生差异的结果，它的存在就是为了形成这一差异的来龙去脉，我们可以用两种不同的方式来解释：(a)就心灵的强弱而言；或(b)就存在的幸福与不幸而言。

考虑到这两重维度，我们现在必须着眼于卢梭在《嘲笑者》中所作的自画像："没有什么，"卢梭写道，"对我来说，没有什么东西和我自己是多么的不同，这就是为什么除了用'独特的变异'来定义自己之外，用其他方式来定义自己的尝试都是没有用的；这一变异在我头脑中就是如此，时不时地影响着我的情感。有时，我是一个顽强而凶猛的厌世者；有时，我又为社会的魅力和爱的喜悦而出离陶醉；有时，我严谨而虔诚，为了我心灵的福祉，我竭尽全力使这些神圣的性情持久下去；但我很快就变成了一个坦率的自由主义者，因为此时我更加专注于我的感觉而非我的理智，所以我在这些时刻经常戒除写作……简而言之,我比变色龙、变形虫和女人都善变。从一开始,好奇的人们就应该对认识我的性格不再抱有希望:因为他们总会发现我以某种特定的形式出现,而这种形式只有在某段时间中才是属于我的;他们甚至不应希望认出我的这些变化,因为变化没有固定的时期,有时我会从一个时刻变化到下一个时刻,而有时我甚至会整整几个月保持同样的状态。正是这种不规则奠定了我自身的构造。"(P,1108—1109)

即使卢梭已经注意尽量不将自己的意图一概而论,他仍用这些话语描述了他眼中的"自身"——自我参与实存情感的基本共鸣时的"自身性"——和这个"自我"本身之间必然存在的所有差异。也就是说,他无意通过描述完全不同的语境中的"渺小个体"(E,602)来定义一个特定的人的属性;他也无意踏上一条哲学人类学的道路。因为他所要强调的是自我的主体性的决定因素,借用他的术语来说就是"自然的纯粹运动"的要素,即那些使他的心灵处于运动状态的要素。(然而,让我们回顾一下,在任何时刻自我都会体验到"活着",从而在生命的内在性和感受性的层面上感觉到被"放置")。因此,卢梭在《嘲笑者》中暗示的"性格",其实体往往被"心理学"这位常识的帮凶广泛传播,但它实际上不过是一种形象(image),是以一种相当武断的方式以及追溯性的表现形式凝结而成的虚构精神。然而卢梭并没有放弃对心灵这种"独特的多样性"的暗示,他认为只有心灵才能定义自我的自身性,多样性恰恰存在于独特性之中,由自我体验到的"印象"(在心灵中彼此相生的感受,每一个感受印象都会产生由爱自身所授意的"不规则"的性情)所形成的。

值得一提的是米歇尔·亨利的思想成果:"每一种印象的内在可能性就是当印象降临于生命,生命给予它感受自我印象的可能性,只有通过生命、在生命中、在生命感受的自我激发中,印象才能成为活生生的、真实的和在场的事物,成为不断更改生命所体验的、事实上是生命自己体验自身的东西,如此,它才形成绝对的、独一的和同一的生命。"我们必须牢记这一分析,以便更好地理解卢梭的著作。尽管自我在其生命的每时每刻都不断地显现着面孔、形象和许多"特殊形式"的修改,甚至由于这种修改,自我的自身性才得以保持不变。为什么?因为自我形象的不断修改(事实上,每一次的自我都与自己不同)扎根于"自身",而自身出于对自身的爱,即使这份爱并不总是具有相同的感发基调,也不会停止对自身的紧密连接。甚至正是这种被迫与(成为)自身连接的存在,决定了自我与自身的不同——在有利于这一区分同时又对其作出限制的意义上。在这一点上,我们要感谢让·斯塔罗宾斯基所坚称的,卢梭在把自己描述为"最变化多端的和最毫无规则的人"之后,"立刻"作出的否认:在接下来的段落中,他承认存在着一种内在的节奏,存在着一种更规律的、更恒定的交替更迭。故而他的变化不再毫无"固定周期";他认识到一种循环规律的恒定性,在这些周期自身之外,他以一种戏谑的口吻唤起了一种或多或少被掩盖的"疯狂"的永久存在。"①

①　让·斯塔罗宾斯基,《透明与障碍:论让-雅克·卢梭》(*Jean-Jacques Rousseau : La transparence et l'obstacle*),巴黎:伽利玛出版社,1971年,第69页。

那么，在这幅自画像之后我们将读到些什么呢？"例如，我受制于两种主要的性情(disposition)，它们每遇一个周期都会持续发生变化，于是我称之为周而复始的心灵：一种是智慧的疯狂；另一种是疯狂的智慧。但在这两种性情中，疯狂的程度都超过了智慧，它在我认为自己是智慧的周期里明显仍占了上风……"(P, IIIO)

那么问题就来了：如此持久的这种"疯狂"是什么呢，竟优先于卢梭以同样的隐喻所称的"智慧"？如果按照卢梭伦理学的规定，智慧在于将"我想"的表达限制在"我能"的个体本性中，如果智慧意味着按照个人的构成来命令自己的所有欲念，那么卢梭所用的"疯狂"一词应该是什么意思呢——"它就是，让我们再说一遍，一个比喻性的称呼——它是欲望和能力的不相称。""我想"把自我带离了自己，带离它自己的可能性范围，因为自我的欲望通过背离超出了它的自身能力，就实现这些能力而言，欲望超过了实存的确切时刻在生理和心理上所证实能够负起的重担。因此，奇特的"疯狂"一词(以及"智慧"一词)所指的无非就是谱号(clef)——从该词的音乐意义上来说是协和谱号(clef consonantique)——在这一实存时刻，它奇异地统一了自我的"特殊形式"的"多样性"。而如果我们从卢梭在《音乐词典》中为协和谱号所下的定义寻求更多的启发[1]，

———————

[1] 谱号："从乐谱开头起始的音符，用于确定音阶在通用键盘上的升降程度，并在线谱中表示它所包含的全部音符的名称。"(DM, 712)

就可以用另一种方式来理解："疯狂"（或"智慧"）所命名的音调区，使我们能够在同一且唯一的生命总音域上（如米歇尔·亨利所说）奏响自我性情的变化（每一种性情都与实存情感的基本调性相协调），只要这些性情都汇入同一且唯一的现象学激流，从而形成自我音域中的统一性和独特性，其哲学名称即为 ipséité（自身存在）。

只是，这些性情的自我孕育——让我们再次明确一下，"性情"既不是"情绪"，也不是心理情感，而是爱自身的特定音调，用卢梭的术语来表达就是"周而复始的灵魂"及其波动，都奇异地植根于同一个"音域"内部，植根于同一个自我。现在，我们不得不强调，"自身"除了是一种实质性的存在之外，它的特征和属性也是客观的并且是一劳永逸地被赋予的，因为它每一次所涉及的都是一种被放置的存在，而且是在它对自身情感的支配中、在生命的内在性和感受性的层面上被放置的——这种自身情感，这种不定位的"位置"，根据"我能"和"我想"每次决定的互相化约以及由此直接导致的"痛苦"或"幸福"而变化。

但是，如果这就是自我的"定义"，我们是不是应该问自己：我们应该为所谓"总音域"①这一概念赋予何种意义、何种有效性？音乐的隐喻是否中肯？如果是的话，为什么？回

---

① 参见《卢梭全集》（*Œuvres complètes de J.-J. Rousseau : avec des notes historiques*. Vol. 3. Furne, 1836, p. 640）："这些键分为二十四度，即三个八度和一个四度音程，从第一行之上的 F 调到最后一行之下的 B 调，所有这些音调共同构成了所谓的"总音域"（clavier général），由此可以判断这是一个非常长的音域系统。"——译注

答："总音阶"概念起到了构成主体性"典型"形象的作用。实际上，《嘲笑者》所谈论的自我相较于自身的永恒差异不仅基于卢梭所称的"疯狂"（或"智慧"）的单位谱号，而且还存在于双重音调区之中——心灵强弱的双重音调——只有当主体性的本质是任何的强弱都相通时，音调区才能持续不断地被修改。

当然，对卢梭来说，自我不可能是天然的强者，也不可能是天然的弱者（从"实体特征"的意义来说，自我不断地与自身保持一致）。关于"让-雅克"——"社会状态下的自然人"的化身——的问题，在《嘲笑者》之后，《对话录》是这样引导我们的："他的心灵是强大还是弱小到过分，是依据我们所设想的关系。心灵的力量不体现为行动，而在于抵抗；宇宙间所有的力量都不会令它一时弯曲意志的方向。除了友爱才有权力让它进入岔路，它经得起其他事物的考验。它的弱点不在于放任自己偏离目标，而在于缺乏达成目标的活力，在于让自己在遇到第一个障碍时就停下来，即便这个障碍很容易克服。"（D，818—819）心灵"依据我们所设想的关系"而"能够"有强弱之分，这个结果正如卢梭所说，显然是由于心灵强弱的每次分配都要付出非物质的生命代价，根据支配和调节力量与欲望、权力与意志关系的比例得以分配。

因此，我们不能长期为这种软弱提供可乘之机，亦不可向它屈服，最重要的是不要让自己被这种软弱所困，这是产生一切"人类智慧"的条件，是通向"真正幸福之路"的条件。但是如何定位这条道路呢？以及首先，我们如何知道这条路是正确的？卢梭似乎在暗示，如果当我们遭受某种痛苦时，我们寻求"超越"、"克服"我们的痛苦——是通过克服，并不是将我们自己引向从本体论上来说完全不同的事物（例如，赋予痛苦一个外在的意义，使它在我们的理解中成为合理的；或者受制于迟迟无法从痛苦中觉醒的绝望，我们被抛入死亡），而是通过理解痛苦处于"永恒的视角"①中，即一种自然的表达，一种绝对主体生命的显现，这种生命的自我揭示不断地与自身纠缠，其结构正是爱自身。

卢梭在给亨叶特的信中写道："请您相信，唯有疏远您自己，才能缓解折磨您的痛苦情感。我反而坚信，疏远自己会使您更接近您自己。"②这种"让-雅克"的建议，其实并不总是适用于他自己。我们甚至可以明智地从中判断违逆自身的教条所暴露出的基本"问题"——包括实存性的和理论的问题——这些漏洞不断地阻碍着卢梭学说的完全统一（我们稍后再谈这个问题）。当然，谁也不能否认，卢梭的创作紧紧围绕着"自我"这个微妙的问题，正如其所谓的"自传体"取向一样，表达了他渴望更接近自身存在的真相的意愿。此外，《爱弥儿》《新爱洛伊丝》和《忏悔录》的作用则是为卢梭提供了令人愉快的解决方

---

① 原文为 sub specie aeternitatis，斯宾诺莎提出的哲学概念，即我们应该在永恒的视角下、永恒的表象下看待世间万物。——译注

② 卢梭，《致亨叶特的信》（Lettre à Henriette），1764 年 5 月 7 日，CC，XX，第 21 页。

案,最终的缓解在《一个孤独漫步者的遐想》中得到了充分的体现,这绝非偶然。同样绝非偶然的,是不是这些著作中的每一部都以各自的方式,以不同程度的成功,对主体性的内部调节规律,即始终存在于人类心灵中,并在每时每刻构成"自我"的独特性,在"权力"与"意志"、力量与欲望、能力与需求之间的差异性作出了说明? 而且,卢梭的"忏悔"尽管被冠以所谓的借口,但仅仅是出于伦理目的而写就的:以便作者能够研究自己,了解自己心灵的真正组成部分,并基于这种知识,从个体"权力"和"意志"的相互依存关系以及享受和痛苦的内部联系中得出适当的教训,因为它从总体上对作为生命的自然的"纯粹运动"进行了结构化处理——我们能不能否认这点? 其实,这一问题也隐含在《忏悔录》的写作发展中:在本体上构成同一生命的统一体的各种情状和力量的相互联系究竟是什么? 实存情感的转变所依托的相互联系又是什么? 归根结底,主体趋向性的可能性条件基于什么?

在《爱弥儿》的重要段落中,我们读到:"人的命运就是永远在受苦。小心翼翼地留存自身是与痛苦相伴的(E,260)。这段文字似乎与同书的另一段文字相呼应:"人[……]都要承受生命的苦难,承受各种悲哀、厄运、需求和痛苦。"(E,504)或者,正如卢梭另行指出的:"我们不知道什么是绝对的幸福,什么是绝对的不幸福。今生万事混杂,我们品尝不到任何纯粹的情感,我们也不会在同一个状态下停留两个片刻。我们身体激发的情感也在绵延不绝地变化。善与恶是我们每个人都有的,只是衡量的

169

标准不同。最快乐的人是遭受痛苦最少的人，最悲惨的人是感受快乐最少的人。"(E, 303)而在《对话录》中，"卢梭"就是用这些经过深思熟虑的术语来评判"让-雅克"的吗？——"他的内心渴望幸福和快乐，留不住任何痛苦的印象。痛苦无需在他身上扎根就可以在顷刻间撕裂他。任何令人苦恼的想法都不可能长久占据他。我看到他处在不幸生命的巨大灾难中，从最深重的苦难迅速地转变为最纯粹的欢乐，却片刻都没有在他的心灵中留下任何遭受撕裂的痛苦痕迹，这种痛苦将再次把他撕裂，并且构成他的惯常状态。"(D, 825)

所有这些引文都激发我们自问：痛苦到享乐的"过渡"发生了什么奇迹？其惊人的"迅速"与什么有关？回答这些问题无疑有助于更好地理解感发性的本质。那么卢梭本人成功回答了吗？首先，我们注意到，卢梭在他的每一次发言中都发表了同样的观点：痛苦本身并没有真正的坚实性，它最多只能警示、警告心灵：可能会有更大的恶果袭来；卢梭在一篇最终未发表的文章中总结："痛苦对于受苦的人来说还是一种罪恶，我同意。但是，痛苦和愉悦是使敏感而又易逝的存在与其自身的留存相依附的唯一手段，而这些手段都值得以一种无上的善意来对待。当我写下这篇文章的时候，我刚刚再次体会到突然中断剧痛是一种多么锐利而美妙的愉悦。有人敢说中断最锐利的愉悦是一种剧痛吗？痛苦只是一种警告，虽然不受欢迎，但却是必要的，它警告我们珍惜的美好正处于危险之中。"(LF, 1141)卢梭甚至解释说，这属于反思——属于痛苦唤醒自身意识的方式——使每次感触(无论其内容如何)具有持久性或实质性,而只要为它提供一个时间性的基础(即通过扣留它)就可以"增加"它。他写道:"这是反思状态的最大不幸,我们越是感觉到不幸,不幸就越是增加,而我们为摆脱不幸所做的一切努力,只会使我们陷入更深的困境。"(同上)

毫无疑问,这是一个恶性循环的反思轨迹,如果想象力——卢梭所称的"阿喀琉斯之矛"——没有被同时赋予个体,那么这一循环很可能会像一个陷阱那样将痛苦的个体关起来(因为在这一"不幸"状态中,个体永远无法脱身)。事实上,卢梭经常说,人必须学会警惕他的思想倾向于赋予他自己和他人的情感的意义(或"解释")。因为应该受到质疑的从来不是感触或欲念,而应是一种错误的"定位"、对自己和他人的某种意义或理解:一种包罗万象的、有理有据的解释,但却又是虚构的,引发各种幻想,或者在不恰当的情况下,通过提供一个确定的、但因其不足而不断令人失望的对象来激发欲望。这种解释是想象力的产物,然后再由反思为其提供"支持"。卢梭宣称:"正是想象力的错误把欲念转化为罪恶";在《忏悔录》中谈到自己时,他又补充说:"我那致命的想象力[……]总是把不幸拖入最坏的境地。"(C,348)换言之,只有当主体性的全部力量——首先是想象力,接着还有理性——仍然被牵制在它们的"负面"效果中时,感发性伦理的实施才会建立在"欲念"这一不可逾越的现实基础上。此处,卢梭与狄德罗合流,因为狄德罗在同时写道:"欲念总是能很好地鼓舞我们,因为它们只是用幸福的语言来鼓舞我们,把我们引向不幸的是头脑……我们之所以是罪恶的,只是由于我们糟糕的判断力,欺骗我们的是理性而不是自然天性。"[1]

我们已经说过,如果伦理学是一门"艺术",那么这门艺术就是一种"享受"的艺术。实际上这种"享受"(其实就是"享受自然所希望我们成为的那样")本身并没有什么"自然"的东西,尽管它会命令行动着的自我在内在情感的意义上不违背其"本性"。它需要从事一项工作——有关自身的长期、巨大、合理的工作。不过,给予"人类一切智慧在使用欲念方面的总结"(E, 501)的只是这种"积极的感受性",关于这一点,卢梭明确指出,它"直接从爱自身中产生"(同上)。这就需要我们重新调整主体性的力量(意志/权力),因此,伦理学邀请我们去征服自身的愉悦仍是一项非常艰巨的任务。享受的艺术跟"愉悦"大相径庭。触及智慧的人当然会得到回报,但抵达智慧的道路将是无比痛苦的。因为伦理学是一门走钢丝的艺术,凡试图主宰自己生命和欲念的人,随时都可能陷入绝望。伦理学前行时所借助的绳索就得益于此种张力:一方面,欲念从其自身出发并通过自身产生想象,另一方面,如果可能形成"绝对的爱[卢梭称其为爱自身]退化为自私和比较的爱",导致"产生被动的感受性"(这种感受性通过一种拒绝的形式,"压制和紧缩了他人的存在"[D, 149],这

---

① 狄德罗,《重大原则导论》,1763 年,经由皮埃尔·布格林的《卢梭的存在哲学》引用,前揭,第 233 页。

样一来,它就不再为感发的"自身",即它的"内心"留有余地),这是由于欲念(对自身的爱)的激情在本质上是一种不可还原的苦难(一种"苦于自身",一种"遭受自身",一种原初的本体论的被动性),它本身就要求部署一种既能安慰人又能使人脱去真实性的能力:想象力。其实在很大程度上,没有爱自身就不可能有生命,唯有如此,在意识疏忽了意义后所开辟的视野中,感发性深处才会投射对自身情感的需求(根据每次确定的调性:幸福或不幸的调性),苦难的压迫力在此得到映射,并且,一旦解除了它自身的重量、它的构成调性,意识就会获得某种意义(这种意义与其本质的现实是相异的)。

在卢梭看来,想象力能使人们在必要的时候,在不幸本身中顺利寻得慰藉,而不是补救措施。他在《对话录》中指出:"人,耽于自私及其悲伤的伴随之物,已认识不到想象力的魅力和作用。人们歪曲了这种安慰能力,他们没有用它来缓和不幸的情感,而是只用它来刺激情感。"(D,815)卢梭似乎将想象力置于存在困境的核心,他是这样表述的:"这就是想象力在我们身上建立的帝国,这就是它的影响,从中不仅诞生了人类生命的美德和恶行,还诞生了人类生命的好与坏,而且主要是人们沉溺于想象力的这种方式使人们变得善或恶,幸福或不幸。"(同上,第815—816页)然而,卢梭并没有把想象力放在感受性和理解力之间的"中间立场"(自亚里士多德的《论灵魂》以来,想象力一直以这样或那样的方式占据着这个位置),而是让想象力直接依赖于感发性,卢梭说,它们一直是互相联系的。正是想象力为情感赋予精确的意义方向。卢梭写道:如果"所有欲念的源头是感受性",那么想象力就"决定了欲念的倾向"(E,501)。但是,将情感置于想象力的指导之下并不是必需的。因为想象力给予情感的这种决定性的导向本身就随着实存情感的自我触及而变化,在想象力的源头,这种导向是以幸福或不幸的音调完成的。一方面,事实上想象力总是能够通过朝着想象世界的方向的"转移"来缓解道德上的痛苦——这种转移显得更为有效,因为它基于对想象表象的变异、组合和挪用的长期遏制:"在这种奇怪的情况下,我那躁动不安的想象力站到了拯救我自己的一边,平息了我初生的敏感。正是为了使我沉浸于阅读时感兴趣的情境中,去回忆它们,去改变它们,去组合它们,去配合它们,我才成为了我想象中的人物之一,我总是凭借自己的品味为自己选择最愉快的位置,最后,我将自己置于虚构状态之中,我忘记了曾经令我如此不满的真实状态。"(C,41)但是另一方面,想象力通过其"虚构"的暗示活动增加了感受性的强度——此时,正如圣普乐在《新爱洛伊丝》中向我们指出的那样,"想象力总是比恶走得更远"(NH,516)。

关于想象力的两面性,卢梭坚持宣称"正是想象力的错误将一切狭隘的存在,甚至完美无缺的欲念转化为邪恶"(E,501)。现在,如果想象力可以被认为是一种两面性而不是矛盾的力量,那首先是因为,它是根据"一个人沉迷于其中的方式"来帮助实存情感增加其强度。想象——"幻想的国度"(C,427)——总是在实存情感的令人难堪的特征面前和克服负担的欲望面前敞开，甚至想象力将挖掘这一不可承受之重，从而使自己更有分量，更有效力，成为一种慰藉的力量。在卢梭的头脑中，想象力无疑因其原则上的矛盾性而获得了令人不安的、近乎神圣的一面（善与恶的同一力量，既是毒药又是良药）①。于是就引发了这样的问题：如何才能利用这种两面性的力量，利用这种既能慰藉又能加重实存情感的感发性、自我激发性这种双重效果的能力呢？对于这个完全属于伦理学的问题，卢梭信誓旦旦地回答说："情感必须束缚住想象力"（E,501）。只需联想一下自古希腊以来，哲学为情感的力量投入的一切斗争，就会觉得这一定义真是了不起！借由此种心灵哲学，卢梭这位思想家认为，斗争必须依靠想象力而不是依靠被给予的情感，卢梭承认（他的这种认识不正是归功于他如音乐家一般的敏感纤细吗？）想象力、发明力、创造形象的力量本身就是一种既具有启发性又具有破坏性、既是有益的又具有危险性的动机。

　　但是，卢梭是否真的向我们发出了这样的指令：我们必须用情感来束缚想象力，唯一目的是保护自己免受图像的力量产生的魔力和幻觉的影响（这也是一个过于古典主义的主题）？卢梭

①　我们可以在斯塔罗宾斯基的研究《卢梭与反思的危险》(J.-J. Rousseau et le péril de la réflexion, in *L'Œil vivant*, 巴黎：伽利玛出版社，1961年，第91—188页)中找到一个沿着这些路线解释的开端。作为补充，我们还可参考马克·埃德尔丁格(M. Eigeldinger)的《让-雅克·卢梭与想象的真实性》(*Jean-Jacques Rousseau et la réalité de l'imaginaire*, 纳沙泰尔：拉巴科尼埃出版社，1962年)。

想要说的完全不同。对卢梭而言,这一问题实则关乎对情感和欲念(最首要的是实存情感与爱自身)的捍卫,反对想象力自然而然地倾向于强加给它们的解释。与康德的思想相反(康德很快就会把约束情感甚至羞辱情感的任务交给实践理性),卢梭主义明确规定了最终决定自我"善行"的是情感和欲念(而非斯宾诺莎所主张的理性),是对他者实存性的考虑,以及由此产生的智慧。

毫无疑问,卢梭认为由于"忧愁、苦恼、后悔、绝望是永不会在心灵中扎根的痛苦"和"经验总是与那种苦涩的情感不相称,因为这种情感使我们把痛苦视为永恒的"(NH,389),他无法承担起充分而彻底地阐明感发性的本体论结构的任务,也就是将痛苦内在地、连续地转化为享乐的工作。当然,这一障碍也有其伦理上的道理:拒绝进一步质疑痛苦在现实中的利害关系,可能会变成实现生命的一种手段(即伦理关怀所主导的策略),从而更好地以爱自身的名义来"克服"痛苦。因此,这是否解释了主体性本来拥有可能被理解的趋向性和感发性的结构,却逃脱出了卢梭的理论目光,事实上,卢梭从来没有想过为痛苦赋予属于它自己的真正地位? 是否并非出于心理学的原因(如由于痛苦引起的恐惧),而是出于伦理学的原因(如迫切需要超越自己的不幸),当生命的自我触及产生绝对情感之时,卢梭阻止自己看见的不是"享受自身",也决计不是"遭遇自身的痛苦"? 尼采说,也许"一个人写书[只]是为了掩盖自身所隐藏的东西",甚至可能"每一种哲学也都隐藏着一种哲学;每一种观点也都是一处藏身之所;每一句话语也都是一个面具"①。而我们将为自己断言,因为我们一直停留在一个连贯的先验感发性学说的入口,因为肯定"享乐"和"痛苦"这些人类心灵的基本调性的真实外在性,从而无视自我因其根本的有限性而产生的原始本体论意义上的被动性,正是由于这些原因,总之,直到《一个孤独漫步者的遐想》爆发出思想光辉,直到完成本体论上对"愉悦"和"痛苦"的同一,以及二者在"自身"中心的相互模态化的最高揭示,卢梭才成功地抓住了本应作为生命的自然的本质。

对于"为什么痛苦是矛盾的?"之问,我们应感谢米歇尔·亨利的回答:"因为通过痛苦以及痛苦本身就会产生快感。"②而现象学家引用了《悲剧的诞生》中的格言:"矛盾,由痛苦而生的快感。"③米歇尔·亨利也提到尼采在《悲剧的诞生》中的注释:"意志是现象的最为普遍的形式,也就是痛苦和愉悦的交替更迭"④;或者"把生活呈现为一种闻所未闻的痛苦,它每时每刻都在不停歇地产生强烈的愉悦感"⑤。对此,米歇尔·亨利补充了以下至关重要的内容:"事实上,尼采在任何地方都没有真正解

① 尼采,《善恶的彼岸》(*Par-delà le bien et le mal*),§ 289,C. 海姆译,《哲学全集》VII,科利、蒙蒂纳里(Colli-Montinari)编,巴黎:伽利玛出版社,1971 年,第 204 页。

② 米歇尔·亨利,《精神分析的谱系:迷失的开端》(*Généalogie de la psychanalyse. Le commencement perdu*),巴黎:法国大学出版社,1985 年,第 291 页。

③ 尼采,《悲剧的诞生》(*La Naissance de la tragédie*),菲利普·拉古-拉巴特(Philippe Lacoue-Labarthe)译,《哲学全集》I,前揭,1977 年,第 55 页。

④ 同上,第 311 页。

⑤ 同上,第 321 页。

释过痛苦是如何就其本身和由其本身而产生快感的,也没有解释它是如何以某种方式起源于痛苦的肉体,并与痛苦同质同体的。痛苦与快感的原初统一构成了真正的存在——这才是它们之间的"矛盾",即它们的"统一"——在尼采那里,这种统一向来只是观察的对象。然而这样的方式构成了所有分析的土壤,归根结底,它们都指向"主体"(hypokeimenon)①。

那么,把自然当作生命来把握,就等于接近尼采在《悲剧的诞生》中所说的这个"无法解决且痛苦的矛盾"②、这个对他来说只是观察对象的矛盾吗? 如果是这样,我们又如何解释这种存在的感发性所固有的矛盾? 这种矛盾是任何事物和任何人都无法解开的,尽管人类思想进行了无数次的尝试,但人类思想的部分动力恰恰来自对"解开"矛盾的热情。诚然,尼采教导我们"痛苦与快乐在世界本质中相互渗透,这就是我们赖以生存的东西";对此,他又说:"我们只是这个不朽核心的包裹物。只要原初的痛苦被表象粉碎,我们的存在本身就是一种持续的艺术行为。因此,艺术家的创作是对自然最深层次的模仿。"③卢梭也触及了这一原始矛盾的核心,但没有像尼采那样使自己与"矛盾"的节奏保持一致。当然,用矛盾来衡量自己以及解释自己,就等于把自己暴露在彻底的、不可还原的过度(démesure)之风

---

① 米歇尔·亨利,《精神分析的谱系》,前揭,第 291 页。

② 尼采,《悲剧的诞生》,前揭,第 81 页。

③ 参见尼采,《悲剧的诞生》(遗稿片段 7 [196]),由米歇尔·哈尔(M. Haar)和让-吕克·南希(J.-L. Nancy)翻译,前揭,第 319 页。

中，从自己的勇气开始，一切都会令他恐惧。我们说"他的勇气"，而不是他的软弱，否则尼采会错误地责备他，因为卢梭无疑是为了他的"心灵力量"，不得不让自己与深渊（Ungrund）保持距离，这一深渊总是用疯狂来打击那个有时暴露在眩晕中的自己——疯狂也许是自我最后的防御，作为失去自己的身体和心灵之前的最后爆发。

事实是，卢梭根本不像他之后的谢林、荷尔德林或尼采那样[1]，会被存在的"深度"所吸引。后面这些哲学家的浪漫主义与卢梭的前期浪漫主义相反。当然，这三位渴望征服"绝对性"的哲学家组成了同一精神史诗的一部分——这部史诗试图通过面对主体性的"真实存在"[2]或"原初"[3]，面对隐藏于我们内心深处、赋予我们存在的"事物的真实且唯一的现实"[4]，来赋予思想以普遍的意义。但是对于卢梭来说，触及"绝对"的方法大有不同。

无论如何，如果没有"绝对"这一概念似乎就永远没有

---

① 另一方面，我们可以拉近卢梭与叔本华的距离，因为叔本华非常钦佩卢梭；而尼采对叔本华的批评，也与他对卢梭不厌其烦的讽刺结合得相当好。

② 尼采，《悲剧的诞生》，前揭，第 70 页。

③ 谢林，《论人类自由的本质及相关对象》（*Recherches philosophiques sur l'essence de la liberté humaine*），收录于《形而上学著作（1805—1821 年）》（*Œuvres métaphysiques 1805—1821*），让-弗朗索瓦·古尔庭（J.-F. Courtine）和艾玛纽埃尔·马尔蒂诺（E. Martineau）译，巴黎：伽利玛出版社，1980 年，第 137 页。

④ 尼采，《遗稿片段》（1884 年秋至 1885 年秋），40(53)，《哲学全集》XI，米歇尔·哈尔、马克·德·洛内译，前揭，1982 年，第 391 页。

"活着的艺术"，永远没有所谓的哲学，也不可能有任何伟大的艺术——事实上，活着的痛苦投射在纯粹的表象空间中——以某种方式为认识存在心中(au coeur de l'être)的最高矛盾付出代价，在这里存在必须倾向于"辩证法"[1]的敏感活力。既然当深渊回荡这些伟大的声音时，它们会互相应和(这正是它们的使命)，那么，为了在卢梭作品中充分突出那允许我们识别"绝对"的本质的事物，我们还必须以其他方式唤起安托南·阿尔托所说的"原则中的矛盾"，至少要记住尼采先于阿尔托所说的"矛盾"，或者"处于世界中心的矛盾"，甚至"隐藏在事物深处的原始矛盾"，因为这些都与他所说的"永恒的痛苦"[2]有关。

在卢梭那里，正如在尼采那里一样，痛苦被翻转成快感——这是从主体性的趋向方面来说的——尽管它为整个伦理学设想提供了基础，但我们只是简单观察到了这种转变[3]。最重要的文字来自《一个孤独漫步者的遐想》中"漫步之八"——"当我沉

---

　　① 以至于我们有时会发现自己处于语言的边缘，在这里，言语的无效性受到了考验并放弃了表达。比如，想想《论人类自由的本质及相关对象》中那壮丽宏伟的一页，谢林在命名"绝对"的无根据的基础时，中断了他的语句，并且他的所有回答只保留了三小点："但爱才是至高的。它在基础和实存(作为独立的实体)之前就已存在，尽管此时它还不是作为'爱'而存在，而是……，我们又该如何称呼此时的它呢？"(前揭，第187页)。

　　② 尼采，《悲剧的诞生》，前揭，第81、82、53页。

　　③ 这也是为什么等到建构了真正的"生命现象学"，我们才开始理解痛苦"自身和由它自身"如何和为什么能够"产生"快感。对此我们可以参考米歇尔·亨利的《精神分析谱系》一书的第七章和第八章，前揭，第240—342页。

思自己的心灵在生命的所有境况中的安排时"，卢梭似乎要用这些话为他的整个心灵哲学赋予一个结论性的地位，"我极感震惊的是，我的命运是如此多变，与它激发我产生常见的善恶情感之间又是如此不相协调。我有过短暂的得意幸运的时刻，它们却几乎没有给我留下任何深刻持久的愉快的回忆；与此相反，在我一生中的苦难日子里，我却总是满怀温馨、感人、甜美的感情，这些感情为我悲痛的心灵的创伤抹上香膏，仿佛将痛苦化为快感；现今留存在记忆中的就只有这样的感情，而当时受到的伤害也就忘得一干二净了。"①(R，1674)

由于"温馨、感人、甜美的感情"与"恶"同时被体验到，即通过同一涌现过程中的痛苦与愉悦的统一，受苦与享受的统一，使痛苦"转化"为快感成为可能，这的确是对一个世纪后尼采所设想的"一种矛盾"或"真实存在的固有矛盾"的最清晰的预设。通过清醒和情感的表达，将痛苦转化为快感，以及将感发经历同时发生的绝对必要性强加给心灵——这种同时性被理解为同一现象学激流的内在和构成的统一，我们认为，卢梭以观察记录的形式，达到了他对绝对主体生命本质的理解的最高境界。存在的基本调性之间相互的自我转换，也就是在绝望的底色下，自身的痛苦在最高的快感中的回复或逆转，对卢梭来说，这确实是最终构成"自

---

① 也许给这种"貌似转变"以应有的现象学分量是非常必要的。这就是我们想到笛卡尔《第二哲学沉思集》中的"*videor*"（德吕纳公爵将其译为"在我看来……"），以及米歇尔·亨利在《精神分析谱系》（*Généalogie de la psychanalyse*）中给出的解释时试图要做的事情，前揭，第 27 页。见后文附录 1。

然的纯粹运动"的不可言说的、无可比拟的统一,当然,我们现在必须把他的伦理学问题附加到这个主体性的趋向性上①。

卢梭是否在哲学上创建了主体趋向性的可能性?他是否解释过,在爱自身的支撑下,痛苦如何在其内部以及从其外部转化为快感?他是否知道凭借何种力量可以使感发运动起来,直至转化为相反的调性?当然不是。而在米歇尔·亨利的倡议下,我们可以毫不做作地说,发展和显现绝对生命的激进现象学是十分必要的,这让我们开始看得更清楚一些,并从一种满足于观察现象的态度转向追求现象学的澄清。因此,我们应以全部深切的目光和严谨的思想向米歇尔·亨利再次致敬,我们应该向

---

① 在整个事件中,我们很可能也在间接地触及这种"被迫害妄想"的实质,人们经常说让-雅克是这种妄想的受害者,而这种妄想的主观成分无论如何与痛苦和反思的地狱般的辩证法相当类似。我们的感觉是,想象激起了无法忍受的、无法克服的痛苦,并因此引发了自身的怒火或加剧了悲剧性(因为根据卢梭得出的法则,"想象力总是比恶走得更远"[NH,516])。尽管有这样的怒火,尽管他的"灾难性的想象力总是把邪恶带入最坏的境地"(C,348),卢梭成功地避免了陷入疯狂,这要感谢"德性本身的建议",正如他自己有一天向穆尔图承认的那样(参见OC,II,p. 1561)。因此,从本源上驱除"恶",对遭受自身之苦的现实进行持续但虚构的回避(这使得它的被体验性和感发性成为可能),将苦难虚幻地外置于偶然的(和世俗的)原因的唯一维度,这一切在卢梭的作品中都指向一种基本的伦理要求,而其目的正是为了慰藉让-雅克的痛苦。但是,他不再是实践者,而是理论家,他的伦理要求命令自我绝对不能沉迷于自身的痛苦,绝对不能把它与外在的反思(与意义的意志)联系起来,使它越来越"陷入泥淖",而且还要设法克服自己所感到的恶。不是为了"非恶"的利益(例如为了一种可能的意义的利益),而是在恶的范围内以及从恶的范围内,也就是卢梭所说的那种先验的感发性结构内部并从这种结构出发,为了"爱自身"。正是这一需求的落实,将《一个孤独漫步者的遐想》推向了西方伦理思想的巅峰,使其成为让-雅克·卢梭一生中"无比健康"的时刻。

他提问："为什么力量是一种感发？为什么感发是一种力量？事实上，米歇尔·亨利在《物质现象学》(*Phénoménologie matérielle*)一书中解释说："如果生命不首先占有自身，如果生命不在驱逐所有距离的直接性中体验自身，任何力量都是不可能的，任何力量都不能行动——在生命中……如果所有的力量都是一种感发，那么是否所有的感发都是一种力量呢？感发(affect)首先不是什么特殊的情感，而是生命本身在现象学意义上不可还原的实体。感发是自我触及、自我感受，是生命被推向自身、挤压自身，在自身的重量下不堪重负的原初痛苦——生命本身并不像世界影响它的那样依循一种有距离的、零星的、有间隙的情感触及，而是可以自由地从这种感触中抽身出来，例如，通过移动，通过改变。感发就是生命依照内生的、内在的、恒定的情感来触及自身，无论如何也不可能从中抽身。在这种煎熬中，当生命不再能承受的苦难成为一种难以忍受的痛苦时，这个生命的运动就会萌生逃离自身的念头，既然不可能逃离，那就改变自己。然后生命就成为一种需求，一种驱动……因此，感发本身就是一种力量，它永远不会停止从自身中唤醒自己。"①

当然，目前还未到发展或阐释这一问题的时机②；如果我们仍然要引用它那也是为了指明方向，因为它为解决感发的自我转换问题列出了可能的大致路线。只不过为了更好地理解本书

① 米歇尔·亨利，《物质现象学》(*Phénoménologie matérielle*)，巴黎：法国大学出版社，1990年，第174—175页。

② 请参考拙著《米歇尔·亨利：哲学的轨迹》，前揭，第145—154页。

所讲的内容，我们必须引入"绝对的历史"[①]（historial de l'absolu）的概念。事实上，正是在关于一个调性进入另一个调性的可能性这个问题上，米歇尔·亨利曾在《显现的本质》一书中解释说，这种"可能性丝毫不在于外部事件的连续发生，就好像，一个事件引起我们的悲痛，另一个跟随我们的喜悦，悲痛和喜悦彼此接续，成为位于我们自身之外的动力。喜悦和悲痛恰恰是不可能作为孤立的事实而存在的，不是在确定的存在中，（如果人们愿意的话）而是能够以偶然的方式产生一个适当的决定因素，这就是驱动人们的事件。正如我们的调性本身的历史流变一样，喜怒哀乐也是相生相随，这意味着悲痛是由喜悦产生的，由悲痛又产生喜悦。正是在悲痛和它的本质中，在感发性和它的本质中，也就是说，在存在自身的本质中，具有从悲痛到喜悦的过渡可能性，这些可能性，对于我们所有的调性来说，一般来说都"带有"一段历史。我们的调性具有历史的可能性，以及从一个调性过渡到另一个调性的可能性，与每一个调性的可能性是一致的，是从自身和绝对性出发的可能存在。喜悦始于悲痛是可能的，因为从悲痛成为可能开始，喜悦也变为可能，也因

---

① 这里的"历史"（historial）一词旧指某个历史纪念地点或者纪念某一历史事件的博物馆；也指海德格尔在《存在与时间》中所说的"（原本的）历史"（Geschichte），指"现象学-此在"意义上的生存时间，法译本以 historial 一词对应 Geschichte，参见译本 Martin Heidegger, *Être et Temps*, trad. François Vezin, Paris: Gallimard, 1986；相关研究见于 Marlène Zarader, *Lire* Être et Temps *de Heidegger*, Paris: J. Vrin, 2012, p. 72. 后文会在该词后面括号加注，用以区别物理时间上流逝变化的"历史"（histoire）一词。——译注

为绝对性在悲痛中被历史化并在悲痛中获得自身,同样,绝对性也可以在喜悦中被历史化。我们的调性历史便是"绝对"的历史(historial)。"绝对"本身就是过渡,本身就是历史,它能够被调和为悲痛和喜悦,构成它们共同的可能性,也构成了它们共同转化的可能性,构成它们彼此相生和不断"成为"的可能性"①。

这种分析——请原谅我引用了这么大段的摘录——在多大程度上适用于对卢梭作品的"解局",是我们现在不可不加以注意的。我们发现卢梭为他的《忏悔录》所作的辩白,与我们刚才在米歇尔·亨利笔下所读到的完全相同,难道不是吗? 因此卢梭说:"我写的与其说是这些事件[我的生活]本身的历史,不如说是我的心灵被触及时的状态的历史。现在心灵更多或更少地享有盛誉,取决于它们是否有更多或更少的伟大而高尚的情感,是否有更多或更少的生动和众多的观念。这里的现象只是偶然原因。无论我生活在怎样的黑暗中,如果我比国王思考得更多、更好,我的心灵历史就比国王的更有趣"(《忏悔录草稿》,1150)。虽然更多的时候,由于难以揭示绝对主体生命的真正基本调性,卢梭只得把"外因"和"偶然"的可能效果解释为心灵强弱的不可能的实质化——除了模态的可能性特征依附于心灵,因为心灵总是已经受到"性情"(disposition)的感发——我们不能不承认,只有在卢梭那些被(相当错误地)认作是"自传体"的作品中,他才最成功地摆

---

① 米歇尔·亨利,《显现的本质》§70,巴黎:法国大学出版社,1963 年,第836—837 页。

脱了"客观化"的视角——意味着不再屈从于理性原则——这一原则与卢梭思想的真正含义是如此相悖，却最接近作为"心灵的历史"、作为绝对的历史(historial)或作为主体趋向性的历史概念。

但是，当我们知道卢梭在其生命的尽头、在其作品的顶峰发现的那种绝对性，无非是生命的绝对性，即居于"每一个有感觉的存在"之基础上的"无界的力量"(参见 E,588)，(当我们接近自然的情感问题时)我们很快就会看到心灵的自我触及能够以自己的方式来激发那值得被称为"存在"的整体性，我们应该为此感到惊讶吗？而且，除了绝对主体生命的内在的自我启示之外，谁也不可能赋予它任何"真理的标准"；因此，每一个有感觉的存在，以及作为一个生命体的存在能感受到生命在自己身上显现出来，并作为自己行使"无界的力量"的存在，只能把自己的生命留给自己，也就是说，留给自己的心灵无时无刻不在体验的情感的"历史"——那使生命如其所是的历史：一种情感触发的"纯粹运动"，一种不断的修改的爱自身——，在语言这一危险元素中强有力地表达自己。

但仍然存在一个问题，即是否有一种表达适合指代感发性的运动，指代生命的"内在的存在方式"？让我们再次向让·斯塔罗宾斯基表示敬意，他出色地解释了这一问题如何纠缠着卢梭的著作、被我们认为是卢梭"自传体"的著作。此外，他还解释了这些著作反复重申的内容①。然而，在我们看来，正是在《新

① 让·斯塔罗宾斯基，《透明与障碍：论让-雅克·卢梭》，前揭，第216—239页。

爱洛伊丝》中和谐或不和谐的声音演奏会，最准确或者最具体地回答了这个问题。除非这样的成功最终仅仅归结于音乐实践，否则《论语言的起源》其实已为这个答案提供了最佳的理论阐述。

关于自传体在卢梭作品中所处的地位，可以说读者往往疏忽了一件事："自白"的关联性及其自身的独创性（例如，相对于前人的事业，特别就圣奥古斯丁和蒙田的事业而言），在于它们试图逆转"外在"与"内在"、"偶然的原因"与感发性的内在规则之间的关系。事实上，正是因为这种逆转，卢梭既不是回忆录作者，也不是讲述（自身实存的）作者；对卢梭来说，书写自身始终是一项伦理事业——因为书写自身参与构建了他随同自身的解释精神——甚至使他每次都借助这一力量回到自身。至少在这个意义上，卢梭才宣称《忏悔录》成为了一部丧失"榜样"性的作品，它的"执行将没有模仿者"（C, 5）。

然而问题是："忏悔录"的计划本应通过"在暗室里"进行，来完成"我的心灵的最秘密的历史"，卢梭打算通过这个计划"沿着[他的]秘密性情的线索，揭示在[他的]心灵中烙下的每一次印象是如何首次进入心灵的"（同上），但卢梭是否撰写得过于简短了呢？在《遐想》中，卢梭不是终于承认，德尔斐的神谕并不像他几年前在《忏悔录》中所认为的那样"容易遵循"吗（参见 R, 1024）？但是就《遐想》本身而言，它具有明确的"目标"来揭示对心灵"及其继承"的修改（R, 1000），我们难道不应该扪心自问，卢梭写这最后一部作品背后的理念，是否与之前创作《忏悔录》

的理念有一定程度的重叠？换个说法，《遐想》不就是在重蹈《忏悔录》的"覆辙"吗？更笼统地说：在我们看来，这两部作品的心理学内容显然是相当"哲学的"，那么是否有必要对二者进行区分呢？

首先，让我们回想一下，《忏悔录》的问世与卢梭放弃最心爱的作品——《感性伦理学或智者的唯物主义》有关，这发生在他享受德皮奈夫人为他的写作提供庇护之时。借《忏悔录》的机缘，卢梭希望向他的同胞们展示一个活在一切自然的真实之中的人；而这个人不会是一个理想的、仅仅是由理论的目光想象出来的人物，这个人将是卢梭自己（参见同上）。现在，为了脱离理论，这项写作工程更多是"说教的"①（无论如何，说教比辩护要多得多），即便是偶然的起因，触发写作这本书的诱因也在于让-雅克最近经历的事件颠覆了他的生活（尤其是他对《爱弥儿》的指责）。卢梭写道："据观察，大多数人在他们的生命过程中常常会变得与自身截然不同，并且似乎会把自己变成另一个人。"（C，484）。这是一种具有普遍性的发现，而普遍的观察与特殊的事实是一致的："我想我已经注意到了，"卢梭坦言，"有些时候，我和自己是如此的不相像，以至于人们会把我当作另一个性格完全相反的人。"（C，128）现在，既然"不可能用自己的内心来

———————————

① 关于《忏悔录》第一段的主题，沃伊森在他的导言中写道："观察到《忏悔录》保留了非常符合其世纪特点的说教的一面，几乎不会削弱其革命性的特点。恰恰相反这令人惊讶。而且 1780 年前后，没有一个文学作品不自称具有某种用途"（前揭，LIV—LV）。

判断他人的内心",既然"除了自己,不再有人能写出一个人的一生",因为"作为一种内在的存在方式,他的真实生命只有他自己知道"(《忏悔录》草稿,1149),那么,结果是显而易见的:这种运动导致从自身到自己都产生出一种异样性,必须在让-雅克的身上得到"检查"或"研究"。要想真正研究这一运动,必须使研究回到它的原则上去。问题在于:心灵运动的产生根据是什么?谁对它的"变化"负主要责任? 对这一问题的回答,将凸显《忏悔录》的第二要义。第二要义总是基于对一个特定案例的考虑,从而越来越象征性地表明,自然是善的,心灵本性是善的,它可能遭遇的"去自然化"(dé-naturation)决不能归因于它自己(归因于其"自身性")。因此,关键就在于证明人性本身并不坏。心灵只是因为屈从于卢梭所说的"社会精神"而弃恶从善。恶,无论其本性如何,"从来都只是一种危机",正如卢梭在《山中来信》第九篇(LEM,891)中所断定的那样,"它无法成为一种永久的状态"。简言之,引用《对话录》中最著名的一句箴言,就是"自然使人类幸福美好,但社会却使人类悲惨堕落"。

人类只有坚信(确保)自然是善的,才能从对自己虎视眈眈的绝对绝望中解脱出来。因为如果自然是恶的,如果这就是我们的本性且并不依赖于我们,如果我们所要承受的必然性是恶的,那么人性就已被定罪——除了为犬儒主义编织冠冕外我们将无计可施,唯有助我们跨越苦海的行为才能使我们避开暗礁……

幸福是存在的,至少卢梭经历过一次,即在比尔湖中央的圣彼得岛(参见"漫步之五")。如果说幸福存在,那是因为构成它的条件本身就存在,即使在很长一段时间里,幸福在人们的眼里好似蒙着一层面纱,正如卢梭在《论不平等》中忆起的海神格劳克斯雕像:"时间、海洋和风暴已经如此毁坏了[它]的面容,以至于它看起来不像一位神,而更像一头凶猛的野兽"(DOI, 122)。如果我们认为人类在堕落(他的邪恶能力)之前没有于天堂停留,那么幸福将是一个虚无缥缈的词、一个毫无意义的词。"在社会状态下变更人类心灵"的条件(同上)不再怀疑实存,心灵哲学的使命正是让我们(重新)发现这些条件。

我们必须考虑这两个问题:首先要确信我们不应该对卢梭的自白给予过多的赞誉,这些自白是他试图说服我们他通过《忏悔录》获得的认可甚至超过了蒙田和卡尔丹①,超越了自白本

---

① 至于卡尔丹,卢梭在《纳沙泰尔序言》(*Préambule de Neuchâtel*)中提到了他:"比蒙田更自命不凡,但更真诚。"卢梭又补充道:"不幸的是,这一位卡尔丹疯疯癫癫,以至于无法从他的遐想中汲取任何教训。"(《忏悔录》草稿,1150 年)正如雨果·弗里德里希所解释的,卡尔丹确实"痛苦地挖掘了他心碎和悲惨的深处",却从未"试着悔改、改善或发现一种意义"(前揭,第 221、236 页)。

在某种程度上,卢梭将他的《忏悔录》与蒙田的《随笔集》和杰罗姆·卡尔丹(Jérôme Cardan)的《我的自传》(*De vita propria*, 1575)等量齐观。另一方面,卢梭几乎从来没有提到圣奥古斯丁的名字;只有一次在《忏悔录》(C, 66)中写到圣奥古斯丁的同名作,但未提及作者的名字。这是令人惊讶的,因为很明显卢梭借用了圣奥古斯丁《忏悔录》的标题。(关于圣奥古斯丁的《忏悔录》作为"西方最早的内省"和对心灵的基督教分析,参见雨果·弗里德里希《蒙田》,前揭,第 228 页)至于卢梭与蒙田的关系,我们也许已经写得够多了。或者参阅科莱特·弗莱雷特(Colette Fleuret)收集的资料《卢梭与蒙田》(*Rousseau et Montaigne*),巴黎:A.-G. J. 尼泽出版社,1980 年;以及已经引用过的埃马纽埃尔·马尔蒂诺文章中的观点。

身。诚然，《忏悔录》让他有机会"弥补自己的过错和隐藏的弱点"(C,454)，使他挽救最严重的过错，担负起他甚至没有犯过的错误，但当他承认这些过错时，无论它们是多么的虚幻，他心中的忏悔都不会减少！

而《对话录》则不然，正如米歇尔·福柯在1962年出版的《卢梭评判让-雅克》引言所写，《对话录》是"反忏悔"[①]的。

众所周知，从外表上看，催生《忏悔录》的创作动机来自《爱弥儿》和《社会契约论》受到的谴责，以及对卢梭的道德控诉(特别是针对他遗弃了四个孩子)。触发《对话录》的创作理念是，先前迫害卢梭的始作俑者们在公开宣读《忏悔录》的第二天便酝酿着沉默的阴谋。因此，卢梭用评判《对话录》的机器取代了为《忏悔录》辩护的机器；他用上演所有戏剧的法庭剧场取代了人造社会的空间。意味着卢梭通过控诉他人来为自己辩护之后，还要控诉自己来寻求为自己辩护。反正控诉是必然的，那不如自己给自己下判决。

更何况最阴险、最变态、最可怕的沉默围绕着《忏悔录》肆虐。福柯对此作出了精彩解释："我们表面上善意满满，却以最沉重、最蛮横的方式向他表示了沉默。既然我们不谴责他的恶行，既然我们对他的罪行保持沉默，甚至不说他承认了哪些罪

---

① 米歇尔·福柯，"引言"，载于卢梭，《卢梭评判让-雅克：对话录》，巴黎：阿尔芒·科林出版社，"克吕尼图书馆"丛书，1962年，第Ⅶ—ⅩⅩⅣ页；我们复述了福柯《言论与写作集1954—1988》(*Dits et écrits 1954—1988*)第一卷1954—1969年(巴黎：伽利玛出版社，1994年，第172—188页)中的观点。

行,那卢梭还有什么话可说呢？既然我们的先辈们让卢梭活了下来,而且'甚至愉快地活了下来,尽量让一个不犯错的坏人活下来',卢梭还能对什么忿忿不平呢？当我们沉默的时候,卢梭还有什么话可说呢?"[1]

我们仍然要感谢米歇尔·福柯,他以最公正准确的方式揭示和阐述了主导《对话录》构思和起草的问题[2]。福柯解释说,如果卢梭没有先问自己下列问题,那他就不会开始写作:"但是,一个我们不能再说话的世界会发生什么？什么样的措施才能制止每一个运动的过度,防止实存[卢梭之"内部"]仅仅沦为一个不确定的感觉点,也防止非实存[卢梭之"外部"]形成一个不确定的阴谋？《对话录》正是在一个没有语言的世界中来体验这种过度,正如《社会契约论》通过人类的语言界定正当存在的可能尺度和必要的邪恶。"这就是《忏悔录》与《对话录》的真正区别:"沉默是《对话录》的首要经验,它既是完成《对话录》的书写、奇异构成的必要条件,也是《对话录》内部辩证、证明和肯定的线索。《忏悔录》想在世界的喧嚣中追寻一条简单的真理之路,以使一切杂音都安静下来。《对话录》则致力于在一个万籁俱寂的空间里创造一种语言。"[3]正确理解《忏悔录》与《对话录》在追求

---

① 同上,第 183 页。

② 也许有一天我们会认识到,卢梭的问题,这个在 18 世纪困扰着卢梭个体的问题,在现今我们这个全球控制的社会里已经成为一个根本性的问题,一个从现在起只能强加给每个人的问题,即使一切都服务于"交流"和它的盲目暴政,并且禁止我们提出这一问题……

③ 福柯,"引言",前揭,第 180 页。

上的差异,甚至可以让我们梳理出卢梭第三本"书写自身"之书,即《一个孤独漫步者的遐想》的意图。再次借用福柯展现《忏悔录》与《对话录》的说法,我们其实可以说《遐想》是在追寻一条简单的真理之路,同时创造一种语言,以便在一切都寂静无声的空间之外讲述它,因此要尽可能远离那些不久前还令周遭世界恐惧万分的一切噪音。"人们对我所作的恶丝毫触动不了我;唯有担心他们还能对我继续作恶,才能够使我激动;但确信他们不再有新的手段,不再有永久的情感来触发我,我便能对他们的一切阴谋一笑了之,尽管他们攻击我,我还是乐在其中"(R,1084)。

最后,回到卢梭在《对话录》中的意图,福柯还发表了另外一些洞见,在我们看来同样是恰切的:"如果沉默对他[卢梭]来说是阴谋的单调能指,那么对阴谋者来说就是对受害者的一致所指",随后他又补充,"……法庭的封闭世界比空旷的空间要危险得多,在空间中,控方的言语不会遭到任何反对意见,因为它是在沉默中传播的,而被告方永远不会承认罪行,因为他回应的只是沉默。"如果这个法庭确实存在并能做出判决(天知道卢梭是否更愿意这个法庭存在,因为他的判决尽管严厉、尽管不公正,但总是比他所说的那些"老爷们"以沉默反对《忏悔录》更为人道)。因此,这一判决确实需要"卢梭"评判"让-雅克"的最终结果,这个虚假的《对话录》法庭、这个将《对话录》作为发人深省的判决文书的审讯室,只是一个虚构之地,就像审判记录只是文学作品一样。

在《忏悔录》和《对话录》中,卢梭不会为自己讲述故事。这并不是说卢梭将自己的想象力封闭在双重枷锁中,放任记忆毫无羁束地横行——恰恰相反,卢梭在《忏悔录》第十一卷中表明了他所面临的建立记忆与想象力之间的关系。"我残酷的想象力[①]总是抢在潜在的邪恶之前不断地折磨自己,它分散了我的记忆"(C, 585),分散的功能意味着,想象力是一种开启时间性的力量,它总是遵照经受考验的痛苦,甚至单纯是不愉快的命令来触发补偿(或赔偿)机制,使自我从折磨中逃离在场。但卢梭总是把"故事"(histoire)一词用作单数,也是因为"心灵"是单数,关于心灵中的秘密修改及其自身"逻辑"正是我们所要"研究"的。如果说"心灵的故事"被定义为是秘密的,那是因为它并不发生在世界舞台上,它只不过是"自我"根据心灵的不断修改而编织出来的情节构造,"自我"的"自身"则秘密地占据了生命的内在性和感受性的层面。在这些条件下,一桩简单的轶事无法比拟一颗心灵的秘密故事;此种叙事中的任何内容都无法供养一个不知所云的胡言乱语之人或一个仅仅为满足表达的愉悦感而表达自己之人。与那些从心理学角度解读所谓自传体著作的观点相反,卢梭对叙事和叙事情节的选择绝不会回应某种"展示"的逻辑,而是服务于一个单一

①　这种想象力被认为是残酷的,(a)因为它不征求自己的意见,随心所欲地行动;(b)因为它把精神引向现实中不存在的事物,它既折磨精神,又能使其得到解脱。在最好的情况下,它构成补偿制度的一部分,一旦卢梭陷于晦暗不明中,便会援引这种补偿制度的效力(关于这一补偿的概念,见斯塔罗宾斯基的研究:《解药在恶之中:卢梭的思想》(*Le remède dans le mal : la pensée de Rousseau*),收录于《解药在恶之中》(*Le Remède dans le mal. Critique et l'égitimation de l'artifice à l'âge des Lumières*),巴黎:伽利玛出版社,1989,第 165—208 页。

的设计,即一切都将其定性为哲学:对决定因素(称为"原则")的分析是由于一颗特定心灵每次修改时的调性,此时心灵的自我扮演起中心的、象征性的角色①。

雅克·沃伊森(Jacques Voisine)在为《忏悔录》所作的"导言"中确切地指出,"只要事件撼动了他(《忏悔录》的作者)敏感的存在,那么这一事件就是重要的",这就是卢梭写作的奇特之处,卢梭并非在讲述"他的日常琐事,而是在讲述他的心灵故事"。沃伊森补充说:"卢梭的《忏悔录》不是一份个人简历。可以说[而且必须说],借助卢梭在《遐想》一开始就使用的比喻,日历对他来说还不如晴雨表有意义。"卢梭感兴趣的是展现他如何成为他自己的,正是这种视角主宰着叙事情节的选择,每一处情节在卢梭眼里都有如他所说的"固定了他的伦理存在"(C,413)的优点(无论是存在层面上还是理论层面上)。因此,卢梭所叙述的情节都具有一定的"伦理性",卢梭每次都喜欢从中吸取教训,而并非借此进行辩护,他只是为了表明,在生命中,有一些事件,由于这样或那样的原因,而这些原因又必须通过研究的媒介来确定,

---

① 毫无疑问,我们将在很长一段时间内继续试图接近我们越来越熟悉的《忏悔录》,同时,我们自己也变成了"纪实文学"的可怜消费者,在这里,所有真正的文学都被废除了。人们会坚持在《忏悔录》中看到的只是一个可怜的自命不凡的、妄自尊大的自我中心主义者或偏执狂对于自身的阐述,当然他是极具天赋的,甚至是才华横溢⋯⋯但是,带着这样的预设去接近这座言语和思想的丰碑,就是为了避免穿透它,从而理解卢梭竖立这座丰碑是为了颂扬我们想用箴言铭记的真理:生命无一不是鲜活的,但没有"自身"的存在生命就不再鲜活。因此,我们希望对于所有不得不说的"自我"、但又不知如何说或为何不得不说"自我"的人而言,卢梭的《忏悔录》在今后很长一段时间内都值得他们学习。

从而使生命朝着一个特定的方向发展。比如著名的打屁股情节,卢梭说这一情节决定了他的趣味,他的欲望,他的激情,总之决定了他自己,决定了他的后半生,而这与生命自然而然遵循的方向恰恰相反;抑或另一个例子,让-雅克诬告无辜的女仆马里昂偷盗丝带事件,他写道,他的记忆保证了他的余生不会有任何犯罪行为,因为这桩唯一的犯罪行为给他留下了可怕的印象①。

---

① 在我们这个时代,一个人可以忽视心灵哲学的结论与精神分析的结果之间的联系吗(然而,这里的精神分析不应被视作它真实的样子,即柯奈留斯·卡斯托里亚蒂斯所说的一种实践-诗意活动,或一种追求分析主体"自我转化"的伦理-诠释学活动,而是略微类似心灵的理论,即认为人类灵魂主要由无意识的运动决定)? 这条用于"个体的一切行为中——并在成果中显现——无意识的共同决定"的纪律,与卢梭自身研究自身、分析心灵的私人运动及其"秘密故事"的事业,两者之间确实有某种关系吗? 当然,卢梭提出的对心灵运动的分析,并不旨在确立现实原则,也不是为了解决俄狄浦斯情结,更不是为了升华心理冲动。当然,卢梭所得出的心灵的原则,无论何时也不会令人想起弗洛伊德的元心理学实例。无论是《忏悔录》还是《对话录》,对于让-雅克来说,都不呈现为一种"自我分析"。因为最后,如果说"精神分析治疗的实质是个体重新发现自己是其历史的部分起源,个体自由地体验到第一次不为人所知的经历,并再次成为具有故事性的而不是必然历史的可能起源",那么必须承认,卢梭的目的根本不是"重新发现自己是其历史的部分起源",而是要论证在他的生命中有多少次被"他人"从这个"起源"之处驱逐了……

不过,在作为分析活动的"自传体"文本的狭隘框架内,接近心灵哲学的实现似乎也不是那么不可能。的确,"沉浸在过去的复兴里,个体将自己的在场活成了一种偶然(contingent),不是沉溺在重复的非现实的遐想里,不是在虚无中改写历史,而是回归到真正的创建之中,从而显示它是稳固而坚实的,同样也是任意的",在我们看来,这似乎与卢梭写《忏悔录》时的目的相去甚远,即便如此,我们或许也不应该放弃指出:在卢梭这种情况中,回归到固定点(正如我们所看到的,这种回归推动了叙事情节的选择)发生在任何的转移(transférentiel)的状态之外。(具有精神分析特征的语句全部引自卡斯托里亚蒂斯《可以呈现为科学的心灵理论》后记,收录于《迷宫的交叉路口》[Les Carrefours du labyrinthe],巴黎:瑟伊出版社,1978年,第29—64页)

(参见 C,84—87)

我们不应混淆写作的偶然起因与哲学的关系;换句话说,在《忏悔录》中,卢梭除了为自己辩护外,什么也没有做,他主要就是为了对抗他所遭受的攻讦,抵御狄德罗和格里姆所煽动的阴谋,抵御对《爱弥儿》的公开谴责(1762 年 6 月),抵御伏尔泰对自己抛弃四个孩子的指责,等等。然而,卢梭在《忏悔录》第八卷中白纸黑字地写道,这里不是要辩解或道歉(参见 C,279;377),而是忏悔。什么是忏悔?我们应该牢记卢梭总是不愿意使用"回忆录"①一词来定义他的作品所属的体裁。所以重点不在于讲述卢梭的生活历程,而是要确定那可能会被诱导称作"生命计划"的东西。虽然卢梭打算讲述"(他的)心灵的秘密故事",但这个故事并不是讲述他实存过程中所参与的事件,而是讲述他的心灵因这些事件的存在而发生的改变。在通常被称为《纳沙泰尔序言》的文章中,卢梭非常清楚地展现了他的计划:"我写的与其说是这些事件本身的故事[如前文"我生命的事件"],不如说是伴随着我的心灵状态而同时发生的故事。这里的现象只是偶然原因。"(C 草稿,1150)

第二个错误是我们往往认为在《一个孤独漫步者的遐想》中,卢梭通过身处绝对孤独之中,以及反复思索和记忆,来继续

---

① 关于《忏悔录》很明显尴尬地使用"回忆录"(Mémoires)一词来表示作品的性质,请参阅沃伊森为《忏悔录》所作引言的精彩评论,前揭,第 XXV—XXVI 页。

他的沉思。然而卢梭在"漫步之七"中说得好——他的遐想一般不会导致沉思,反之,他的沉思常常以遐想而告终,或孕育出遐想(参见 R,1062)。那么什么是遐想呢?正如忏悔的目的既不是辩解也不是道歉,遐想的原则也不应该与沉思的原则相混淆。卢梭甚至是在与笛卡尔式沉思的原则相对立的情况下发现了遐想的意义和范围。

可以肯定的是,卢梭在《忏悔录》开篇写下"我建立了一份前无古人的事业,执行这项事业也将后无来者"这句名言时,并没有表现出任何过分的傲慢自负。而卢梭也不再抛出烟雾弹,他在《遐想》开篇的"漫步之一"中写明:"我和蒙田共同组建了一份事业,却有着相反的目标:因为他写随笔是为了他人,而我记录遐想只为我自己(R,1001)。

与《忏悔录》或《对话录》相比,《遐想》更像是一份不"正当"的事业。这是因为对处于《遐想》之时的卢梭来说,已无任何对外"交流"的可能。即使卢梭想对其他人说话,也无法让他们听到任何声音。现在,唯余他一人在这世界之中。也就是在社会性境域的世界之外。如此,卢梭的写作并不寄希望于有朝一日能与同时代的社会重新连结,能回到同类中生活来找到自己的位置。他写下的"遐想"也不再充满幻想。其实,无论他当时写什么,都没有体验到这一情感:他是通过对任意未来的书写而投射自身;他在书写时也没有真正回顾自己的过去。从此以后,他只书写当下自己还能掌握分寸的东西;从此以后,过去和未来都不再与他有关①。

这一当下能为他做什么呢？那便是纯粹地、简单地享受自身。既然如此，为什么还要继续写作呢？体验这样的享受还不够吗？然后，如果人们仍然决定写作，那么他们能做到只为自身写作吗？（此外，人们是否可以像卢梭所说的蒙田那样只为他人而写作呢？这个奇怪的"只"②字又是什么意思？）如果说卢梭撰写了《遐想》，那是因为他深信，《遐想》的"怪诞荒谬"之处，体现

① 列夫·舍斯托夫(Léon Chestov)从前曾通过《悲剧的哲学》(philosophie de la tragédie)理解这种关于实存的哲学(主要代表人物有尼采和陀思妥耶夫斯基)："只有当人类失去了所有的真理标准，当人类觉得不可能有什么标准，甚至不需要这些标准时，这种哲学才会开始生发"(La Philosophie de la tragédie , trad. B. de Schloezer,Paris,Flammarion,1966,p.6)。但是必须认识到，即使卢梭遭受最严峻的苦难，也绝不会被迫失去真理的标准。这便是《一个孤独漫步者的遐想》闪耀的表达；尤其是"漫步之四"，其主旨印证了卢梭重申的座右铭 Vitam impendere vero(将生命献给真理)，并且表明了没有任何考验能够质疑其合理性。

但有一点，却让卢梭更接近我们刚才提到的那些哲人作家——他们和卢梭一样，都是与世隔绝、被弃于世界之外的"孤独者"。舍斯托夫写道："但是，这些陀思妥耶夫斯基以及尼采们都是谁呢，说得好像他们拥有权力一样？他们能教给我们什么？他们什么都没教给我们。在公众普遍的舆论中，没有比这更大的错误了，即认为作家是为读者而存在的"(前揭，第33—34页)。实际上《遐想》时的卢梭，即使他根本不是一个实存的悲剧的哲学家，但他在自己作为作家的活动中，在其生命的暮年，也被引导着不再"为读者而存在"。这就是我们必须永远铭记在心的东西；在阅读这些《遐想》之时，请务必始终牢记卢梭"著名的遗言" (famous last words)，其意义来自让－雅克的特殊处境，即一个人的绝对和彻底的孤独，人类社会对他来说不再有任何意义。(说到这里，我们也许会在一个完全不同的语境中又回到舍斯托夫提出但悬而未决的创作问题：作家是否从来不为读者而存在？如果曾经存在过，是怎样的？如果没有，为什么?)

② 参见埃马纽埃尔·马尔蒂诺在他的研究《〈遐想〉新思考》(Nouvelle réflexions sur les Rêveries)中发表的独到见解(《哲学档案》[Archives de philosophie] 47,1984,第207—246页，尤其是第231页)。

着他哲学思想的完成,是他心灵的哲学的最终发展和顶峰。得益于遐想的基本构成,我们终于有可能理解它的真相,也就是说,在不脱离主体性的绝对内在性范畴的前提下,卢梭很早就发现了心灵基本调性的内在相互转换的规律(愉悦和痛苦)(如果我们相信《忏悔录》中谈及"性"的情节,那么这条规律便具有象征性①),但却没有掌握这一规律,而规律是完全内在的,因为它是独立于与客观性的任何关系(与世界事件、环境的任何关系)而构成的。

事实上,如果不是像"漫步之二"一开始明确指出的那样,《遐想》是为了"描述一个凡人的心灵在他所能找到的最奇异的位置上的惯常状态"(R,1002),那么卢梭写作《遐想》的目的究竟是什么?而这个"奇异的状态",如果不是指心灵与世界的一切关系被切断的状态,又是指什么呢?

《随笔集》作者的自我是世界中的自我,他在"书海"里享受的孤独永远不过是自由退缩的结果,是一种渴望孤独的单纯意志。相反,《遐想》作者的自我并不"在世界之中",它的主体性不是"在世存在"(in-der-Welt-sein)——这种思想的发展,即自身

---

① 这便是朗贝西耶小姐打小卢梭屁股的著名情节。从这一相当简短的情节中,我们还是可以提出一种心理学解读,并且认识到卢梭具有一种不可否认的受虐倾向。但我们也可以对其进行哲学的解读,并从中看到一个发现的前提,那就是借助心灵调性的内在和相互转换,以及绝对主体生命的核心——愉悦与痛苦的绝对等同,朝向自身揭示的生命层面。关键句显然是:"……我发现在受体罚的痛楚乃至耻辱之中还搀杂着另外一种快感,使我不但不怎么害怕,反倒希望再次体验几回她那纤纤玉手的责打。"(C,15)

不再与"在世存在"有关，为《遐想》的写作提供了存在的理由。正是这样一个自身的凸显，铸造了这部伟大作品的独特、卓越和完美的原创性特征。在《遐想》中，卢梭并未书写他的心灵历史，因为心灵受到"事实"的考验，卢梭并不试图从自身存在与世界的关系之中抽离出自身的位置，因为这至少需要从一开始，将晴雨表应用于他的心灵(参见 R,1000—1001)。

在《遐想》的开头，卢梭问自己："我自己是什么？这是我仍在寻找的"(R,995)。但他不是已经在《忏悔录》和《对话录》中问过自己同样的问题吗？而在我们聆听这两部作品产生共鸣之前，这个疑惑不是首先在《萨瓦牧师的信仰自白》中得到了理论上的澄清吗？因为它开篇就是一句："我是谁？"事实上，在《爱弥儿》第四卷中，那个自问"我是谁？"的"我"(je)仍然是笛卡尔《沉思集》中 ego 的遥远后代；甚至在某种程度上，这个"我"与笛卡尔曾强调的这个 ego 是一致的，但却不觉得有必要将其本质问题化，更准确地说，没有必要将其"自身性"问题化。(让我们回顾一下"第二沉思"中的关键句："*Nam quod ego sim qui dubitem, qui intelligam, qui velirn tam manifestum est, ut nihil occurratper quod evidentius explicetur*"，按字面意义译为："很明显，是自我在怀疑，在领会，在渴望，以至于不需要再多作解释。"[1])正是对自我的"自身存在"问题化，使得卢梭在 1760 年完成的作品与他从

---

[1]　笛卡尔，《第一哲学沉思集》(*Méditations métaphysiques*)，II,AT,VII,29;IX,22。

1772年开始创作的《遐想》之间产生了巨大的差异："萨瓦牧师的信仰自白"是一种沉思——它甚至是笛卡尔意义上的最后一次伟大沉思，也是卢梭完成的唯一一次沉思，卢梭说它应该"一劳永逸地决定[它的]意见和[它的]原则"（R，1014）——而九次漫步中的每一篇都是一种遐想，"遐想"一词绝不是"沉思"的同义词。如果说沉思是通过遵循既定的理性秩序来推论的话，那么遐想则如卢梭自己所解释的那样，让"头脑完全自由"，让思想"顺势而行，没有阻力和拘束"。（R，1002）

于是《忏悔录》最首要的是讲述一颗心灵的故事。然而这种叙述不附带任何种类的道德价值，也无任何教化意义。卢梭将其视为一种知识的事业。哪种知识？不仅是他过去试图以"感性伦理学或智者的唯物主义"为题来阐述却没有成功进行的——这是理论方法再现主要障碍时所强加的一般目标，而且正如我们所看到的那样，他还想知道"信念"是如何在个体精神中诞生的。然而，只要是关于心灵运动庇护个体的独特性，我们需要做的就是从（普遍）心灵的本质过渡到（第一人称）心灵的故事，但并不像从普遍性到特殊性的考虑那样真正做到这一点。诚然，当蒙田写下"每个人都包含人类的整个形式"[1]之时，他只是将特殊性与普遍性联系起来。但是卢梭对此事的理解截然不同。他感兴趣的是一颗心灵的独特性、自我的自身性、精神的特质性。他所感兴趣的是个体，不在某些方面类似于其他个体，反

---

[1]　蒙田，《随笔集》III，前揭，第782页。

而在所有情况下仍然是任何人都无法比拟的。因此，不应说这一个体与其他所有个体都不同，而是像其他所有个体一样，他是"独特的"。

那么，对独特性的考虑真的可以用于传播知识吗？如果这是知识，那么它的确可以使人们回归到一项原则上来。卢梭说得很清楚，在他的书中，他将努力"每天"向读者展示他的心灵；更准确地说：他将"确保不会发生他不加注意的运动，以便他可以自己判断产生这些运动的原则"（C, 175）。如果这句话中所要强调的词语是"原则"（principe），那么随之而来的问题只能是：是什么原则？这一原则是否从属于外部原因、事件、情况的秩序？还是与卢梭在先前作品中研究"心灵原则"（爱自身，怜悯心）之时完美划定的范畴有关？看来，《忏悔录》的问题与卢梭不知道如何清晰地确定这一原则有关。卢梭没能在《忏悔录》中解决这个问题，反映在《纳沙泰尔序言》最重要的表述中："我写的不是这些事件本身的故事[即"我生命中的事件"]，而是事件发生时我的心灵状态。"（C草稿, 1150）

解决原则问题，意味着放弃"此少彼多"，不再将内在和外在二者并列，而是进入"成为内部"自身的结构布局，把自己完全置于内在性的层面。这一基本决定恰恰支配着《一个孤独漫步者的遐想》的存在和写作。周遭环境把他打入最严酷的孤独中，卢梭将下定决心再问一次，最后一次——不过这次是在全新的基础上——他已经从各个方面激烈讨论过的根本问题：我是谁？可能是为了更好证明重复提问的合理性，一旦他认识到《忏悔录》无论如何都算不上"一丝不苟"的忏悔,他便会再次提出这个问题(C草稿,1155)。重新提出这个问题可能意味着"重新继续严格而真诚地审视[卢梭曾称之为的他的]《忏悔录》",但"这些书页",这些记录了"遐想"的纸张,这些可以被视为[他的]《忏悔录》的附录的书页,卢梭不想再予以它们同样的标题,"不再觉得有什么值得说的了"(R,1000)。这是什么意思? 只会有部分自白? 或者说《忏悔录》并不是宣告独特性的真正生命,因为真正的独特性宣言是假定以另一种方式呈现心灵①的运动,通过把"还原"的过程绝对化,把一切排除在外的可能的客观性放大? 答案隐藏在卢梭重新定义自我问题的精确方式中:"但我,脱离了他们,脱离了一切,我自己又是什么?"(R,995)我是什么——我自己是什么? 存在/我自己:这不是一种冗余,而是一个递进的过程,它足以说服我们认为它并不是简单地指:"我的存在是

---

① "纯粹的运动和自然"、"心灵的运动":卢梭的这些基本短语是否具有隐喻性? 如果是隐喻,可否推断卢梭的心灵理论更多属于文学的范畴而非哲学? 显然,本书全文都在试图回答这个问题。但为了表述清楚,我们不得不再次引用卡斯托里亚迪斯的这句话(即使它是从精神分析的语境中被抽离出来的)。对于"心灵的运动是隐喻吗?"这个问题,哲学家回答说:"我们把所有的运动都减化为局部运动,归结为 *phora kata topon*,而似乎遗忘了其中的改变 *alloiôsis*,只因物理学已经成功地把它处理的大部分改变归结为局部运动。现在,我们在精神分析中遇到的力量[那些在心灵中,关于修改生命运动的力量],难道不是它推动了这样的改变,并抵抗了其他的改变吗? ("后记中所写的心灵理论,已可呈现为一门科学",前揭,第56页)。关于亚里士多德使用术语"运动"来表达 *alloiôsis* 而不是 *phora kata topon*,卡斯托里亚蒂斯指的是亚里斯多德《物理学》III,1,201 a 9—15;V,2,226 a 26—28;VII,3,248 a 6—9;VIII,3,254 a 29("想象和见解似乎是种运动"),以及《论灵魂》,III,3,428 b 12。

由什么构成的?", 而是: "我的自身性(ipséité)是由什么构成的?"

现在提出这一问题的范畴其实只限于自我完全被悬置, 自我被认为是绝对地脱离(détaché)了人和世界("脱离"一词直接来自笛卡尔的《第一哲学沉思集》[①])。如是证明《遐想》主题的合理性, 并将它的创作设想与《忏悔录》中完成的过程区分开来的, 是卢梭在"第一次漫步"期间明确标榜的问题: "既然一切人世间的情感已被[从我的内心中]撕毁得荡然无存, 我还仍旧需要忏悔吗? 卢梭"从此在人类中仿佛再也不存在一般"(同上), 因为人类"对我而言不再有意义, 他们想要的也就是这个结果" (R, 995)。而确实是外在的"无意义性"(nullité)通过产生与他人关系的无意义, 在文体、语言和思想的无与伦比的结合中, 迸发出内在的充实性、人类心灵中的生命的超丰富性。所以, 对于卢梭"内部越是败坏, 外部越是复杂"的世界法则, 完全可以用我们所称的"生命法则"来代替——据此, 外部越是化简, 内部便越是自由地生长。

如果说《忏悔录》《对话录》以及《遐想》在所谓的"自传体"文学史上是如此独特, 这不仅仅是因为它们的作者认识到自己需要"发明一种如[卢梭]设想的全新的语言, 还因为[他当

---

① 笛卡尔曾作过对他的整个学说具有核心和决定性意义的陈述: "思维(cogitatio)是属于我的一个属性", 在这个意义上, "只有它不能脱离我"(《第一哲学沉思集》, AT, IX—I, 21页, 19行)。毋庸置疑, "脱离"这个动词在根本上, 甚至可以说是创始性地归属于"还原"(réduction)的词汇。

时想知道]采取什么样的语气、什么样的文体来揭开如此多样、如此矛盾、常常如此卑鄙、有时又如此崇高的巨大的、使得[卢梭]持续激动不安的混乱情感？（C 草稿，1153—1154）也许更多是由于他的"计划"全是为了获得愉悦感，而且在愉悦之外，还为了获得"至高无上的幸福"，这就迫使卢梭不得不说出"智者"一词，在它的语境中指"疯狂的智慧"或"明智的疯狂"①（P，1109）。的确，这些词不正是——"走进我的内心"（C，278；DSA，30）——用来表达卢梭伦理学的基本准则以及卢梭希望赋予他所计划的《忏悔录》的意义吗？"进入自身"，不仅不是一种反思内省的行为，它不依赖于朝向内部的目光，而且这种行为的完成，只有当我们意识到如下条件时，才有可能使我们变得有德性：绝不是世界的投射或存在者的情感影响我们的心灵决定它自身的历史，相反，正是这一历史使"世界的事件"显现出本来面目，也即是说，它不是世界历史的事件，而是我们生命的事件。说到底，美德的起源取决于这种基本的自我理解，不正是《忏悔录》中所暗示的吗："我只有一个忠实的向导可以依靠；它是传承我的存在的情感链条，并作为事件接连发展的原因或结果"（同上）？总之，即使这种说法并未能完全摆脱歧义，但卢梭仍然认识到，与其积极地考虑这些原因或结果来解释"事件"客观的接连发展，不如用现象学的考量来代替它们的秘密判定，这一点还是很了不起的。就像

---

① 在这一点上，论及"自我辩护"的评论完全无立足之地。

我们刚才引用的文字巧妙指出的那样，正是"通过"情感，正是通过情感之间形成的"链条"，事件才被"给予"了我们。

因此，在《忏悔录》中，卢梭专门以一种全新的方式，将自己生命中的事件链条与情感链条关联起来，使后者作为"馈赠"前者的原始模式出现。换言之，鉴于"我"在事件中发声，这种模式间接地表明了世界的超越性最终是如何植根于生命的内在主体性的。其实选择相关情节的原则从不是卢梭脑中多么生动活泼的记忆，而是记忆中的思想，一种自觉地、有意地为伦理学事业服务的思想。

借助《一个孤独漫步者的遐想》，卢梭进一步深化了他的计划。这已经不是比较两类"接续"（succession）——内在的和外在的、必然的和偶然的、情感的和事件的接续——的问题；也不是一个揭示它们的（现象学的）根本次序的问题；现在的问题是要穿透情感的唯一内在连结，穿透"接续"的内在"逻辑"。换言之，关键在于把握卢梭所说的"心灵的晴雨表"（R，1000—1001），以阐明其构成的历史性。因此，《遐想》设法提出的问题是，"一些情感和思想"如何以及为何"修改那些接续它们的情感和观念"（C，174）——不过，这一决定性的言论只作为短短一句话在《忏悔录》中出现。在《遐想》中，"伴随着"在生命中发生的"事件"所体验的情感的事实接续不再是一个真正的问题，这里开始强调"转变"：通过愉悦和痛苦的基本调性相互之间的内在转化。也许快乐从悲伤中诞生，也许快乐孕育悲伤，也许这种相互的、内在的共同修改能在生命运动的绝对性中——发自肺腑、深入肌肤①(*intus et in cute*)地——扎下根来,如此,生命永远不会停止抵达自身,简言之,这就是卢梭最后一部杰作的表达使命。

我们需要在现阶段澄清一个似乎至关重要的观点。在卢梭的一切所谓自传体文本中,他都是从经验意义上理解生命的。对他来说,这只关乎实存的事实过程,而不是"自然的纯粹运动",也不是生命的自我运动(如柏拉图所说,*autokinèsis*),它是以实存的情感(不是感性的,而是感发的)形式发生的,构成这一情感的自我触及把我们"安放"于生命的内在和感受的层面上,使我们成为既能享受愉悦又能遭受痛苦的鲜活存在。然而!这种经验生命所显现出来的"持续流动",以及它在痛苦与愉悦之间的不断波动,只能从先验的感发性来理解,它在一个完全不同的层面上铺陈开它的两极本质(愉悦与痛苦),而不是指心灵与身体的实质区别。因此,无论是肉体还是道德上的恶,都只是在"感觉自身"的支配下才显现出来,而这种"感觉自身"只会在实存的自我触及中朝自身揭示,除此之外再不会"赠予自身",所以在这种赠予自身的绝对被动中,实存的情感似乎与"遭受自身的痛苦"②是一致的,而痛苦的内容往往与享受自身的愉悦或存在的快感融为一体,卢梭过于片面地保留了这种快感,以至于无法解释"自然之善"。"遭受自身的痛苦"是绝对主体生命的自身超

---

① 这是《忏悔录》卷首的题词。

② 参见米歇尔·亨利《显现的本质》§ 52—53,前揭,第573—598页。

208

越自身的"纯粹运动"的根源,它所指的无非是关于自身在根本上是"被动"的事实,即自己一直被交付给自身、被赠予自身的事实,因此,"自我"(moi)本身的"本性"只能是永远遭受一切痛苦。

很显然,让-雅克·卢梭的"心灵哲学"是建立在绝对主体生命所隐含的现象学基础上的,而不具有主题导向,因为它仅仅是被预感的。卢梭的这一哲学按照"享受愉悦"和"遭受痛苦"来设想"活着"(vivre)的显现,构成这种两极的情感原则正是卢梭所称的"爱自身"这一欲念的激情。"爱自身"不同于"保存自身",因为"爱自身"与"自私心"完全相反。然而,只要存在的感发性还没有深化它的根源(即自我触及),爱自身所应有的愉悦感在卢梭看来就不能等同于"遭受自身的痛苦"。如果说卢梭还驻足于这一认知门槛上,如果说甚至直到《萨瓦牧师的信仰自白》卢梭还继续与基础性的高尚特征保持距离,那是因为他对继承自笛卡尔哲学的预设的质疑并没有贯彻到最后。他认为应该坚持从笛卡尔的前两次沉思中学到的知识,而不应过于偏离此道路,应该"终结于笛卡尔开始的地方。我思,故我存在(existe)。这就是我们所知的一切"(LM,1099),即仍然将自己暴露在二元论的要求之中。而事实上,在卢梭的心灵哲学中,身体在现代二元论的意义上被解释为外在的现实物(广延物①),恰恰与心灵相对立。心灵与身体的对立正是由这种外部性构成的。这也符合

---

① 原文为拉丁文 *res extensa*,笛卡尔本体论(二元论)中的三种实体之一。——译注

悠久的传统,即心灵(这一处于运动中但没有广延的实在)决定了我们各种主体力量(感觉、想象、思维、意愿等)的整体,以及它们引起各种强烈感觉的内容、从客观身体外部感知到的力量,而为了使身体形态、部位、肢体、器官、多种特殊性与心灵最原始的体验没有任何共通之处,它们对于心灵来说必然为异质的、外来的、不透明的——最重要的是"偶然"的——至少具有不可理解的规定性。(米歇尔·亨利解释说:"在这里蕴藏着偶然性的第一种形式,由于身体的组织和结构本身就是客观的,因此身体就是经验观察的对象,却得不到任何真正合理的解释。人们很可能在各种奇特器官的在场中,试图通过引用相关"功能"的多样性来减弱它们的不寻常特征,此时每一个器官都将作为一种实现模式显现——也许是一种特别巧妙或恰当的实现模式。然而,这样做只会使问题一拖再拖。"[1])这一切都会导致双重的后果:

1. 顽固地拒绝将"遭受自身的痛苦"的本体论被动性置于"自身存在"的基础上,也就是拒绝赋予自身的受苦以结构性的地位——卢梭从一开始就认为这种受苦是一种消极的、次要的情感,总之是一种不属于"自然秩序"、不属于自然的"纯粹的内在运动"的调性。

2. 把相异性("社会")或外在性("身体")之中所有可能遭遇的痛苦系统地关联起来,不是因为痛苦构成了这些环境的本质,

---

① 参见米歇尔·亨利《道成肉身:一种肉身哲学》,前揭,第280页。

反而是因为痛苦会被它们的本质所构成。

我们认为,这两个因素组成了卢梭在其思想道路上遇到的所有困难和矛盾的根源。毁灭性的预设从内部侵蚀了卢梭哲学的深层连贯性,即始终预设让痛苦成为一种"构成性"的情感,并在此基础上使其成为一种陌生性、一种偶然性,然而痛苦从来都不意味着这些特质。

由于误解了原初的本体论受动性,以及处理"极度受动性"时可能产生的理论错误,从学说的角度来看,真正的"让-雅克·卢梭问题"①终于浮出水面,于是现在必须提问:"心灵哲学"所蕴含的深层一致性是什么?

对卢梭哲学②的评论通常源于这样的主要缺陷,即它们总想从中确定思想的统一性和作品的统一性。当然,如今再也不可能否认卢梭思想的统一性了:从这一点来看,从 20 世纪初开始进行的对卢梭思想的解释工作标志着一种进步,这种进步既是显而易见的,也是无可争议的。然而,由于结构上的原因,上文所说的第一种统一(思想)并不意味着第二种统一(作品)。因为如果卢梭思想中的"本质对象"确实是作为生命的"自然",也就是作为内在情感的"自然",如果这一"本质对象"自卢梭的处女作《论科学和文艺》伊始都是同一的,那么人们

---

① 我们引用了恩斯特·卡西尔的话语,不过他当然是以完全不同的方式对此作出解释的(见《卢梭问题》,前揭)。

② 我们特别考虑了皮埃尔·布格林《卢梭的存在哲学》以及让·斯塔罗宾斯基《透明与障碍:论让-雅克·卢梭》中令人钦佩的解释。

就不可避免地注意到,对这一话题的论述是通过连续的重复和深化而进行的——"本质对象"本身的内容使得重复和深化成为必要,而如果说此间每一个阶段都建立在自身的非客观性基础上,那么知识理论(theoria)的凝视只能通过证明其失败来达到重复和深化的目的。在这种情况下,假若卢梭在很长一段时间内都不关心自己作品的内部连贯性,并不意味着他会缺乏智慧和哲学的深度。把这种"缺失"归因于卢梭单纯只是一位"文学家"及"妄想狂",认为卢梭喜欢做白日梦却不进行严密充分的理性论证,也同样荒谬。如果说卢梭的写作经常被认为是自相矛盾的,如果说他甚至"尝试"各种观点,那恰恰相反,这些都是因为他与自身保持着高度一致。卢梭给人的印象是他对自己的计划并不总是清晰的,这是有充分理由的:他对"清晰"尤为警惕,因为"清晰"很难与他力求凸显的"本质对象"的现象性相一致。

卢梭当然一直知道,哲学所倡导的方法,即那种通过思想来表现自己所要解释的事物的方法,远远不能帮他揭示那些他打算从哲学中抽离出来的东西,以致他没有从这种哲学方法中得到过启发。他只得出了一些必要的结论,并郑重宣布:"我从来没有渴望成为哲学家,我从来没有为成为哲学家而献身,我从过去到现在既不是也不想成为哲学家。"①

---

① 卢梭,《致梅洛先生的信》(Lettre à M. Méreau),1763 年 3 月 1 日,CC,XV,第 246—249 页。

但是卢梭从一开始就不知道如何表达这种拒绝。他甚至很长时间都忽视了这件事。这种忽视可以解释为，卢梭自身实存的兴衰变迁使他至少在创造出《一个孤独漫步者的遐想》的耀眼成果之前，无法正确把握自然作为生命的本质。所谓"实存的兴衰变迁"，可以理解为不断形成实体的伦理遭遇和肉体痛苦——这是卢梭一生中始终面临的永恒的苦难和痛苦，他力求竭尽自己的力量和一切可能的手段来摆脱它们。那么，也许我们必须同意尼采①：即使在学说发展过程中，卢梭也表现出了

---

① 尼采对卢梭进行了大量批判，尼采甚至把自己当作"反卢梭"(anti-Rousseau)的典范。因此，在一份1887年的手稿片段中，尼采特意将自己的"回归自然"与比他早一个世纪的卢梭所"宣扬"的"回归自然"进行了对比。在向卢梭施加最恶毒的诅咒和谴责(典型的"现代人"，"集理想主义和卑鄙下流于一身"，"在现代的门槛上安营扎寨的发育不良的矮子")之后，在把卢梭说成是"一种需要'道德尊严'和态度来支持自己的存在"之后(顺便提一句，这些评判绝非虚言)，尼采写道："我也谈'回归自然'：虽然这不是'回归'，而是人类在强大、眩目和可怕的本性和天真之中的'上升'，这些本性和天真使得人类能够从事伟大的事业，因为它们对渺小的事物感到厌倦和憎恨。"(《尼采遗著残篇》9 [116]，1887年秋《哲学全集》XIII，皮埃尔·克罗索斯基译，前揭，第68—69页)。不过，即便"爱命运"(l'amor fati)与"爱秩序"无关，尼采和卢梭这两位作者都在以自己的方式、以自己的个人风格，试图对存在的内在本质加以沉思：卢梭的讨论始终不脱离善恶(自然即生命，生命即爱自身)，而尼采则超越了这一区分，他认为善恶的区分是由崇拜理性价值的伦理暴政所造成的(生命即权力意志)。因此，我们可以从以下事实出发来考虑两者的区别：一方面，取决于亲缘性(以及我们应该毫不犹豫地指出，这一点使两者都成为受迫害者)。然而在尼采那里，生命("生命是权力意志"；参见《尼采遗著残篇》2[190]，1885年秋—1886年秋，《哲学全集》XII，J.艾尔维耶译，前揭，1978年，第160页)、实存和世界只有作为一种审美现象时才能被合理判定是"永恒的"(参见 (转下页注)

某种对自身的憎恶。但是尼采希望我们去思考的这种憎恶(或拒绝自身)是无可指摘的,甚至是完全有益的,因为确实有一种强烈的意志,一有机会就会剥夺痛苦的任何真正的本体论特征、任何的首要地位——仿佛一旦"卢梭"向痛苦保证了这种地位,就会阻碍"让-雅克"有朝一日战胜他曾合法憎恶并决心与之斗争的东西!

那么,如果在我们看来,作品的统一性并非机械重复思想的统一性,或说作品和思想之间存在着某种间隙,那首先是因为,在"卢梭"和"让-雅克"之间开辟的这个空间里,在被卢梭学说占据的这个鸿沟里,降临了"让-雅克"自身所特有的生成(devenir),以至于使这条鸿沟一直开启着,甚至悲剧性地加深的,无非是每一次"让-雅克"所遭遇的痛苦——这种痛苦是由一千零一种欲念叠加而成,又因为这种痛苦,"卢梭"的实存永远不能化约为那个在他看来是属于自己的"可悲的作者职业"①。

当然,"让-雅克"常因没有按照"卢梭"的哲学观点生活而

————————————————

(接上页注)《悲剧的诞生》,前揭,1977 年,第 61 页);这种合理性取代了伦理总是已经强加给它的"病态的"的正当性。而对于卢梭来说,生命不需要被证明是合理的,除非它需要这样的合理性判定(并且之所以这样做,是因为生命不仅享受内在的愉悦,而且也遭遇自身的痛苦),除非作为一种伦理现象(在"人必须学会热爱生活"的意义上;参见 NH,393)、一种从属于自身成就的伦理,无愧于任何"艺术"之名。

① 卢梭,《致迪佩鲁的信》(Lettre à Du Peyrou),1765 年 8 月 8 日。参见卢梭的《哲学书信》(*Lettres Philosophiques*),巴黎:弗林出版社,1974 年,第 149 页。

备受指责。不过其实正相反,"让-雅克"不仅始终按照他所信奉的教条行事(即使是遗弃孩子的行为),而且如果说他身上有什么值得痛惜的地方,那就是他建构自己的学说时没有足够考虑到自身的实存这一不容置疑的事实。他的思考总是把必然之物(即痛苦的感触)视为偶然(即总是由于"他人"或"外在"的有害和特殊的行为而产生的东西)。换句话说,"让-雅克"的生命将不会与"卢梭"的作品相互矛盾——卢梭与他的许多哲学家"朋友"不同,他从来没有表现出不诚信的一面——但是"卢梭"的思想,除了被《一个孤独漫步者的遐想》记录的,就不得不在"让-雅克"的生命真相和充分的"内在认知"面前不断退缩。

卢梭的许多评论家都试图从心理学的角度来解释卢梭学说上的矛盾——例如,他们认为不幸的让-雅克患有著名的"循环性情感症"[1]。但有了这种论断,因果关系其实会被混淆。除了偶尔确认一下之外,卢梭从不觉得有必要回顾自己作品的内容;他从不愿意为纠正所谓的"缺乏条理"而烦恼,这不就额外有力地证明他极度忠实于自身吗?此外,选择"为真理奉献一生"(*Vitam impendere vero*)的座右铭,不正是为了达成最终的真理性条件吗,将一个人的生命引向真理的考验,正如真理将自己与生命统一起来一样,因为真理从"活

---

[1] 医学上用来命名躁狂与忧郁交替发作的一种精神疾病,常伴随着欢欣愉悦与绝望沮丧的两极波动。——译注

着"的感发性中汲取其现象学意义上的真实（其真实的显现条件）？

大概，这就是"让-雅克"的生命与"卢梭"作品的真实交汇点。就像有些人认为这里也隐藏了卢梭仍被误解为"病症"的本质。一言以蔽之，如果卢梭真的生过病，那他的病就只有一种：他不断地被迫将自己的痛苦投射到"自身之外"，当自身有机体遇上显著功能障碍时推卸"责任"，就是为了应对"他人"的嫉妒、讽刺、卑劣或残忍行径。所以，卢梭每次都想把这种制约刻画在偶然性的要素中，刻画在"外部原因"的严密网络中，如此，由于痛苦"未实现"，当痛苦结束外在显露时就会立即成为对象；由于痛苦在形象中的设定，或者由于它在"外在"的非真实性中的投射，即一切都处于自身之外，什么都无法被感觉到，痛苦的自我终于可以为自己提供一种幻觉：苦难主体的本质特征已经被"化约"了。

为什么卢梭要采取这种退缩、这种无用的理论策略？有现成的明显答案：因为这是所有遭遇痛苦的存在者都具有的倾向。我们应该感谢尼采在《论道德的谱系》中的解释："每个受难者都本能地要为自己的痛苦寻找一个原因；确切地说，他要寻找一个肇事者；更精准地说，他要寻找一个本身就容易遭遇痛苦的罪魁祸首——总之，就是他可以将任何一个活生生的存在者真正地或模拟地作为靶子，并以任何借口来发泄他的欲念：因为对于一个受难者来说，释放欲念是寻求自我解脱和自我麻木的最佳方式，这是他不自觉寻求的对抗各种折磨的麻醉剂①。

然而必须重申:这种需求不仅来自"让-雅克"的亲身体验,也是统一"卢梭"学说的凝聚力。对于卢梭学说,从它的前提到结论,都是"使我逃离任何悲伤想法的自然本能"的受害者,而《遐想》的作者最终在其文本中记录一个非常重要的事件时认识到了这一点(R,1062)!正如《卢梭评判让-雅克:对话录》大方承认的那样,没有什么比"软弱"更能迫使我们将痛苦从其诞生地(自身)驱逐出去,并在结束驱逐自身之时将痛苦设想成一种"复合"的情感,这种情感不仅取决于反思,而且构成了对"自然"的"增补"。因此,我们不能止步于卢梭丰富的作品中星罗密布的困难、悖谬、犹豫,虽然这些疑难常使认真对待它们的评论家感到绝望②;我们应该明确观点,即在卢梭的作品中,正如他自己所承认的那样,"一切都连贯一致……"(C草稿,1153)。是的,在卢梭思想中,一切都连贯一致,生命和作品,言语和情感,如果这一切都融为一体,如果这一切作为卢梭思想的统一性典范是绝对合理的,那正是因为卢梭思想在"实践理性"的价值范畴之外,也许是西方哲学史③上首次,担负着在别处创建伦理学可能性的重任。"在别处":也就是

---

① 尼采,《论道德的谱系》,I.伊尔登布朗·J.格拉典译,《哲学全集》VIII,前揭,1971年,第316页。

② 卢梭在一封令人钦佩、未曾发表的信中写道:"人们控诉我充斥着矛盾、疯狂,仅拥有少量排列整齐的文字的混合物,我只得苦笑,我一笑了之……"(第五封《山中来信》手稿,OC,III,第1655页)。

③ 不同于斯宾诺莎的原则,而且先于叔本华、尼采或舍勒的尝试。

在内心的绝对性中,在主体性的彻底的内在性范畴中,在动态的和感受性的"自然"中——这里,"纯粹运动"的"不可见"建构起人类心灵的"自身性"。

第八章

遐想的闲适

伦理命令"做自己"并非是绝对的。它的必要性和有效性取决于一个唯一且绝对的条件:伦理主体(渴望摆脱困境的心灵)在尘世中自我克制和自我约束。伦理命令受这一条件的限制解释了《爱弥儿》中的教育理论所提出的伦理变体,即"道德"[①]:"分配每个人的地位,并且使他固定于那个地位,按照人的天性处理人的欲念,为了人的幸福,我们所能做的就是这些。"(E,303)不同于卢梭在这段话中所阐明的,"按照人的天性处理人的欲望"这一准则还应考虑到个体在适应时的自身性,这一考虑的意义在于使他学会让他的意愿与他的力量相匹配,他的欲望与他独特的能力相匹配。这一伦理纲领因每个自我(moi)的特殊性而有所不同,卢梭也在另一句箴言中再度提到:"[我们]要专心致志地使[我们]按自己的能力生活,注意与[我们]有直接联

[①] 别忘了对爱弥儿的教育目的可归结为寥寥数语,其伦理意义确实是无穷的:"活着是我想要教他的技能。"(E,252)

系的事物"(同上,359)。这条充满智慧的箴言仅在一个表达中便提供了绝对主体生命(la vie subjective absolue)意义上的"自然"的四个基本要素,即内在性(immanence)、感发性(affectivité)、直接性(immédiateté)以及自身性,它们构成了"真正的哲学"不可动摇的根基①。

除了非绝对的、有条件的之外,"做自己"这一命令也并非道德的,但它是伦理的。它不是自我有义务在他人身上看到的善良或慈悲,也不是人们所希望成为的某种应当的存在(devoir-être)。相反,在超越、积极性以及爱自身(amour de soi)的热烈程度上,它取决于存在本身,取决于人的"本性",即直接和内在的自我揭示。自身(soi)想要"做自己",是本性的善良使然。也许是联想到了斯宾诺莎,卢梭这样说道:"一个纯粹思辨的观点并不能在人的心中战胜情感,自我更喜欢对其而言陌生的事物;这种感觉并不属于本性。"②事实上,如果一种存在于我们本性中的感觉只是一种完全符合人生准则的感觉,那么它又是一种怎样的感觉呢?这种感觉与人的本性共存,甚至会成为其最直接的利益。抑或这种利益不是别的,而只是那些总能吸引住我们自己,直接触动我们的东西。这就是为什么与其谈论伦理的命令,不如来谈谈教导(précepte)。卢梭正是以"导师"(précepteur)的身份来阐释其伦理观的:"我只向你讲一个格言,

---

① "不可动摇的根基"原文为拉丁文 fumdamentum inconcussum。——译注
② 卢梭,《致卡隆德莱神父的信》(Lettre à l'Abbé de Carondelet),1764 年 3 月 4 日,《卢梭全集》,XIX,第 198 页。

而这个格言实际上也就包括了所有其他的一切格言了：你要做一个人，把你的心约束在你的条件所能许可的范围"（E，819）——此处的"条件"，确切地说是主体性（subjectivité），因为每个人的欲望不同、能力不同而有所差别。这便是我们真正的利益，它指引着我们走向明智。"明智的人知道怎样维持自己的地位"（同上，310）这句话是多么正确，智者的欲望与他们的能力毫无疑问是相匹配的。

卢梭在《爱弥儿》中写道："只有自己实现自己意志的人，才不需要借用他人之手来实现自己的意志：由此可见，在所有财富中最为可贵的不是权威，而是自由。真正自由的人，只想他能够得到的东西，只做他喜欢做的事情。这就是我的基本原理。"（E，309）但必须要承认，正是卢梭在人生中的各种遭遇，才使他有了形成这一基本原理的依据。"同侪"的排挤毋庸置疑给他造成了很深的伤害，但是在一次次的考验中，他逐渐形成的自由意识帮助他治愈了创伤，在他为痛苦所折磨时抚慰了他的心灵。在《爱弥儿》中，当卢梭用他的主体性——一种根本意义上的主体性，如自身情感或实存的情感——来定义活着（vivre）这件事时，他坚持将其界定为行动能力（capacité d'agir），而非自由（liberté）。他在《爱弥儿》第一卷的卷首这样写道："活着，并不就是呼吸，而是行动，那就是要使用我们的器官，使用我们的感觉、我们的才能，以及一切给予我们实存的情感的各部分。"（E，253）牢记这一定义可以帮助我们把握《一个孤独漫步者的遐想》（后文简称《遐想》）中的思想框架。《遐想》是卢梭最后的作品，可能也是最特别的,或许还是文笔最优美的一部作品。本书将探析上述这两个在《遐想》的特殊写作背景下的等式,即"活着 = 行动"和"行动 = 使用身体",这两个等式基于绝对的主体性:自我触及(auto-affection)、实存的情感对自身的给予,要知道,没有漫步就没有遐想。确实,遐想离不开身体(corps)——当然不是《爱弥儿》中所定义的有机体,而仅仅是行动主体(sujet agissant)①的有机体为其存在而所依赖的肉体——,身体远远没有被人为地抽离这种表面上的沉思经验(但仅仅是表面上的),相反,通过行走以及行走所花的力气,身体唤醒了对自身的使用,给自我以存在感。

那么,这是怎么回事呢? 在卢梭的"遐想"时刻,他认为所有美好事物中最具吸引力的是什么呢,是他的自由吗? 此处有一个先决问题:在明智的实现构成孤独漫步者的遐想或曰孤独遐想者的漫步之前,这一漫步或遐想又是如何表现其哲学的实现的呢? 直接回答如下:卢梭的遐想/漫步概念否定了笛卡尔的二元论,他在《论人类不平等的起源和基础》的附录中,在写给苏菲·乌德托(Sophie d'Houdetot)的《道德书信》中,以及在他著名的"萨瓦牧师的信仰自白"中都已经试图质疑二元论的基础。通过分析心灵与身体都同样与自身感触(le sentiment de soi)即

---

① 肉体即是卢梭在《论人类不平等的起源和基础》中所接近的惊人现实,他提到他"可以说本身就具备了一切"(DOI, 136)——这句话听起来就像是对笛卡尔在《第一哲学沉思集》中的"第六沉思"中所强调的"有机体""体外之体"的思想的反驳。

卢梭式"我思"(*cogito*)[①]相联系的关系,卢梭逐渐为《遐想》的处境做好了准备。在这一处境下,"散步"与"遐想"的共存见证了行动和思想统一在一个共同意图(*intentio*)下的必要性。除了行动和思想本身的现象学实在性(réalité phénoménologieque)及其表现的具体的、主观的和感性的现实性之外,无需提及其他任何东西。

因此,一方面,"幻想"(rêver)(当然,此处指的是"遐想",而非睡觉时候的"做梦"[②])要求主体进入某种精神的游离(vagabondage de l'esprit),但另一方面,这种游离并不会影响其身体的"闲逛"活动。然而,精神的游离显然与笛卡尔所推崇的"心智省察"(*inspectio mentis*)相冲突,并且,漫步的主旨是强调身体的主体性的决定性存在,这与笛卡尔用"广延的存在"(*res extensa*)来解释身体是相悖的。仅仅把漫步和遐想,也即身体与精神相联系,实际上比其他理论都更能表达出卢梭的经验所要发挥的作用(颠覆了笛卡尔主义的最后四个沉思),因而我们不应该将这一选择(它使得卢梭式遐想不是一种化身,而是对于笛卡尔的沉思的一种非常严肃的质疑)解释为让-雅克的个人兴趣,尤其是他独行远足和亲近自然草药的倾向……

这种对"漫步"主题的突出,又刻意加倍强调了"遐想"的

---

① 出自笛卡尔的 *Cogito ergo sum*(我思,故我在)。——译注
② 在法语中,rêver 也表示睡着时做梦的意思,故此处作者特意强调。——译注

主题,实质上是因为卢梭有意表明自己对于某种思想传统的立场。

遗憾的是,卢梭的研究者们还没有对此进行过系统的论述,因此还有很大的研究空间。我们的研究可以从卢梭的《道德书信》开始,他在书中得出了(当然他并没有明确说出)他对主观性本质的"定义"的主要论点——人"天生眼盲","我们既看不到别人的心灵,因为它是隐藏的;也看不到自己的心灵,因为我们没有智力的镜子"(LM,I092)——这一论点并非来自18世纪流行的人类学理论,而是源自17世纪伽森狄①对笛卡尔的反驳②。笛卡尔答复伽森狄的《对第五组反驳的答辩》(*Réponses aux cinquièmes objections*)一文中的相关解释可以帮助我们理解,为何孤独遐想者的"漫步"本身具有哲学意义。此外,既然是关于肉体对遐想实践的影响问题,那么,《遐想》这部卢梭最后的作品——其中包含着他的哲学遗言——难道不应该从这一丰富着学说基本内容的参考文本中得到其最需要的哲学支持吗?

在《对笛卡尔〈沉思〉的诘难》一书中,伽森狄震惊于笛卡尔在《第一哲学沉思集》中竟然"需要用如此宏大的体系来证明[他的]存在"。与其仅仅依靠笛卡尔所说的"思维"(*cogitatio*),倒不

---

① 皮埃尔·伽森狄(Pierre Gassendi,1592—1655),17世纪法国著名的哲学家,他在《对笛卡尔〈沉思〉的诘难》中反对笛卡尔的唯理论,并提出了自己的机械唯物主义观点。《对笛卡尔〈沉思〉的诘难》是伽森狄的主要著作,也是研究西方哲学史上唯物主义和唯心主义之争的重要文献之一。——译注

② 参见本书附录1,后文第335页。

如进行其他任何一种活动,并通过活动着的存在得出结论。因此,要说"我漫步,故我在"也同样成立。对此,笛卡尔很快便进行了答复:"当您说我可以通过其他无差别的活动得出同样的结论时,您就大错特错了,因为除了思维,没有任何一种活动是我可以完全确定的,我指的是形而上学的确定性(certitude métaphysique)。"[1]我们有必要知道,(1)当排除了一切其他的主观性活动,沉思会产生绝对的确定性,其"物质现实性"完全反映了这种原始的、无可辩驳的"似乎性"(semblance)。在这样一种似乎性之下,"心灵"最终向自我敞开。从"第二个沉思"开始,笛卡尔实际上已经明确地将"似乎"这一表述与最不可撼动的确定性联系在了一起:至少[2],"我似乎觉得就看见了"[3]。另外,(2)笛卡尔在针对伽森狄反驳的答辩中坦言,如果伽森狄能明确对其而言正当的意义,去得出任何一种活动的本体论结论,那么他会愿意承认伽森狄的论点有一定的有效性。否则,在笛卡尔看来,只有在先验还原(réduction transcendantale)的唯一框架内考虑行动的条件下,也就是说在行动赋予世界之光的一切意义的内在和独有的馈赠中,从漫步转向存在才是完全正确的。而步

---

① 勒内·笛卡尔,《对第五组反驳的答辩》(Réponses aux cinquième objections),《笛卡尔全集》亚当、塔内里版,巴黎:法国国家科研中心/弗林出版社,1996 年,VII,第 352 页。

② 勒内·笛卡尔,《第一哲学沉思集》(Méditions métaphysiques),《笛卡尔全集》亚当、塔内里版,巴黎:法国国家科研中心/弗林出版社,1996 年,VII,第 29 页;IX,第 23 页。

③ 我们在上文中已经提到了笛卡尔"videre videor"(我看见)的问题,它被认为是一种不能归于怀疑的"原初的似乎性"。参见本书附录 1,后文第 335 页。

行本身则是以一种纯粹"我思"的方式,以这样一种显现决定性(déterminité de l'apparaître)的形式出现。受制于外部绝对的悬搁(épochè),在笛卡尔的"第二个沉思"中,"漫步"也变成自身的确定,不管是感受或是想象,渴望或是确信。笛卡尔这样反驳伽森狄:"'我漫步,故我在'这个结论是不正确的,除非我具有的、作为内部知识的是一种思维,只有关于思维,这个结论才是可靠的;关于身体的运动则不然,它有时是假的,就像在我们的梦中出现的那样,虽然那时我好像是在漫步。如此,从我想我是在漫步这件事中,我可以推论出我的精神(是它有这种思维)的存在,却不能推论出我的身体(是它在漫步)的存在。其他一切亦是如此。"①

因此,只要伽森狄所提出的"推论"②具有漫步的唯一显现性、漫步的确定性,笛卡尔并不排斥。换言之,笛卡尔认可这一推论是一种源自先验还原的"我思",而不是通过属于"广延的存在"的第三个人来进行一种机械运动,也不是基于前面提到和表现的一种对身体的定性。由此可见,只有当漫步作为绝对主体生命的一种模式,当它在自我(ego)看来不是作为一种表象(représentation),而是作为一种"思维"(也即一种没有思维对象的思维)时,它才可以作为存在的启示的先决条件。"行走意识的思维":正是在组成"感觉"的意识中思维从内心体验自己,行

① 勒内·笛卡尔,对第五组反驳的答辩//亚当,塔内里(编),《笛卡尔全集》,巴黎:法国国家科研中心/弗林出版社,1996年,VII,第352页。
② 即上文提到的"我漫步,故我在"。——译注

走才成为一种心灵的决定(détermination de l'âme),并充分参与到自我揭示(autorévélation)中。①

让我们回到卢梭上来。对于卢梭而言,遐想的漫步是一种感受自我的方式,也就是说,在最真的本质中(用他的话来说也许是:在最绝对的自然性中)感受生活本身。这种在自我主体性全局考虑下的感受方式所侧重的,首先是活生生的肉体的基本存在,肉体在真实地行走,而永远不会是想象在前行。这就是为什么虽然"漫步"这一主题不属于某种田园诗的范畴,但它本身却在卢梭这里形成了某种哲学的规定性(détermination philoso-phique)。它的意义纯粹是本体论的,它的谱系也与开头的笛卡尔主义相呼应。这个主题不仅完美地表现了一个公认的原则,即人生来是为了思考和行动,而不是为了反思,而且还证明了一种真正的、内在的"发展"(progression),这种发展不依赖于任何外部空间、任何可描绘的或仅仅只是可预见的场所。作为自我本身的发展(avancée)和自身的成长(venue),漫步以一种排他性的方式存在,它发现并整合自身的隐秘历史。自身虽不是先于这种发展和成长而存在,但正是由于这种发展和成长,自身在心灵的情感深处表现出了独特性,它是独一无二、必不可少的"自我"。从这一意义而言,遐想/漫步的经验(*ex-per-ientia*)是

---

① 关于这一笛卡尔语录的解读,可参见米歇尔·亨利在其文章中的解读:米歇尔·亨利,《笛卡尔和技术问题》(*Descartes et la question de la technique*),《话语及其方法》(*Le Discours et sa méthode*),N.格里马尔蒂、J.-L.马里翁编,巴黎:法国大学出版社(PUF),1987年,第285—301页。

一个运用"[其]心灵的气压表"(R,1000—1001)的问题,它不仅是一种绝对的主体生活模式,还是一种生活方式,给德尔菲神庙的格言"认识你自己"(*Nosce te ipsum*)提供了理想的"场所"和内在的可能性。

行动和思考的力量,以及它们在自我行进时发生的感性转换——漫步和遐想——构成了卢梭式"我思"的两个基本模式。这两个模式只有通过感受自己,通过在产生自身性的生命的绝对主体性中感受自己才会表现出来。在没有标记的、富有旋律和表现力的言语中,在与游荡着的步伐节奏同步的"自然言语"中,遐想能够立刻收集到影响其印象的痕迹。因此,这些内心深处的音调——内心的宝矿随着探索的不断深入而日益丰富——带给孤独遐想者的首先是"不行动的享受"(D,845),也就是说,在生命中感受自己,享受其心灵的"扩张",正如在自由的主体性中的自我情感揭示。在孤独漫步者的表达中,遐想甚至都不是其他任何东西,而只是"大自然所希望的那个样子"(R,1002)①。

但为何说遐想是"不行动的享受",而漫步是一种活动呢?

---

① 《忏悔录》中明确表现了这一启示性的抽离(自身的显露,自我的自身性)。因此,提到旅行,卢梭总喜欢用"独自步行"这样的字眼。他写道:"我从未如此思考过,如此存在过,如此活过,如此做我自己,我敢这么说……步行可以活跃和丰富我的思想;当我在原地停留,我的思考几乎停滞;我需要让我的身体动起来,来激活我的思想。步行使我拥有了乡间的景致、接踵而来的各种美好、清醒的空气、好胃口以及健康。小酒馆的自由,远离一切会让我产生依赖的东西、一切让我回忆起我的处境的事物,这一切都救赎了我的心灵,给予我最大的勇气去思考,在某种程度上使我置身于浩瀚的众生之中,把它们结合在一起,选择它们,让它们适合我的喜好,而不会感到尴尬和恐惧。"(OC,I,第162页)

事实是，漫步和遐想的结合，或说它们的亲密结合，并非基于行动的消失，而是基于心灵中对自我满足以外的欲望的消亡。因此，遐想的"不活动性"(inactivité)是一种特殊的性质：它向往的是"从此之后，对我身外的事物，我都毫不过问"(R,999)；它的目的是实现伦理上的愉悦，其中包括一种对爱自身的推崇；准确地说，它从心灵中排除了除此以外的任何其他激情，不再有任何希望或恐惧，任何热情或思乡的情感；它禁止一切自身以外的投射，打消了任何回归自我的机会；简而言之，遐想也不能用世俗的激情和行动、因果关系等来解释，因为它是内省的反面，也是内在的表象世界深入的反面，根据麦克斯·施蒂纳(Max Stirner)的讽刺话语来看，遐想与"内心的彼世"(au-delà intérieur)无关，必须从中得出结论，即遐想是以上帝的无动于衷为范本的。此外，卢梭并不满足于用"生"和"死"、"衰老"和"睡眠"①来定义他当时的"立场"，他还用了下面这句揪心的话来具体说明："人世间的一切对我来说都结束了。"从今以后，我不仅是一个人独活于世（"我如今在这个世上已孤零零地孑然一生，除我自己以外，既无兄弟，又无亲友，也没有可与之交往的人"），也不再属于这个世界，这个世界也不再向我强加它的法则，现在的我知道，

---

① "我陷于这样奇怪的处境已经十五年了，"卢梭在"第一次漫步"中写道，"在我看来，整个事情好像是一场梦。我总觉得我患了消化不良症，使我深受其苦；我睡眠不好，迷迷糊糊，似睡非睡，因此巴不得赶快醒来，去会会朋友，以减轻我的痛苦。是的，我那时也许随时会在不知不觉中从清醒陷入沉睡，从生奔向死。"(R,995)

甚至是深入骨髓地明白了，世界的真相、外部的法则最多不过是一个相对而扭曲的真相罢了。现在我已处于人生暮年，我所领悟到的是，想象世界是自给自足的，没有比这更大的假象（illusion）了。"且一旦我们养成以他人为标准来衡量自己，想象自己置身于第一或最好的位置的习惯，我们就会憎恶一切超越我们、低估我们、压制我们的东西，一切阻止我们成为一切的东西。"（D，806）一切事物，一切属于"外部"、属于"存在"范畴、属于可见世界的超验的事物，都会妨碍我们成为一切，只有当"成为一切"意味着"成为自身生活的一切"时，这才好理解。这也就是卢梭所说的成为"大自然所希望的那个样子"。因为，在伦理、"自我满足"和"自然"的层面，都没有"一切"之说。因为自然包容万物。因此这便是为什么在这人世间，"人们从此既不能对我有所助益，也不能对我有所不利。在这世间，我既不希望什么，也不害怕什么：我在地狱的最深处，反而最宁静；虽然成了一个可怜的倒霉鬼，但却和上帝一样，对世上的万事万物都无动于衷"（R，999）。

这是在孤独的最深渊所寻到的抚慰，是最终完全存在于自身的迟来的喜悦。这是最终重获新生——以自身的名义，即以生命本来的面貌和它想让我们变成的样子生活。这样独特的状态，卢梭称其为"闲适"。这种闲适不是他写《论科学和文艺》时某些作家对他口诛笔伐的那种"闲"；也不是软弱和沮丧所带来的那种让心灵极度烦躁的"闲"，而是漫步者以及孤独的遐想者在平静中享受的悠闲，与其说是没有工作的闲，倒不如说是远离工作的闲更贴切。

因为这种闲适可以让人"享受[其]天真"，一如一种"圆满的、充实的、使心灵无空虚欠缺之感的幸福"（R, 1046, 1001）。正如《卢梭评判让-雅克：对话录》中的"卢梭"所指出的，遐想者的漫步不是自身对他人的话语，甚至不是在世间必须要做的、在感知和精神①的作用下做出的行为。遐想/漫步是一种"感受自

---

① 在阅读《圣经·创世记》时，克尔凯郭尔提出，"人在无罪状态中不是在灵（精神）的方面被规定的，而是在心的方面，在同自己天性的直接统一中"，也即与身体相结合。卢梭大概也会说同样的话，前提是他指的是"大自然的纯粹运动"。但卢梭肯定不会赞同克尔凯郭尔所说的"无罪状态的最深奥秘就在于，它同时也是恐惧"。事实上，对于卢梭而言，在无罪状态中没有恐惧，只有存在的愉悦和幸福。列夫·舍斯托夫（Léon Chestov）在其著作《克尔凯郭尔与存在哲学》（Kierkegaard et la philosophie existentielle）（B. 德·施勒策译，巴黎：弗林出版社，1972，第131—132 页）中援引了克尔凯郭尔的这些文字。克尔凯郭尔在《恐惧概念》中认为人在无罪状态中不是在精神的方面被规定的，而是在心的方面，这一说法出自《圣经》，但舍斯托夫认为这是完全错误的。"根据《圣经》，无罪之人，即堕落之前的人，通常来说确实没有知识，没有辨别善恶的知识。但《圣经》中并无任何暗示说人类自造物主的手中诞生之初，其精神还在沉睡；更没有提到区别善恶的知识和能力是衡量人类精神苏醒的标志。正好相反：人类谜一般的堕落故事正意味着辨别善恶的能力，禁忌树的果实使人的灵（精神）沉睡了，而非苏醒了。"（同上，第129 页）舍斯托夫还解释道，在堕落之前剥夺人的精神的这个想法，克尔凯郭尔如果不是从诺斯替教派信徒（该教派借鉴了希腊哲学家的观点，认为人的精神与人的灵魂相对立，正如高级和低级的对立）那里学到的，至少也是从一些受到诺斯替教派信徒影响的现代思想家那里学到的。对于卢梭而言，人的自然状态是灵魂多过精神，他是这些现代思想家中的一员吗？对于卢梭对克尔凯郭尔的解读，我们又了解多少呢？有一件事是确定的：不同于背离了《圣经》的克尔凯郭尔，卢梭将无罪与最绝对的平静结合在一起时，他是忠于《圣经》中的故事的。诚然，除了用《创世记》的文字之外，他并没有用其他方式解释人的"堕落"，但在描述人类失去自然状态时，他仍然采用了同样的谱系：在卢梭的学说中，亚当被驱逐出伊甸园后所失去的自由，相当于心灵的去自然化。

己"的方式(一种主观性的决定),也是精神和身体的双重努力(一种行动和思考的行为),它让活着的自我有机会体验到强大内心的事实("坚韧"的品质)。这并不是说遐想/漫步是"意志"的结果,是一种刻意培养的能力,且这种能力的实现取决于超验动机(motifs transcendants)的智力活动。遐想/漫步是在一个只有自我的平面(生命的内在与印象的平面)上的游荡。如此我们便能理解《卢梭评判让-雅克:对话录》所写的:"在遐想时,我们并不活跃。大脑中显出不同的画面,这些画面像是在睡梦中一般互相交织,我们的意志并没有参与其中:我们任其自由发展,'不行动地享受'着。但当我们想要中止、调整、命令或安排这些事物时,就另当别论了,因为我们使自己参与其中了。一旦理性与反思交织在一起,沉思便不再是一种休息了;它变成一种痛苦的行为,这便是令让-雅克感到恐惧的痛苦,是唯一压得他喘不过气来,并让他因此变得懒惰的痛苦。"(D,845)

所以问题是:"在这种状况下,我们得到的是什么乐趣?"对此,卢梭的回答是:"在这种状况下,我们得到的乐趣不在任何身外之物,而在我们自身,在我们自己的存在……"(R,1047)享受自身、自己的存在和生命:这便是孤独漫步者的"荒唐"(extravagance),是其"荒唐"的方式。只是,为了更好地理解这种令荒唐的人觉得是被"系统传递的"(D,822;另见 845—849)"惬意的闲适",有必要更清楚地对比两种闲:一种是"迷人的"闲,人在最深的孤独中享受自身;一种是由苦涩和无聊造成的"忧伤的"闲,它是世俗社会(用《忏悔录》中的戏谑表述来说,在世俗社会的顶端是"霍尔巴赫小团体"①)悲哀的固有特性。必须要强调"空虚的闲"和"充实的闲"之间的不同,因为这种不同在卢梭的伦理学总体框架中起着至关重要的作用。甚至因为它几乎是矛盾的,如果我们回忆起前文所提到的针对《论科学和文艺》和《新爱洛伊丝》中第十四封信的猛烈抨击的话。对此,卢梭在《忏悔录》中这样解释道:"指责我有很多矛盾的那些人又会在这儿怪我自相矛盾了。"他在《忏悔录》第十二章,即书的最后写道,"社交圈子的无事可做让我对社交场合无法忍受,而我在这儿却想去寻找孤独,追求无所用心。但我就是这样的。假如说这中间存在着什么矛盾的话,那是因为大自然,而不是我自己的过错。事实上,这里边很少有矛盾,因此我才依然如故。社交圈子的无事可做真是可怕,因为那是不得不这样的,但孤独中的闲适则妙不可言,因为它是无拘无束、心甘情愿的。在一群人中间,无事可做让我感到万分痛苦,因为我是迫不得已的。我不得不或者呆呆地坐在一张椅子上,或者笔直地站在那里,手脚都没法乱动,不敢随意跑啊、跳啊、唱啊、叫啊,就连做梦也不敢。有的只是闲得极其无聊与拘束得痛苦难忍。我不得不去注意听其他人说的那一大堆傻话,那一句句奉承,而且还必须费尽心机,以便于轮到我的时候,也插进去说一下自己的哑谜与谎话。你们把这也叫作闲适吗? 这简直就是在受苦役。"紧接着,在下一段他进行了

---

① "霍尔巴赫小团体"指的是霍尔巴赫组织的沙龙团体,包括了当时法国甚至欧洲的一些著名哲学家、数学家、经济学家等。卢梭后与这个团体决裂。——译注

总结："我所喜欢的闲适并非一个无所事事的人的那种懒散,抱着双臂待在那里什么事都不干,并且连脑子都不动一下。我所喜欢的既是像孩子一样的悠闲,不时地活动,却任何事都不做,又是一个上了年纪想入非非之人的悠闲,胡思乱想,却只动脑手不实践。我喜欢忙活一些不重要的事,遇事都做一下,却一件都做不完。我喜欢任由脑中的想象不停地奔跑,已经想好的计划很快又变了。我喜欢看着苍蝇不停地飞,甚至还想挪开一块岩石,看看下面到底藏着什么。我喜欢兴高采烈地投身于一项十年才能做完的工作,但是不到十分钟就又坦然地把它搁置一旁了。总而言之,我喜欢整天没有目的的、没有结果地逛来逛去,遇到事都只是一时兴起。"(C,640—641)除了在出版的作品中,卢梭在其他地方也毫不避讳地描写他对闲适和安宁的热情,这种热情使他自由地去"荒唐",去享受遐想和无拘无束游荡的快感。因此,在一封写给米拉波①的信中,他用一段优美的话总结道:"我喜欢遐想,但喜欢自由自在地想,任思绪无主题地随意飘散。这会儿在给您写信时,我随时会脱离我的笔,一边向您讲述,一边漫步在无数迷人的事物中,而一旦我的思绪回到纸上,这些迷人的事物便会消失不见了。这种您不认同、我也不会过多解释的生活是悠闲且沉思的,令我觉得一天比一天美妙。漫无目的,不停歇地独自游荡在树木和岩石间,遐想或曰随心所欲的'荒唐',以及您所说的张口呆望;当我头脑过度发热,我就会通过分析一些苔藓或者禾科植物使其冷静下来,并最终进入我的幻想天地,没有控制,没有拘束。感谢上苍,我的幻想都在我的能力范围内:先生,这便是对我而言至上的快乐,在我眼中,此生甚至彼生都没有比这更快乐的事了。"①

闲适是一个重要的主题。卢梭在其不同阶段的作品中都提到了这一主题,并在最后将其归纳进了他的伦理观。正是对智慧的热爱使他追求闲适。这与其说是他的个人趣味,倒不如说是他遵循了"真正的哲学"的建议。卢梭在《忏悔录》中明确道:"我准备在[圣皮埃尔岛]上实现我想过的那种对一切事情漠不关心的生活的伟大计划,在这之前,我始终把上苍给予我的那点儿活动能力用在这个计划上,可是枉费心机。这个小岛即将成为我的帕比玛尼②,那个人们尽可安然入睡的乐园。'人们在此做得更多,人们在此无事可干'[此处卢梭引用了拉伯雷,并稍作演绎]。这便是我需要的一切了,因为我想来极少由于无法入睡而感到遗憾,因此无事可干的清闲对我而言已经足够。并且,只要我无事可干,我宁愿醒着遐想,也不愿睡着做梦。"卢梭于是提出"毫不拘束地在永恒的闲暇中生活"。因为这是"另一个世界的美好生活,从今以后我将把

---

① 让-雅克·卢梭,《致米拉波的信》(*Lettre à Mirabeau*),1767 年 1 月 31 日,《卢梭全集》(*Collection Complète*) XVII,第 82 页。

② 帕比玛尼(Papimanie),拉伯雷笔下的美丽乐园,人们在此无所事事、无所用心,可以安睡无恙。——译注

它变成我在这个世界的至上的快乐"。(C,640)但在《遐想》中,关于这段相同的人生片段,他补充道:"我把这两个月看作是我一生中最幸福的一段时光。这段时光如此幸福,以至于要是我能终生过此生活,我就心满意足,再也不会三心二意想去过其他的生活了。不过究竟是什么样的幸福呢?它有哪些东西让我享受呢?我让本世纪的人根据我对我在岛上的生活的描写去猜。首先是我无事可做,现在回想起来还是觉得其味无穷。在岛上居住期间,我所做的,只不过是一个懒惰成性的人喜欢做和必做的事情而已。"(R,1042)

但闲适近乎于一种"不行动的享受",这种"无所事事"(这种珍贵的闲逸)是心灵中的那种内在张力消亡的表现,这种张力一般是由意识的缺乏或泛滥而产生的。但这并不代表闲逸的心灵(追寻遐想的闲适的心灵)失去了一切"活动性"。甚至正好相反:遐想的心灵的闲适是一种休闲活动。闲适不是将自身约束在他的欲望中,也不是在世界上投射偶然的可能,每次都只能使"心中忐忑不安,一片空虚"。甚至,在无所事事之际,闲适将遐想的心灵带向了其内在的扩张,一种其存在的全部扩张。卢梭特意将这种扩张的可能性条件与自我"生活的过于优裕"(E,502)和这种"过度的敏感性"(E,515)相联系。每当生命以一种"内在情感"的形式拥抱自己的时候,心灵便会表现出这种"过度的敏感性"。总而言之,卢梭将这种扩张的可能性与这种无以复加的快乐相联系。在这一主题下,《遐想》的作者最终承认自己"再也没有获得可与之相比的快乐"

（R，1042）。①

因此，对于卢梭而言，遐想/漫步必须导向生命（感受），作为一种对自身的直接掌控，这种自身正是在享受中以具体而积极的方式，掌握了其独立于思考及其所要思考之事的主观能力。他解释道，漫步首先是"享受自己"（R，1084）或是享受自己的"天真"（R，1001），只因漫步者/遐想者的行动无须事先进行考虑或"评估"。在遐想所设定的框架下（这一框架与梦境的"幻想"无关），漫步的行为在于将情感体验的领域简化为本质的孤独以及不依附于自身的完全的意识。在漫步中遐想，在遐想中漫步，这在一定程度上是自给自足——如同上帝②。

这种看待事物的方式无疑使《遐想》这本书成为西方灵修史上的一个范本。卢梭的这些话使他成为最伟大的灵性作家之一，他们在自身性和肉体自身的不断深入中看到了上帝的本质。马拉美说："神性（Divinité）从来都是自身（Soi）。"③但自我是超验情感的果实，其（内在）结构不同于知识的（意向性）结构。此外，痛苦和享乐的感发性出现并入侵活着的自我。且这种感发性超越了自我，使自我变得孤立，这使得自我不再依赖其他任何一切，只依赖自身，在其爱自身的此在中，自我代表着

① 参见本书附录 5 的补充说明，后文第 410 页。
② "只要这种状态继续存在，一个人就可以像上帝那样自己满足自己。"（R，1047）
③ 马拉美，《离题：办公室》（*Divagations : Offices*），载于《伊纪杜尔，离题，碰运气》（*Igitur*, *Divagations*, *Un coup de dés*），巴黎：伽利玛出版社，"诗歌/伽利玛"丛书，1976 年，第 286 页。

上帝的形象，它拥有一切，不再需要任何东西。这便是为什么，试图将《遐想》中所描述的情况与诸如埃克哈特大师（Maître Eckhart）[1]作品中最具代表性、最有力的片段相对照是毫不夸张的。"我们说，至福（béatitude）[即生活中自我满足的快乐]既不基于知识，也不基于爱情[也就是说，既不基于以客体为目标的意识的意向性结构（structure intentionnelle），也不基于与他者的感发性联系]。但心灵中存在某种迸射出知识与爱情的东西，它既不了解自己也不懂爱——这是心灵之力的事情，谁能找到它，谁就找到了至福的基础。它没有前因后果，没有期待，因为它既不能变富，也不能变穷。同样，它还必须否认自己对首先要完成的事情有所了解。这便是：永恒不变地只看到自己——正如上帝！"[2]

事实是，无论如何，不管是在遐想还是在漫步的过程中，都不再有任何物体会真正阻碍生命的疯狂涌动和精神游离，生命的"意志"是自身的充分成长。卢梭说，在"这些孤独沉思的时刻"，我"完全属于我自己，心无旁骛，毫无阻碍，[然后]敢于说我真正成了自然希望我成为的那种人"。（R, 1002）不再有任何东西呈现给自身，也不再有任何正题价值，一切都失去了意义。孤独的漫步者从此便"按照[其]天性"（E, 491）而存在，他就像天地万物诞生之初的上帝，尽管什么也没做，却感到自己无所不

① 埃克哈特大师，中世纪德国神学家、哲学家和神秘主义者。——译注
② 埃克哈特大师，《说教和契约》（Sermons et Traités），P.波蒂译，巴黎：奥比耶-蒙田出版社（Aubier-Montaigne），1942年，第137页。

能;心荡神驰地默默感受他的能力,进而享受着这能力所带来的无穷力量。他不费吹灰之力就能感受到真正压倒性的力量,眼前毫无"障碍"。然而,正是这种与外部世界"现实"的中断解释了为什么《遐想》从整体而言是在一种完全不真实的"氛围"中,完全违背了自然主义(naturalisme)而展开的——漫步表面上的自然框架只有象征和标志性意义,也就是说,没有任何"现实"意义。外部的大自然(*phusis*)在这里是无法看到、无法想象的。它仅仅是在生命最纯粹的情感触及中才能感受到的印象。这样,产生遐想的游荡便与所有现实的最初本质融为一体,这一本质表现为一切外部之外,它存在于比自我更深刻、更高于自己的纯粹的内在性之中,因为这关乎生命对自身永恒的爱以及近乎神性的自我满足。①

此外,卢梭在如此特殊的境况下指出,"从此以后,对我身外的事物,我都毫不过问"(R,999)。这种对一切可能的外在性(extériorité)的"中立化"(neutralisation)甚至适用于卢梭的迫害

① 是什么如此深刻,以至于在内心甚至作为一个"整体"出现? 不是我们永远也无法全部掌握的世界;不是这个在某些方面对我们来说似乎很"熟悉",但在其他些方面却又很"陌生"的世界,严格说来,对我们而言,它不可能是亲密无间的。那么,是自我吗? 但自我是什么? 我们知道这个词的确切含义吗? 难道它不是某种我们通过表象来接近的自身形象吗? 虽然这种自身形象"内在地"呈现出来,但却毫无深刻性可言。难道是这个原因才导致我们总觉得自己的自我非常陌生? 甚至当我们觉得这个自我很熟悉时,我们真的知道自己和它在一起吗? 无论如何,它是我们爱自身或绝望的主要(即使不是唯一的)对象吗? 也许事实是,没有什么比这种爱自身或绝望更让我们感到深刻的了,每一次我们都是通过最根本的消极性先验地感受到了这种绝望。

者们,适用于所有希望卢梭死去①,残忍折磨他的人。因此,卢梭欣然承认,"他们[他的敌人们]对我不再有威胁"(R,997),从此以后,"人们过去对我造成的伤害不会产生什么重大影响"。当然,"对于他们今后可能对我造成的伤害,我还是很担忧的。不过,可以肯定的是,他们今后再也没有什么新的手段可以长期影响我的心情了。对于他们布置的圈套,我心中暗自好笑;我自得其乐,根本就不理睬他们"(R,1084)。即使是不同于自我,并通过给内在的自我满足设置障碍来与自我对立的"另一个人",即使这"另一个人"出现在我非常有限的情感体验领域,它几乎不可能作为第一个出现在我面前的"另一个人"(就像"第二自我"),而只是它的存在会促使我进步,甚至鼓励我进步。简而言之,除了"孤单的"自我,没有其他"空间"可以漫步,也没有其他"地方"可以遐想。自我本身感受"孤单"和"孤独",它全方位接受自己的存在(心灵和身体)与存在感受,进行绝对主体生命的自主(自我满足的)运动。这种绝对主体生活始终已经分配给每

---

① 参见以下两部必不可少的作品:亨利·居伊曼(Henri Guillemin),《这地狱般的纠葛,1766年卢梭与休谟之争,反对卢梭的哲学家们》(*Cette affaire infernale. L'affaire Rousseau-Hume, 1766. Les philosophes contre Jean-Jacques*),巴黎:普隆出版社,1942年,2002年,乌托维出版社(Utovie)再版;亨利·古耶(Henri Gouhier),《卢梭与伏尔泰:两面镜子里的肖像》(*Rousseau et Voltaire. Portraits dans deux miroirs*),巴黎:弗林出版社,1983年。别忘了伏尔泰曾密谋永远除掉卢梭,他呼吁日内瓦公民大会(le Conseil de Genève)宣布"结束一个无赖的胆大妄为的判决",并在《公民的情感》(*Le Sentiment des Citoyens*)(虽然伏尔泰并未署名,但显然出自他手)中写道,"我们要对卑鄙之徒处以极刑",这也明确表现了他希望卢梭死去……

个自我（因为每个自我都有其肉体），因此只属于他。根据卢梭在"第一次漫步"最开始所用的词，与绝对主体生命相比，这个世界以及世界上的所有事物都可以被认定为"无意义"（nullité）。

第九章

自然的情感

"自然,也就是说内在情感(sentiment intérieur)……"[1]直至今日,卢梭的这句话仍是我们解读其"心灵哲学"的指导思想。卢梭通过自然去理解生命,因为他用来界定自然的"内在情感"不是其他,正是所谓的"存在"感,这存在感并不是我们每个鲜活的个体所独有的实存情感——仿佛这种实存真的可以与我们自己拉开距离——而是实存本身(更准确地说,也就是生命)的感触。有必要重申:卢梭是一位赋予生命的绝对主体性以"自然"之名的思想家,因为在他看来,生命的绝对主体性只有在某种"感觉自己"的自我触及(auto-affection)中才会内在地向自身显现出来。

现在,我们必须要阐明卢梭自然学说的一个(不可忽视的)

---

[1] 让-雅克·卢梭,《致凡尔纳的信》,1758 年 2 月 18 日,《卢梭全集》,X,第 32 页。

方面。毕竟，阐释其文本的一大难点不正是同一个能指（signifi-ant）——"自然"一词——却对应两个可能的所指（signifié）吗？而我们是否可以不去区分作为生命、自身感触的自然（nature）和希腊词 *phusis* ① 意义上的大自然（Nature）？事实上，我们必须要将第二个自然的首字母大写，以区别这两种"自然"的概念。因此我们说，"自然"是卢梭所说的绝对主体生命，而"大自然"则常常是心灵哲学理论背景下世界实在性（la réalité du monde）的参与者；我们还要补充一点，如果说"自然"是内在的、感发的、不可见的，那么"大自然"就正好相反，它是外部的、可见的、可感知的。

然而，一个问题出现了：如果我们接受这样的观点，即（作为 *phusis* 的）大自然只有通过一种被叫做"大自然的情感"（senti-ment de la Nature）的感觉才能得以呈现，那么无论前面这种区分是多么可靠，是否都会有解释不清的风险？究竟该如何理解这一在卢梭思想中起着重要作用的表述呢？

事实上，长久以来，人们都认为卢梭即使不是浪漫主义的创造者，也是先驱，人们把一切，无论是什么，都归类到了"大自然的感触"之下；并且这一巨大的误解越来越深，将"大自然的感触"所指向的事物（Chose）分为了两个方面——一方面是感触，

---

① 希腊词 *phusis* 在哲学上指作为始源力量的自然（nature as an originating power），或元素性的实体（elementary substance），或创造（creation）。参见《希英大辞典》（Henry G. Liddell & Robert Scott, *A Greek-English Lexicon*, Oxford: Clarendon Press, 1996）。——译注

另一方面是大自然——仿佛感触就是大自然"敏感的知觉"(如果不是"感觉"的话)首先在心灵中萌芽的东西。其实完全不是这么一回事。大自然的感触并非是某种情况的结果,这种情况先于大自然的感触而存在,并且作为原因决定着这种感触。不仅这种感触是原始、独立的,而且与之相"协调"的大自然也同样没有任何客观属性。

让我们试着来理解一下个中缘由。

这里的问题在于弄清楚如何将我所能感受到的大自然从这样一种观念中抽离出来,即从大自然中能看到某种外部的实在性(réalité extérieure)。问题还在于如何将"大自然的感触"这一概念从一种仍对其有影响,且源自其浪漫主义阐释的误解中抽离出来,在这种浪漫主义阐释中,可以说大自然的感触从属于一种知觉(perception),在一些人看来,这种知觉是"感发的"。的确,如果我们承认人的自然本质基于生命的绝对主体性,也就是说基于对自身的感触,即生命在同自己的不懈对抗中,不断感受着自己的构成性实在(réalité constitutive),那么问题应该是这样的:由"物理"现象构成的大自然又如何呢?对于这个在自身面前呈现、支配、绵延,总在最初就以"和谐"的"世界"整体出现在我们面前的大自然,卢梭持何种看法?大自然多样的形状和色彩在不同层面影响着我们,不论是吸引我们还是排斥我们;困扰我们还是感动我们,我们该如何看待它?当自然世界的显现(manifestation)本原——其外在性、可见性和可感知性——构成自我的主体性、感发的内在性(immanence de l'affectivité),即在自身(Soi)感觉自己,并体会作为生命体的自己时,它会呈现出哪一方面?

一切物理现象在其馈赠的首要经验中都呈现出敏感的知觉,它们会表现出某一方面。但这一方面,这一"存在者之脸"(visage de l'étant①)只有在感知的行为本身仍然是不可感知的条件下才会出现,也就是说作为一种敏感性的"刺激"(excitant)。的确,感知事物并不是在感知的过程中感知自身。只有说这种感知总在不经意间进行,我们才不会假装这种感知无法感觉。相反,感知(除了感知事实本身)数据模式的本质分析(l'analyse éidétique)显示,为了被使用,为了可以影响我们,感知和感觉一样,首先都需要自我触及,感受自己是什么,去体验心灵的力量、生命给予自身的力量,这力量始终是由自我支配的。甚至正是在这种力量中,自我触及先验地决定了感受性(sensibilité)是一种显现力量,才使得提供给感受性的东西可以形成心灵生命中的一个事件——其"实际经验"之一。

在卢梭看来,从其自我触及的表现看,感性自然常常被描述为一种生机勃勃的自然,因而是非客观的(inobjective)。但这一描述与任何"前浪漫主义的"颂扬都没有关系。它也不能归因于一种激化的诗意精神,更不能归因于人们迫切使我们相信可怜的让-雅克总是屈从的这种所谓的极度感受性

① 法文中 étant 是动词 être 的变位形式,二者作名词时都有"存在"之意,être 指的是一种生命意义上的存在,而 étant 指的是一种存在论意义上的存在。——译注

(hypersensibilité)。相反，大自然直接活着（immédiatement vivant)的特征是基于这样一种事实：从来没有任何事物存在，从来没有任何事物可以出现并一直处于"外部"，自身的外显（extériorisation)行为（没有外在性的外显）不会事先根植于一种感受的内在性。这就是为什么大自然的感触不应被当作对于外部大自然感性的第一感知的某种连续事物。不，更确切地说，它是一种对于外部大自然的感性感知，源自——或曰自由跟随——一种最初的、直接得到的感触：作为内在情感或自身情感的对自然(nature)的感触。因此在《新爱洛伊丝》中，卢梭借圣普乐(Saint-Preux)之口说道："感觉不过是内心作用下的产物罢了。"(NH,64)通过这句话，卢梭又在"萨瓦牧师的信仰自白"的开头（必须要承认的是并不是很有条理）总结了一些关键词，（在引言中）他说："我存在着，我有感官，我通过我的感官而有所感受。这就是打动我的心弦，使我不能不接受的第一个真理。我对我的存在是不是有一个特有的感觉，或者说，我是不是只通过我的感觉就能感到我的存在？这就是我直到现在还无法解决的第一个怀疑。因为，由于我或是直接地，或是通过记忆而持续不断地受到感觉的影响，我怎么就能知道自我的感触是不是独立于这些感觉之外的，是不是不受它们的影响呢？"(E,570—571)

另外，在"萨瓦牧师的信仰自白"的结尾处，卢梭难道没有放开胆子说出这个与圣普乐的句子完美呼应的口号吗："你看一看那自然的景象，听一听那内心的呼声。"(E,607)只不过这一命令没有丝毫经验论的影响：它并非是描述一种经验的短暂过程，譬如所听应该在所看之后，或是一种感觉的进行应在另一种感觉的敏感化（sensibilisation）之后。相反，卢梭这一口号旨在强调的是"自然景观"的可能性条件，即视觉力量只有在直接的自我触及中才能发挥作用。视觉自我触及的力量是米歇尔·亨利在《显现的本质》一书中试图阐释的，卢梭则将其界定为"内心的呼声"——这一"呼声"要表达或希望人们听到实存的情感最深处的音调。

事实上，正是这种语调创造了无可辩驳的视觉"真实性"，强化了个体心灵中的主体性。也正是这种原始的感觉使自我与世界之间的一切关系成为可能，它决定了自我能力的施展，"提前融入了我们的自身，通过我们自己以各种状态涌入"。海德格尔也曾注意到这一点[1]，但他并未对此采取确切的措施。

然而，我们这样说，同时也是无法断言大自然从来就不是基于感性经验而获得一种可感的世界的形式，用卢梭的话来说，它常常是一种"更感性的结构"（D，668）模式吗？更感性，这一表现需要明确地出现，它不止需要成为一种感性印象（impression sensible）：它需要被感知，自我影响，并因此而在情感中自我给予，在情感中它的个性化得以实现。

---

[1] 例如法文版《尼采》：马丁·海德格尔，《尼采》（*Nietzsche*），皮埃尔·克罗索斯基（P. Klossowski）译，巴黎：伽利玛出版社，1961，第 95—96 页。但由于该译本质量不佳，本书选用的是迪迪埃·弗朗克（Didier Franck）在其著作《海德格尔与空间问题》中关于这一段的法文翻译，参见：迪迪埃·弗朗克，《海德格尔与空间问题》（*Heidegger et le problème de l'espace*），巴黎：子夜出版社（Minuit），1986 年，第 77 页。

卢梭认为,大自然的秩序是某种基本及感性的东西,但这并不意味着他是以唯物主义精神来看待自然秩序的。其实,在卢梭看来,一种学说"认为大自然中都是有感觉的存在",但又宣称"人是有感觉活动的有感觉的存在,而石头则是没有感觉活动的有感觉的存在"(E,584),这一说法再荒谬不过了。如果人无法独立地怀有使其存在的作为有感觉的存在(自然存在)的感受性(sensibilité),也没有这种通过自身获得一些感觉的内在能力,没有一种给予自己的自我触及,那么这种区分便是完全没有根据的。因此,不可能有脱离一切感发性的感受性,感发性是唯一可以将有感觉的个体带入其存在的显现。或者换句话说:如果没有规定性(détermination)和一种原始的、感受的主体性的事先作用,就无法产生有效的感觉,以至于在界定一个"存在"是"有感觉的"或一种"物质"是"有生命的"之前,必须要确保该存在或该物质在其主体性根本的内在性中能真正感受到自己,否则,人们永远都只会像柏拉图说的那样"产生错觉"(se raconter des histoires)……而卢梭没有产生错觉,他甚至把钉子钉进了他同时代的唯物主义所提出的哲学十字架中:他充分意识到自我并不会个体化,只有通过其"内在情感"的唯一美德才能获得基本的自身性。因此,他似乎是向霍尔巴赫和狄德罗提出了这一棘手的问题:"但是,如果所有的物质都真有感觉,那么,我在什么地方去寻找有感觉的单位或是单独的自我呢?……你也许会说,大自然是由个体组成的!但是,这些个体是什么呢?这块石头是一个个体还是一个个体的结合呢?它是单独的一个有感觉的存在呢,还是它含有多少粒沙便含有多少个有感觉的存在?如果说每一个基本的原子都是一个有感觉的存在,那么,我怎样才能理解两个存在之间赖以互相感触,从而使得两个'我'混而为一的内在的联系呢?"(同上)

事实上,构成个体事实的有感觉的单位是如何从属于一种没有感觉活动,也不体现其躯体的存在的? 这存在最终也无法随着自我触及而融入其躯体。负责构建个体单位的个体化原则(*principium individuationis*)——卢梭称之为"有感觉的单位或是单独的自我"——难道不应该是与无法感觉自己、无生命的物质无关的吗?

如果说严格意义上的"个体"只存在于生命维度,如同与卢梭观念相近的曼恩·德·比朗[①]在其之后所表明的那样(与卢梭一样,他没有考虑到基于自我的自身性的绝对被动性[passivité absolue],也如同米歇尔·亨利在《哲学与身体的现象学》[②]一书中所指出的那样),那么,在这种情况下,"自我的感觉"便与"我们个体实存的事实无异"[③]了。曼恩·德·比朗一

---

① 曼恩·德·比朗(Maine de Biran,1766—1824),18世纪法国哲学家、数学家。起初他和孔狄亚克一样是感觉主义者,后来在卢梭的影响下,他形成了一种基于宗教经验的形而上学思想,是法国唯灵论学派(École du Spiritualisme français)的先驱之一。——译注

② 参见:米歇尔·亨利,《哲学与身体的现象学》(*Philosophie et phénoménologie du corps*),巴黎:法国大学出版社,1965年,第213—252页,第五章"评曼恩·德·比朗的思想——被动性问题"。

③ 曼恩·德·比朗,《思想瓦解回忆录》,《作品集》,阿祖维编,III,巴黎:弗林出版社,1988年,第123页。

直坚称,我们的"个体存在",也即我们的个体性(individualité),其源头是自我被赋予的对自己的感觉,因此,这种个体性从不会附属于某种广泛的、可测量的物质,例如外在的身体这一容易被无限分割,还受机械规律支配的物质。这一说法与卢梭不谋而合,对于卢梭而言,唯物主义理论建立在一个沉重的障碍之上,它始终无法消解这一思想,即坚信可以通过一些"显示自身之外事物的表象感觉"(E,282)来实现物质的存在。

当我们把有感觉的物质的存在看作是"刺激性的"、"自身之外"客观感发的一种超验形式时,我们必然是一无所获的。相反,正如米歇尔·亨利所说,如果我们将物质的存在与感性印象的纯粹现象性(phénomalité)联系起来,在其现象学躯体的有效性中,感性印象主观地自我触及,那么我们就会开始认识到,感觉活动通常包括两方面的内容:"一种是内在的、感发的内容,是被感发的存在的内容,是生命本身在经历这种结果于自身的感发的特殊决定性中所感受到的;另一种是超验内容,它激起并影响感觉活动,它在感觉中,并通过感觉被给予。"[①]事实上,正是对这种内容二元性的突出帮助我们扫除了障碍。当我们明白感发性的内在结构——自我触及,卢梭称之为爱自身——是决定并使感觉活动的超验内容个性化的唯一情况时(超验内容就是卢梭在《爱弥儿》中所称的"表象感觉"[E,572]),这一障碍便被扫除得更为彻底了。这一结构既不属于"身体"(广延的部分),

---

① 米歇尔·亨利,《显现的本质》,前揭,第628页。

也不属于"心灵"（如果我们仅从与存在的肉身相对这一角度去理解这个词）。事实是，"感觉的部分是延伸的，但是有感觉的存在则是不可分割的一个整体；它是不能够划分的，它要么就是一个完整的整体，否则就根本不存在，所以，有感觉的存在不是一个身体"（E，584）。

有感觉的存在当然不是一个身体，也不是一种延伸的物质，但毫无疑问，它与肉身有联系——这肉身是有生命、有精神的，顺着"唯一且相同的实存"的感触，它始终在向自身融合，并在本身建立起卢梭所说的"只与自己和同类有关系的绝对统一体"（E，249）。卢梭在某处谈到这个是为了表明自我的自身性。这也许便是卢梭写下文字与自己对话的原因："你的感情，你的欲望，你的焦虑，甚至你的骄傲，都另外有一个本原（principe），这个本原是独立于你觉得把你束缚在其中的狭小的身躯的。"（E，585）这个本原与客观的身体有着本质的不同（如叔本华所说，客观的身体是我们以"直接客体"[objet immédiat]的名义所拥有的身体，它也不是米歇尔·亨利所说的"极度身体"[archi-corps]，极度身体等同于我们的肉身，因为我们的存在全方位地体现在肉身中），这另一个本原是先验的感发性，卢梭甚至曾以"心灵的精神性"（DOI，141）来指代这一感发性，他将感发性的特征描述为"无形的实体"（E，587）。

如果说在一些唯物主义者看来，米歇尔·亨利在其《显现的本质》中所阐述的一切显现条件，也即是卢梭在"萨瓦牧师的信仰自白"中已经强调过的，诸如感触的内在性、感触基调的"绝

251

对"性特征、其与感觉相比而言的"独立性"(E, 571)常常是如此深奥难懂，那是因为他们无法想象。此外，卢梭还评价道："这些难题既然使他们否定了思想，那么，这些难题也将使他们否定感觉。"(E, 584—585)确实，唯物主义者从来不考虑使感发性模式化的音调，这些音调构建了感觉的存在或感觉无可辩驳的实在性。他们将感觉与自己的存在分离，将情感触及与自己的主观性对立起来。他们将快乐或痛苦当作一种感性客体(objet sensible)——而不是一种肉身性的实在。此外，他们忽略了爱自身(amour de soi)的实在性和作用，即使没有忽略，至少他们对爱自身的实存也是混淆不清的，在本体论层面，他们把这种实存与一种经验论的情感触及相混淆，在道德层面，他们混淆了自私心(amour-propre)与这种实存。总而言之，唯物主义者从来不会将他们所探讨的"物质"建立在使心灵成为一个"绝对整体"的感受性(pathos)基础之上，他们将自身的快乐与痛苦——这些感发性的基调——压抑成适时的快乐与痛苦。唯物主义(感觉主义亦然)越是想要通过建立一种(霍尔巴赫式的)"自然体系"来试图将感官性(sensorialité)归入物质中，物质就越显得是合成的，也即"分散而无生命的"(E, 575)。因为该思想潮流始终对这一事实视而不见：作为存在的(更)感性的结构，大自然并非在感知的层面，而是在感触的层面全力表现生命的完满，这感触便是生命在对自身坚不可摧的爱中不断滋养自己。米歇尔·亨利在《显现的本质》一书中很好地诠释了这一点："[感发性的一切感觉主义的谬论]又重新开始抽象地将感觉活动作为某种孤立的、自我满足的东西"①。然而，"事实上，从其本身考虑，任何感觉，甚至是表象感觉都包含着一种不能归结为严格意义上的表象因素，一种无法分析和描述的主观印象性内容，这内容只能被体验以及精确地感觉到，它与任何其他感觉是一样的，因此它是内在的，也是易感的，不仅可以根据外部的联结纽带与自身联系，而且能够在同一音调的共同单位中与之融合。这是我们在任何时候都有的对自身存在的普遍感受，即实存的情感……"②如果我们从这一非感觉论的(non-sensualiste)观点深挖下去，就可以成功地理解为什么自然世界(大自然)的实在性从来不是在直觉凝视中或是在感知和感觉中形成的——也就是说，不是在任何形式的超验和表象的目的中形成的。大自然以及"自然的景色"中所包含的实在性是直达内心的，并且只进入内心。这个世界的存在是鲜活的——和我们一样，因为我们就是其中的一员。它就像我们的肉身一样鲜活，而我们却"什么也不知道，[……]什么也看不到"，我们"是一群盲人，被随机扔进了这浩瀚的宇宙"(LM,1092)。

正是通过生命及其绝对的内在性，正是通过无形的实体，也即"心灵的精神性"，而非"无生命的物质"，这众所周知的大自然的感触才能够抵达我们。正是通过自然(nature)及其显现的原始力量，大自然的感触才能每次都归于我们心中。这便是《爱弥

---

① 米歇尔·亨利，《显现的本质》，前揭，第 626 页。
② 米歇尔·亨利，《显现的本质》，前揭，第 624 页。

儿》中这句话的要义所在："自然的景色的生命,是存在于人的心中的。"(E,431)在浪漫主义运动的影响下,后来的形而上学[1]轻易便背离了这一要义,却觉得自己仍忠于这一要义。同时,也正是现象学背景为米歇尔·亨利喜欢引用的康定斯基(Kandinsky)的这句话提供了意义和基础："世界充满了共鸣。它构成了正在进行一种精神活动的存在的宇宙。无生命的物质是一种有生命的精神!"[2]

因此,卢梭所称颂的大自然的在场既不是一种纯粹感觉的基本元素,也不是一种在占据自身存在中面对自己的"外部存在者"(étant extérieur)。他所说的大自然也与无所不包的实在性、同一的全体性(totalité générique)无关,理想情况下,这一全体性将物理现象统一起来,并使其服从于客观规律。卢梭所说的大自然更确切地说是限制在其全体性中的,感受性和感发性将生命的全体性赋予存在。至少是这样——就生掌控死,内部激活外部而言——大自然的感触伴着情感在心灵中出现。

内部激活外部是什么意思?

---

① 但曼恩·德·比朗和叔本华的物质现象学研究除外,这两位是卢梭哲学思想的伟大的阐释者。

② 瓦西里·康定斯基,《论形式的问题》(Sur la question de la forme),《回望过去》(Regards sur le passé),J.-P. 布永译,巴黎:赫尔曼出版社(Hermann),1974,第157—158页。关于这一名句,参见:米歇尔·亨利,《看见不可见:论康定斯基》,前揭,第236页;《康定斯基和艺术作品的意义》和《抽象艺术和宇宙(康定斯基)》,载《生命现象学 III:论艺术和政治》,巴黎:法国大学出版社,2004,分别在第217、226、240页。

如果我们和卢梭一样承认"内部越是败坏，外部构成就越是复杂"，那么"外部"的外显难道不应取决于自然的纯粹运动和内在情感吗？而在这样一种有限的方式下，"内部"在激活外部之前，是否应先产生（produire）外部？此处的"产生"并非指"创造"（créer）存在者，使其成为一种物质性的、有着独特具体性的存在；更确切地说，它是指形成使存在成为可能的先验条件，从而使存在者具有实在性，这实在性完全由感受性所决定，因此最终是由构成其现象的自我触及所决定。"外部构成"这个短语看似晦涩，其实它背后隐藏的含义与胡塞尔所说的"构造"（constitution）相近。但也只是"相近"而已，因为这两个概念离相同还差得很远。"产生外部"并不意味着使其出现在自身面前（venir devant soi）（如胡塞尔的"构造"所预先假定的），而是使其发生在自己身上（advenir à lui-même）。这是什么意思？以下便是卢梭的回答（有朝一日，现象学一定可以从这个回答中获益）：构建了一切可能的外在性视域的世界只是通过一个参与（intéressement）和谵妄（concernement）的感受过程显现出来的；在这一过程中，只有在首先看到自身（Soi）的情况下才能看到可感知的存在者——自身从不会先于其情感而存在，但相反，它是在这种自我触及的基础上得以构建的。

卢梭的作品邀请我们从自身的情感出发去感受，而非理解这种"外部"的起源。它们让我们感觉到，正是由于感受性，更确切地说，正是由于建立和构成（用卢梭的话是：改造）感受性的自我触及,大自然才能够真正地"秩序井然",世界才能成为一个生机勃勃的自然秩序、一个以生命为尺度的整体。因此,我们有必要认识到卢梭所说的大自然和希腊语中的 phusis 所指的大自然之间的巨大不同:phusis 所指的大自然显现在外部,它在世界的视域内出现在我们面前,因而与我们面对面,而恰恰相反,卢梭所说的大自然则预设世界(存在者的全体性)是以感发性为唯一标准而显现的。根据这种显现形式,卢梭说:"更优雅的形体,更丰富的色彩,香气扑鼻。"(D,668)大自然就是这样以其感受性的本质,"用它从不撒谎的声音"与我们对话,尤其是"我所感知的是我有所感觉的东西"。(E,572)

大自然是外部,外部基于上述意义的生产取决于感受性的法则,也就是说,取决于自我不停地对这个世界施以的力量。但是大自然对于从外部而来的有感觉的特质(qualités sensibles)并不负责,它也完全有可能会失去这些特质。因为大自然就是在这些有感觉的特质中显现的,并且只能在它们中显现。正如米歇尔·亨利所解释的那样,这就是为什么只有当我们认为这些"事物在事后并没有感觉"时,宣称感受性的先验法则为大自然的显现提供条件才是有意义的。因此,感受性的先验法则并不能"根据在一个故事中它们与我们的欲望和我们自身利益的无休止的游戏所建立起的联系,而在我们面前呈现出诸如威胁的或安详的、悲伤的或冷漠的音调":"毋宁说它们做这一切,它们是可以做到的,仅仅因为它们在诞生之初就是感发的,因为在生命的狂热和痛苦中,从它们到存在以及从存在到它们自己都有着一种感受性。"①生命的狂热与痛苦，事实上，这些就是使《一个孤独漫步者的遐想》和《新爱洛伊丝》充满力量和活力、以抒情方式展现的"元素"。

以下便是一个足够有说服力的例子，是圣普乐在《新爱洛伊丝》中所表露的："多么奇怪和难以想象的感受啊！自从我来到与你近在咫尺的地方以来，我心里想的，全都是一些不祥的事情。也许是我所住的这个地方，使我有这种忧郁的感觉。此处阴阴沉沉，十分可怕，但颇适合于我的心境，因此，即使给我换一个更好的地方，我也不会就更平平静静地居住。河边和我住处的周围有许许多多荒凉的岩石，它们在冬天看起来更加峥嵘。啊！亲爱的朱莉，我觉得，如果不能和你往来的话，我又何必在这个季节住在这个地方呢。在我心情激动、十分高兴的时候，我便不愿意呆在这里不动；我出去到处奔跑，拼命爬山，登上悬崖；我大步大步地在周围漫游，到处都发现有使我心中害怕的景物。绿茵茵的草地没有啦，草已经枯黄，树上的叶子也掉完了。干燥与寒冷的北风使遍地都是冰雪。在我看来，整个大自然，如同我心中所抱的希望一样，已经死去了。"(NH，90)

在品味这段值得一读的自白时，我们应尽力避免去解读信中外部的、环境的、缺少生命和色彩的大自然与这种让人们体验到一种实存的情感的模式之间表面的"一致性"(conformité)。

----

① 米歇尔·亨利，《野蛮》(La Barbarie)，巴黎：格拉塞出版社(Grasset)，1987年，第34页。

在圣普乐的的这段话中,这种模式以一种"感发状态"的形式出现,心灵在其中感觉自己陷入一种无望的、暗淡的病态之中。重要的是不要把这种表面的"一致性"同化为一种模仿(mimèsis)①的形式,也不要将二者"类比"为"外部"和"内部",大自然和自然。此处尤其重要的是生命在不断体验自身独有的感受时的感觉——生命出于爱自身而拥抱自己,在不间断的情感流露中陶醉于自身,同时,在情感流露的过程中,它不会让自己受苦,也不会沉湎于自身的内部。也就是说,不存在两种相对的实在(主体和客体),也不存在一个应该是两者共同的"状态";只有一种独特、感受的主体性——一种不容置喙的感受性——它既"在主体中",也"在客体中"感受自己(如果我们依然觉得维持这种二元对立是可能的话)。因为在自然中(也即在绝对主体性生命的感发性中),主体与客体之间这种不可确定的界限(这种界限只可能出现在表象领域的内部)是不存在的。然而,在绝对情况下,对于体验过的心灵而言,大自然的感触——这使得实存的情感模式化的感触深深根植于"感受自我"的感觉中——比任何主观性都更主观,比任何客观性都更客观。

让我们说得更清楚些。在自然中(在生命中),在绝对的完满、爱自身的本质积极性(卢梭称之为"善")以及自我在实存情感的根本被动性中体验到的"生命的超丰富性(surabondance)"

---

① *Mimèsis* 一词源自希腊语,最初是柏拉图在《理想国》中提出的哲学概念,后亚里士多德进一步发展了这一概念。该词一般译为"模仿""再现""摹仿"等,主要探讨艺术与现实的关系。——译注

(E, 502)都是由自己发展而来的。这是自然纯粹运动的自我发展,卢梭将其概括为一个词:扩张。生命作为一种自身的情感,其本质便是扩张的。一颗鲜活的心,伴随着愉悦和痛苦,不知疲倦地随着生命的脉动而震颤,这就是一颗"扩张的心"。而且这颗心是绝对的:它对其内在性具有最崇高的理念、最宽广和最慷慨的情感,因为正是这种绝对的内在性赋予心灵自身的一切。自我触及的"纯粹运动"本身就引起了一种自身的成长(accroissement),用卢梭发明的独家术语来说,它引起了一种"可完善性"(perfectibilité)。但是这种可完善性既是"消极的",也是"积极的":它可以朝着更强烈的生命敏感化(sensibilisation)的方向发展(在这个方向下,"精神的进步"[DOI, 143]为生命服务,这是文明的因素),但同时它也可以反过来阻碍生命。因此,只有在爱自身的积极性(而不是自身自私心的狭隘、绝望或是怨恨的收缩)的唯一条件下,"自然的纯粹运动"才担得起"扩张"的美名。

这种心灵的扩张,卢梭将其视为一种"向外边"(E, 289)的倾泻。但必须要注意:因为如果这种扩张确实是心灵的扩张,即生命的扩张,那么它并不发生在世界的视域之中,也不发生在外在性的维度内。扩张不是超验性的延展(extension);它没有逾越作为绝对的内在性(immanence)或内在(intériorité)的自我存在。相反,扩张所表征的是在主体性和生命整体中的经验。

这是什么意思? 所有对"心灵的扩张"做出说明的文本都表明,这一表述在卢梭的观点中指的是有感觉的存在自身在一种充分的外溢中、在一种被动的饱和中、在一种无法控制的情感触发的丰盈中所经历的一切。在某种程度上，扩张可以说就是我们曾提到的卢梭所说的主体性的过剩（excédence），也就是说自我（就其受自身的意识限制而言）被其主体性超越，被它所赋予的与自身有关的经历所超越，这种"超越"（dépassement）并非"逾越"（outrepassement），而是一种从自身向自身的超越，因为自我的"过剩运动"只会同时使其到达自身。卢梭将自身内在的过剩描述为"扩张"和"收缩"，这两个概念共同构成了其心灵哲学的核心。"收缩"不是"扩张"的反面，而是其运动的另一面——用隐喻的方式来说就是："扩张"的影子。心灵没有收缩就没有扩张，同样地，心灵没有扩张也就没有收缩。这就是心灵的"节奏"，是它独特的脉动。因为对于卢梭而言，心灵就像"一个同心圆"（E, 602），它从一个"中心"展开，但这个中心并不是它本身。圆心与圆的"秩序不一样"，这就是卢梭所指出的，自我只能处于"圆周处"（同上）。事实上，我们并非形成我们的心灵的圆的原点：我们从来不在我们出生的地方，因为我们的出生被界定为是先验的；不是我们自己置身于生命中，而是生命使我们置身其中。生命才是原点，是我们作为"心灵"而不是"自我"的同心圆的中心，自我必须活在在各方面都优先于它的生命的无边力量之下。甚至在这种优先之下，生命在一种对自我持续的外溢中以"过剩"的模式给予自身，并且，归根结底，正是通过这种外溢，生命才被赋予了一种绝对的独特性。因此我们会说：正是在生命的秩序中，绝对（中心）和有限（同心圆）并存，正是在秩序中，

(生命的)绝对性(absoluité)才决定了我们不可重复的有限性。(关于心灵的"扩张"和"收缩"这两个概念,我们将在最后一章讲"秩序"时再具体展开。现在我们只需记住,心灵的扩张是指生命在不与自身对立的情况下给予自身的方式,而心灵的收缩与这种对立无关,也就是说,与使自我变得狭隘、弱化自我的怨恨无关。)

《忏悔录》中提到:"在我生命中这一珍贵的时刻,我全身各部分器官因此可以说[此处笔者强调]都洋溢着扩张的丰盈(plénitude expansive),在我们眼中,这扩张的丰盈美化了我们存在魅力的全部本质。"(C,57—58)这段文字很重要:它试图表达生命本质在大自然的感触中所占的地位。从这种赋予存在以魅力的扩张的丰盈中,也可以说,除了丰满的心灵自己,心灵还在其自我触及的饱和中向自身在场,使成为一种真实的"善于沟通的心灵"(NH,592)变得可能。心灵可以通过它所有的感觉来延展其外部存在,但前提是它首先要增强其感受性的力量。这至少是卢梭在《爱弥儿》中给出的关于儿童的精确感的含义,精确感属于原始和具有"标识度"的感发性。卢梭解释道:"他的第一情感[儿童的情感]正是爱自身,而从第一情感中衍生出来的第二情感,则是爱那些亲近他的人";这便是为什么他接着补充道,儿童的内心活动"是极丰富的,并且向外部延伸;甚至因此可以说[此处笔者再次强调],他觉得他有足够的生命来为他周围的一切注入活力"(《爱弥儿》法弗尔手稿版,第78页)。

生命就是这样,因为它的自我触及,活着的自我中有着丰盈的自身：生命在自我中极为丰盈，它在自我的各部分器官中溢出，通过"在外边"的存在的每一点倾泻而出。但是我们必须强调，这一"外边"，这一"自身之外的存在"（être-hors de soi），既不是外在的，也不是外来的（卢梭每次在谈及这个问题时都会用许多"可以说"，表明逐字谈论这两个概念的困难）：这个"外边"是被自己"激活"的，它始终由自身激活，从这个意义上说，它是这个以实存的情感的形式向自身给予和显示的生命的"延伸"。这种"在外边"（être-au-dehors），也就是生命中的没有空间也没有距离的"广延性"（étendue），矛盾的是，"广延性"虽是生命所包含的内容，但它若是要想显现，却只能依靠自身的无限天赋。超丰富的外溢产生于这种本体论意义上的情感，即爱自身，它来自一种与自己的纯粹拥抱，这种纯粹拥抱在自我与大自然产生任何有效"认同"（identification）之前，或至少在自我在与大自然建立任何有意识、可感知的联系之前，就已经被激发出来了。

那么，我们是否可以从这一"极度认同"（archi-identification）中描述一些特征？一种描述难道不是形容给定事物的状态的吗？为了回答上述问题，让我们尝试对其进行更为精确的解读，例如，关注卢梭自己对这个问题的看法。静心阅读卢梭的一些所谓"描述性的"段落会引起我们的警觉：内部向外部的延伸、一种善于沟通的心灵对大自然的激活、大自然的感触和感觉的本质之间构成性的互相作用（réciprocité constitutive），这些要素相互补充，构成了卢梭大部分作品的辅音键。我们不会把大自然在圣普乐看来是灰暗与阴沉的这个事实简单解释为大自然带有圣普乐心灵的印记，没有人知道它是如何被悲伤、死亡的阴影"浸透的"。如果说大自然显得灰暗与阴沉，正如卢梭所说，那是因为"在[圣普乐的]眼中"大自然表现得死气沉沉。卢梭是否以此证明了一种极端的主体主义(subjectivisme)？抑或是相反？因为说到底，此处定下基调的既不是"主体"，也不是"主体"呈现世界和任由自己被获得的"表象感受"所感发的能力；定下基调的是在其构成性音调(tonalité constitutive)中的生命，它是实存的情感基本的禀赋，是有着同样禀赋的有生命的存在。这就是为什么，认为我所感知的客体本身"似乎"是可怕的，就是认识到这种"似乎性"(semblance)(在它先于一切感知的意义上)是主要的，并且这种"似乎性"正是我"已经"在(作为实存的情感的)内心深处感受过的一种沮丧或可怕的"印象"。"已经"一词当然不是指一种刚刚发生的，常常是由记忆中有些模糊不清的细节或是无意识的阴暗所产生的第一感觉。而是指对于存在体而言，为了获得其感性的实在，它总是"已经"在自己心中打动了自己，也即，存在体在一种根本的极度受动性(archi-passivité)中感受自己，感发自身。

　　现在，我们对大自然的感触的特殊性的形成有了更好的理解。其音调的特殊性、其组成部分的统一性、"浸透"自然或者"摆脱"自然的"一般颜色"，所有这些规定性(détermination)都来自"感觉活动"自我触及的基础，通过这些感觉活动，可见的世界向自我显现，并与心灵相一致。

沉思自然,享受自然的"景观",受自然感发,无论是欣赏自然的美还是厌恶自然的美,它的前提条件是所有上述行为都融入绝对的现象学生命中,并表达对自身的爱。卢梭写道:"树木、岩石、房屋,甚至是人,都是孤立的客体,尤其是每个客体都几乎不会给其观看者以情感。但是(他补充道,总之,正是这个'但是'在相关经验中仍然是决定性的),将这一切整合在一个唯一的图景中的共同印象取决于我们在思考它时的状态。这个图景虽然总是相同的,但由于观众心境不同,描绘的方式也不同,所以呈现出的样子也就有了差异;而这些导致了我们不同判断的差异并不发生在一个或另一个观众身上,而是发生在同一个观众的不同时刻。"①

结论是显而易见的,正是卢梭再次提出了这一结论:"我们的关系,"他说,"始终是与我们有关,而不是与事物有关。"②这种论证先验的、"构成的"主体性观点在《新爱洛伊丝》中得到了如下说明:"因为是在乡间相会,"圣普乐对朱莉说道,"所以我曾三次出城,而且每次走的都是同一个方向,每次都觉得我心向往之的那个去处比以前更加安谧……我发现乡间的景致越来越美,草木越来越青翠和茂密,空气比以前清新,天空比以前明朗,鸟儿的歌声是那样清脆悦耳,潺潺的流水使人想起了爱情的忧伤,葡萄园里的花向远处散发着浓郁的幽香;一种神秘的魅力使

---

① 让-雅克·卢梭,《致来自卢森堡的元帅先生的信》(*Lettre à M. le maréchal de Luxembourg*),1763 年 1 月 20 日,CC,XV,第 48 页。

② 同上。

所有事物都显得很美丽，也就是说，使我的感官着了迷。我们可以说，大地之所以装饰得这么美，是为了给你的幸福的情人做一张与他所钟爱之人和把他消磨得筋疲力尽的爱情相配的新床。啊，我心爱的朱莉！你这占据我半个灵魂的人儿，让我们赶快给这春天的美增添两个忠实的情人。让我们把快乐的感觉带到这人迹罕至的地方，使整个大自然充满生机。没有爱情的火，大自然就会死亡。"(NH,116—117)

　　亨利的现象学或许能够帮助我们正确理解这一重要文本。因为之所以要"使整个大自然充满生机"，恰如米歇尔·亨利在《看见不可见》(Voir l'invisible)一书中所说，是因为"在自身之外的、无法触动也无法感受自己的外在性中，什么也体验不到，因此也没有任何忧伤的东西，没有痛苦，没有忧愁"①，也不再有快乐；因为由于缺乏生命的本原(principe de vie)，即"感受自己"的绝对主体性，在外边没有任何生命，一切都已消亡。那么，我们如何设法赋予"外在性"灵魂，为这个没有活力的整体注入生命？是的，让我们最后再问一次：内部如何激活外部？在我们所援引的文字中，卢梭已经回答了这个问题：内部通过给外部"带来"(porter)快乐的感觉而使外部活跃起来，在《新爱洛伊丝》中，这种快乐的感觉就是圣普乐为爱燃烧，在迷失的内心中感受其存在。但是，"带来"是什么意思？这种感觉的"带来"(portée)的本质是什么？它指的是一种使大自然走向隐喻化(和拟人化)的

---

① 引自米歇尔·亨利，《看见不可见：论康定斯基》，前揭，第125页。

"输送"(transport)吗？抑或是其他东西？答案是，"带来"不是指一种感发性(一种心灵的浸透)的输送，而是指一种感发性的支撑(support)①：因为通过延伸或扩展"外部"，实存的情感，即它构成性的自我感发只能在心灵中展开，这甚至是由于它的强化(intensification)（我们很快会具体谈到）以及内在和印象的平面，在这一平面中，大自然的感触得以显现并变得稳定(consistance)。

正是在生命的绝对内部性中，在其感受的主观性的迷惘中，在其自身存在的无法战胜的感受中，在其感发的肉身的不可见中，一切(大自然、世界)都呈现给了感觉，由被交给生命的存在体支配，表现出自己有"心灵"和"深度"。由于它们与生命最原始的感受"相联系"，这种感受将人的心灵引向最为彻底的个体化(individuation)，故而一切出现在自身面前的客体突然就变得"更有趣"(D,668)了，甚至就像卢梭说的，"尤其是每个客体都几乎不会给[并且通常情况下是在唯一的直觉下]其观看者以情感"。

从那时起，宇宙中的一切现象可能就变得更有趣了，但我们并不知道确切的原因，它们突然以一种原始的、基本的方式"关注"(concerner)我们——并因此与我们的存在融为一体。但这

---

① 在法语中，"portée"是动词"porter"的名词形式，它具有多重含义，既有"携带、运送、运载、输送"之意，也有"支撑、支持"之意，前者对应的同义词为"tranport"，后者对应的同义词为"support"，当然，"portée"还有许多其他含义，因与本书内容无关，此处不再赘述。——译注

种关注不会出现在其他任何地方，只根植于生命对自己的这种抑制不住的兴趣中，卢梭称之为"爱自身"。这种关注的产生同时也离不开对自身感觉的某种"强化"，对实存情感的"放大"——这就是卢梭所说的心灵的扩张。事实上，正是这种扩张才有了副词"更"的使用（如"更有趣"这一表述，还有前面出现过的"更感性的结构""更优雅的形体""更丰富的色彩"）。但是，"更"这个字眼不应被理解为增加的标志或是一种加法。因为它不仅具有一种"增强的重要性"（grandeur intensive）的性质，其衡量标准是精神性的，而非可量化的，并且它也没有任何偶然性或意外性。这个"更"字指的是这样一种事实，即在对大自然的感触的谵妄（concernement）中，自身感受的强化先于大自然的显现，并使大自然可能，也即，能够真正影响我们。换句话说，一种现象在它显现之时总是显得"更有趣"，因此一种现象在"其馈赠之初"是更有趣的，首先是因为在生命中，现象所特有的馈赠以纯粹先验的方式自我触及，因此对于它自己而言它变得（更）有趣。

我们刚才提出，大自然的显现不是大自然的感触中识别的范畴，而只是谵妄的范畴。因此，它既不是考虑的范畴，也不是沉思的范畴，它更类似于一种更本质的惊异，可以说它属于初级的情感触及层（couche primaire affective），在这一层面，现象的绝对独特性得以建构，与其"相"（拉丁语为：eidos）截然不同。卢梭曾试图在"萨瓦牧师的信仰自白"中说明，我获得的情感，我感受到的感觉都直接紧随"我的实存的情感"之后，因为实际上，后者先于前者，并构成了前者，使其成为心灵的现象——用"事件"一词更合适。（参见：《爱弥儿》第570页及随后）因此，根据这一结果，我们必须要推翻例如罗伯特·莫兹（Robert Mauzi）在其著名论文《18世纪的幸福观》中所确立的现象顺序。当然，罗伯特·莫兹也不是完全没有道理的，他曾宣称："感觉活动对心灵的影响构成了18世纪自然'感觉'的关键，这种'感觉'并不是一种无理由的狂热，一种感受性的纯粹冲动，而是对于实存的情感的特殊表达。"[1]因为在大自然的感触中，认识到一种关于实存的情感的重要"表达"（更确切地说是一种"强化"）确实是决定性的。从中可以得出这样的结论：实存的情感得以"展现"出来，并不是如罗伯特·莫兹所认为的那样，是由于外部的感觉互动"影响"了它，而是因为"其自身的本质"，也即，其构成性的自我触及。也许这便是《忏悔录》中这段话背后的含义吧，卢梭在这段话中指出，当他在散步时，他"成了大自然的主人，整个大自然都听从他的调遣"，他的心"在一个又一个事物之间流连，看见合心意的事物，便与之结合在一起，融合成一体，周围都是迷人的景色，陶醉在甜蜜的情感之中"（C，162）。

如果说大自然的感触不过是实存的情感的一种强化，一种伦理的和诗意的生活体验方式，那么它的意义便不在于"呈现"

---

① 罗伯特·莫兹，《18世纪的幸福观》（*L'Idée de bonheur au XVIIIe siècle*），巴黎：柯林出版社（Colin），1960，第319页。

(représenter)了什么，而只在于它使我们去感受，去生活，去成为。从这一意义上来说，大自然的感触明确介入了"享乐的艺术"(l'art de jouir)的过程，它本身构成了某种形式的明智。此外，大自然的感触的伦理地位也解释了为什么卢梭没有用 19 世纪浪漫主义者的方式来描绘大自然。大自然依然是在"更感性的结构"的感触之中，多亏了这种感触，它每次都给予自己更多一些。

第十章

内部的败坏

　　如果我们从这样一个原则出发,即生命显现在我们每个人身上,对于我们每个人而言,它不仅是卢梭在《论人类不平等的起源和基础》中所提及的"可以说本身就具备了一切"(DOI,136)的身体,而且还以一种永恒的活生生的在场(présent vivant)的形式显现,如卢梭在《遐想》中指出的,这种"在场一直持续,不会留下前后接续的痕迹,没有其他感受[⋯⋯]只感受到自己的存在"(R,1046),换言之,如果我们考虑到生命不知疲倦地以"自身"(Soi)的形式显现每个人"自身的在场"(présent de soi),我们每个人肉身的各个部位都化身为这一"自身",那么从中可以推断的是,我们永远也无法逃离这个不可确定的、无形的"场所"(lieu),在这个"场所"中,当实存的情感将我们置于作为个体的内在和印象的层面时,它给予我们以存在。卢梭在写给米拉波的信中似乎也承认了这一点,他写道,"在我所在之处，我是一切"①。

但是，随之而来的问题是：我所在的这个地方，我的这个"境况"(situation)，我在生命中应有的这个"位置"(position)②，它们是否属于这种现象学上的外在性(extériorité phénoménologique)？是否属于这种在现象学层面上表征世界存在的"外在显现"(apparaître au-dehors)？

我把"在我所在之处，我是一切"归功于我主观性的绝对内在性。"在我所在之处，我是一切"意味着我不能"离开"我的感发性经验(我的实在)的范围——如果不是正好为了要"逃避"到一个外部的非实在中的话。自我的自身性取决于这种"处境"，在生命的内在和印象的平面上，这种"处境"赋予自身性实存情感的基本禀赋。我们要再次感谢米歇尔·亨利以他的方式暗示了这种处境，他提到，"绝对关键，我在这关键中——更确切地说，我是这关键"③。实际上，自我的自身性始终是一种绝对的"这里"(Ici absolu)，且绝对的"这里"只有在这"绝对整体"(entier absolu)，即自身中才会产生。

"心灵"的"场所"(lieu)在哪里？自身又占有着什么"场所"？这个场所不是一个空间(如果空间的本质是间隔的话)。此外，

①　卢梭在同一句中补充道："……但在迫害我的人所在之处，我只是一个点"(《致米拉波的信》[Lettre à Mirabeau]，1767 年 1 月 31 日，《卢梭全集》，XXXII，第 83 页)。

②　这两个词("处境"和"位置")出现在了《遐想》的开头处(R，995)。

③　米歇尔·亨利，《物质现象学》(Phénoménologie matérielle)，巴黎：法国大学出版社，1991，第 164 页。

关于自身,我们不应该说对于一个场所的占有,而应该说对于一个位置的享有。自身凭借其基本禀赋,在生命的平面中享有一个位置。自然的纯粹运动限制了一种绝对的"这里",它比任何可能的接近都更靠近,但又与一切被呈现的场所有距离,这个"这里"既没有膨胀,也没有延展,既无法类比,又不可见,卢梭不加区别地称之为一种"境况"或一个"位置"。

那么,应该如何理解这个引起了卢梭所宣称的"人脱离自然,与自己相矛盾"(E,491)的"逃避"?而卢梭认为这个给人带来最大不幸的"矛盾"是什么呢?

为了对上述问题进行初步概述,卢梭不但通过写作明确了这一铁律:"内部越是败坏,外部构成就越是复杂"(A-DSA,73),还着手分析了导致"内部"的"败坏"成为一种本体论决定——也即,一种"自然"模态,一种"自然"中的可能性——的原因。事实上,这是一种什么样的败坏? 这是一种自身的败坏,它源自实存的情感,又反过来压制了实存的情感。抑或是一种自我转向自身过程中的败坏,甚至是(在绝望的条件下,也即爱自身的反面)自我转而反对普遍生命的败坏。因此,这种败坏(corruption)也是一种"共裂"(co-ruption),因为它,自我仿佛被驱使着要与化身为其存在各个部分的内在领域(感发性经验领域)决裂。

当我们脱离我们所处的、我们所具体化的感发性经验领域时,实际上会发生什么? 实际上会发生:我们不再与我们自己的本性(自然所希望我们成为的样子)相一致;我们不再是爱自身

(amour de soi)的主体,我们成了自私心(amour-propre)的玩物。在这些败坏的条件下,我们的主观性——即我们内心体验自己的方式,多亏了这种方式,我们每次都可以成为自己——不再遵照本性的指示。然后我们就好像体验到了与自己的分裂,感觉自己好像与给予自身不可捉摸的实在性以"场所"(以"自然的"选址)的东西是分离的。我们逐渐意识到,首先使我们与之分离的是"形象"(image)。表象——它是通过轻率地利用我们的反思能力而出现的——用"形象"取代我们自身存在(être-soi)的实在性,我们所形成的关于自己的就是这个"形象"。这个"形象"就好比是我们的"社会状态"(état civil)给予我们的。诚然,我们因为"社会状态"而有了"身份"(identité)——社会、心理等层面——,但我们的"自身性"却不是通过我们的"户籍"得到的。一般来说,任何对自身的具象化都会暴露自我(将自我从它的"位置"上拉出来),并有可能使自我受到其同类的影响(甚至是控制)。同样,具象化还解释了"区别"(distinction)这一卢梭没有停止过揭示和哀叹的悖论:我们越是希望把自己和他人区别开来,就越是会失去使我们与众不同的东西……

从社会和世俗的表象中获得一种身份,希望这种身份对于自身而言有着"增值"(valorisation)与"区别"的功能,根据他人的意见来确定自己与他们的关系,事实上,这便是只要人放弃"将真理的火炬带到自己心灵的深处"(LM, 1087),他的精神便不会再有困扰。而指出这种放弃只有在人无法向任何人展示的"独存的我"(*solus ipse*)的危险之下才会发生是没有用的,因为人永远受生命及其审慎转折的支配，作为活生生的自身，他自己始终是已经被放在了生命无形的平面中……但正是因为无视这一危险，人类才会陷入"身份认同"（identification）的可怕逻辑，才会让他无法抑制的身份需求混进他与他自己、爱自身与自身意识之间。

卢梭所说的"表现于外部"的社会精神以自我在社会中的自私心、自我偏好为条件。但是，由于其表象特征，这种精神既没有自主性（autonomie），也不具备一种真正基础的内在性。它是自身实在性的一种概念（conception），甚至是一种曲解（mésinterprétation）的产物。从《论科学和文艺》到《一个孤独漫步者的遐想》，卢梭的全部著作都倾向于表明，生命（"作用于内心的自然"）绝不是可以通过任何阐释学处理来判断的一种数据：不论是我们自己在生命中的体验还是生命带给我们的经验，都不取决于我们可以赋予它们的意义。卢梭的所有观点也支持这样一种主张，即"社会状态"仅仅是"自然状态"的一种客观替代（substitut objectif），而自我为自身创造的身份则是其自身存在的一种客观化（objectivation）和一种非实在化（irréalisation）。

自我的客观化使其在外部得到身份认同，卢梭有时将其理解为一种"补充"（或是再呈现），这种"补充"旨在使从本质上避免一切可见性的事物变得可见。但更多时候，卢梭会更严谨地将其看作一种"异化"（aliénation），当心灵发生去自然化（dénaturation）时，就会出现自我的异化。一种去自然化的（dénaturée)心灵拒绝成为自然希望它成为的样子,这正是它脱离自身,与自己自然的内在性决裂时所发生的。当自身存在不再通过爱自身来确立,因而当自我的独特性不再由生命及其绝对主体性提供,而是由与生命根本异质的东西提供时,这种与自然的内在性的决裂就会发生。对于生命而言异质的东西,要算上自身的具象及其多种形态,这些形态都是因为对"区别"的渴望才得以存在。还要算上卢梭用"社会状态"来诠释的自我身份。最后还有"一切有毒害的欲念",如"嫉妒、贪婪、仇恨",尤其是自私心,它"可以说不仅使人的感受化为乌有,而且还使其发生消极的作用,使人备受折磨"(E, 506)。

这种折磨叫做"矛盾"。矛盾存在于此,它是异化的另一个名字,不过它更多的是指心灵在痛苦和绝望的冲击下,感觉到自己膨胀的自然运动受到阻碍,它感受到一种对抗自己的需求。

不过,矛盾并非是不可容忍的。如果它能给人带来非凡的命运,那就另当别论了。矛盾通过自私心游戏来做一切事情,甚至想要掌控人类社会的未来。我们不再与主体性的构成性爱自身相一致,生命绝对的自身性将其让位于一种相对的"统我"(proprium)①,

---

① 统我,即自我统一体,是美国心理学家 G. W. 奥尔波特(Gordon Willard Allport, 1897—1967)提出的哲学概念。奥尔波特把统我定义为:"包括人格中有利于内心统一的所有面。"在他看来,统我这种内部组织和自我意识不是在出生时就存在了的,而是随着岁月的积累逐渐发展起来的。他将统我生成的过程概括为八个阶段(躯体"我"的觉知、自我同一性的觉知、自尊的觉知、自我扩张的觉知、自我意象的形成、理性运用者的自我形成、统我追求的形成、作为理解者的自我形成),八个阶段分别对应人生的不同时间段,经过这八个阶段逐渐成熟起来的就是成人的人格。——译注

事实上，这远不能阻止我们将矛盾看作一种"额外部分"
（supplément），它的直接优势至少是将我们眼中的自己和他人
眼中的我们"区别"开来。此外，发现自身有弱点的事实难道不
是与自负（prétention）与自大（présomption）同时存在吗？我们
的弱点不就是使我们相信所谓的"优越性"（supériorité）吗？无
论如何，强大的心灵——拥有心灵力量的自我——从不认为自
己优于别人而表现出傲慢。强大的心灵不会骄傲。因此，在相
反的情况下就需要道德意识（我们马上会谈到这一点）进行干
预，以重新确立真理，并使自我重新面对自己。

　　卢梭在《论人类不平等的起源和基础》一书中提到，"人类
人"（homme de l'homme）是指在各方面都由"社会精神"决定的
个人。人类人与"自然人"（homme naturel）相对，他认为自己的
自身存在是一种"地位"（place）功能，他在社会中，在同类中占有
这个"地位"——他只判断自己所处的地位，只有小心翼翼地夺
取他认为不属于他人的地位他才能获得这个地位。但为什么人
类人要夺取他人的地位，而不是守好自己的地位呢？因为这个
"自己的地位"根本就不存在！同样不存在的还有"他人的地
位"，它也是假想的对象。因为我们的主体性在构建自身性时并
没有指定任何场所、任何可见空间、任何"世俗"的地位、任何客
观化的情境——前面已有讨论。另一方面，这也正是问题所在，
我们总是根据我们想象能看到的他人在社会中的地位来感知其
社会存在（社会地位）。只有在这种情况下，整个社会主体所预
先确定的一系列地位才会秩序井然，只有在这种情况下，所有既

定社会所依据的习俗礼节和行为准则才会占统治地位,但事实上,正因如此,这种与他人就地位而争吵的必要性才会强加于人——这个(想象的、象征意味的,但绝非真实的)地位一般是根据基于社会关系的具体情况(往往是暴力的)而确定的。而且,在构成人类社会组织"区别"的冲突中,也许归根结底对他人的模仿(imitation d'autrui)应该要扮演社会习俗的仲裁角色。(但是,我们必须注意,不要认为自私心是完全以模仿的方式来发挥作用的,即使从另一方面来说,毋庸置疑,"我们之模仿别人,其根源就在于我们常常想使自己超越自己的地位"[E,340]。)

确实,至少要向我们的自身解释"不同自我的多样性"(pluralité des ego)表现了不同本性间巨大的差异是困难重重的。更别提他人的自身(Soi d'autrui)——这个"绝对整体"——原则上没有任何感知的可能性了。再者说,我们不难想象对他人的模仿会带来多大的不满、失望和败坏感。但是,这并不是社会实存(existence sociale)的真正问题。真正的问题是,为了"将自己转移出自身"(这是在社会中存在的条件),人类人首先要跳过最近的,也即跳过无法与自身保持距离且无法被感知的东西,结果就是这种"转移"使其无法意识到有这样一个平面存在,其中的他人与自身无所谓同与不同,他人与自身都一样。在这个平面上,不同自我的相似性(similitude)仍然绝对牢不可破。但当我们发现自己屈从于"社会实存"严重扭曲和不平等的条件之下时,我们却从未想到过这个平面。

这就是为什么现在心灵哲学的使命是,阐释在生命中(用卢梭的话是在自然中)自身与其"同类"的极度融合(conjonction suprême)。作为生命的自然难题引出了根本"相似性"的问题,这个问题在无形中把所有的生命体都联系在了一起,"不同自我的多样性"其实就是一种"统一的多样性"(uni-pluralité)——用卢梭的词来说就是"秩序"——事实上,这便是卢梭的思想体系想让我们理解的。

在讨论这个问题之前,还需要作一些说明:

1. 卢梭在《论人类不平等的起源和基础》一书中表明了在主体性的根本内在中,"野蛮人过着他自己的生活",他承认,"社会的人只知道活在他人的意见之中,也可以说,他们对自己生存的意义的看法都是从别人的判断中得来的"(DOI, 193)。"文明"人通过立于自身之外来意识到自身的存在,但在一切逻辑中,这个自身之外的另一个自己难道不是最大的谬误吗? 其荒谬性甚至远超过"自然"不再告诉我们什么,生命不再要求我们遵守其禁令,我们忘却了倾听生命的"呼声",因而忘却了去享受使我们与其紧密结合的基本音调。这便是灾难之所在,"心灵哲学"希望通过思考灾难的根源来唤醒我们。

2. 人们通常不愿意在可称为"心灵社会"(参照 D, 820)的地方谋取一席之地,而是宁愿把自己的命运与有着自负傲慢之人的不平等社会相联系。但这是有代价的:屈服于"社会精神"的人会自动沦为"依赖于分母的分数单位,他的价值等同于他与整体,即与社会的关系"(E, 249)。在这些去自然化的条件下,他仿佛置身于自己的实存之外,迷失了方向,没有内在的指南针,也没有内心的"意识","被随机扔进了这浩瀚的宇宙",像一个痛苦的灵魂般游荡在原始自然之外,这原始自然赋予了他先验的诞生,即他实存的天赋。他总是问别人他是什么,却不敢问自己这样问的理由;他与"自然"分离,这意味着:他与自己分裂,与自身有矛盾。因此他"分裂"(fractionné)的存在实际上只是一个"分数单位",而对于这一单位,他又只依存于社会假定的整体。在社会的要求下,他放弃自我,移出自己,同时又把自己的欲望引向了力不能及的事情上,这就造成了他的软弱,唤醒了他的绝望。

3.原子化元素的总和,但这些元素又统一在其特殊的、竞争性的利益的唯一"分母"之下:这就是"社会"。在社会中,一种独特的、特别具有破坏性的情感"长盛不衰"(D,789),即"远虑"(prévoyance)。远虑是"区别"的基础。远虑主题在卢梭后期作品中经常出现,它取代了卢梭最初在《论科学和文艺》中为了表征社会和睦的媒介所提出的"好奇心"范式。这也许是因为它作为远虑,突出了这一媒介的时间基础。以下便是卢梭在《爱弥儿》中的相关阐述:"远虑使我们不断地做我们力不能及的事情,使我们常常向往我们永远达不到的地方,这样的远虑正是我们种种痛苦的根源。像人这样短暂的一生,竟时刻向往如此渺茫的未来,而轻视如此可靠的现在,简直是发了疯。"(E,307)在这种"社会情感"的影响下,我们感觉自己的完整性被割裂,我们的根本利益也减少了。通过这种使我们"不断地"置身自己之外的远虑,我们依赖于一切不是我们的东西,一切与我们不同的东西,以及一切因为这个原因随时可能消失的东西。我们不再依赖于任何事物,"[然后]我们依赖着一切","我们紧紧抓住一切","对我们每个人来说,重要的是一切现有的和将有的时间、地方、人和东西"。忧虑在继续着,不安支配着我们。我们整个人都很焦躁,我们坐立不安。在这种焦躁中,"我们的个体只不过是我们自己最小的部分"(同上)。这可说是卢梭最好的箴言之一了:"我们已不再按照我们的能力而生活,我们的生活已超过了我们能力许可的范围。"(E,308)

4.守住地位,保持自我,坚定地在自己的"位置"上,这意味着什么? 我们都知道,在伦理学层面,这意味着充分了解自己的能力(facultés)和欲望(désirs)之间的关系,并在自己的体力(forces naturelles)和欲念(tentations)之间找到一种良好的平衡。这就是明智的代价。这一点在《爱弥儿》的中心文本中有所体现:"人啊! 把你的生活限制于你的能力,你就不会再痛苦了。紧紧地占据着大自然在万物的秩序中给你安排的位置,没有任何力量能够使你脱离那个位置;不要反抗那严格的必然的法则,不要为了反抗这个法则而耗尽了你的体力,因为上天所赋予你的体力,不是用来扩充或延长你的存在,而只是用来按照它喜欢的样子和它所许可的范围生活。你天生的体力有多大,你才能享受多大的自由和权利,不要超过这个限度;其他一切全都是奴役、幻想和虚名。"(E,308)

5.卢梭说,内部越是败坏,外部就越是复杂。然而,外部构成越是复杂,"内在情感"就越是奇迹般地提醒着我们它的构成自然性和它的感发性。在伦理学层面,这一提醒至关重要。事实上,有时候,实存的情感通过其构成的自我感发,提醒正在经历"纯粹运动"的自我去感觉自己,"自身"就是在这种对自己的感觉中建立起来的。是的,突然,实存的情感以一种几乎"本能"的方式,在自我感受到的最深的矛盾中,在最远离自身时,通过唤醒处于自身之中的自我,将自我带回到了自身。

正是这一奇怪的现象,这种奇怪的唤醒,这种突然的提醒,这种"驱动",这种"神圣的本能"或"永恒的上天的呼声"(参见E,600),和马勒伯朗士曾赋予"内在情感"的名称一样,卢梭称"内在情感"为"良心"(conscience)。

当然,卢梭所说的"良心"并不是指精神上的能力,它可以再现其他的客体或者以一个在它视野范围内、在它面前的客体为目标,并对这个客体做出判断。卢梭所说的"良心"甚至在这种意向性的意识中,在一切感觉馈赠的企图中,都是与这个运动背道而驰的。

良心不仅不呈现任何事物,也没有陈述任何命题,而且它显现实存也不是以"使看到"(donner-à-voir)的呈现模式发生的。卢梭非常明确地宣称:"良心的作用不是判断,而是感觉。"(同上,599)换句话说,良心仅作为一种"内在情感"的形式产生影响,它从感发性的直接性(immédiation)中汲取显现的力量,而绝不是从任何展示的固有距离中汲取力量。

良心是对实存的情感的一种特殊决定。尤其是因为它的显现取决于一定的条件。当"内在情感"的自我触及在特定环境中可以被体验到,就可以被称为"良心",这实际上是当自我处于自身之外时,当自我成为卢梭所说的异化或者矛盾的客体时,"内在情感"借助自我的"外显"过程在内心震颤的结果。换言之,良心在心灵的去自然化发生之后显现。可以说,作为对这种去自然化的回应,良心拉回了自我,并将"违背自然",偏离自身,甚至反对自身的心灵带回到它的自身存在中。良心使那些在表象维度寻找自己的存在的人听到它的声音,在表象维度下,世界本身获得了意义的统一。

良心能把游离在外的心灵带回到自身(回到自身存在中),良心可以使心灵免于恐惧或逃离是什么意思? 它指的是,良心旨在将令人想往的事物控制在可能的范围内,它甚至有能力将自我的愿望保留在其可能性范畴的内在中,如此一来,因为这种保留,社会的自我便会卓然地成为其在"自然"层面已有的存在:独立自恃、始终如一的人①。

就其引导心灵在表象维度从离开自身到回到自身来说,良心是在自我约束(retenue en soi-même)而不是在"向自身回归"(retour à soi)的运动中耗尽的(正如有些人认为的那样),以至于它体现了一切卓越的本原,一切道德的源泉。卢梭直接与良心对话,并以抒情的口吻表明:"是你使[人的]天性善良和行为合乎道德。"(E,601)其实,卢梭早在《论科学和文艺》一书中就

---

① 此处可参见《爱弥儿》中的一段话:"要有所成就,要成为独立自恃、始终如一的人,就必须言行一致,就必须坚持他应该采取的主张,毅然决然地坚持这个主张,并且一贯地实行这个主张。"(E,250)

已经赋予了良心这种本原性的地位,因为他这样写道:"不是只需反躬自问,并在欲望沉静的时候倾听'良心'的声音,就能知道你的法则(指道德的法则,'心灵纯朴的人所探讨的最崇高的科学')吗?"(DSA, 30)但是直到"萨瓦牧师的信仰自白"以及对"秩序"问题进行了更为深入的探讨后,良心的特征才得以明确。为什么?因为良心现象不是一种原始现象。我们的意思是,它的显现是以作为生命的自然的事先启示或馈赠为前提的,它只有在灵魂的"败坏"、与自然的内在性决裂的存在条件下才能发挥力量——在卢梭看来,这些条件常常是历史的和社会的。简言之,"良心的声音"要靠"人类人",也就是卢梭所说的"相对的自我"去倾听。"良心的声音"只有在自我在某种程度上与自己分离或者说有所不同的情况下才会显现。尽管不限于此,但是良心的现象性展现了自身与自己之间的一种反射距离(écart réflexif)。为了使良心总是令人不安的音调在心灵中产生共鸣,心灵不是应该要抗拒生命——自然之善——希望它成为的样子?通过从自身的生命中抽离出来,反抗生命的"意志"(volonté),心灵不是应该感到自己被引导着使自己的存在与表象的唯一过度(la seule démesure)相适应吗?

但此处出现了一个问题。因为卢梭似乎随意地将良心的本质理解成了一种感觉,一种呼唤(appel);这不免使我们认为,这种"心灵的呼声"(E, 594)既是直接性(正如一切感觉所具有的),也是间接性(如果说只有当呼唤者在某种程度上与被呼唤者不同,一种呼唤才能够被听到的话)的秩序。因此,我们必须问自己一个问题:如何才能调和这种双重身份?

良心既形成一种呼唤,也形成一种情感,或者说,这种情感是以呼唤的形式,以一种内在共鸣的形式产生的,如果这种二元性本身确实是源于存在的矛盾(contradiction existentielle),那么这就一点也不矛盾了,良心现象在存在的矛盾基础上得以产生。让我们再来说说良心,不仅它的出现得益于一种自身和自己之间的反射距离,它的现象在"人类人"和"自然人"的双重性背景下也很突出。因此,只有具备社会和历史良知,始终保持理性的人,才能使自己服从于"良心的直接的本原"(E,600)。至于"自然的"人,他对这一本原是陌生的;良心是一种被他忽视的情感;他从未有过倾听呼唤的需求。

而实际上,良心的这一直接的本原"独立于理智"(同上)是枉然,良心在结构上与理性相异也是枉然(因为前者感发的内在性与后者的意向性无关),良心只有通过理性的展现才能显现出来①。无论如何,良心只有在心灵去自然化时才会在心灵中发出呼声——引起心灵的不安,这正是卢梭在注意到"尽管良心不依存于理性,但它的发展离不开理性"(E,288),或"良心的声音[只]通过理性的差异而显现"(D,972)时曾明确指出的。

---

① 此处关于理性与良心交织的关系的讨论,参见罗贝尔·德哈代(Robert Derathé)主编的《让-雅克·卢梭的理性主义》(*Rationalisme de Jean-Jacques Rousseau*)第三章,巴黎:法国大学出版社,1948年。

第十一章

自然的不可改变的秩序

　　推己及物,把自我从在生命的内在和印象平面上享乐(或受苦)的"位置"上拉出,将自我从心灵"收缩"以使其整个存在更好地"扩张"的绝对的"这里"抽离,自我不再是它自己。在此基础上,心灵哲学无法回避进一步的质疑;现在它的主题是:主体性话题。这个绝对的"这里"究竟是怎么回事?这个"位置"到底指的是什么?心灵以或享受或痛苦的形式体验着这个"位置",但从本质而言,它在思想的凝视中仍然是无形的。假如这个"位置"是无形的,那么如果我们想通过精神的眼睛去领悟它的话,它就必须借用某种形式的具象。因此,主观性的主题既是隐喻的,也是几何的。关于心灵,卢梭在《爱弥儿》中提到,它类似于一个"同心圆"(E,602)。何以证明这一形象?

　　通过把"位置"的概念与卢梭所说的"最大的奇迹"相联系,我们似乎可以更好地回答这个问题。那就是在"自然不变的秩序"(E，612)中，"整体的和谐与协调"(E，580)得以显现——当然，这就是最大的奇迹。

卢梭的"秩序"①概念指的是一种众生之间(所有心灵间)基本的、不可化约的平等(Égalité)。这种平等基于这样一个事实，即所有的心灵在某个方面都是一样的，即它们的"生命存在"(être-en-vie)。而"生命存在"意味着：接受生命的馈赠，从而发现自己"被置于"(posé)(根据《遐想》中的用词)——并且是过度被动地"被置于"，始终已经"被置于"——绝对主体生命的内在和印象的平面之中。在这个意义上，"秩序"指的是对所有存在间一种基本的"相似性"(similitude)的非等级的——"布局的"——分配，所有存在的命运都"被置于"生命的平面内。相似性并不意味着"相像"(ressemblance)，因为"相

---

① "秩序"(ordre，拉丁语为：ordo)一词来自卢梭笔下，在漫长的历史中，它衍生出了多种不同的含义。在论述构成中世纪想象中的社会的三个等级的专著中，乔治·杜比(Georges Duby)区分了该词的两种原始含义。(1)"在罗马共和国，成年男性根据"秩序"(ordo)被划分为不同的群体，以便更好地履行其职责[……]由"秩序"(ordo)来[……]指定一个特权机构，它独立于其他机构，负有特定的责任，通过人群队伍来展示其宗教的或公民的凝聚力、优越性和它的尊严。"(2)"所谓秩序，是指宇宙中公正良好的组织，是道德、美德和力量有使命去维系的。西塞罗在《论功能》(Des fonctions)[《论义务》(De Officiis)，I，4]中谈到了"事物的秩序"；对他来说，"秩序的维系"——适度(modestia)——是"将所做的或所说的放在适当位置"的艺术。秩序是修辞的、政治的：把话语或人放在合适的位置上，它们彼此相互关联，在适当的地方组成了一个整体的元素；秩序是命定的：因为在这种排序中存在一个先验的、内在的、不可动摇的平面，要通过反思去发现它，以便与之相符。"(乔治·杜比，《三个等级或封建制度的想象》[Les Trois Ordres ou l'Imaginaire du féodalisme]，巴黎：伽利玛出版社，1978，第95—96页)卢梭所说的"秩序"与此处引用的第二个含义相一致。

像"的前提是可辨认的方面或属性的比较,而心灵(如它所享有的"位置"一般)是一种不可比较、不可估量的"实在",一种从来不是通过展示自己,而是通过体验自己来证明自己存在的"实在"。然而,即使相似性与任何的具象性(figurabilité)无关,但它依然是真实的。在"秩序"中,心灵间的相似性被理解为根本的平等。不同的心灵存在于不同的生命中,彼此自由而平等。即使一个心灵强而另一个心灵弱,也不会影响秩序的排列。更何况,此处所讨论的平等在本质上根本不是一种"身份":身份指的是一种个体"差异"的安排,而自身性所指的才是一种相似性的秩序。

卢梭的所有作品都对这种根本平等的条件进行过探讨——在所有层面以及在平等可以而且应当成为必要的所有情况下[①]。卢梭从一开始就想到要把作为生命的"自然"这个平面与心灵的平等问题联系起来(基于相似性)。很早以前,在与弗朗索瓦-约瑟夫·孔齐埃(François-Joseph Conzié)的通信中,卢梭就已经提出了这一思想的要点。信中讨论的主题围绕亚历山大·波普[②]的"系统"(système)展开,也即对于一种类似于"存在之链"(chaîne des êtres)的普遍秩序的存在和可

---

① 即使是《社会契约论》(Du contrat social)这样的文本也试图以一种怀疑论的方式对这一问题作出回应。至少,对这个文本有一种可能的解读,尽管它有无数的矛盾和结构上的缺陷,但它的内容仍然是无比丰富的。

② 亚历山大·波普(Alexander Pope,1688—1744),18世纪英国著名诗人。其诗作《论人》(An Essay on Man)一经发表便在欧洲大陆引起广泛好评,伏尔泰、康德、卢梭等人都对这首诗给予了高度评价。——译注

能的知识。如果我们根据后世的思考来解读 1742 年 1 月17
日①卢梭写给孔齐埃的信，那么我们有理由相信，这封信是卢梭
所理解的自然的生命"秩序"和本体论的自我"位置"之间连接的
先导信号，本体论的自我"位置"由主体性、自身的感受、实存情
感的自我触及所决定。这封信也是卢梭第一篇伟大的哲学文
章，早于 1749 年写就的使他在整个欧洲崭露头角的《论科学和
文艺》。

值得注意的是，卢梭的这第一篇伟大思考是以著名的"存在
巨链"(la Grande Chaîne des êtres)理论为探讨对象的，这一理论
在当时被盎格鲁–撒克逊的自然神论和百科全书派的唯物主义所
复兴和巩固。为了进行彻底的批判，卢梭在写给孔齐埃的信中首
先关心的是从根本上推翻这种世界观(*Weltanschauung*)的意识形
态所建立的基础②，以至于在某些评论家笔下读到这一点是令人
困惑的，即卢梭直到晚期才决定在思想上与他周围"知识渊博的"
人决裂，甚至是那些受伏尔泰影响的，认同亚历山大·波普和萨

---

① 参见:《致沙尔米特伯爵弗朗索瓦–约瑟夫·德·孔齐埃的信》(*Lettre
à François-Joseph de Conzié, comte des Charmettes*)，1742 年 1 月 17 日，《卢梭全
集》，I，第 132—139 页。这封信也被收录于亨利·古耶所汇编的卢梭的《哲学
信件》中，巴黎:弗林出版社，1974，第 15—21 页，我们之后所引用的文字即来
自这个版本。

② 我们在此不具体展开讨论这种"存在巨链"之"思想"的前因后果，也不
再具体阐述这种思想在卢梭的时代，在英国作家和百科全书派的作品中所得到
的发展。更多的细节请参考阿瑟·奥肯·洛夫乔伊(Arthur O. Lovejoy)在其经
典著作中为我们提供的观念史研究:阿瑟·奥肯·洛夫乔伊，《存在巨链》(*The
Great Chain of Being*)，剑桥(马萨诸塞州):哈佛大学出版社，1930 年、1964 年，尤
其是第六至第九章，第 183—287 页。

缪尔·克拉克①观点的人。事实是,卢梭是一个同时代无人能出其右的作家,如果说他经常在作品中对其他知名的或不太知名的哲学观点进行隐晦的引用,有时甚至到了过度引用的地步,只是因为他在心灵和意识中清楚地知道,他的哲学观点是独一无二的,而他独有的观点在很大程度上足以改变他所借用之语的意义。(此处需注意,勿将"思想上的决裂"和"社会上的"决裂混为一谈,前者发生的时间早于后者,而且"社会上的"决裂正是因为"思想上的决裂"所引起的众怒才发生的。)

　　对于连接一切类型的心灵的秩序之存在的考量是如此复杂——鉴于"秩序"一词的多重含义②,必须再次强调,卢梭主义的

---

　　① 萨缪尔·克拉克(Samuel Clarke, 1675—1729),18世纪英国唯心主义哲学家,代表作有《论证神的存在和属性》等。卢梭曾在"萨瓦牧师的信仰自白"中致敬克拉克:"我们设想所有古代和现代的哲学家对力量、偶然、命运、必然、原子、有生命的世界、活的物质以及各种各样的唯物主义说法是透彻地先做了一番离奇古怪的研究的,而在他们之后,著名的克拉克终于揭示了生命的主宰和万物的施予者,从而擦亮了诗人的眼睛。这一套新的说法是这样地伟大,这样地安慰人心,这样地崇高,这样地适合于培养心灵和奠定道德基础,而同时又是这样地动人心弦,这样地光辉灿烂,这样地简单,难怪它会得到人人的佩服和欣赏,而且在我看来,它虽然也包含人类心灵不可理解的东西,但不像其他各种说法所包含的荒唐的东西那么多!"(参见《卢梭全集》,VII,北京:商务印书馆,2012年,第8—9页)——译注

　　② 根据《罗贝尔法语大词典》(Robert),"ordre"一词主要涵盖了三层含义。第一层含义:秩序是众多术语间可理解的关系。因此,"ordre"是组织、结构等的代名词,与单词"économie"(有布局、结构之意)同义。《罗贝尔法语大词典》中又将这层意思细分为了6组:"1. 安排,顺序(具有空间、时间、逻辑、美学、道德的特征)。[安排,分配][……]2. 令人满意、看起来是最好的安排;规律、有条理的方面。3. 形容一个人有条理、有方法的品质。4. 世界的因果关系和目的论原则。5. 社会组织。[文明,社会] 6. 符合规则的标准。"

"秩序"是布局分配的秩序,而不是等级分配的秩序,可以说它是横向的,而非纵向的——不能流于暗示游戏或是间接攻击,而忽视永远曲解它所探讨的思想的意义的风险。如此,这便是挑战所在:(1)捍卫"自我的自身性在各方面都有别于自我的身份(一个是固有的,基于生命的,而另一个是偶然的,与世界的组织有关)"这一观点;(2)确认自身的"位置"(position)不能与(因为是社会性的,因而具有比较意味的)"地位"(place)或是(出于区分而获得的)"等级"(rang)相混淆,事实上,自我"在外部"和其他人(这里用"其他人"比用"同类"更合适)共同处于这个等级中;(3)坚定地认为,在这种情况下,秩序并不是一种预先建立的、等级森严的、极端到由神圣的上帝(上帝不仅创造了秩序,而且将它强加给人类,而人类无法做出任何改变)来支配的链条。卢梭决心面对这一挑战的方式,是在1742年1月17日以一种深思熟虑、审慎的方式写信给弗朗索瓦-约瑟夫·德·孔齐埃。

在这封信中,卢梭第一次开始抨击"系统"非常薄弱的基础,远早于他在1756年8月18日《致伏尔泰的信》中重提该论点的时间①。根据这个"系统",世界可以提供这样一条链子的形象,"一切

---

① 在打开1756年《致伏尔泰的信》或是《爱弥儿》第四卷中的"萨瓦牧师的信仰自白"之前,读者也许会拒绝将这封写给孔齐埃的信看作一种对问题适当情况的必要介绍。读者会责怪自己只能从这些伟大的文本中提取出一个模糊的、平淡无奇的"世界观",它既是诗意的也是思辨的。但是缺乏理性基础的"世界观"似乎被一种神圣、感应性的呼唤给抵消了,这一呼唤甚至是对个人的道德意识的呼唤,在原则上不具任何客观性。但是,"世界的秩序"问题,或曰"道德的秩序"(指的是内在的秩序)是卢梭在其作品中所讨论的最棘手、最深刻的问题之一。这可能是他的一大难题,这也解释了为什么迄今为止评注家们对这一问题的评论相当少。

存在构成了这条链子,链子上的每个物种根据其卓越和完美程度占据着不同的等级"①。存在者全体性(totalité)的形象通过醉心于统治"自然系统"(système de la nature)的力量的人道主义人为地展示出来,目的是为自己占据最中心、最有利、最符合其"自私心"的地位——从卢梭的观点来看,这意味着:对本质上受心灵的第一原则,即爱自身支配的生命的"自然"最为不忠。(让我们回忆一下,心灵的第二原则是人类心灵的原则,因为从某一方面来说,为了进行精神的启蒙,怜悯心尤其需要想象力。)因此,对波普的"系统"的批判似乎并不是没有依据的,它源自这样一种观察:卢梭所引用的"生存巨链"的可能性条件中隐藏着一个毁灭性的矛盾。

作为人类骄傲的果实,"存在巨链"理论使人的完美"程度"成为一种"自然"差异,但存在者(人类)纳入这个"世界系统"(système du monde)的前提是相反的,所以这不是自相矛盾吗?除了不考虑人的本质应该是合理的"状态"或"条件",这个理论难道不是将自己的合理性建立在一种完全不符合其内容的图式(schéma)或是组图——如存在之链或物种之梯——的基础之上吗?卢梭认为,应该把被分配在整个存在之链上的不同存在之间的"区间"(intervalle)视为"存在巨链"理论合理性的主要障碍。因为问题在于:是否可以在考虑存在本身及其独特的、不可化约的特性的情况下去衡量构成相同区间的差距?波普的理论未曾考虑到这一点并非偶然;这个理论是一种"价值"(valeurs)

---

① 让-雅克·卢梭,《哲学书信》,巴黎:弗林出版社,1974,第17页。

(根据定义,价值是相对的)的概念,而不是一种本质(essences)(本质是绝对的)的概念;因此,根据波普的说法,只有确定差异和构成区间的比例性(proportionnalité)才是最重要的。我敢说,这就是文字发明前的结构主义!但是,如果我们把一种"普遍秩序"(ordre universel)与绝对主体生命的本质和现象性相比较,我们就会拒绝在一种"存在者的全体性"的影响下,在反射的、思辨的形象中解决生命体之间(心灵之间)的关系,如不断宣扬这种通过反映现实而扭曲现实的自私心的"偏离"(déflexion)(参见 D,669)。简而言之,如果我们决定按照每次都以特定的方式构成每个心灵的"内在情感"来思考"整体"(tout),那么在这种情况下,我们或许不再讨论"物种",就像我们能在波普的"存在之链"中看到的那样,而是会讨论个体性和独特性,它们彼此相似,又彼此不同,每一个自我都是在与他的同类或是他的同类们不断的主观互动中形成了一个真正的"整体",在统一性和多样性的双重意义下形成了一个"宇宙",因为不同自身间本质的调整,既是作为有效的连接(不会混淆),也是一切正义的可能性(对独特性的尊重)。因此人们可以正当地谈论秩序。更为重要的是,在这个阶段,唯一值得一提的问题恰恰是:心灵本质的多样性(不同自我的单一多样性)的基础是什么?

存在之链理论从未提出过这个问题也不足为奇。它对于所再现的所有存在,难道不都使用了一种恒等比例性的标准吗?这样,存在者整体一旦置身于等级链之中,它们之间就可以形成一种同质的全体(un ensemble homogène),一种系统的单位,可以将它们纳入唯一且相同的全体性中。此外，对于存在之链理论来说，只要选择一个共同的方面，选择区间的全体性中某些可调节和具有代表性的标准就足够了，这样一来，它就不用再从整体本身的基本内容出发来证明其选择的合理性。也许正是因为这个原因，如此具有思辨性的——也更有风险的——理论也会甚至毫不动摇地混淆世间存在者的本质与人类、天使或者上帝的本质。

这条著名的存在之链始于物质原子，终于上帝，事实上，对于哲学家而言，这其中有不止一个理由去抱怨，或者说表达深深的困惑。卢梭则是间接地对波普表达的，他写道，"您在别处说，这个存在之链开始或者结束都是崇高的存在，因为这是一回事；也就是说，上帝与直接追随他的物种之间的距离和例如人类与天使之间的距离是一样的；我们不仅要认识到有限存在和无限之间有一种限定的区间，而且还要认识到这一区间和圣彼得与天使加百利①之间的区间一样大。要么其实我没听出什么道理，要么这就是您的学说"②；他立刻又反问道："先生，对于在事物之间建立联系，甚至将这一联系拉近到足以使我们有所了解的系统，您是如何看待的？"③

归根结底，这才是关键之处，是"系统的戈尔迪之结"④，必

---

① 加百利，《圣经》中向人类传达上帝信息的天使。——译注

② 让·雅克·卢梭，《哲学书信》，巴黎：弗林出版社，1974年，第18页。

③ 同上。

④ 同上，第16页。（"戈尔迪之结"[le nœud gordien]，引申意为"极其难解决的问题"。——译注）

须想办法解决这个问题。因为毕竟，如果说此处我们非常重视的区间本身就是某种有限的东西(很显然，区间是有限的，因为它可以通过存在于作为比值联系的两个项之间的微分测量[la mesure du différentiel]得到自己的限度)，那么，我们只能把区间看作是介于与它一样是有限的两种同质的本质间的限度。换一种说法：只有有限的东西才能衡量有限的东西——这一规则没有任何例外。然而，与此同时，是否有必要承认一种存在与有限和无限之间"本质的异质性"(hétérogénéité d'essence)？否则，存在之链就有可能在一种物质复杂化(complexification)的错误的无限性中迷失，或者无法在上帝中找到一个真正的终点。这就是为什么卢梭想知道，是否是对承认这种异质，或至少是从中得出正确结论的不排斥，解释了他同时代的人被不幸地牵引着，或是走上了唯物论(matérialisme)的粗浅道路，或是走上了同样粗浅的自然神论(déisme)的道路(而且，在自然宗教的领导下，自然神论只是怯懦版的唯物论)。无论如何，只要取消向上帝的阶梯的层递(或是存在之链的各个环节)，让上帝处于最后一阶(或是最后一个环节)之后的位置，我们便能立即意识到这样违背了其本质，因为让上帝受制于下游的(有限)关系的测量，也就同时承认了另一个存在处于一个高于自己的等级的可能性，以此类推……卢梭从中得出结论，他写道："让我们总结一下，生存之链的终点并不是上帝，至少它不是按比例层递的。理性永远不会在上帝和其他任何存在之间，在造物主和作品之间，在时间和永恒之间,总而言之,在有限和无限之间找到联系。"①——让我们以同样的理由进行总结,如果存在之链(或阶梯)这一描绘有意义的话,它的终点应该是"不知道在何方",而不是上帝!

如果我们不知道存在之链的终点在哪里,那么我们又如何知道,在这些条件下,最后一个环节应该分配给何物(或何人)呢? 这个理论变得晦涩,似乎还站不住脚了;构建该理论的"理由"甚至都无法在这些合适的基础之上形成它给予自己的内容。因为,如果要正确地考虑事物,那么它在其合理性、普遍性和客观性中所占的比例就要成为严肃质疑的对象。要建立一个"世界系统",从区间、有限完美之间的差别开始真的合适吗? 正如我们在受波普启发的唯物主义者那里所看的,限于彼此的互相比较是否符合逻辑? 绝非如此。因为一旦到了批判的转折点,我们要做的便是立足于对每个存在本质的唯一考量,更多考虑是什么使得每个生命体(每个"心灵")在先验的平面上成为一个严格意义上的"个体"。换句话说,我们需要做的是留在纯粹的内在中,在那里,活着的个体的自身性和心灵的自我每次都会发现自己已经被"置"于其中。

然而,由于自身的"位置"是非客观的、不可描绘的,因此任何建立在对理性的反思和理解基础之上的"世界系统"都只会表现得与"整体"的真正本质相异。事实上,只有成功地建立在无法比较的、无形的、直接的、感发的基础之上,总而言之,建立在

---

① 同上,第18—19页。

生命体的唯一自身性中,上述系统才能取得令人满意的结果。这个系统已经不是严格意义上的"系统"了;无论如何,它不再由外部原则决定,这个原则适用于以抽象的方式在同一总体结构内部相互联系的存在们。

对于这个不再构成系统的全新思考之下的"整体",我们需要重新给它一个名称,而不是"存在之链"。卢梭将其称为"秩序",和许多其他词("普遍意志""内在情感")一样,这个词借鉴自马勒伯朗士(Malebranche)①。卢梭意义上的"秩序"只涉及那

————————

① 关于"普遍意志"(volonté générale)的相关内容和卢梭对于该词词意的创造性改动,我们要再次提到布鲁诺·贝尔纳迪的不朽之作《概念的制造》(前揭,第307—434页)以及他所推荐的来自目前的一些经典图书的讨论:帕特里克·赖利(Patrick Riley),《卢梭前的普遍意志——从神性向公民性的改造》(The General Will before Rousseau. The Transformation of the Divine into the Civic),普林斯顿:普林斯顿大学出版社,1986;朱迪丝·施克莱(Judith Shklar),《人与公民——卢梭社会理论研究》(Men and Citizens. A Study of Rousseau's Social Theory),剑桥,1969年。至于卢梭所探讨的,贝尔纳迪在其作品中间接涉及(参见第298—300页,第406—415页)的"秩序"主题,我们得说,这一主题源自马勒伯朗士。除了马勒伯朗士,就只有圣奥古斯丁了。后者首先将秩序定义为"上帝呼唤一切存在的媒介"(《论秩序》[De ordine])。尤其是在《上帝之城》(第19、13页)中,他深入分析了这一概念的意义和范围,一方面将其理解为"和平"("万物的和平:秩序的安宁"),另一方面将其理解为通往上帝的道路。因此,奥古斯丁认为,美德是"爱的秩序"(ordo amoris),是遵照秩序的爱(amour selon l'ordre)。(参见:乔治·杜比,《三种等级或封建制度的想象》,前揭,第96页)

马勒伯朗士继续探讨这一主题,但是他把"遵照"秩序的爱改为了秩序"之"爱(amour de l'ordre)。爱弥尔·布雷耶尔(Émile Bréhier)在发表于1938年10月的一篇著名文章中曾合理地认为,这就是卢梭的参考来源(参见:《卢梭的马勒伯朗士式阅读》,载于《国际哲学杂志》[Revue internationale de philosophie],再刊于《现代哲学研究》[Étude de philosophie moderne]巴黎:法国大学出版社,1965年,第84—100页)。不过,虽说都是"秩序",但是卢梭所说的"秩(转下页注)

些"活生生的个人"——那些独一无二的心灵——它不能包括生命本身所排斥的东西，也就是统一的、无特征的"表象"尺度。

一般说来，生命体和生命的关系很难被归结为诸如同与异的类别范畴。正如西班牙哲学家何赛·奥特加·伊·加塞特(José Ortega y Gasset)所言："两个具有相同属性，因而无法区分的生命，不是同一生命。生命的观念实际上迫使我们颠覆莱布尼茨的原则，去谈论'同一的可辨性'(disernabilité des identiques)。或者

（接上页注）序"与马勒伯朗士的"秩序"并不完全是一回事，可能是因为在马勒伯朗士看来，秩序是作为一种"理性"的"客体"所展现的。事实上，对于马勒伯朗士来说，秩序想要自我展现出来，就需要在其思想中被"思考"。也即，秩序的实在性(réalité)与其理想性(idéalité)是一致的，秩序正是通过其理念，并且仅通过这个理念才能使自己被认识到。但根据马勒伯朗士的观点，人们只有在"心智的广延"(l'étendue intelligible)，即上帝中，才能理解这个理念。而且在其本原中，按照这一观点的理想性，这个观念总是来自上帝。此外，如果正如马勒伯朗士所认为的那样，我们需要牢牢把握这一理念，如果说我们恰好爱秩序(aimer l'ordre)，那是因为我们事先在思想上已经与之有过接触。这至少是强加给自"原罪"以来的人类的条件：只有在思想层面了解秩序，才能爱秩序。而对于上帝，只要爱它，爱自己，就能认识它。

另一方面，马勒伯朗士申明，"人们可以通过明确的理念来认识秩序，还可以通过感觉来认识秩序"(《论道德》，《作品集》，XI, H. 古耶、A. 罗比内编，巴黎：弗林-法国国家科研中心出版社，第 67 页)，这对于掌握秩序的模式帮助不大，以至于费迪南德·阿尔基耶(Ferdinand Alquié)后来甚至写道，这句话"不可能让人们发现一个综合的原则，因而对于我们对秩序的理解也就无法作出任何解释"(《马勒伯朗士的笛卡尔主义》[Le Cartésianisme de Malebranche]，巴黎：弗林出版社，1974，第 320 页)。更何况马勒伯朗士的秩序观念仍然依赖于原罪的概念，也就是说，依赖于人类的历史和精神发展；所以马勒伯朗士的秩序观念接受上帝，却不能接受上帝的创造物。而卢梭为了界定秩序，是明确地摈弃了原罪的概念的。这种摈弃体现在其"自然的善"(bonté naturelle)的理念中，但这种摈弃也是由一个(在《爱弥儿》中的某个地方承认的)事实所引起的，即"创造"的观念是他所不能接受的。

说,如果生命是唯一的,那它同时也是多重的,因为我们可以说别人的生命等。所有这些困难都源自旧知识分子习惯。最有趣和最丰富的是问自己,我们如何通过一些普遍特征来'定义'生命,说在任何可能的情况下,生命就是这个,那个,这个。"①这就是生命不能如"抽象比例"(proportion abstraite)般"发挥作用",并与存在所赋予它的东西相适应的原因。让我们重复一遍,生命是这样一个既活跃又悲怆的本原,它完全而具体地融入自身,永远都无法与自身分离,既不能与自身交流,也不能在"外边"的外在性中,在一种"差别"的相异性中,在一种"差异"的距离中进行反思;这就是生命,通过融入自身——生命通过爱自身来融入自身——,生命在自身中不断丰满,并因为这种丰满而趋于完善(卢梭意义上的"可完善性",而非"进步"的同义词)。但也是这个生命,通过融入自身,它与因为有它才"有了生命"并保持生命力的一切都融合在了一起。它是这样一种生命,在活生生的自我的孕育中,它在自己内部实现了"多元化"。因此,当卢梭想要思考那些将生命体具有感染力间性的(intercommunicative)的主体性在内部以及在无形中统一起来的"联系"时,他总感觉自己不得不摈弃旧的形而上学图式,这也就不足为奇了。

生命体之间所建立的原始秩序只有基于一种对于他们所共有的,但又无法看见的一切的特别关注才能被想到——用卢梭的

① 何赛·奥特加·伊·加塞特,《作为系统的历史》(L'histoire en tant que système),载于《观念和信念》(Idées et croyances),J. 巴伯隆译,巴黎:斯托克出版社(Stock),1945年,第95页。

话是：被爱(aimé)。秩序只有基于这样一种敏感性(sensibilisation)才能被爱，即一切构建了生命的存在，但它本身的构建却并非出于"理性"。爱秩序意味着：让自己去感觉卢梭称为"原始自然"(nature originelle)的这一生命的天然背景(Fond naturant)。

因此，可以用自身性(自然的纯粹运动所产生的个体化的心灵)的秩序去替代存在之梯上的位置或存在之链上的环节。这一考虑实现的前提是：(1)考虑的对象不是一般的存在者，而是甚至都不能被界定为存在者的(因为事实上，它从未停止过向自身发生，出于爱自身而拥抱自己，因而去完善自身，即"自身的感觉"的自身)，被称作"心灵"的存在；(2)这种考虑本身(即心灵哲学)不是基于任何空间的具象(如链条或阶梯的隐喻)。只有悖论才能让人理解它的内涵——因为它指的是"没有关系的关系"，是心灵间不可衡量的关系；是不成比例的关系，是字面意义上无法测量的关系。就是说，将心灵彼此分开的差异(正是通过这种差异，心灵不会被混淆，在这种差异中，每个心灵都保持着最绝对的独特性)只能被界定为是定性的(qualitatif)，而且在这个意义上是"无限的"，也就是说，它与只能作为"限度"(limite)的区间正好相反。所有有生命的个体都有着共同的"原始自然"，如果说这些存在之间唯一的、可以确定的关系具有"原始自然"的特性，那么我们应该得出这样的结论：在这种关系之下，众生并非分布在一个有着不同级别的阶梯上，而是分布在同一个且唯一一个平面中。我们应该用平面的概念去替代阶梯或者链子的形象。更何况，没有任何"界域"(horizon)可以在其向自身的内在性中,在其自我触及中限制绝对主体生命①。界域属于世界的现象性,而绝非生命的现象性;它源于世界的超验性,与生命的内在性无关。因此,如果说生命是活生生的自我被动及感受性地被困在其中的"无限",那么卢梭在写给孔齐埃的信中所面对的"世界系统"问题就必然会导致对于互相的内在性(intériorité réciproque)的排他性考虑,这种互相的内在性在自然不可改变的秩序内,在生命的平面上将无限和有限,也即生命的绝对主体(subjectum absolutum)和活生生的自我的有限实体(substantia finita),结合了起来。

这个考虑显然会引出另一个实在的、"真实的东西"(参见:ES,906—906)的具象,一个更适合于"秩序"的具象:人们将不再谈论存在者,而是谈论心灵;人们将不再谈论存在之链上的"环节",也不再谈论存在之梯中的等级,而是谈论被放置在生命的平面上的"同心圆"。每一个心灵都是个体的,每一个个体都像一个同心圆,从一个"中心"发展而来,而这个中心不是它自己。这个圆心是绝对的,它在秩序的内部(在平面上)限定了我们所说的自身的"位置"②。

---

① 甚至连死亡的界域也不可以,对于自身而言,死亡只存在于它的"害怕"预先激发的"恐惧"中(参见:E,600),也就是说,这种"恐惧"在心灵与其"想法"产生联系之时才会被激发出来。

② 这就是为什么鉴于秩序的这种结构,这种生命给予其存在的无形结构,我们本想与卢梭讨论"构成"(composition)——使其与主体性的本体论"位置"这个词产生共鸣——如果这个"构成"不会在精神上和"布局"(configuration)一词产生混淆的话。"布局"一词与"构成"完全相反,因为二者之间它强调的是本质上可见的"物种"(espèces)或是"形象"(figures)。

卢梭进一步明确了这个圆的形象,他说自我位于"圆周处"(同上)。为什么是在圆周处而不是在中心? 因为没有任何一个自我可以成为自身存在(事实上,自身存在是超越自我的)的源头;更笼统地说,是因为没有任何心灵可以给予自己生命;简言之,因为没有任何人会被自己"置"于生命的平面上(相反,每个人都是通过实存的情感,按照一种原始的、本体论的被动性被"置"于生命的平面上的,而这种被动性恰恰是卢梭未能认识到的)。事实上,如果生命真的是这个秘密将我们置于绝对"秩序"中的绝对主体,那么,自我永远也不过是一个有限实体,它是这样一个存在,它的有限在于它总是被自己之外的"另一个""置"于生命的平面上,但这个"另一个"并非"第二自我"(alter ego),因为它如同"自然"对始终已经被赋予的存在(être-toujours-déjà-donné)的馈赠——通过自然先验地馈赠,自我永远只能"回归"。

这些都是秩序的要素(因此也是新的几何学要素):自我是一个感发经验的球体;心灵是一个同心圆,朝着扩张的方向不断变大;生命是一个支撑球体和圆的平面。正如球体被放置在生命无形的平面中,圆也一样在平面上展开。球体与平面的接触点就是自身的"位置",是同心圆在自己的扩张式展开中所享有的"位置"。圆心与球体的中心相同,它正是关于自身,作为自我原始的、本体的被动性的绝对主体生命。生命的馈赠先于我们,并在各方面都超越我们,生命是我们作为同心圆的起源和活力所在。这是因为对我们而言,它总是处于过剩(excédence)中,不断外溢,它将我们"置"于我们最深刻的独特性中。因此我们会说:正是在生命的秩序中,绝对(中心)和有限(同心圆)并存。或者说:正是在秩序中,绝对性(absoluité)才决定了我们的不可重复的有限性。

也许会有一个完整的研究来界定卢梭秩序学说的精神高度。事实上,萨瓦牧师的拓扑学视角与安格鲁斯·斯勒斯尤[①]的神秘主义观点是有交集的,对于安格鲁斯·斯勒斯尤而言,在生命的内在圆圈(Kreis)中,上帝占据着中心"点"(Stüpfchen),而自我只处于圆周的边界处(Schranke)[②]……卢梭认为,同心圆的中心,也就是心灵扩张和收缩的源点,"是忠实于他自己的"(E,591)。因此,很有可能正是在这种忠实于自身的基础上,最终存在着"恒常性"(constantia),必要的话,心灵会从这种恒常性中汲取力量。但中心的恒定绝不意味着圆的固定不动(immobilité)。恰恰相反:圆的恒常性才保证了它恒久的运动性(mobilité);它在变化的事物中保持自身的不变,赋予存在以变化。由此产生了圆的不断发展的同心性(concentricité):我们曾多次提到这种同心性,它有两种模式,这两种模式不是相反的和连续的,而是互补的和并存的。圆的同心性的两种模式是同一种,但它们的区别在于看的角度。正如斯宾诺莎认为,思维实质和扩展实质是同一种实质,它们有时在一个属性之下,有时

---

① 安格鲁斯·斯勒斯尤(Angelus Silesius, 1624—1677),17世纪德国诗人、神学家、神秘主义者。其抒情诗歌极具宗教色彩,也有非常鲜明的神秘主义特点,被认为是巴洛克文学最重要的作品之一。——译注

② 安格鲁斯·斯勒斯尤,《天真无邪的朝圣者》(Le Pèlerin chérubinique),I,第172节,H.普拉尔译,巴黎:奥比耶出版社(Aubier),1946,第88—89页。

又在另一个属性之下，在卢梭这里，圆的扩张和收缩也是同一种运动，这种运动从中心或者从圆周开始。从中心看，圆的运动是心灵向生命整体的扩张；从圆周看，圆的运动是心灵作为自身在其"位置"上进行的收缩。

心灵(根据扩张和收缩)的运动不亚于心的运动。这是因为自身是感发的，一切都是感发的，除此之外别无其他，卢梭将这种感发的自身称为"心"(cœur)。("心"绝非指身体的器官，而是各类情感的"中枢"[siège]，很显然，爱自身是情感的根源。)安格鲁斯·斯勒斯尤也早已认识到"心"是什么，他将其理解为自我触及。他说："我的心在下面很窄，在上面却那么宽……"[1]心既不是一个球体(如自我)，也不是一个圆(如心灵)；心是自我球体内部的一种锥体(cône)，它的顶部随着爱自身坚定不移地成为秩序之爱(amour de l'ordre)而不断扩大(这种成为，这种爱的转变也是智慧的实现)，而它的底部很窄，窄如自身的"位置"所在的球体与平面的接触点那般。我们也可以这样描述：心在秩序之爱中敞开，而在爱自身中紧闭，这两种运动绝不会相互排斥。实际上，二者是如此地不具有排他性，以至于爱自身越是深入，它就越会产生秩序之爱(这又反过来体现了安格鲁斯·斯勒斯尤所说的，我的心在下面很窄，在上面却那么宽)。

卢梭反对"存在之链"的观点，他宣称，构建生命整体和谐

---

① 安格鲁斯·斯勒斯尤，《天真无邪的朝圣者》(*Le Pèlerin chérubinique*)，I，第 82 节，德语原文为"Mein Herz ist unten eng und obenher so weit"，前揭，第 122—123 页。

(harmonie)的自然秩序——当然,如果这样的"协调"(concert)(E,578)存在的话——不再是一种存在者之间的和解(pacification),而是这些存在者相互比较的理性过程所产生的一种等级划分(hiérarchisation)。整体的和谐与一致更多地是来自生命体中生命的无限性的分配,而虽然这些生命体是有限的,这种有限性甚至是因为在"生命存在"(être-en-vie)之初,这些生命体没有被给予存在,因为他们无法通过自己(通过他们自己的意志)把自己"置"于生命的内在和印象的平面中。也就是说,心灵哲学的终极问题与其说是严格意义上的秩序问题,不如说是卢梭所称的"秩序之爱"的问题。我们说,秩序之爱这个概念是一种现象学性质的规定,因为它指的是"秩序出现的模式"。的确,正是通过爱或是在爱中,秩序才能每次都显现在我们面前。爱是秩序现象化的根源,如卢梭所说的有效现象化(phénoménalisation effective),这种现象化主要发生在感发的自身层面——卢梭称之为"心"。

为什么会这样,为什么秩序要通过"爱"这种感觉才能显现?这是前面所有的讨论已经向我们解释过的:因为如果说秩序确实是作为且按照其自身馈赠的生命,这个生命分散在每个生命体的心中,如果秩序的概念与构成心灵(纯粹的爱自身)的存在有关,那么秩序的存在或许只有在"活着"本身的感发性中才能被"证明"(以及被体验)。这个结论是说,秩序存在的唯一证明是它最终随着爱自身而回归的深化功能。秩序之爱是一种情感(按照卢梭在《爱弥儿》中赋予该词的定义),

作为一种情感,它只能是一种对于爱自身的"变体"(modification);但其实它不仅仅是爱自身的一个简单的模态(modalité)或变调(modulation):它是爱自身的"延续",是爱自身的"结果",因为它发生在某种"伦理深化"(approfondissement éthique)的最后。这是深化的意义,在秩序之爱中,"心"感觉到主体性和心灵所参与的(即"活着"的感发性,如享受,如痛苦)是另一个生命体同样在自己内心深处所感受到的,另一个生命体同样由爱自身所激活。正因如此,卢梭肯定道,秩序之爱是一种对于生命的爱自身的深化,通过秩序之爱,自我"命令自己趋向整体"(E,602)。

我们因为各种各样的因素而彼此不同,其中有本质的因素,也有偶然的因素。在众多本质的因素中,必须要考虑的当然是我们感觉自己的方式(实存情感的自我触及、自身的"位置")。这种方式首先是衡量我们行动能力(puissance d'agir)的一种方式,它每次都是不同的。这正是因为我们每个人都拥有个人意志或者个人欲望①之外的行动能力,这种能力是通过爱自身的自我拥有(auto-possession)模式而获得的,我们被给予的存在既彼此相同,又彼此不同。但秩序的含义并不是同一个平面内的同一性或差异性,而是万物平等,万物在"自然"中都是平等的。虽然在生命的内在平面内万物平等,但这也不代表着"自然"中

---

① 因此,卢梭主义的伦理学中具有必要性的特征,我们已经充分说明,卢梭的伦理学鼓励自我使其欲望与"我能"的能力相匹配,这就再次强调了在主体性中平衡"我想"和"我能"的忧虑。

就不包含差异了。恰恰相反：作为生命的自然的平等只有在差异中才能显现出来。因为独特，所以有差异。因此，如果说"整体"是一个真正的整体——确切地说是一个本身就有着多样性和统一性法则的"宇宙"——，那是因为它是一个有着合格的多样性、不可化约的多元性、不可估量的丰富性的"场所"(lieu)。在这里，"整体"是"统一的多样性"，它充满了真正的差异，本质上具有独特性的不同心灵间真正的差异。也就是说，维系秩序的平等是在生命的平面上或享受或受苦的心灵的平等，这心灵是如此地"更加不同"于其他，以至于它除了……自身，什么也不像。

这样一来，(通过认可)在同一性的差异性中证明同一性和差异性的存在是合理的，这种相像(ressemblance)的统治便结束了。今后，由同情心原则所证明的独特性的相似(similitude)王国开始发挥作用。这就是说，卢梭主义的秩序并不是"战术性"的(同样，它所"反映"的永恒正义[justice]也和希腊人眼中的正义[dikè]的神性本质没有任何相似之处)；它也不是分类学的。秩序是所有生命个体身上既像"相同"又"不同"的东西，即他们基本的感发性，这种感发性由实存的情感决定，也就是说，通过这种方式，每个人如他们首先在爱自身中感受自己一般感受自身的生命。亚里士多德已经指出，"一切秩序都有逻各斯的特征，具有联系性"[①]，莱布尼茨也说过，"秩

---

① 亚里士多德，《物理学》(*Physique*)，I，252 a 13。

序不过是若干事物间分明的联系罢了"①。但在卢梭看来,秩序是联系的结果,这联系既不是逻辑的,也不是理性的:它是感发性的。其"逻辑"(假设这个词仍然适用)也不过是"心"的逻辑罢了。所以有必要再重复一次:卢梭主义秩序的"实在性",正如其"显现"一般,仅仅是一个感发性的问题,萨瓦牧师也用他的方式强调了这一点。事实上,对他而言,秩序只有在首先"被爱"的情况下才能"存在"。

爱所揭示的秩序是一种调整(ajustement)的秩序。这种调整根据一种正义的秩序进行,正义的秩序的特点是始终不渝。秩序的正义是"永恒的",它是"永恒的",因为圆心,即心灵的源点(point-source),对自己来说是恒定的。卢梭用他的方式说,永恒的正义是上帝的善的"一种延续"(E,593)。但为什么他会在这里提到上帝?这永恒的正义的"神性"(divinité)是什么呢?卢梭的回答很复杂。在自然状态下,(自然的)善和(永恒的)正义之间没有差别;后者甚至不是前者的结果;善是正义的别称,因为秩序是自然的代名词。然而,在社会状态下却并非如此,在社会状态下,自然的善的扭曲(voilement)证明了(作为人类制度的)正义的建立的合理性。在自然状态下,正义的问题与善的问题合二为一,但在

---

① 戈特弗里德·威廉·莱布尼茨,《哲学著作集》(*Die philosophischen Schriften*),I,G. I. 格哈特编,希尔德斯海姆:乔治·奥尔姆斯出版社(Georg Olms Verlag),1978年,第290页。德语原文为"(15)Est enim ordo nihil aliud quam relatio plurium distinctiva"。

社会状态下,二者又互相分离。这种分离或说紧张(tension)赋予了法律立法以意义和基础,使之成为人人都能理解的理性结构,这就是"萨瓦牧师的信仰自白"中这段话的主要含义:"哪里是一切都好,哪里就没有不正义的事情。正义和善是分不开的,换句话说,善是一种无穷无尽的力量和一切有感觉的存在不可化约的爱自身的必然结果。无所不能地可以说是把它的存在延及万物的存在的。"(E,588)在"社会精神"占统治地位的社会状态下,在去自然化的逻辑通过自私心在爱自身的恢复下相应发展的历史进程中,善与正义总是分离的。正如二者的地位也发生了变化:善不再属于本体论的范畴,而被纳入道德的范畴,正义也不再属于"神性的"范畴,而是人类的范畴。的确,既然人离开了自然状态,而进入了他们现在所处的社会状态,那么就应该通过正义的实践来建构(或者说恢复)这世上的善。作为司法制度的法律是一种手段,它可以重新建立起一种被打破的原始平衡("整体的和谐"),这种平衡的善足以确保它的延续。今天,确保人人享有正义是个体幸福的条件①。

---

① 在自然的内在性被破坏的境况下,在对世界及其"辨别"的认同居于首位的生存条件下,要靠善的美德(尤其要靠同情心)来恢复人类不幸或者幸运跳过的自然秩序,善的美德以法律的力量和使之合法化的东西(正义的美德)为支撑。但是,应该指出的是,"恢复"(restauration)证实了现象之间"自然"秩序基础的颠覆:除了在正义之外,作为感发的决定和存在的幸福,善现在(指在"社会"中)被证明是连续的。正义的实践可以并且必须引起一种"综合的"幸福感,"萨瓦牧师的信仰自白"中的话语就象征性地证明了这一点:"我愈扪心自问,我愈领会到刻画在我灵魂中的这句话:'行事正义,你就可以得福。'"(E,589)

但究竟什么叫正义？只要它符合生命的绝对主体性，只要它遵照这一结构（即爱自身），道德上的正义行为便只能与《圣经》中所劝诫的精髓相一致：爱人如己。但条件是我们要这样来理解：正义必须被放在生命对自己的爱和人类应该对其同类施予的爱之下。的确，正是通过这个普遍准则（以符合心灵哲学的方式重新阐释），人类的正义才有了一个非常坚实的基础。这种正义并不能归结为一种对（或多或少隐秘地）建立在对启示话语（parole révélée）信仰基础之上的规范性立法的实施。[①] 但事实是，依据像生命爱自己一样去爱他人这一训令，正义的行为将会把自己的权威建立在自然不可改变的秩序之上，也就是说，正义的行为不会阻碍这种生命在自身中体验到的无法平息的激情的自由展开，这种激情使心灵在同情心的情感中充分扩张；所以问题就在于：对于一个规定而言，无论其来源是什么，无论它是源自人还是神，它是否会否定它自己的适用范围？而这样的话，对它而言岂不是自相矛盾了吗？

我们还记得卢梭在《爱弥儿》中所说的："当豁达的心怀使我把自己看成跟我相似的人是形同一体的时候，当我可以说是把

① 因此，当卢梭把全部分量放到"爱人如己"这句话上时，他感兴趣的并非是旧约的戒律（《利未记》19：18）或是福音的诫命（《马太福音》19：19）。因为对他来说，这个训令本身是建立在一个基本的本体论基础之上的，但他形式或教条的理解从未揭示过这一基础，尽管他是唯一可以赋予伦理学必然的、不可动摇的特点的。鉴于这一点，人们可能会认为，伦理和宗教是混淆的，或者说是彼此融合的。实际上，二者都只是以自己的方式，在作为生命的自然（爱自身）的现象学结构中重新自我建构。

自己看作为他的时候,我希望他不受痛苦,也正是为了使我自己不受痛苦;我爱他,也正是为了爱我,所以这句格言的理由存在于天性的本身,因为它使我不论在什么地方都怀有过幸福生活的愿望。因此,我认为,说自然的法子完全是以理智为根据,是不对的;它们有一个更坚实稳固的基础,由爱自身而产生对他人的爱,是人类正义的本原。"(E,523)在《论人类不平等的起源和基础》中,卢梭已有总结:"我们的精神活动能够使这两个原则[爱自身和怜悯心]相互协调并且配合起来。在我看来,自然法的一切规则正是从这两个原则的协调和配合中产生出来的。此后,理性由于继续不断的发展,终于达到了窒息天性的程度,那时候,便不得不把这类规则重新建立在别的基础上面了。"(DOI,126)只有"萨瓦牧师的信仰自白"在探索自然法的基础上更近了一步,一方面通过他的秩序学说,另一方面通过确立人将自己的思想、感觉、行为、行动能力、意志、自由,甚至是自己的存在都保留给了上帝,认为上帝是"唯一的绝对的存在,唯一能够真正活动、感觉、思想和行使自己意志的存在"(E,593)。因此,这种对人类一切正义的原则的深化使人类回溯上帝,回溯其意志的善。卢梭接着说道:"上帝是万能的,因为他能行使意志;他的意志就是他的力量。上帝是善良的,这是再明显不过的了:人的善良表现在对同胞的爱中,上帝的善良表现在秩序之爱上,因为他正是通过秩序来维持一切的存在和使每一个部分和整体连在一起的。"(同上)在这里我们看到,上帝被他的秩序之爱"束缚"了。但这远没有限制他的无所不能(toute-puissance)或他的行动自由,因为归根结底,上帝所服从的秩序之爱只不过是上帝的爱自身;这是他作为"活神"(Dieu vivant)的善。

如果说我的心灵是有灵性的,如果我的心灵有才智,那么上帝在他"至高的智慧"(E,592)下并不是一个纯粹的神灵。他就是那"无边的力量",让一切个体的和有限的力量以自身的名义占有自身,并以第一人称行事。从这个意义上说,上帝是所有可能的自身性的源头——尽管在我的心灵和他之间,在我的有限性和他的无限性之间,没有任何可比性(参见:同上)。而且,"统治世界的至高的智慧"与世界无关(同上),我们也不能说一个与人类和自然为敌的上帝是上帝:因为这样他就会对人类提出不可能的要求,因为他的神性、至高的智慧和他的无所不能,他对人类与生俱来的力量无所不知。而"法则"(loi)不也是如此吗?卢梭明确回答道:"我们的欲念[是]我们保持生存的主要工具,因此,要想消灭它们的话,实在是一种既徒劳又可笑的行为,这等于是要控制自然,要更改上帝的作品。"(E,491)

同一个本原还有另一种表述:如果我们承认"上帝要人们根除他赋予人的欲念",那么,在这种情况下,"上帝是既希望人生存,同时又不希望人生存了,他这样做就要自相矛盾了"(同上)。这一有力而具争议性的言论背后隐藏的是一种反对清教徒的信仰。卢梭很清楚,甚至是在极度的痛苦中,在精神的折磨中,在无尽的苦楚中,他愈加清楚,清教主义(通常是新教,尤指加尔文主义)总是会使人类的心灵陷入罪恶意识(la conscience de péché)的折磨。卢梭深知一种制度化的宗教的教条会把人类扔

进一个怎样残酷的深渊,所以他在思想升起的岬角上毅然疾呼:
"[上帝]从来没有发布过这种糊涂的命令",要求人根除欲念,
"在人类的心灵中还没有记载过这样的事情"。事实上,在他看
来,"当上帝希望人做什么事情的时候,他是不会吩咐另一个人
去告诉那个人的,他要自己去告诉那个人,他要把他所希望的事
情记在那个人心里"(同上)。而如果说上帝每次都是将自己的
意志记在人的心里,那么显然是出于这个已经被多次提到的主
要原因,即心是卢梭赋予感发性自身的名称,它是实存的情感的
极度揭示(archi-révélation)完成的"实证",正是在感发性的自身
(心)中,一切事物才有可能被"激活"(prendre vie)[①](同上)。

　　也许我们需要更进一步的分析才能进行总结。需要明确的
是,如果心确实是使一切显现变得可能的"场所",那么心也是神
性得以显露的"场所"——那里出现了这位从未有人"见过"其面
孔的上帝。关于这一点,我们知道卢梭那句著名的感叹:"在上
帝和我之间怎么有这样多的人呀!"(E, 610)的确,在我的面孔
和没有面孔的上帝之间怎么有这样多的面孔。当应该要保持安
静时,怎么有这样多的话。当只需要爱一个"秩序"时,怎么有这

---

　　① 此处我们想到柏拉图所著《斐多篇》(*Phédon*, 105 d-e)中这个精彩的片
段:"灵魂占有一个形体的时候,总是带来生命吗? ——对,对它来……——有没
有什么东西跟生命相反? ——有的……——是什么? ——'死亡。'——根据我
们前面一致认同的说法,能推出灵魂绝不容纳它所伴随的东西的反面吗? ——
肯定不会……——那不容纳死亡的,我们叫它什么? ——'不死。'——灵魂不容
纳死亡吗? ——不容纳——那灵魂就是不死的——不死的。"(柏拉图,《斐多
篇》,M. 迪克索译,巴黎:弗拉马利翁出版社,1991 年,第 289—290 页。)

样多的秩序要遵守。当最重要的是心的结合时，怎么有这样多的禁令。我们该如何否认"上帝所要求的唯一敬拜，是心中的敬拜"，以及"如果大家都只倾听上帝向人的内心所说的话，那么，在这个世界上从今以后便只有一种宗教了"（E, 608）？

最后要说的，应该是秩序问题。如果说正义在秩序中占统治地位，如果它"能够"占统治地位的话，那么前提是，在这些同心圆，即（在秩序中的）心灵之间不会产生任何重叠（chevauchement）或可能的侵越（empiétement）。每一个心灵都在生命的平面上或快乐地享有，或痛苦地承受着一个"位置"，这个"位置"每次都以实存的情感的基调为标志。自身的"位置"确保了不同的心灵个体性（individualité）不至于混淆。这是因为从来不会有一个人所享有的或所遭受的是和另一个人一样的。我的基本禀赋在生命的平面上所赋予我的"位置"只会落到自我身上。我的自身感受只属于自我，其他人，哪怕是最有同情心的人也无法在我的位置取代我去体验。（"在我的位置"从根本上讲是指：在这个尽管是属于我的"位置"上，在这个"位置"上，我的存在自身在一切被动性中得以建构。）这意味着，从其本原来说，属于我的"位置"每次都能免于外部的一切伤害。自身"位置"的完整性保证了它既无可比拟，又不可或缺。这意味着，自身因其存在而无法触及，也意味着自身不受任何支配和控制。诚然，犯罪会在世界上造成混乱，但它不会引起人们的质疑，不会改变自然作为生命的秩序。也许自我总会死去，但自身凭借其不可替代的特性，仍是坚不可摧的。自我的球体注定要消失，但心灵的圆仍然存在。我们是否要再次宣扬灵魂的不死？事实上，灵魂的不死是继坚信有智慧的上帝存在和整体形成一种"普遍和谐"（E, 590）之后，萨瓦牧师的"自然宗教"（religion naturelle）的主要教条之一。卢梭在"萨瓦牧师的信仰自白"的结尾所说的"就我们而论，并非一切都是同生命一起结束的……"（E, 590），也许比他在《论人类不平等的起源和基础》中所提到的"真相"更能激起"哲学家"们的敌视。那会不正是抨击基督教，重新发现唯物主义的时候吗？此外，卢梭还这样说道："即使没有其他的证据，我单单拿这个世界上坏人得意和好人受压的情形来看，也能深深相信灵魂是无形的。"（同上）他认为，灵魂不死的证明不能从本体论层面提供（仅因其非物质性），只能从道德层面考虑①。将这个

---

① 正如对柏拉图来说，灵魂不死的教条是从记忆理论（la théorie de l'anamnèse）推导出来的，对于卢梭来说，灵魂不死的教条则是从秩序理论推导出来的。这两种情况都不涉及演绎的前提，而涉及演绎的结果。前提确实存在，但不是灵魂的不死，而是普遍和谐意义下的秩序。卢梭对此深有体会，他从未在灵魂的不死中看到比实存的情感更确定的"真相"，他只是赋予它一定的有效性——即道德的秩序。确切地说，在道德层面，灵魂的不死应该被当作对人类至关重要的信念，它给人注入希望，使他相信，在他死后，道德秩序会对他生前在同类的恶意下受过的伤害做出补偿。"即使没有其他的证据，我单单拿这个世界上坏人得意和好人受压的情形来看，也能深深相信灵魂是无形的。在宇宙万般谐和的情景中，出现了一种这样刺目的不调和的现象，使我竭力要寻出一个答案来。我要对自己说：就我们而论，并非一切都是同生命一起结束的，在死了的时候，一切都要回到原来的秩序。"（E, 590）在卢梭之后，康德颠覆了推理的形式和原则。事实上，卢梭认为，如果世界上没有一种道德秩序，我们只能部分地、不充分地论证灵魂不死观念的合理性（之所以说部分地、不充分地，是因为这样一来，论证的理由便仅仅停留在灵魂的非物质性特点上了）。但根据康德的道德哲学，灵魂的不死是实践理性（la raison pratique）的一个"公设"（postulat），如果没有灵魂的不死，我们便无法赋予世界的道德秩序以意义。

笛卡尔已有过精妙分析的问题(这是笛卡尔在《第一哲学沉思集》中作为副书名所强调的关键)置于道德的层面讨论,这难道不是一种绕过它的方式吗? 不管怎样,卢梭这样总结其学说:"普遍的恶只有在秩序混乱的时候才能发生,我认为万物是有一个毫不紊乱的秩序的。"(E, 588)如果说恶无法影响整体,那可能是因为它原始的、本体论的被动性,因为是它必须要存在于生命中,而不是生命必须存在于它之中,因为它不是它本身进入生命时的源头,简而言之,如卢梭所说,因为"正是[生命的无所不能]把生命和活力赋予那能动的活的实体的身体",没有任何生命体可以从他作为"自我"所在的圆周处到达圆心。这并非由于自我的有限性,相反,恰恰是由于这种有限性,作为秩序的决定性原因的心灵的中心才不能被靠近、攻击或者破坏。因此秩序才能永不中断,而灵魂可谓不死。

从中也能生出我们唯一的希望。因为改变秩序,使之无序的前提是,自我有可能使自己"真正地"成为一切事物的中心。然而事实是,即使是自私心这个"特殊的"危险动机,它"总是使人想超出其本分"(E, 608),即使是最令人发指的暴力和和最猛烈的仇恨,也未能颠覆万物的秩序。颠覆万物的秩序需要占据中心,即使坏人受自私心的驱使,想象自己可以"号令自己周围的一切","[因此]成了万物的中心"(E, 602)①,他也无法(他既

<hr>

① 需要指出的是,叔本华作为卢梭的忠实读者,后将这一立场转化为了他的哲学。对于《作为意志和表象的世界》的作者叔本华来说,坏人从这种根本性的"利己主义"(égoïsme)中汲取自己的存在和行动条件,这种"自私"(**转下页注**)

没有至高的智慧,尤其又不是无所不能的)真的置身于他不在的那个中心。但这个万物的中心在本质上与心灵的中心并没有什么不同,因为这是生命的问题:一方面是无限的生命,另一方面是有限的生命。现在,在作为生命的自然中——卢梭的学说在这方面是明确的,这甚至就是他的主要论点(也是我们开始研究这个问题的原因)——没有痛苦,也没有恶意。在心灵的中心,生命自我分配,使自己去体验它自己的心灵,在心灵的中心只有生命,超溢的生命,也就是自然,自然的善,作为生命的自然的无限分配从自己并通过自己体现到了整个个体身上,使其拥有一个非物质的心灵。

事实上,没有什么比认为我们自己也参与了生命的无限分配更荒谬的了。这无限的分配,是凭借其无所不能而自我给予的生命。这就是为什么它使一个无限的生命不受力量的限制。

（接上页注）常常将自我"置于世界的中心,将一切都与他这个人相联系",以至于"无论什么事情,无论这个事情多么微小或多么间接,例如,影响人民命运的大动荡,都要首先根据他的利益作出评判"。叔本华接着又说:"最鲜明的对比莫过于每个人对于他自身的排他性的、深切的关注和大多数人对这个自身的漠不关心,反之亦然。从某方面看,这些无数个体中的每个个体,至少是从实践的角度,都认为只有自己是真实的,而将其他人视为纯粹的幽灵,这可以说是相当滑稽了。这最终是基于这样一个事实,即每个人和自己的联系是直接的,但他与其他人的联系是间接的,是通过他大脑中的表象产生的:而正是这种直接性产生了他的权利。因为在每个意识的基本主体性下,每个人在自己看来都是世界的中心;因为一切客观的事物都是以间接形式存在的,只是主体的简单表象;因而一切都取决于自身的意识。每个人所认为的唯一的、理论上的世界,是他眼中的世界,作为他的表象,所以他是这个世界的中心。"参见:《伦理学的两个基本问题:基于道德基础》(*Les Deux Problème fondamentaux de l'éthique : Sur le fondement de la morale*),§ 14,Ch. 杰德凯译,巴黎:阿利夫出版社(Alive),1998 年,第 172 页。

如果"上帝"是我们给一个真正"绝对的"唯一存在所定义的名称,那么生命的这种无所不能的自我馈赠,我们便可以称其为"上帝"。如果在心灵的中心有生命的绝对存在(être-absolu),那么就有上帝。"上帝不是已死之人的上帝。"(E,588)卢梭这样写道。上帝是——"我灵魂的神灵"(E,608)。

结　语
生命的精神

　　让-雅克·卢梭通过他的"心灵哲学"，试图指出人的心灵由于"社会精神"而发生的去自然化给人带来的挑战。这一哲学源于恐惧，它使卢梭意识到世界只是一片"巨大的荒漠"，人们创造并(冒着自身毁灭的危险)捍卫的社会没有希望了。

　　心灵哲学令人钦佩的是，一旦被贯彻到底，它便能够以希望应对绝望。"[……]一旦我们摆脱了肉体和感官令我们产生的幻觉，从而喜悦地看到至高的存在和以它为源泉的永恒的真理，一旦秩序的美触动了我们的整个灵魂，使我们诚恳地把我们已经做过的事情和应当做的事情加以比较，这时候，良心的声音才又发挥它的力量和权威；这时候，由于对自己感到满意而产生的纯洁的欢乐，由于堕落而产生的痛苦的悔恨，将通过难以遏制的情感而看出每个人给自己预先安排的命运。"(E,591)

　　用"卢梭"的希望来应对"让-雅克"的绝望，重塑道德哲学来应对人的道德败坏。这不仅是道德的，还是伦理的使命，首先是

318

伦理的使命,如果这确实是伦理存在的理由的话:要求人对他的绝望感到足够绝望,使他不必再对自身或对自身的生命绝望①。"真正的哲学"正是在其作者的伦理要求之下才产生的。但"真正的哲学"本身就是一种伦理学,它相信美德振奋人心的力量和魅力,而美德也被明确地理解为心灵的力量和活力。"真正的哲学"之所以相信美德的力量,是因为尽管有种种证据,尽管不可能,尽管人们似乎只能忍受种种痛苦和恐惧,尽管那些想让卢梭沉默的人使卢梭被迫承受了许多不幸和羞辱,但它最终得出结论,恶是没有秩序的,只有善才有秩序,善的本性不仅不考虑死亡,而且通过爱自身,它把自己交给自身,只靠自己的显现力量来完成这样一种馈赠。

* * *

"心灵的呼声""良心的激励"(E,600):在心灵哲学中,这些表述是指在人类灵魂深处通过其"内在情感"引起共鸣的不安的音调,在这种境况下心灵便能立刻回忆起(心灵的这一回忆正是"良心"的呼唤)它的出离(受自私心青睐的)自身是在它整个存在的"矛盾"或者"异化"本原之下的。

因此,"良心"的声音或者呼唤指的不仅是心灵的去自然化,还是在整体的隐秘安排中自我的偏移(décentrement),也即,既

---

① 关于这一伦理"使命"的来龙去脉,参见拙著:保罗·奥迪,《伦理学之优越性》(Supériorité de l'éthique),巴黎:弗拉马尼翁出版社,"田野"(Champs)系列,2007年。

是其在生命的无形的平面上或享有或承受的"位置"的失调（désajustement），也是"利己主义的"和"个人主义的"再中心化（recentrement），这种再中心化总是由一种"区别"的需要决定的，这种需要原则上不属于爱自身的建议。至少，这便是卢梭在总结其思想时似乎想表达的，他写道："在我们的灵魂深处生来就有一种正义和道德的原则；尽管我们有自己的准则，但我们在判断我们和他人的行为是好或是坏的时候，都要以这个原则为依据，所以我把这个原则称为良心。"（E,598）

卢梭想的也正是这种自然秩序的颠覆，他在《爱弥儿》的某处论证过："可以感知的客观事物给我以印象，内在的感觉使我能够按照我天赋的智慧去判断事物的原因；我根据这些印象和内在的感觉推出了我必须了解的重大的真理之后，我就要从其中找出哪些准则可以用来指导我的行为，哪些规律我必须遵循，才能按照使我降生在这个世界上来的神的意图去完成我在世上的使命。由于我始终是按照我自己的方法[即'内在认同'（assentiment intérieur）]去做，所以我这些规律并不是从高深的哲学中引申出来的，而是在我的内心深处发现的，因为大自然已经用不可磨灭的字迹把它们写在那里了。我想做什么，我只问我自己[卢梭说，因此我只问我的本性，在本性的"意志"下，我真正的自身性得以建构]：所有一切我觉得是好的，那就一定是好的；所有一切我觉得是坏的，那就一定是坏的；良心是最善于替我们解决疑惑的；所以，除了是为了同良心刁难，我们是用不着那种诡谲的论辩的。"（E,594）

在这个重要的片段中,卢梭认识到伦理这一明智的条件是无法建立在严格的理性基础上的,因为它必须始终根植于先验的感发性,也即根植于作为生命的自然的绝对主体性。在这段文字中,卢梭也认识到,正是在与实存情感最深处的音调相一致的心中,伦理学才获得了它不可动摇的确定性;因此,他所希望获得的明智(sagesse),无非是一种真诚的明智。最后,他指出,"良心"通过秩序之爱的命令,为去自然化的心灵注入了生命的整体的感觉。

事实上,"良心"通过其"内在的证据"(E, 600)将爱自身向秩序之爱开放。换句话说,爱自身在秩序之爱中的深化,是"良心"的功劳。但"良心"的作用不止于此:它在感发性的基础上重建了对秩序的理性认识。卢梭在《致博蒙书》(*Lettre à Christophe de Beaumont*)中解释道:"良心只在人获得知识时才会发展并起作用。人只有借助知识才能认识秩序,也只有认识了秩序,良心才会促使人去热爱秩序。因此,对于不会比较、不懂关系的人而言,良心一无所是。"(LCB, 936)但"只有认识了秩序,良心才会促使人去热爱秩序"这句话并不意味着在任何情况下,人始终都只有先认识秩序才能爱秩序。它更多地是表明,如果人和普遍正义秩序所维系的唯一关系是理性和认知的秩序,如果由于其心灵的去自然化,人只依靠理性的知识来理解作为生命的自然的整体,那么,在这种情况下,为了让人去爱作为有序一切的整体,就需要"良心"的帮助和支持。换言之,自然状态的人按照自己对自身的爱行事,从而为维持秩序做出了贡献,但"社会状态"

下的人——"活在社会状态下的自然人"——只能按照其理性的指令行事。因此，为了去爱理性（不再是单纯的内在情感）令他施行的善，人必须倾听其"良心"的呼声。他必须要衡量理性呈现在其脑中的"善"是否与"良心"提醒着他的爱自身背道而驰，他的善又是否与他生命的善相协调。卢梭从中得出结论，那就是"知道善，并不等于爱善；人并不是生来就知道善的，但是，一旦他的理智使他认识到了善，他的良心就会使他爱善；我们的这种情感是得自天赋的"（E,600）。

我们已经说过，在卢梭看来，"良心"的现象只有基于一种自身的外显、一种心灵在本质上由于自私心而在自身以外的投射才能显现出来。在这样的基础上，且仅在这个条件下，"心灵的呼声"才会出现并呼唤着美德，召唤自我"回到自己身上"，享受其本质的全部积极性。在这些条件下受命于上帝的意思是：欣然接受"自然希望"其成为的样子。自然的善已经证明了上帝的意志，上帝的意志是行动能力的基础，每个有着实存情感的人身上都有这种能力。所以自然的善甚至意味着行动的可能性，因而也是活着的可能性，如卢梭所说："活着，并不就是呼吸，而是行动，那就是要使用我们的器官，使用我们的感觉、我们的才能，以及一切使我们感到我们的存在的本身的各部分。"（E,253）因此，自然的善是生命在本质上的自我揭示，这种本质在其本身的揭示中，在不断变化的实存情感的形式下消耗殆尽。当我是自然希望我成为的样子时，我便能在完满幸福中享受我的全部存在；我为我的存在依据其主体性所体现的自身的幸福而感到喜悦——我的喜悦毫无保留，没有沮丧，也没有怨恨，我不会对生命中没有的感到遗憾，也不会对还没有的有所期待。作为"内在满足"条件的喜悦是"活生生的在场"（présent vivant）的纯粹快乐。此时在场的生命不受任何东西决定，它向自身在场。朝向自身的活生生的在场是生命使其朝自身在场，是生命赋予自身全部的存在，使其有能力去感受鲜活的生命。在喜悦中，自我实际上为它的主体性（它的"体验自己"）与"天性"相一致（通过生命本身对自身的考验）而高兴，自我是如此欣喜于"按照自己的天性存在"（E, 591），以至于它最终可以满足于——也即认同——这个产生了这种一致的"处境"。让我们最后再回顾一下《一个孤独漫步者的遐想》中的这段话："在这样一种状态里得到的是什么乐趣呢？不在任何身外之物，而在我们自身，在我们自己的存在。只要这种状态持续着，一个人便能如同上帝一般自足。这种超脱了其他一切感发性的实存的情感［也即**自我触及**的纯粹感发性，而非特别的、经验的感发性，从自我触及中派生出自己的可能性条件的异感发性（hétéro-affection）］，究其本身就是和谐安宁、极为珍贵的情感，对于一个懂得排遣一切分散我们精力、破坏事件和美的情欲物欲的人而言，这种情感便足以使他体味到自身存在有多么珍贵，多么甜美。"（R, 1047）

只有当我们不背弃生命赋予自身的馈赠时，爱自身才会显示出它与秩序之爱的根本对等性（équivalence foncière）。《爱弥儿》的作者用一段热情洋溢的话完美地颂扬了这根本而隐秘的对等性："我意识到我是那至高的上帝所创造的，是他的工具；凡是幸福的事情,他就希望,他就去做,他要通过我的意志同他的意志的结合以及我的自由的正确运用而创造我的幸福;因为,还有什么事情比感觉到自己在一个至善至美的体系中有一定的地位更幸福的呢?"(E,602—603)透过这段似乎是经过字斟句酌的文字,卢梭将我们带到了他沉思的顶峰。感受一个井井有条、无比公正的秩序——因为这个秩序绝非是依靠人类之力建立的——,我们只有真诚地对自己说:我是生命"意志"的化身,我不会用傲慢、虚荣或自私来破坏生命,而是会欣然接受它内在的馈赠(不论是快乐还是痛苦),我会心甘情愿地增强它的表现力(expressivité),因为我毫无保留地为生命给予自身的馈赠而喜悦,它每次都将我"置"于其内在和印象的平面上,我很高兴自己"内在的考虑"向我暗示了它的秩序(当我倾听我"良心"的呼声时)。但同时也要明白,在这个"至善至美的体系"中——"或者这样说更好:'整体都好'或是整体中的一切都好"——,万物间的秩序,自然不可改变的秩序,首先是一种"永恒的正义"(E,603)。

在《遐想》的"第八次漫步"中,卢梭声称:"沦落到孤身一人的地步,我真的只有用自身的东西来充实自己了,然而这个源头却是永不枯竭的,我可以自给自足。"(R,1075)这怎么可能?

对于依靠生命而活着的心灵来说,生命是一种不断的、不可还原的、不可逃避的馈赠,它只取决于自身;它的自我馈赠是自我给予,仿佛是为了从自己的本质中,从自己的实体中不断地充实自己,而它的实体本身在不断的壮大和增强中看起来是无限的、取之不尽的。卢梭之所以说生命是"充足的、完美的、充实的",是因为在其过满(trop-plein)的自身之中,生命只取决于它本身。通过自我给予,生命将自我"置"于其内在和印象的平面上。它在将自我"置"于这个内在和印象的平面上的同时,也使自我陷入了一种根本的、本体论的"孤独"(solitude)中。"孤身一人"(être seul)在这里并不意味着私人的或是与他人隔绝;"孤身一人"是指在自己的存在中被驱往(存在)自身——这个自身存在(être-soi)是建立在原始"自然"的基础之上的,而这个"自然"始终已经被给予生命,我并没有参与其中。

但是,这种原始孤独,这种如圣奥古斯丁在谈到上帝时候说的"比我自己的内在还深刻,比我自己的顶峰还要高"的孤独,我从未决定过这个我被驱往的,并非是我选择的存在自身,甚至我只是在生命诞生那一刻被动地接受了这个存在自身。如果我想成为自然希望我成为的那种人,那么我也很有必要与这个存在自身和谐统一。自存性(aséité)的要求建议我接受我的原始条件:被驱往(存在)自身的存在的孤独。

因此,在这种对自我的分配中,本体论条件和伦理要求与自我不可抗拒的孤独相混合。根据这个分配,一种存在的(且可能是有益的)可能性形成了,既不仇恨自己,也不排斥同类——对他人的憎恶仅源自一种对自身的易怒且具破坏性的仇恨,这种憎恶忽视了自身和他者之间本质的相似性。因为从伦理学层面来说,一切归根结底都取决于每个人及时识别这种仇恨的原因的个人能力,他其实可以随时放下这种仇恨。所以让-雅克在晚年时也不可避免地遗憾自己没能早一点与他本身达成和谐统一,也就是说,调整自我,以使它与存在自身相匹配。他在纸上写下了这些智慧的呢喃:"如果从我早先的灾难开始发生之初,我就懂得不和我的命运抗争,采取我今天采取的办法,那么,他们这些人的种种努力和布置的机关,就不会对我发生什么作用了……"(R,1001)

在最后的平静时刻,这紧要的一方,这亟待实现的和谐,或者说这亟待恢复的和谐作为智慧的顶峰而成为必要,而在这顶峰之上,如卢梭所说,他"毫无保留地认同他的命运",也即为他"存在的渴望"(MLM,1324)只依赖于他主体性的"纯粹运动"而喜悦。因为只有这样我才是唯一的我,"只要我把自己看成是独一无二的,就好像世界上只有我自己似的"——笛卡尔在"第四个沉思"(参见《笛卡尔全集》,塔内里编,IX,第一部分,第49页)中如是说,而《遐想》很显然从中得到了深刻的启发——,是的,只有坚守着我的"位置"(R,995),我的心灵才能去追寻"平衡",这个平衡(这个自我向自身的调整)只有通过对满足需求的能力或是对实现欲念的才能的限制才能获得。"当我最后感到我的一切努力终归徒劳,白白使自己连遭损失的时候,我发现,我最后能采取的唯一办法是:一切听从我的命运,再也不要和必然之事抗争。"《遐想》中的这段声明并不能就此让我们以为让-雅克向命运低头了。相反,对他来说,这是他在尽可能真诚地表达他在完全自由的情况下给自己设定的伦理任务——这个任务指的就是这段本质的独白:"尽管我受到来自四面八方的压力,但我

依然能保持平衡,因为我不依靠任何其他的东西,我只依靠我自己。"(同上,1077)

＊　＊　＊

在心灵中,生命如所其是地展开。但在人的心灵中,不同于其他任何心灵的是,"良心"起着至关重要的作用。它是如此重要,以至于人的文明化(humanisation)都取决于它。人的文明化是人与其心灵的去自然化作斗争。这一斗争只有在"良心"呼唤人的心灵时才会发生。而"良心"的目的在于让我们摆脱(déprendre)一个永恒的误解(méprise)①,这个误解总是使我们相信:自身是我们意志的产物,是一个决定的结果,而不是决定的源头。通过命令自己从"自我-本原"(moi-principe)的错觉中走出来,"良心"使人回归自我,也就是说,使其与实存的情感相一致(或者说相联系),实存的情感始终是已经将人内在地激活,每次都依据最彻底的受动性把他"放置"在绝对主体生命无形的平面之中。

生命在心灵中是这样展开的:它首先在自身的感觉中进入自身,而这个感觉是自身给予生命的。如果说进入自身的生命到达自身,那是因为生命总是取决于自身,这个"取决于自身"本身就是取决于一种无法遏止的爱自身。

---

① 在这个摆脱(dé-prise)的过程中,或者说在这种灾难性误解(mé-prise)——自私心或是人类傲慢的源头——的减少过程中,"良心"(即卢梭对于"道德意识"的阐释)理应起到至关重要的作用。

关于自身是以何种模式诞生为生命的,卢梭在《爱弥儿和苏菲或孤独的人》中有过一段非常优美的论述。通过一些也许是直观性多过论述性的句子,卢梭向我们解释了生命意义上的"自然的纯粹运动"等同于自我馈赠不断的重新开始:"我好好地休息了一会儿。由于我摆脱了希望的烦恼,确认我这样做是逐渐地在失去一切希望,觉得过去的事情对我来说已经是没有什么意义,因此,我尽量使自己完全处在一个开始生活的人的境地。我心里想,实际上我们永远都仅仅是在开始,在我们的生活中,除了连续的眼前的时刻以外,便没有其他的联系;而在眼前的时刻中,始终要把采取行动的时刻当作第一个时刻。在我们的生命的每一个时刻,我们都在死亡和诞生,死亡能给我们带来什么好处呢? 如果说除了将来的事情以外,其他的事情对我们是没有什么意义的,那么,我们就只有根据未来才能断定我们是幸福还是不幸福了。用过去的事情来折磨自己,那就等于是无病呻吟,自寻烦恼。爱弥儿,你要做一个新人,对于你的命运,也像对你的天性一样,不能有更多的埋怨。你不幸的遭遇,都是虚幻的,渺茫的深渊已经把它们全都吞没了;但是,真实的东西,为你而存在的东西,是你的生命,你的健康,你的青春,你的理智,你的才智,你的美德,最后,如果你愿意的话,是你因为有了前面那些东西而取得的幸福。"(ES,905—906)——如果说我们前文的论述有什么意图的话,那便是想要阐释结尾这段引文的含义。我们希望已经做到了这一点。

＊　＊　＊

是时候结尾了。

也许要再次引用安德烈·苏亚雷斯(André Suarès)的话。对于"他[卢梭]如此深情地不断提及的自然到底是什么?"这个问题,评论家安德烈·苏亚雷斯的回答是:"自然就是生命减去意识:生命减去人,因为人就是意识。"[①]

自然是构成性的感发性中的生命。卢梭通过自问而产生了这个作为生命的自然的概念:归根结底,这些与我们有关系的生命体是什么? 用他在《爱弥儿》中的话来说就是:这些"直接触及我们"(E,359)的生命体是什么? 他的所有作品都回答了这个问题,他强而有力地指出,归根结底,与我们产生联系的,直接触及我们的,就是我们的天性。换句话说:这就是自然,它感觉自己——可以说"始终已经"——与自身有关。为什么会这样? 因为它以"爱自身"为架构,在"爱自身"中,爱是众多情感的情感,是生命的固有属性。而这个生命,安德烈·苏亚雷斯将其形容为"理性的原因"。因此,照顾自身,照顾这个自然通过爱自身而形成的自身,对于人的心灵而言是一个本质的指令。这个指令构建了人心灵中的人道主义,因为它要求人的心灵始终保持自己(参见:同上)。这个本质指令每次都是通过被称为良心的现

① 　安德烈·苏亚雷斯,《心灵与脸庞》(Âmes et visages),巴黎:伽利玛出版社,1989 年,第 225 页。

象显现出来的。当良心的声音在人的心灵中呼唤,卢梭所说的"生命的精神"就会吹进人的心灵。

卢梭所理解的"精神",是在人的心灵深处震颤的精神,荷尔德林(Hölderlin)在一首献给卢梭的颂歌中曾用一个形象来象征这种精神;他写道:"这丰裕的生命,仿佛永无穷尽,围绕它,照亮它,[树]无法理解。但它们就在其中,现时刻温暖成熟,果实萌发而出。"[①]如果说生命的精神就像这棵树一样有着多重分枝和深厚的根基,那是因为生命,这个我们始终无法"理解"的生命,这个在本原上不涉及一切知识的掌握、一切思考、一切直觉的生命,从未停止在我们每个人中"流动"并产生自我,就好像我们是自己独有的天性的"果实"一般。因此便产生了卢梭始终在问的伦理问题:在生命的精神到达我们的那一刻,我们是否可以不用为了让我们的自然结出果实而忧虑? 我们是否可以在不违背我们人性的前提下去关注这个自然?

在卢梭逝世二十多年后,荷尔德林阐明了卢梭的智慧仍然并始终要告诉我们的。这实际上是当我们在整个心灵和良心之中做出决定时所应该期待的,但如荷尔德林所说,"每个人都有自己的尺度"[②],去"认同""生命的活动"。因为诗人这样写道:

---

① 弗里德里希·荷尔德林,《卢梭》(Rousseau),G. 卢德、R. 罗维尼译,选自《荷尔德林作品集》,前揭,第773页。让我们顺便向 J. 斯塔罗宾斯基对这首诗所作的优美点评表示敬意,参见《透明与障碍:论让-雅克·卢梭》,前揭,第311页。

② 弗里德里希·荷尔德林,《卢梭》,前揭,第774页。

但是有一些匆忙地

迅速走过了场，另一些

却保持得长久。

永恒的众神

任何时候都充满生命力；可是一个人

直到死亡仍能，

在记忆中铭记最好的事物

他因此而体验了那至高之物。

只是每个人有自己的尺度。

因为承受不幸

是艰难的，而承受幸福更难。

然而一个智者却能做到

从正午到午夜

再至早晨的熠熠闪光，

在宴客时保持明亮。①

---

① 弗里德里希·荷尔德林，《莱茵河》(Le Rhin)，F. 费迪耶译，巴黎：米歇尔·尚代涅出版社(Michel Chandeigne)，1987年。

附　录

1

卢梭的笛卡尔主义：
对《道德书信》中一个片段的评注

"我们知道什么？"对于这个涉及"真正的哲学"的本质和影响的问题，卢梭在《道德书信》中肯定地回答道："亲爱的苏菲，我们什么也不知道，我们什么也看不到；我们是一群盲人，被随机扔进了这浩瀚的宇宙。因为无法察觉任何客体，我们中的每一个人都形成了一个幻想的图景，继而还会把这一图景当作真理的法则，这个想法与这众多哲学家的想法不同，他们的饶舌使我们困惑，在他们之中都找不出两个哲学家来认同这个我们试图去认识的宇宙的体系，认同大家留心解释的事物的自然。"（LM，1092）

这段文字至关重要，要想像亨利·古耶那样①把它与莫利纽兹（Molyneux）提出的人类学问题相联系该有多难啊！这个

①　参见：让-雅克·卢梭，《作品全集》(OC)，V，第1792页，相关内容可参见第1093页。

问题就是著名的莫利纽兹问题①，是莫利纽兹在与洛克的通信中提出的，伏尔泰、孔狄亚克和狄德罗等人也都就此有过讨论。对于卢梭而言，尽管在术语上存在某些相似之处，但这并不是一个关于"生理性"眼盲的讨论，更不是要通过恢复视力，失明的眼睛突然痊愈来说明视觉的眼睛的构成（类比于五官的构成）。事实上，在卢梭写给苏菲·乌德托（Sophie d'Houdetot）的第三封信中，根本就不涉及"天生眼盲"的治愈问题，也不涉及用手来具体代替眼睛的问题，更不是关于可感受的身体的特性或是"视角"的问题。恰恰相反，卢梭在这段文字中所展现的深刻见解来自他公开宣称自己的怀疑态度（scepticisme）这个事实。并且，为了避免局限于这样一种怀疑（skepsis）的矛盾论断，他还引用了一个非常著名的观点——即在 18 世纪的"开明"社会中，一切都无法忽视——以彻底地颠覆这个说法，从"唯物主义的"解决领域中挣脱出来，将这个问题置于笛卡尔哲学更原初、更可靠的空间层面。因此，卢梭的这段话并非是要转向洛克或是孔狄亚克，而是在第一次绕过蒙田（参见本书的前言和第一章的开头部分）后，转向了唯一的笛卡尔。

为了更好地建议向最为彻底的"现象学本体论"的回归，为了表明这是一个严格意义上的哲学问题，一个迄今为止他的大多数读者都没有注意到的问题，卢梭埋下了几处伏笔，这几处伏

① "莫利纽兹问题"概括来说就是：如果一个人天生眼盲，但他可以通过触觉来分辨不同的形状，如圆形或方形。假设有一天他恢复视力，在未接触到物体之前，他能否单纯以视觉来分辨出不同的形状？——译注

笔分析起来其意义多少是显而易见的。首先,他很快就提到了"我思"(cogito),使人们将"正确的哲学"(同上)从担不了"真正的"之名的哲学中区分出来。卢梭要求这个笛卡尔式的"我思"是为了他自己;他毫不含糊地为自己重拾了"我思"的观点。其次,为了确保这个他打算据以引导其思想的本体论层面(不仅仅是人类学层面),卢梭以一种尽管是编码的(crypté)形式引述了一种"对笛卡尔沉思的反驳"(后文会讨论这一点)所突出的一种本质规定性。最后,卢梭似乎无意将眼盲视为一种特殊情况,眼盲的教训只有在这个障碍被克服之后才具有意义:因为这与他所认为的一般情况相反——我们都是眼盲的——,这种情况最终落到了人类总体上,在这种情况下,人类甚至得出了他们最自然的"认同"原则,这就更好了:最原初的人,作为"天生眼盲"的人,他一方面不把这种眼盲当成一种障碍,另一方面又认为眼盲是不可克服的。卢梭说:"我们从各方面来看都是眼盲的,但我们生来如此……"(同上)这个人类学的争论中从未涉及的"从各方面看"是什么意思? 而且,把我们所有人都定义为天生眼盲,从本质上是眼盲的,那对于那些声称自己的视力没有任何缺陷的人,岂不是很荒谬吗? 当然,这种原始"缺陷"的关键只在于某种原始条件(condition primitive),一种出生之时(让我们回忆一下,拉丁语的"自然"[natura]一词来自"出生"[nasci])就已经有的条件,但是这种出生本身并不值一提:这种出生是先验的,也就是说当所有的可能性条件都不能简单地使它存留于自身时,它便会集中这些可能性条件来"增长"(croître)生命。

但如何实现呢？在这种天赋的馈赠、这种原始条件、这种对"自然状态"的重新阐释中，卢梭考虑的到底是什么？

《道德书信》中的这一重要片段或许是卢梭在其学说最成熟时所撰写的极少数文本之一，它可以帮助我们更清晰地理解卢梭对哲学的期待，从而理解他对自己的期待。他在这段话中所说的是：如果"知道"（savoir）意味着"看见"（voir），如果只有通过表象才能与存在者（étant）产生联系，表象把这个存在者放在面前，并以它为目标，那么我们就更有必要承认自己一无所知，因为虽然我们一直自称拥有以理性为基础的知识，但从本体论上说，我们生来就是眼盲的。我们的目光并没有把我们带向比自身所处位置更远的地方："［我们］觉得自己无所不能，想要丈量世界的尽头，但我们浅薄的目光却像我们的手一样，只能伸至距离我们两法尺远的地方。"（同上）

因此，想要获得一个"真相"（vérité）似乎是徒劳的。这个"真相"在我们外部（hors de nous），超越（dépasser）我们，它是构成我们的存在（我们的自身）——而这也是我们唯一能真正拥有的东西，因为事实上是它拥有我们——的根本的内在领域，因此，这种自然化的内在性，因为像我们与自己那般与我们紧密相连而将我们置于一个原则上不可能超越的"场所"（lieu），或者再次引用《遐想》中的词来说是，在（我们始终都有的）生命的内在和印象中的"位置"，我们始终已经作为生命体被置于其中。卢梭在这里谜一般地把这种内在领域与身体的"局限"混同（但《论人类不平等的起源和基础》中的某些语句所要表明的不正是主观的、非器质性的身体吗?①），我们说，这种内在性领域有效地限制了我们自己形成的经验。内在经验是内部的和内化的，是个体的和个体化的；直接的和感发的体验，并且甚至是非自省的；它是一种感受，它不可能是其他任何可能之一，因为它是一切现实经验的绝对基础。卢梭以这种方式借用了笛卡尔主义最可靠的本质(甚至是核心)，并宣称必须"在笛卡尔开始的地方结束。'我思，故我在'，[事实上]这就是我们所知道的一切"(LM,1099)。

这样一种"知道"都包括哪些内容？它不也是视觉、证据和直觉的范畴——也即表象吗？如果我们的回答是肯定的，那么我们岂不是会因为这种笛卡尔式的唯一的"我思"而更加混乱吗？甚或是卢梭决定性的经验也在"萨瓦牧师的信仰自白"中同时出现："我逐渐地对明显的原理也感到有些模糊？"

在这一方面，必须要承认的是，这句引文并不如我们想象的那般容易理解。它并不是要对我们过去所相信的东西提出质疑(正如笛卡尔在"第一沉思"[《笛卡尔全集》亚当、塔内里版，VII，第17页；IX，第13页]中提出并建议的"把[他]历来信以为真的一切见解统统清除出去"的做法)。卢梭这句话绝非要打破意识中的简单成见，而是为了表达要抛弃一切我们不得不了解、由真理的唯一天赋的智慧而获得的"真相"。事实上，正是因为"自明

---

① 关于身体，卢梭在《论人类不平等的起源和基础》中写道，"可以说本身就具备了一切"(DOI,136)，他试图通过这种方式来抵制客观身体的外在性，而这一外在性是源自笛卡尔的现代二元论在理论层面所必须要坚持的。

性"(l'évidence)先变得模糊,基于且只取决于"自明性"的"原理"才会同时失效。正是明显事物的合理性,甚或是"天赋的智慧"在其中发挥作用的先验的外在性的要求,才引导人的思想走向客观上必然的确定性,此处被贬得一文不值的就是这个确定性,卢梭给这个确定性冠以另一个名称,即"心的可靠性"(E, 570),这种可靠性是具有启示意味的,它的启示并非在理性的"自然之光"下照耀,而是在作为绝对主体生命的珠宝盒"内心的光明"(同上, 569)中闪耀。也就是说,这种内在的确定性,这种活着(活着这一事实)的确定性是不言而喻的,以至于无法用任何论证性的逻各斯,甚至是展示的(apophantique)逻各斯来传达,它不取决于直觉,也不取决于证据——事实上,它不取决于任何客观化的把握。作为一种"比一切证据都更为明显"(同上, 574)的感觉,这个卢梭所强调的非常特殊的确定性先于一切证据,在某种程度上也超越了一切证据。理性的真相和判断的真实共同扎根于"内在情感"的真实性及其直接馈赠的不可辩驳性中。

在这一影响真相的确定性的根本变化中,主体性和卢梭在这里所肯定的概念之间存在着不可调和的本体论差异。主体性由整个现代哲学所规定——它是建立在表象和客观化基础之上的,而卢梭却恰恰相反地将主体性界定为其绝对的非客观性,是根本的内在性范畴。如果我们面对的确实是这种差异,那么问题就出现了,即卢梭在《道德书信》中向笛卡尔致敬又有何意义?

其实,卢梭发现了这两种笛卡尔主义之间的偏离,即在"开始"(也就是在提出"我思"之前的两个"沉思")的笛卡尔主义和开始之后就在某种程度上背离前者的笛卡尔主义之间。在致苏菲的同一封信中,卢梭写道:"当发现骄傲而虚荣的哲学在幻想中迷失,最卓越的天才在一些无意义的琐事上心力交瘁时,我们不必感到讶异。当我们看到最有条理、最能建立自己原则、最能始终如一地进行推理的哲学家从第一步就误入歧途,在一个又一个错误中深陷荒诞体系的囹圄时,我们又该带着怎样的怀疑去专注于我们浅薄的知识啊。笛卡尔想要一下子消除所有偏见的根源,他首先是对一切提出质疑,然后将一切交由理性检验;他从'我思,故我在'这个唯一而无可争辩的原则出发,以最谨慎的态度前进,他以为自己是走向了真相,却只发现了谎言。"(LM,1095)

卢梭有意强调至关重要的两点来表明某种权威。(1)如果说笛卡尔思想确实是伟大而重要的,那么卢梭认为,只有在将一切客观性排除在外的条件下,笛卡尔才能通过怀疑和对一个狡猾的骗子(Malin Génie)的虚构完成他从《第一哲学沉思集》的开篇就在讨论的——"还原"(réduction),依据这个"还原","我思"最终被认为是一切客观真理的基础:是"唯一而无可争辩的原则"。(2)笛卡尔是唯一一个在哲学上到达过绝对本体论的确定性,到达过作为实存的主体性的存在的必然确定性的思想家,但如果他确实是从真理出发的,那么他再也回不到真理了;相反,他在与最初获得的原始结果相异的研究中误入了歧途。通过一种比证据更明显,但可能没有得到足够认可的确定性,笛卡尔只是把明显的真理,"鲜明的观点"提到了哲学的高度,这一举动同时也使他在客观目光的唯一关注之下，将现象学领域转向发现自己被给予以及被放置的人上。

但我们真的有权这样认为吗？笛卡尔首先提出"我思"难道不是既是证据的标准，又必须要加入理性之链的第一真理吗？卢梭的文字表述得很清楚："我思"是一种"本原"，我们必须要从它出发，从这个意义上说，它是开端（Commencement）本身，是绝对而没有延续的开始。如果它是理应为一切事物提供理由的本原，或者更确切地说：如果它是理应在符合理性的情况下将一切转化为一系列相互交织的理由的本原，那么，在基于先验的天赋智慧的有序接续中，"我思"就不能是"第一"真理。因为"第一"真理始终以"我思"本身为前提，"我思"给予它自己的是真实的，甚至是确定的，如果我们想要避免迷失在"荒诞的体系"中，似乎就有必要留在这个本原框架内；因为当"我思"作为第一对象在直觉中显现，第一实体内容出现并在一种理智的睿知中与其相对时，"我思"是否仍可以作为这个"无可争辩的原则"，这个一切可能的真理（包括令我怀疑的，我必须要成为的）可能性的先验条件而使人接受？届时，不仅它先验的和严格意义上的本体论地位完全有可能会丧失，怀疑也是，正如我们即将要重提的，这种怀疑在一个纯粹的可见环境中（因为所显示的实在性只有在作为一种表象的现实才能存在于这个可见环境，也就是说以间接的方式显现）极端夸张地抨击着一切如此存在的事物，因此，怀疑将会再次占据"我思"，正如任何证据的内容都是如此。

另一方面,正是在消除了一切可能的客观性之后,"我思"才能在最初就被获得。还原在两个意义上影响着世界。它不仅是把出现在一个"非静态"(ekstatique)的视域的单位下的、世间的众生排除在外的问题,它更是一个过程,在这个过程中,众生的馈赠的超验形式被排除了,数学本质和理想真理也包括在内。因此,怀疑不仅适用于存在者,还适用于存在模式,也就是说,它其实适用于这样一种显现模式,这种显现模式要求意识有目的的凝视穿过可见的本体论环境,以便掌握观察到的现象。在狡猾的骗子的假定结束之时,这种清晰的可见化的视域(世界的视域)也消失了。如此一来,那种建立在这种现象条件下的"主体性"(即人具有精神和物质的双重性质[①])就失去了作用。而两个沉思达成了一种极为不寻常的结果:既不考虑存在者,也不考虑存在者的显现;更不考虑显现本身,这种显现及其本身的现象学实体性的显现。这就是"初始的笛卡尔主义"所包含的内容;它涉及一个绝对"本原"的决定,而这个决定具有哲学意味,它使我们面对纯粹的显现,也即,它让我们发现从自身中显现的唯一的现象性。

我们对"初始的笛卡尔主义"的特殊性的表述和理解要归功于米歇尔·亨利,他在《精神分析的谱系》[②]一书中关于笛卡尔

---

① 参见:勒内·笛卡尔,《第一哲学沉思集》,"第二沉思",《笛卡尔全集》亚当、塔内里版,VII,第25—26页;IX,第20页。

② 参见:米歇尔·亨利,《精神分析的谱系》(Généalogie de la psychanalyse),前揭,第17—123页。

的分析对我们理解卢梭和笛卡尔之间的关系大有裨益。在我们看来,卢梭在《道德书信》这段话中想要表达的,我们正试图解释的,正是他所认同的笛卡尔在前两个沉思中的作为现象学真理的真相观念。我们刚才已经说过,初始的笛卡尔主义认为,绝对意义上的真相既不在显现的存在者中,也不在它每次显现(也即它的"存在")的基本构成中;绝对意义上的真相仅存在于纯粹的显现中。这种纯粹的显现就是笛卡尔所说的"思维"(cogitatio)。"我思,故我在":正因如此,显现发生并发挥其统治作用,故存在"在"。换言之,存在从这种向自身显现以及在思想中的显现中得到其现象学条件的可能性。笛卡尔说:"我们只有通过这唯一的途径思考才在。"[①]这并不意味着我们只有思考着我们在,我们才在!这里的"思考……",作为"对某物的意识"和"表象"的思考的定义,正是在最初的还原中被摈弃的。"第二个沉思"中的"我思"并不是胡塞尔据以批判笛卡尔的"意向性的""我思",而是一种没有"思维"的"我思",一种什么也看不见的"我思",因为,在还原之后剩下的一切事物中——这"事物"(拉丁语是 res)就是"我思"中的"我"——,什么也看不到。

在"第二个沉思"的核心内容中,作者本人,属于某个世界的人类存在(或兼具精神性和物质性的本质),拥有了灵魂与肉体,并且多亏它们,他看见了光,听见了声音,感觉到了热,一旦客观

---

① 勒内·笛卡尔,《哲学原理》(*Principes de la philosophie*),I,§8,《笛卡尔全集》亚当、塔内里版,IX,第28页。

性被彻底摈弃,这个"自我"(ego)完全处于还原的影响之下时,除了在梦中,一切便都不存在了;所以当有人对他说"这些显象(apparence)都是假的,我是在睡觉"时,问题就出现了,既然我的身体不复存在,那么看见、听见、感觉到还有什么意义? 笛卡尔是这样回答的:"可是至少我似乎觉得就看见了,听见了,热了,①这总是千真万确的吧;真正来说,这就是在我心里叫做感觉的东西,更确切地说,这就是在思维。"②米歇尔·亨利在分析笛卡尔的这段话时是这样理解的:"'看见'(vederor)指的是'原初的似乎性'和显现的原始能力,凭借这个能力,视觉得以显现并在最初便被给予了我们,无论它的可靠性和真实性如何,无论它看见或相信的是什么,无论这看见本身是什么。"③

对于笛卡尔而言,正是'看见'(vedeor)一词所表达的这种显现的初级结构,这种自己觉得看见了,因而他自身便表现为一种纯粹的看见行为的"似乎性",构成了主体性的原始本质和它"唯一而无可争辩的"的基础。此处,主体性在本质上被理解为一种原初的似乎性的给予,而这种似乎性是一种原始的感觉,米歇尔·亨利的笛卡尔式注解明确了这一点:"这就像感觉到思维随着显现的闪现而尽情地展开,这种显现由它本身展现在它所在的地方,在这一显现中,悬搁(époché)意识到了它所追寻的根本

———————————

① 拉丁语原文为:At certe, videre vederor, audire, calescere…——译注

② 勒内·笛卡尔,《第一哲学沉思集》,"第二沉思",《笛卡尔全集》亚当、塔内里版,VII,第 29 页;IX,第 23 页。

③ 米歇尔·亨利,《精神分析的谱系》,前揭,第 27 页。

的开始。笛卡尔始终肯定,我们感觉到自己的思维,我们感觉自己看见了,听见了,热了。而就其本身而言,这种原初的感觉,这种与它本身、与存在相同的纯粹的现象恰恰定义了存在……'我看见'(*videra videor*)中的'看见'(*videor*)一词指的就是这种使看见的内在感觉,这种感觉本身形成了一种感发性的看见,一种感觉看见了的看见。"①

这种思维的"感觉"仍须严格区别于既在敏感的知觉中,又在知性(entendement)中占主要地位的感觉(当然,如果它本身具有直觉的性质的话)。这正是米歇尔·亨利紧接着强调的:"'感觉自己'在最初将思维给予它自己,并使之成为显现的向自身的原始显现……,它不仅不同于以'出离'(德语为:*Ekstase*,另译为"绽出")为基础的感觉,而且还把这种感觉排除在外,直接性(immédiateté)的概念形成的便是这种排除。但是'出离'(希腊语为:*ek-stasis*)是内在性的基础,是内在性在自身中的发展。因为在它的'感觉自己'中,思维排除了'出离'的外在性,变成一种彻底的内在性。"②笛卡尔将"思维"定位为"在我们身上如此丰富,以至于我们直接就意识到的东西"③;或是"在我们身上所形成的一切,因而我们能直接领会的东西"④。由于这种根本的

---

① 同上,第28—29页。

② 同上,第31页。

③ 勒内·笛卡尔,《对第二组反驳的答辩》(*Réponses aux cinquièmes objections*),《笛卡尔全集》亚当、塔内里版,IX,第124页。

④ 勒内·笛卡尔,《哲学原理》(*Principes de la philosophie*),I,§9,《笛卡尔全集》亚当、塔内里版,IX,第28页。

内在性,这种不向超验性提供任何呈现的内在性模式,思维在其直接的领会中,在其直接性和构成的似乎性中有了"意识"这一名称。"意识"不再意味着根据行为或意图的道德性所占有的某些内在区域,而是在给予万物以存在之前,先给予自身以生命的原始显现。

正是基于这个"我思"的概念,卢梭试图构建他自己的确定性,他在将人类的处境视为一种"天生眼盲"的处境后明确道,人天生就受制于这一处境。卢梭所说的"自然"对应于笛卡尔在一种彻底的悬搁后所揭示的原始显现,我们必须要承认这点,并坚信"我们所知道的一切"这个表述并不是指某些特性的现象,而仅仅是指原初的现象性、纯粹的显现。在卢梭看来,纯粹的显现定义了人的"心灵"的自然。

此外,在第三封《道德书信》中,卢梭还就这一自然补充了一个我们一直自愿保留的基本要素:"我们是完全眼盲的,是从来不知道视觉是什么的天生盲人。"(LM,1092)卢梭的这句话是什么意思?

1.我们的本质的自然不取决于我们可能拥有的视觉——这一点我们在盲目性的主体中看到"我"的存在的绝对内在性指示时就已经明白了。

2.(这是最重要的)如果我们仍想知道视觉究竟是什么,那么即使受想象力控制,我们也必须做到"停止看见"。

简言之,我们既不能通过感知,也不能通过想象去知道什么是视觉。此外,看见本身的馈赠应该在结构上异于普遍意义上的表象,异于表象所能呈现的,也即最终要异于它的可能性条件:"出离"。因此,从本体论角度考虑,如果我们想要理解视觉的本质,那么就必须依靠可见性缺失(absence de visibilité)这个条件;因此要正确把握这个本质,首先要做的就是不呈现任何东西,不要和任何"幻想的形象"(image fantastique)的情感触及有关联。这个条件要求我们不以视觉来自我超越,不以肉眼去看,它决定了我们的本质,即"生来眼盲"。总而言之,这解释了"不知道视觉是什么"这一事实只有在"我"处于本体论的眼盲时才具有意义。

但这一切又会将我们引向何方?它至少让我们坚持一点:卢梭在闭着眼睛画一个人的脸时,他无意以这种方式去揭示一种经验论的构成。卢梭以这样的决心延续了对"无知"的赞颂,并在这种赞颂中结束了《论科学和文艺》①一文,他在此处所追求的是原始的本体论结构,在所有情况下,存在的绝对确定性都来自这个结构。因此,说人是一个"从不来知道视觉是什么的天生的盲人",是想通过一种形象(必须要承认的是,这个形象是相

---

① "全能的上帝啊,你手中掌握着人的心灵,快把我们从我们父辈的论调和害人的艺术中解救出来,把无知、天真和贫穷还给我们,只有它们才是唯一能使我们幸福和受到你的珍视的财富。"(DAS,28)《论科学和文艺》结尾处的这个观点:"安于我们默默无闻的境地"(同上,30)在《论科学和文艺》附录中也有解释:"有一种合理的无知,它把好奇心限制在人的能力范围之内;有一种谦虚的无知,它源自对美德的热爱,对于那些在人的心中不值一提的,也不能使人心变得更好的事物漠不关心;有一种温暖而珍贵的无知,它是自身纯粹而满足的心灵的珍宝,它将自己的所有幸福放在自己身上,见证自己的天真,它不用在别人的意见中追寻一种虚假的、徒劳的幸福:这就是我所赞颂的无知。"(A-DSA,54)

当悖论的)来表明,一切证据、一切直觉以及一切表象的知识都是建立在"看的行为"(acte de voir)的基础上,但"看的行为"本身是无法看到的。为了看到,在看到的那一刻,只要我们看到了,那么视线就不会把自身囊括其中。基于这一事实,只要视觉真正发挥作用了,它就无法认识自己,观察自己,好像它本身就是一个可认识或可呈现的客体。甚至,在看的实现过程中,在它的现象学实显化(actualisation)中,它从来不会在面前,也即在它自己面前。对于一切"我能"的和"我做"的也是一个道理。

不仅看在看的过程中无法看到自己,而且我们说,甚至不看自己,不自我反思,正是在不看自己,不自我反思的唯一条件下,看才是实际发生了。与笛卡尔一起认识到"是心灵在看,而不是眼睛在看"已经不够了;还需说服自己的是,要想把目光转向心灵本身是不可能的。这便是为什么卢梭明确说道:"我们既看不到别人的心灵,因为它是隐藏的;也看不到自己的心灵,因为我们没有智力的镜子。"(LM, 1092)但"智力的镜子"为何出现在这里?它有什么具体含义吗?据我们所知,还没有任何一个卢梭思想的评注家曾意识到,《道德书信》中的这句话回溯的是伽森狄针对《第一哲学沉思集》所发起的著名论战,通过这场论战,卢梭在这些信中所声称忠实于的笛卡尔主义的"原则"被正确地重申,并与一切和存在的绝对基础有关的、仍然可能是"非静态"结构的事物相对立。

让我们来回顾一下伽森狄的反驳:"考虑到眼睛为什么并且怎么不能看见它自己,理智为什么并且怎么不能理会它自己,我就想到无论什么都不能作用于它本身，因为事实上，手，至少是手指，不能打它自己，脚也不能踢它自己。再说，为了认识一个东西，既然必须是这个东西作用于认知的功能，也就是说，必须是这个东西把它的形象送到认知功能的里边，或者说，必须是这个东西告诉认知的功能，把它自己的影像装在上面，那么显然的是，功能本身既然不在它自己以外，就不能把它自己的形象送给或传给它自己，因而也不能形成它自己的概念。而你想为什么眼睛不能在它自己里边看见它自己，却能在镜子里边看见它自己呢？这无疑是因为在眼睛和镜子之间有距离，眼睛把它自己的影像送给镜子，以作用于镜子，使镜子随后把眼睛的形象返还给它以作用于它。给我一面镜子，你用同样的办法来作用于镜子吧，我向你保证，在它把你自己的形象反射、送还给你之后，你能够看见并认识你自己，当然这种认识不是直接的，不过至少是一种反射的认识；我看不出你用别的办法能够对你自己有任何概念或观念。"①

只要稍微从经院式的词汇中脱离出来，就能发现这段强有力的文本似乎既是正确的，又是错误的。正确是因为，它揭示了一切"认识"结构的某些基本内容，即它本质的反射性（réflexivité）。但它同时也是错误的，因为伽森狄并未超越对这一论点的肯定，他对笛卡尔（和卢梭）意义下的主体性无法在一种直接性中拥有自身表示质疑，因为它只能阻止一切反射过程。

①　参见：《第五组反驳》，《笛卡尔全集》亚当、塔内里版，VII，第292页。

伽森狄承认一种认知的功能——视觉就是主要的一个(甚至从柏拉图和亚里士多德开始,"看见"就已经被看作是一种卓越的认知功能了)——它从来不是外部的,因为它是"自我"所固有的,也看不见它自己。为了看见自己,它需要借助其他东西——最好是一个可以反射的工具。这是因为,要产生诸如智力认知或是感性知觉这样的行为,前提是得有一段距离,有一种原始的外在性,在这一外在性中,也多亏了这一外在性,某些事物能够置于自己面前,与自己面对面。事实上,从现象学的唯一本质来看,哲学并不承认这一超验性的展开,根据这种超验性,现象只有在一段与自己的现象学"距离"中才能"使自己看见"自己;更不用说在一种与自身的本体论对立中,正是这个距离和这种对立才最能起到界定一切可能的"认知"的现象学结构的作用①。因此,伽森狄这样的经验主义者认为自我认识(甚至是自我感知)的前提是自我接收、自我影响,继而向自己显现的能力也就不足为奇了,向自己显现只有在先验的外在性中,在"现象学距离"下才是可能的,一切可视化(visualisation)都基于"现象学距离"的存在。"给我一面镜子……你能够看见并认识你自己。"这通过智力伸到自身面前的镜子,智力的镜子,归根结底就是外在性和可见性的界域与世界的形象融为一体,如果我们认同伽森狄,那么这就是心灵获得"对自己的概念"的唯一办法。对他来说,对自身的认识原则上是一种反射的或像镜子一样的,

① 参见:米歇尔·亨利,《显现的本质》,前揭,§9,第72—81页。

间接的或是经由媒介的认知——一种仅从自身之外的第一次投射中"返回"自身的认识。

根据这一主张,对自身的认识只有在反射所开启的环境中,在纯粹的非现实环境中才能形成。这种应用于自我的间接的知识原则、这一主张的形成离不开自我向它自己反射的、思辨的回归,卢梭在追随前辈笛卡尔的脚步时有力地否认了这一观点。事实上,对于笛卡尔而言,自我的存在在一种如此彻底的直接性中向它自己显示,以至于没有什么可以阻止或破坏这个过程,没有任何的距离、间距设置,也没有任何的后退。这种即时的显示并不是任何自身意识的功能,也不取决于一定的期限:它是如此即时的,以至于任何重新呈现的尝试都只能成为一种不可避免的失败。简而言之,把握自身的行为并不取决于可见性环境的开启,不论这个环境是内在的还是外在的,在意识内还是意识外——这一点最后还要再强调一遍,出于正确和简单的理由,"对自己的概念"绝对不等同于看到自己。由此产生了笛卡尔对于这一方面的回答。笛卡尔的回答突然从"内在凝视"、直觉、内省、"心智省察"(*inspectio mentis*)的悲剧性(因为不令人满意)指导中取消了"认识你自己"(*nosce te ipsum*);这一指导在历史上曾赋予"认识你自己"一种基本的道德意义……这句哲学名言"认识你自己",至少到目前为止,西方形而上学出于"思辨的"目标仍然在捍卫它,如今这目标已经四分五裂,同时把理智从对理性的认同中解放出来,把思维从对自然主义和客观主义自我概念(auto-conception)的还原使命中解放出来。笛卡尔回答伽森狄道："您用手指和眼睛的例子来做证明，说手指不能打它自己，眼睛除非在镜子里，否则就不能看见它自己。对于这个，我很容易回答：能看到自己的既不是眼睛，也不是镜子，而是精神，只有精神既能认识镜子，又能认识眼睛，又能认识它自己。"[1]

只有精神认识，尤其是认识自己；精神才是一切视觉的基础，甚至是智力和感性的基础。但此处的精神不是理性，精神是心灵的别称。只有精神认识，而不是精神的眼睛认识，精神认识自己这一事实绝不意味着它在本质上应该成为一个自身（Soi）——在这种情况下，它只是在一种"超验内容"、一种胡塞尔所说的意向相关式的（noématique）意义的形式下，一个呈现并传递给意识，给自身意识的自身。如果精神将自己体验为一个自身，这反而是因为它始终是已经在它自己身上，对于它自己而言是一个自身，一个始终可以向自身显现，从而认识自己的自身。精神还远不能与唯一的"理解"（intelliger）能力相混同，在笛卡尔看来，精神指的是一种原始、基本的自身性，它既在智力和理性中，也在想象、意志或情感触及中占主导地位。卢梭认为必须赞同的正是这种精神的先验观念，正如我们所看到的，他在写给苏菲的一封信中承认了这一点[2]。

---

① 勒内·笛卡尔，《对第五组反驳的答辩》，《笛卡尔全集》亚当·塔内里版，VII，第 367 页。

② 我们仍应避免被"精神"的术语和"精神认识"的主题所误导，因为严格来说，这种认识很难以"视觉"的形式进行，"精神"和"认识"这两个术语所表明的确实很糟糕。尽管视觉和"看到"能够进行的前提始终是一种使自我拥有看见能力的馈赠的现象学实现，因此这个前提首先是自我对自己的极度馈（转下页注）

（接上页注）赠(archi-donation)。笛卡尔所说的"精神观念"(《对第六组反驳的答辩》,《笛卡尔全集》亚当、塔内里版,IX,第 241 页)先验地决定了表象的力量,但却无法进入表象的内部,它先于并超过它的运动,这个"精神观念"实际上就是视觉自己的内在统觉(aperception)。"精神观念"指的是"看到"的过度揭示(archi-révélation),是一种原始的揭示,它让自身看到,使关于客体的一切智力认知成为可能。自身不断提供给自己的视觉的,正是这种主体的、内心的以及直接的经验,正是这种内在的体验,在笛卡尔看来,构成了精神甚或是其"观念"的纯粹本质。卢梭承认这一"唯一而无可争辩的原则",也即笛卡尔提出的"我思",它深表赞同的就是这种主体性的观念。

2

关于"爱自身"历史渊源的注释

　　或许"爱自身"这一主题的历史渊源长期以来已经有所变化，还引导着卢梭的阐释者们仅仅将这一重要的情感看作一种单纯的活着的"属性"，一种本质上形而上学的"属性"，而不是既构成一般感发性结构（事实是，一种感触绝不会受其他事物影响，只会受它自己影响，它是根本意义上的自我触及，在这个意义下，确实是它受到影响，但它受到的是自己的影响），又决定绝对主体生命的现象性（自我揭示）基础的东西。

　　让我们就这方面来谈一谈。爱自身这一主题的历史渊源很多。如果我们要通过示意图的方式来展现这些渊源，那么放在第一个位置上的当属亚里士多德了。爱自身的历史渊源体现在其《尼各马可伦理学》的第九章"友爱"中。在亚里士多德的伦理框架中，对自我的爱、爱自身在于尽可能地与自身的智力或努斯（*noûs*）相匹配。对于这个斯塔基拉人（Stagirite）①来说，智力或

---

　　① 即亚里士多德。亚里士多德出生于斯塔基拉城（法语：Stagire），因此有时也被称为"斯塔基拉人"。——译注

精神就是人最真实的"自我"。雷米·布拉格(Rémi Brague)对这种爱自身的概念进行了非常准确的分析,他的总结如下:"爱自身并不是把一切都与自身相联系——它的前提是'自身'已经是某种众所周知的东西。在一种强调的意义上,爱自身首先是构成自身的依附,是这样一个简单的事实,即我们必须要满足于自己,我们通过一种'爱'(agapân)与自己相联系[在这个情况下,爱自身这个术语指的是对精神的依附]。生命总是让我们感到满足。在这个意义上——亚里士多德并未明确——爱自身是关系中的一方面,它把我们与我们理应具备的独特之处相联系,与'属于我们'或者'回到我们身上'①的事物相联系。"②

我们也不应忘了斯多葛学派的理论。就其本身而言,斯多葛学派的理论对"自身维持"(conservation de soi)的现象很有兴趣,它可以说单方面使爱自身成为一种"身体"意义上的物理决定(détermination physique)。

关于爱自身,在讲卢梭之前,最后还有一个受基督教启发的重要概念,它与"利己主义"(égoïsme)相混淆,也即,它将这种对自身的依附转变为一种不再是"物理的"而是"道德的"决定。(关于这一点,具有代表性的思想家是圣奥古斯丁,他明确提出了基督教中爱自身的范式理论,他认为,人间之城遵循爱自身的

---

① 此处雷米·布拉格巧妙地使用了双关表达"nous revient",它既可以表示"属于我们",也可以表示"回到我们身上"。——译注

② 雷米·布拉格,《亚里士多德与世界的问题》(*Aristote et la question du monde*),巴黎:法国大学出版社,1988年,第174页。

原则——一种自私到藐视上帝的爱——,而天堂之城则在上帝的法则之下汇集了所有活着的族类,它与人间之城相反,它遵循的是爱上帝的原则——它会走向,或者说应该走向藐视自身的地步。)

而表征卢梭观点的,恰恰是这样一个事实:卢梭的观点一开始就把爱自身(amour de soi)与自私心(amour-propre)相对立,在同一个运动中批判并超越了一切传统观念。他的观点超越这些观念的原因仅仅是:有了爱自身这个本质结构,它就从自我触及的普遍结构以及构成自我绝对特殊性的个体化(也许应该说是个性化)原则转向了绝对生命主体。正因如此,卢梭的爱自身概念在其哲学和道德的交汇处,即本体论和存在论的交叉点上得以确立。这个概念在一切智慧之路的交叉口都闪耀着光芒,它成为智慧的焦点,成为智慧之光的有效光源。

但是,如果像我们刚才所说,这种超越是至关重要的,那主要是因为爱自身是基于内在性的内部结构的,因此它与基于意识的意向性的自我(Verhalten)的任何行为或者自我与自身(Verhältnis)的特定联系都无关。事实上,对于卢梭而言,一方面,爱自身构成了显现的纯粹本质(这就是说——笛卡尔主义要求——爱自身不依赖于自我的客观或有机的肉体性),另一方面,爱自身定义了一个普遍的原则,不能与利己主义或是个人主义相混淆。老实说,爱自身既不是身体的维持,也不是自私心,而是一种绝对前所未有的规定性,它在西方思想史上第一次具有了一种结构性和本原的地位。正是在这一点上,卢梭与芝诺

(Zéno)、西塞罗(Cicéron)有着根本的不同,他甚至借用了斯多葛派哲人们的主题和表述,有时还想尝试(尤其是在撰写《论人类不平等的起源和基础》期间)在他想要给出的解释中效仿他们(而且,从 1960 年起,这种解释就以感性的方式变得更加精练)。

在斯多葛主义中,在芝诺自问生命体的机构建立在怎样的原始本能基础之上,以及在人的特殊情况中,本能与他的理性之间存在何种关系时,爱自身的问题就产生了。对于这个双重问题,芝诺通过构成了斯多葛学派伦理学基础的亲近(*oikeiôsis*)理论,即"视为己有"(appropriation)理论来回答。根据这个理论,正如一位智者评论家告诉我们的那样,"每个生命体在出生之后都会即刻拥有对于他自己的内在共感(*synaisthèsis*)。由此产生了有目的的精神活动,也就是原始的冲动和欲求(*appetitus*)。这种本能就是亲近。它在于自我的回归,人将其'视为己有',并感觉自己是从属(*oikeiôn*,西塞罗将 *oikeiousthai* 这个动词翻译为'取得一致'[*conciliai*])。爱自身自发地与之产生联系,在实践中,它表现为一种自我保护的本能:人倾向于保持自己的天性,促进其发展,但人会逃避对他而言有害的(*allostriousthai* = 异化的[*alienari*])东西,'人会排斥某些外来的'东西。原始冲动并非像伊壁鸠鲁(Épicure)那样,追求享乐而逃避痛苦;不,它追求的是有益于(*salutaria*)生存以及天性发展的东西,逃避的是与之相反的东西。但这种冲动是建立在爱自身的基础之上的……芝诺深信,在人的生命阶段,当理性和逻各斯开始充分发展时,亲近(*oikeiôsis*)会转向逻各斯,并接受其作为人真正的天性"①。这个立场一看就与卢梭的立场非常接近,塞涅卡重提了这一立场,尤其是在他的《致鲁西流书信集》(*Lettres à Lucilius*)中,他回应了这种神秘的亲近(*oikeiôsis*)或者说"对自己的关注",这种亲近似乎既表现在动物身上,也表现在人身上。塞涅卡写道:"动物[即活着的存在]首先关注的是它自己:一定有某些东西是其余部分与之相关的。我追寻快乐:为了谁? 为了我:因此我关注的是我自己。我逃避痛苦:为了对谁的爱? 为了对我的爱:因此我关注的是我自己。如果我做任何事情都是出于对自己的关注,那是因为我对自己的关注先于一切。这种本能无一例外地存在于所有动物身上,不是嫁接到它们身上的,而是与生俱来的……同时,一切[生物]都关注自身的保护,它们追求对自己有益的东西,逃避对自己有害的东西。趋向于有用事物的冲动以及对有害事物的排斥都是自然而然的;自然所规定的一切都是在不经思索和考虑中完成的。"塞涅卡又将他的主要思想进一步融合在他对自然概念的思考中:"艺术所传达的一切都是浮动的、不平等的,但自然所给予的是平等的。它教的只有保护自身以及保护自身所需要的技能。所以动物活着的同时也开始知道……自然赋予它们自我保护的第一个技能,就是对自己的关注和爱。如果它们没有生存的渴望,那么它们就无法存活;这渴望本身不起什么作用,但

---

① R. 霍尔特,《真福和智慧:圣奥古斯丁与古代哲学中人类的终极问题》(*Béatitude et sagesse. Saint Augustin et le problème de la fin de l'homme dans la philosophie ancienne*),巴黎,奥古斯丁研究,1962 年,第 33—34 页。

是没了它，一切都起不了作用。你也能看到没有任何生物会让自己付出代价，或者哪怕只是少关注自己一点。"①

通过阅读这些内容，我们不难看出，对于斯多葛学派来说，爱自身完全可以理解为一种自我保护的本能——而在卢梭眼中，作为一种先验的情感结构，作为一种绝对主体生命的自我触及，而不是作为一种活着的自我的经验性行为，爱自身更多地是以一种先验的方式扮演着实现这种本能的可能性条件的角色。因此，有必要在本注释的结尾再重复一遍：卢梭之贡献的关键在于其思想中所隐含的"现象学"；从最初本质的显现来看，也即从生命以"自然"之名始终已经作为自身被自我给予的原始的感受性(实存的情感)出发，这种"现象学"确立的是现象的基础秩序。

① 塞涅卡，《致鲁西流书信集》，第 19—20、121 页，P. 凡纳编，H. 于布洛译，巴黎：罗伯特·拉丰出版社(Robert Laffont)，"书"系列，1993 年，第 1079—1080 页。

3

对实存的情感的阐释：
"萨瓦牧师的信仰自白"评注

《爱弥儿》第四卷的"萨瓦牧师的信仰自白"所强调的思想，从一开始就以丰富的思辨性提出了一个问题："我是谁?"(E,570)卢梭紧接着回答道："我存在着，我有感官，我通过我的感官而有所感受，这就是打动我的心弦使我不能不接受的第一个真理。"(同上)

第一个真理就是这种奇特地在我们面前的实存。在有一个严格意义上的思维对象(*cogitatum*)之前，它首先是笛卡尔在 17 世纪所界定为"形而上学"的一种绝对和必然的确定性，笛卡尔在"第二个沉思"中的"我是，我在"(*ego sum*, *ego existo*)言及了这种确定性。但萨瓦牧师似乎并不满足于这种最初的"我存在"，因为他接着说"……我有感官，我通过我的感官而有所感受"，这立刻就把思考引向了某个方向。这样一来，我们的境况是否会与笛卡尔在《第一哲学沉思集》所描写的不同呢? 是否有必要放弃笛卡尔的提问法，而如评论学(commentarisme)所系统建议的那般,打开孔狄亚克的《感觉论》呢?

卢梭提出了他的问题:"我对我的存在是不是有一个特殊的感觉,或者说我是不是只通过我的感觉就能感到我的存在? 这就是我直到现在还无法解决的第一个怀疑。因为由于我或者是直接地或者是通过记忆而继续不断地受到感觉的影响,我怎么就能知道我的感觉是不是独立于这些感觉之外的,是不是不受它们的影响呢?"(E,570—571)通过这段话,卢梭想要知道是否真的存在一种自我揭示的模式,一种原始的、自主的对自身的自我揭示模态,它对于自身而言是构成性的——一种直接而内在的自我揭示,卢梭称其为"实存的情感"——,或者在这种情况下,自我的显现是不是更应该是一种"感觉"的秩序的意向性展现? 换句话说,我们是否可以设想一种"自我"触及,其方式与通过感官而产生的感觉没有任何共同之处?

此处我们需要知道卢梭所说的"情感"与感觉相比是否具有一种本体论上异质的结构。卢梭为何会问这样一个问题呢? 在深入探讨这个主题之前,让我们先宣布,这个问题与其说是围绕着感发性的建立条件,不如说是围绕着感觉的比较的想法展开的:那么是否通过比较不同的感觉,我们才能体验到它们所揭示的"现实"?

这是一场经典的辩论。然而,"信仰自白"中的萨瓦牧师通过这个感觉比较的主题所感悟到的不仅是一些关系的术语(那些感觉的术语)的外在性,他想借此来表明自己是经验主义的,是洛克的追随者,萨瓦牧师所感悟到的还有一种感觉的内在性,一种感觉的存在的构成性深度,它不同于一切关系。感觉的这种构成性的内在性、这种深度并不是其表象的结果,而是其自身建立起来的,是作为可感知的存在建立起自己的实在性的东西;它是一种"感觉自己"的彻底受动性。因此,要回答"信仰自白"的基本问题,就不能不回顾一下出现在本文第一行的"情感"——它是卢梭本体论的基石——它与马勒伯朗士(Malebranche)的哲学相一致。事实上,正是依据对笛卡尔关于意识(*conscientia*)的最初提问法的理解,绝大多数笛卡尔主义者都把"意识"冠以"内在情感"之名,但卢梭对此持保留意见。

我们首先要注意到,笛卡尔的作品认为,马勒伯朗士曾从感发性的角度来解读"我思",原因有三:

(1) 如果是灵魂或是笛卡尔巧妙地称作的"精神的观念"①,那么为了自我显现,就要从根本上排除一切本体论结构中的超验性,只有严格意义上的认识(对一些明确而独特的观念的把握)才有可能发生;

(2) 如果意识的直接感知——"我思"内在的存在自身——从未自我呈现为一种"证据",即使它是适当充分的,因为它只有中断一切"证据"才能被获得;

(3) 而如果在其基本"构成"中(卢梭会说:在其天性中),自

---

① 勒内·笛卡尔,《对第六组反驳的答辩》(*Réponses aux sixièmes objections*)《笛卡尔全集》亚当、塔内里版,VII,第367页。

我忽略了理性的自然之光的间接成果(因为自我在"在灵魂中"发展出这样一种客观化的睿知之前就已经存在),那么就可以假定这个灵魂永远也无法被自己所认识。

正是这种不可知性使得马勒伯朗士说,灵魂属于它自己,也即属于它可以从"模糊的"自己身上获得的智力。

此外,马勒伯朗士知道,无法通过证据被知道的东西,总是能被感觉到。但是什么意义上的感觉?我们能否在马勒伯朗士的作品中找出能够支持这个观点,让我们把握这种卢梭试图使之与原始真理不可或缺的内核相混合的"自我的感触"本质的回答?

心灵的本质是隐藏它自身,或者说它对于自身的认识原则上是模糊的,这不仅意味着——而且与笛卡尔所说的相反——它不比身体更容易认识,也意味着它不知道这个心灵可以把握自己,以了解自己。确实,这个观念有这样一种特殊性,它只具有为精神而显现出的相异性(altérité),如果说它的存在的确要以一种先验的外在性(用马勒伯朗士的话是一种"心智的广延")为条件的话,在这种先验的外在性中,思维的一切对象都能够以自己的真实性展现自己。"认识,就是脱离自身",一位马勒伯朗士的评论者如是说[1],尤其是人只有把某物放在自己面前,才能真正再现出它的样子。但是,如果认识就是使客观化,而客观化就是外在化,那么从这种外显中应该

---

① F. 阿尔基耶,《马勒伯朗士的笛卡尔主义》,前揭,第 155 页。

得出这样的结论："我们再现自身以外事物的观念并不是对我们心灵的改变。"①

这就是为什么我们的心灵，"我们不是通过观念去认识它，只能通过意识去认识它"②，这位奥拉托利修会成员[即马勒伯朗士]如是说。他还肯定地指出："我们只有通过内在情感，或者说通过意识才能认识思想。"③因此，对于精神，没有人可以"像对于广延性那样有清晰的概念"④。而且理由充分："一切可理解性的模型"似乎总是"来自于空间"。因而我们要"从几何学和物理学出发去理解精神。所以我们只能通过与可理解的广延性类比，并根据空间形象来进行思维推理"⑤。无论如何，这便是为什么对于灵魂的认识在马勒伯朗士那里已经失去了笛卡尔所赋予它的主要特征（超越于其他一切形式的认识）；并且灵魂本质的自我揭示——通过这一重要的自我揭示，这一本质与对自身存在的具体肯定融为一体——不再提供任何直接的东西。对于马勒伯朗士而言，"向自身在场"不过是一种类比。

不仅仅笛卡尔所倡导的意识的直接性被打破了，而且本质和存在的统一性也被打破了。而后来填补这一缺口，这个在作为"我思"源头的本体论结构（与它本身的显现一致）中偷

---

① 马勒伯朗士，《作品全集》，I，前揭，第 452 页。
② 同上，前揭，第 451 页。
③ 同上，前揭，第 382 页。
④ 同上。
⑤ 同上，前揭，第 93 页。

偷开放的环境的,不是其他,正是严格意义上的认识——一种心灵的认识,它作为表象的认识,这一次与那些始终在身体外部的、始终是间接的东西是平等的,认知行为假定在所有情况下都能感知一个观念,根据马勒伯朗士的说法,一切观念都"在上帝中",在一种纯粹的可见性和理想性领域的绝对的相异性和外在性中。

而"自然之光"作为一切客观真理显现的可能性,是马勒伯朗士所说的"在上帝中的视觉"的条件,这一认识的事实不再意味着在自身中看到自己,因而也就不再意味着自己永远在自身之外。这就是为什么笛卡尔说"任何我对之没有什么认识的东西都不能存在我心里"[①],马勒伯朗士决心呼应这一卢梭所精确采用的主张:"任何事物……都不可能存在于心灵之中,除非心灵通过它自身的内在情感来感知它们"[②]——,这很好地证明了这三者的观点显而易见是一致的。的确,如果说在笛卡尔看来,心灵的本质通过其透明的、原则性的内在性向它本身显露,那么反过来,对马勒伯朗士来说,我们对于自己的情感就像所有感觉一样,是"模糊的":他说,这是一种"没有智慧的情感",它绝对不可能"教导"我们,说明我们是什么……[③]

因此,我们不难看出,经验(意识的自我理解)是无法向自己

---

①　勒内·笛卡尔,《对第一组反驳的答辩》(*Réponses aux premières objec-tions*),《笛卡尔全集》亚当、塔内里版,VII,第107页。

②　N. 马勒伯朗士,《作品全集》,I,前揭,第415页。

③　同上,X,前揭,第103页。

揭示心灵的本质的,也不难理解为什么"情感"这个词在它看来是不恰当的。这也是从马勒伯朗士理论中关于感发性的阐释中所得出的。感觉(sentir)与认识(connaître)的对立是如此明显,感觉本身并不能向被影响的主体揭示或使其认识什么! 因此马勒伯朗士认为,以痛苦为例,承受痛苦或知道自己在承受痛苦不是一回事:我感受到了痛苦,但我不认识这种痛苦,只有上帝可以认识这种痛苦,因为他知道我们心灵的想法(但他感觉不到这种痛苦)。不认识自己的痛苦是否意味着什么? 正如费迪南德·阿尔基耶(Ferdinand Alquié)所说,"要承认,上帝认识的这种所谓的真正的痛苦并不是我们所理解的痛苦,因此,它不再能担得起痛苦之名",这是直接就放弃去解决这个问题。我们不妨同意,我们不再真正知道自己在说什么。此外,正如人们可能会怀疑的那样,无论是谁以这种方式去解读马勒伯朗士的思想不免都会得出这样的结论:马勒伯朗士的理论"回避了上帝和痛苦的关系问题"[①]。

但是,一般来说,人们回避的,或至少是忽视的——或者说是误解的,不正是感发性的存在本身的问题吗? 感发性不就在于对自己的充分而直接的揭示吗? 难道它从本质上就毫无保留和奥秘可言吗? 笛卡尔的"意识"(*conscientia*)在马勒伯朗士那里被称为"内在情感"(sentiment intérieur),卢梭又借用了这一名称,这难道还不足以使我们考虑感发性在其本身之中很可能包

---

① 同上,X,前揭,第162页。

含着绝对的实质、构成最初真理的物质吗？

如果必须要提高到这样一种本体论高度，那么情感（感发现象）就不会与基础的描述无关。笛卡尔本人尽管有二元论，但他已断言，痛苦在本质上仅仅是心灵的一种模态，一种人在其内心深处完全而积极地认识到的一种决定："当一个人感觉到一种剧烈的痛苦时，"他在《论灵魂的激情》（*Les Passions de l'âme*）一书中写道，"对于这种痛苦的认识在他看来是清晰的……除了情感和思维……他无法清晰感知到自己心中的任何东西。"[①]在《论灵魂的激情》的文本中（尤其是与卢梭的思想相一致），笛卡尔还明确指出，情感的揭示本身是"非常真实的"：一种绝对真理的真实。笛卡尔无疑是第一个如此准确和清晰地确定感发性的纯粹本质的内在问题的思想家。在该书 § 26 中，他指出有一点必须牢记："当我们在睡觉，有时甚至是在清醒的时候，我们对某些事物的想象常常是如此强烈，以至于我们觉得是亲眼看到了或是亲身经历了，尽管它们根本不存在；但不论我们是在睡觉还是在做梦，除了灵魂拥有的这种"非常真实的"的激情，我们无法感觉到其他任何悲伤或感动的激情。"他进一步补充道："我们可能会……被那些通过与身体之外的物体产生联系的感知或是那些与我们身体的某些部位产生联系的感知所欺骗，但是……激情则不然，因为激情

---

① 勒内·笛卡尔，《哲学原理》，I，§ 46，《笛卡尔全集》亚当、塔内里版，IX，第 44 页。

对我们的灵魂而言是如此亲近,如此内在,所以灵魂所感觉到的正是它真实感觉到的激情。"①

通过回顾笛卡尔的这些文字,似乎如果马勒伯朗士回到笛卡尔的立场,否认情感是一种通过自己来揭示任何东西的能力,如果他推翻最初的言论,将"内在情感"归结为最彻底的非现象化(non-phénoménalisation),如果灵魂的内在黑暗在他看来最终不再是反本质的超验性,也就是说,不再是自身的内在性以及自身中的主体性,而是一种简单的"对事实的完全是后天的认识"②,从而甚至否定了自己"直接的、孤独的"经验的一切感发性,这种经验实际上决定了"感觉自己"的本质是"内在情感";简而言之,如果如 F. 阿尔基耶所说,马勒伯朗士的理论在我们看来是时刻"准备被颠覆,变成它的反面"③的,那无疑是因为马勒伯朗士手中没有现象学的工具来支撑他展开一种与所有感觉主义(sensualisme)截然不同的先验的感发性学说。"难道不应该认识到,"F. 阿尔基耶接着写道,"在不同于上帝的科学的范畴中,感性的东西包含着一种具体的、无可替代的,因而是最初的、基础的知识吗?我们也许能在马勒伯朗士的思想中发现一种感觉主义倾向,它指向了孔狄亚克的哲学。"④

---

① 勒内·笛卡尔,《论灵魂的激情》,§ 26,《笛卡尔全集》亚当、塔内里版,XI,第 348—349 页。

② F. 阿尔基耶,《马勒伯朗士的笛卡尔主义》,前揭,第 97 页。

③ 同上,第 162 页。

④ 同上,第 162 页。

但恰恰是这两位哲学家的感觉主义,唯心主义者马勒伯朗士默认或补偿的感觉主义和神父孔狄亚克过度的感觉主义,以及他们对于经验主义特点、情感的原始晦涩的一致肯定,成了他们二人的绊脚石!不论如何,从卢梭的学说中,我们现在应该能更清楚地认识到,要从本体论意义上区分情感触及与感发性是不可能的,也就是说,内在性与超验性无法作为终极、实质上异质的现象学结构,这构成了马勒伯朗士主义及其孔狄亚克式感觉主义的局限性。

* * *

自身情感(sentiment de soi)是卢梭打算以之作为其"真正的哲学"的基础的主体性原则。这是卢梭在宣称必须"在笛卡尔开始的地方结束。'我思,故我在',这就是我们所知道的一切"(LM,1099)时所要表达的意思。事实上,为了赋予笛卡尔的"我思"以意义,卢梭首先在马勒伯朗士提出的"内在情感"的基础上构建了一种自身情感,他将其重新命名为"实存的情感"。然后,他感到有必要通过讨论孔狄亚克的论文来得出实存的情感的可能性的先验条件。只有卢梭对《感觉论》的作者提出反对意见,这反对意见构成了"信仰自白"的主要方向之一,唯物主义以自己的方式所坚决反对的笛卡尔二元论才能得以最终显现。因此,正如《爱弥儿》的作者肯定会承认的那样,只有在将唯物主义和唯心主义区别开来,或者说只有在二者都回溯到其共同的起源之后,他所捍卫的基本思想才能决定性地实现。

事实上，任何想要探究自然内在感触的人都必然会问自己，在卢梭的作品中唯物主义和唯心主义是如何在它们共同的基础上具体地进行更新的。在他的《道德书信》中，他首先批判了那个起步如此出色，却很快偏离了自己最初想法的哲学家，即笛卡尔，后者通过心灵对于唯一的理智和理性的过度身份认同来宣扬"理智主义"（intellectualisme）。接着，在写给苏菲的第三封信中，卢梭明确了这一批判，他说道："基于第一原理[即'我思']，他[笛卡尔]开始自我检查，并在自己身上发现了一些非常明显的特性，这些特性似乎属于两种不同的实体，他首先很好地认识了这两种实体，在撇开一切不明确和不一定包含在其中的内容后，他将其中一种定义为广延的实体，另一种则定义为在思维的实体。这两个定义是非常明智的，因为它们在某种程度上没有解决这两种实质的晦涩问题，并且广延和思维很显然是不能统一和呈现在同一个实体中的。"（LM, 1096）因此，应该要质疑甚至推翻的，正是主导笛卡尔二元论的构成性的决定，将笛卡尔二元论的构成性与"我们唯一知道的事物"，即"我思"相对照，现在"我思"的本质被理解为（按照马勒伯朗士的阐释是内在情感）直接属于感发性的东西。

从卢梭的批判中，我们首先可以提炼出两个重要观点。

1. 卢梭的意思大体上是，一旦确立了原理（"我思"），就必须要立即抛弃它，或至少不要太过于强调它，也就是说，不要冒险将其以一种正题的形式摆在自身面前，好像它是一个显而易见的事实一般。将原则再现为原则的人，等于是把原则重复了，还会陷入多种二元论的产生中,如灵魂与身体的二元论。因此,笛卡尔把只具有原始性的东西置于优先地位,他首先转变占首位的东西。因而他的《第一哲学沉思集》通篇都在积累各种原理。而这是卢梭所拒绝的一项工作。如果说"我思"是原理,那它绝不是为了让一系列互相联系的假定的推论在它的"论点"中增殖(proliférer);而仅仅是为了向我们揭示感觉在其最深处的"真理";换言之,笛卡尔主义之所以步入歧途,是因为它让自己陷入了表象的网中,并转向一种实体的本体决定的客观主义。由于草率地将"我思"同化为一种唯一的"清晰而明确的看到",一种心智(mens)的看到,笛卡尔一下子便失去了在思维(cogitatio)中主体性模式的完满的内在性,而这个内在性正是用来定义自我的存在的,是一种"思考的东西"(res cogitans),"它在怀疑,在领会,在肯定,在否定,在愿意,在不愿意,也在想象,在感觉"。必须说,这种思想无法回避这样的风险,即思维(cotitatio)的构成性的"感觉自己"——需要强调的是,它最初并非是智力——并没有得到旨在揭示其自我证明的基本能力的额外阐释。此外,在转向实体二元论(这种本体二元论使自我的问题没有得到解决)的同时,感发性——根据"第二个沉思",它是非感性的"感觉",甚至是思维的本质——处于它本身中,从"第三个沉思"开始,感发性便被排斥在了身体的感觉的超验领域中(这一排斥也是马勒伯朗士观念的特点)。那么,一方面来说,如果笛卡尔在从无到有创造了灵魂与身体的问题理论后,不得不再选择一个简单的第三属性,如果他不得不把自身存在的自我给予重新归结于"意志"的无限本质,超越"第三个沉思",任思维的超验性重新向自身出现,并出现在自身之中,那是因为他一开始就无法区分自我的存在的构成感发性以及一切感觉的"主体的"本质。[①]至于这种绝对基础的重新出现,正如卢梭所指出的,它只能任实体统一的问题悬而不决,并有可能会抛弃最初定义的本体论视域,为感觉之下思维的经验主义决定开辟道路,正如我们会在18 世纪的感觉主义与唯物主义中都重新发现的那样。

但无论后人如何,至少笛卡尔主义本身仍然存在一个基本问题——对这个问题的重提使卢梭的立场获得了其真正的哲学意义[②]。问题如下:尽管"意志"具有本原上的无限性[③],它是如何被确认为一种有限的本质的,也就是说作为一种"思考的东西,即精神、心灵、理智和理性"(*res cogitans* , *id est mens* , *sive animus* , *sive intellectus* , *sive ratio*)的模态的?"我思"本身在其作为一种智力的实体规定后也被还原为了这种模态。为了使自己从意识(*conscientia*)所限定的绝对内在性的原始领域抽离出来,最后四个沉思中的笛卡尔主义必然会面对这样一个悖论。

2. "思维"(*pensée*)还原为一种理解行为意味着思维

---

① 这二者的区分我们马上就会讲到,它将产生卢梭的"信仰自白"的提问法(problématique)。

② 在这个意义上,我们或许有理由相信,卢梭远不是创造了一种新的认识论,他与其说是完成了,不如说是完善了笛卡尔所开创的认识论。

③ 我们都知道笛卡尔在"第四个沉思"中的表述:与理解力不同,"我感到"意志是"如此模糊不明,如此宽泛,它是无限的"(《笛卡尔全集》亚当、塔内里版,VII,第 56 页;IX,第 45 页)。

（ *cogitatio* ）的所有模式都还原为它包含在其中的诸多观念，这种还原不可避免地导致了确定运动本质的不可能性，除非通过理解，也即通过一种观念，而观念的实现只会发生在其他地方，而不会发生在"我思"的原始而根本的领域内。在其他地方：也就是笛卡尔称之为"身体的认识"的那个表象空间。当我行动时，当我想要某样东西，当我得到它，毫无疑问，是"我"（moi）在行动，是"我"想要它，是"我"得到了它。但从"意志"中产生的运动和行为虽然带来了这样一种确定性和唯一的身体的固有属性，身体马上又成为与灵魂相区分的对象，并且这个灵魂本身无法回应原始的思维的基本要求（réquisits），这显然迫使行动及其本质只能接受那些对于他们来说其实是外在的东西作为规定性。更严重的是，当这些条件实在是无法还原为一种纯粹的愿望（也即一种智力的渴望）时，它们就会将"意志"与其自身的实现相分离。然而什么是自己不希望的意志？无论如何，难道不应该将其区别于单纯的"不付诸行动"的愿望（velléité）吗？因此，面对这种笛卡尔式的困境，卢梭充满逻辑地从问题的源头出发，作为"信仰自白"的开篇，他问自己到底什么在"决定他的判断"（参见E，570）。

因为我们还不知道这个决定性原理的性质，如果我们能知道的话。这个关于判断（或判断的自由）的基本问题，以及由此产生的（一种产生与自己的力量的意义上的）意志的问题更是一个名副其实的哲学难题，卢梭自己也把它归于洛克对心灵的智力本质的"破坏"。按照这种经验主义的批判，《道德书信》中的第三封信确实对笛卡尔所主张的实体的结合（union substantielle）提出了异议："人的理智是受到限制和束缚的，因此可以说它无法进入压抑着它并只能通过感觉行动的身体。"（LM,1092）如果理智表现得与身体一样被动，那么笛卡尔所引出的"无限意志"还剩下什么呢？在这种情况下，宣称自己建立在夸张的怀疑和判断的事实基础之上的整个哲学事业会像"我思"本身一样找到它真正的起源吗？简而言之，如果一切都来自外部，那么我是什么以及我能做什么？

这个问题在"我是谁？"之后，而"我是谁？"则构成了"萨瓦牧师的信仰自白"的主题。

* * *

由感觉打造的孔狄亚克的雕像说是否能证明自我在本质上被赋予的原始力量的消亡？或许《感觉论》的注解中提到了这样一种存在于我们自身的"我们行动的原则"，"那便是我们去感觉，但只感觉到我们无法定义的东西"；孔狄亚克说，这一原则，"我们称之为力（force）"①。——身体之力还是精神之力？这其实并不重要。因为如果我们"知道"这力量属于我们自己，如果我们在自身之中体验到了它构成的内在性，那么还不能确定它是哪种就显得荒谬了。而且，对于笛卡尔本人来

————————

① E. B. 德·孔狄亚克，《感觉论》，I，第 2 章，§ II；引自：H. 古耶，《卢梭的形而上学沉思》，前揭，第 70 页。

说,"我们意志的自由是不需要通过我们对于它唯一的经验来证明就可以知道"[1];这种非推论的检验是基于自我存在所固有的"感受自己"。然而,正如孔狄亚克所声称的那样,如果我们只有身体的感觉,如果自我感触本身只是"感觉的集合"[2],那么这种说法,即我们感受到这种力量,并在内心深处感受到它,即便不是没有道理,也是模棱两可的。诉诸于感觉(及其再现的特点)可以立刻使我们拥有这样一种积极的力量,这也就不足为奇了。

孔狄亚克在哲学上无法证明这一力量的原初特性,但他还是承认,这力量如果不是由"我存在"本身构成,那也是"我存在"的构成性"原始事实"(fait primitif)。在这场辩论中,卢梭也参与了就原始给予的问题的讨论,他宣称:"你也许还要问我怎么会知道有一些运动是自发的;我告诉你,我之所以知道有这种运动,是因为我感觉到了它。我想运动我的胳膊,我就可以运动它,这里除我的意志以外,就不需要任何其他的直接的原因。谁要是想提出一个什么理由来使我不相信我身上的这种感觉的话,也是办不到的,它比一切证据都更为显明;要不然,你就给我证明一下我不存在。"(E,574)他还断言:"一个意志怎样产生物质的和有形的活动呢? 这我不知道,但是我在我本身中体验到

① 勒内·笛卡尔,《哲学原理》,I,§39,《笛卡尔全集》亚当·塔内里版,IX,第41页。

② E. B. 德·孔狄亚克,《感觉论》,I,第4章;引自:H. 古耶,《卢梭的形而上学沉思》,前揭,第69页。

它产生了这种运动。我想做什么,我就可以做什么;我想移动我的身体,我就可以移动起来。"(E,576)

如此,卢梭式"我思"的本质便明确了。它被感受以及被揭示为一种"无边的力量"(E,588),凭借这种力量,存在的自我被赋予了"我思考"以及"我想要",因此卢梭认为"我思"是一种"唯一而无可争辩的原则"。它是一种无可争辩的原则,因为它比一切证据都更具确定性,它是直接的和内在的,对于任何对象都是不可或缺的;它也是统一意义上的唯一的原则,因为它在现象学上是先于心灵和身体的区别与超验构成的。

对"我想要"的肯定,归根结底就是无条件地自我给予以及自身对这重要力量的证明,如笛卡尔的"思维"那样,这力量存在于一种以直接的"感觉自己"为基础的"我体验自我"中。换句话说,这是一个把行动本质视为存在的根本主体性的问题。而在笛卡尔的"第二沉思"中,自我的主体性在模态之后实现,模态则与其可能性条件相关,即作为"精神的观念"的心灵的精神统一。在卢梭那里,正是借助身体之力的行动的执行,才使得这种执行在主观上成为可能,这种执行与生命的内在经验相关,生命的"内在情感"便是从中构建其坚不可摧的启示的。在《爱弥儿》的第一卷中,卢梭就这个主题写下了这段重要的文字:"活着,并不就是呼吸,而是行动,那就是要使用我们的器官,使用我们的感觉、我们的才能,以及一切给予我们实存的情感的各部分。"(E,253)此处对上文提到的"唯一而无可争辩的原则"进行了解释。活着并不是一种生理或心理功能;活着,就是像那些激起原始的

"感觉自己"的彻底体验的东西一般,去感受自身中的一切,就是在其存在的各个部分都坚持这种"感受自身",在这样一种"感受自身"的直接性中,其存在会特定地向其自身(更确切地说是,作为一个"自身")显现。

由此可见,只有本质是在生命中被构成为基本的"我能"的"存在"才不仅有"评判事物的权利"(E,570),还有依据这个评判采取一种真实行动的可能性。这个行动——不论其性质如何,是伦理的抑或是其他——在任何情况下都是自由的,因而自我可以合理地对这个行动负责。但是,要想让自我可以在实存的情感中以及通过实存的情感内在地自我揭示,正如它作为生命体的"我能"那样,那么和其他感触一样,这一实存的情感与身体的感觉相比还需要有一种结构上的本体异质性。现在,的确需要考虑这种结构上的异质性,它解释了为什么"萨瓦牧师的信仰自白"的作者感到有必要去谈论"评判"的问题。甚至应该说,之所以这个问题在他看来是唯一能够通往"内在情感"本质的问题,是因为前人的研究几乎没有留给他关于原始感发性的本体论概念,在这作为绝对被动性的原始感发性中,自然的感触被认为是完全"独立"(参见:E,571)于感觉自身的,也就是说与一切情感触及和一切感受都截然不同。

事实上,如果是这样的话,如果笛卡尔曾深入研究过情感触及的问题,只不过是通过"我思"去分析这个问题的,那么卢梭完全没必要在感触的内在性问题上绕这么大一个弯,这个问题所讨论的在他看来就是评判中的"精神之力"。于是问题就产生了:通过这样一种提问法(problématique),是否会更容易获得一种与感性印象的印象性(impressionnalité)相比绝对独立的"感觉"(sentir)的概念?

卢梭写道:"当我们发现两种需要加以比较的感觉的时候,我们已经有了它们的印象了,对每一个客体都有所感觉了,对两个客体都有所感觉了,但不能因此就说我们已经感觉到了它们的关系。"(E,572)事实是,这些感性印象之间的关系产生并不属于感觉;只有这种关系产生本身被感觉到了,它才会像已经在我的能力范围内一样被赋予给我。比较不同感觉的能力是自我给予的:我的心灵正是通过这个能力才可以将不同的感觉联系起来。但这种力量,这种精神之力并不仅仅属于我:它就是我;这意味着,它并非是来并入某些也许是先于它的实现而存在的叫做"我",或被称为"自我"的实体存在者。自我并非先于它自身所具有的能力而存在,不会与这些能力分离,此外,这些能力也不是它的"所有物"。不,这些能力不是自我的所有物——否则它们只是单纯地被占有,如人可以掌握,也可以随意抛弃的"外部"的事物一般。自我反而是它自身能力的附属品。我是构成"我"的一切能力的我的东西。而这种自属性(mienneté)就是"实存的情感"的产物,"我能"的个体力量依靠实存的情感而建立起来,因为通过感觉自己,这种能力得以占有自身,并凭借这种自我占有(auto-appropriation)而不断扩大它自己。换句话说,自属性是一种对自身主体性的内在性的决定。或者用卢梭的话来说:"我心灵中所具有的这种归纳和比较不同感觉的能力,不管别人给它一个这样或那样的名字；[……]它始终是存在于我的身上而不存在于事物的身上，而且，尽管是只有在事物给我以印象的时候我才能产生这种能力，但能够产生它的，唯独我自己。"(E,573)

因此，这不再是表象性(représentativité)的问题，也就是说，这不再是客观实在性和感觉的问题，也与永远只在"偶然"原因下才有的、外部的、在现象学上次要的、总是不同于印象的客体的现实无关。相反，这是统一性的基础的问题，一种感觉可以在这个基础上发生，不管这种感觉所涉及的是一个客体还是另一种感觉。但这个基础无非是比较的感觉的可感受的存在(l'être-senti)本身，它只是被给予在其感发的肉体中的存在，正如那些影响着我们的东西，即生命中内在的和主观性的起源。比较(即使用评判的智力能力)对一些印象进行对照、联系与界定，并不是根据这些印象的原因(或它们的主观理由)的不可克服的差异，而是根据对它们的印象存在(être-impressionnel)的建立，因为这种印象存在最初是在"感受自己"中(在卢梭决定称之为的"内在情感"中)自我形成的。

这就是为什么在哲学上非常清醒的卢梭进一步认识到，我们甚至并不是只能从唯一的印象的比较，唯一的"评判"中，当然也不是从这些相同印象的印象性中得到我们精神之力的最初证明。事实上，这也是从之后的文本中得出的，我们看到通过其固有的本体的结构可以显现为自己的印象不再是纯粹被动(从外部接受的意义上)的了。相反，印象似乎在现象化(se phénoménaliser），也就是说，它任凭自己由"意识"决定，由于一种主动的、自由的能力将它给予它自己，并将它置于自己之中，之后，它便可以随时进行可能的鉴别与比较了。但这种给予的能力，这种主动的"在自身"的力量与印象并无不同：它是这种在其印象性中的印象，也即在其与"感觉自己"的直接结构中的印象。印象的"感觉自己"、印象的自我印象同时是（甚至是在其"压力"下的）力量的释放和能力的展现：准确来说，正是它使自我能够受到影响。

印象的"认知"是通过其印象性完成的，也就是说，在心灵可以通过意识将印象与自己比较（A = A）或将它与另外一个事物比较（A ≠ B）——我有可能在一个命题判断中进行一种比较——之前，感发性的力量已经将其置于自身之中。卢梭非常明确地提出了这一点，"除此以外，我认为，如果你曾经想过的话，还有一点是一定会使你感到惊奇的，那就是：如果我们在运用我们的感官方面完全是消极的，那么他们之间就不可能有任何相通（communication）"（同上），没有任何"共同存在"（être-en-commun）。事实上，通过这一"相通"的主题，我们应该如何理解感性印象？无非是那个著名的，我想要提醒大家的"感觉中枢"（*sensorium commune*）的哲学问题，在现在的这个定义之前，"感觉中枢"一般指的是一种前期预测的或是基础命题的决定。因此，卢梭认为，在感觉的起源处——我想说的是：在它们的感性显现之处——也许存在一种认同行为（acte d'identification），它发生在感觉产生联系之前，并证明了感觉间联系的存在。但问题在于,即使感觉主义只与表象的感觉①有关,而忽略了印象性的鲜明特点,我们也不禁要问,这种认同原理是否属于感觉结构或精神本身。这个关于感觉主义的问题在很大程度上也是卢梭的问题。

既然感性显现的问题绝不简单,既然要从孔狄亚克的感觉主义中摆脱出来绝非易事,而孔狄亚克的感觉主义在理论层面又是如此地不确定,那么卢梭对于"感觉中枢"(E, 280)的第一次解释是模棱两可的也就不足为奇了。在探讨这个问题之前,我们要再次指出,《道德书信》中对于孔狄亚克感觉主义的尖锐批判已经无法拯救《感觉论》中的任何内容。在这篇文字中,卢梭对孔狄亚克提出了反对意见(众所周知,对于孔狄亚克来说,感觉的存在完全取决于感官,感觉通过感官显现出来),他说,如果感觉是在每个孤立的结构中产生的,那么它应该会根据感官的"数量"和每个个体所特有的身体构造而有所改变。卢梭的反对意见通过这种方式打击了经验主义的核心,它是毁灭性的,尤其是卢梭还补充道:"您可以从孔狄亚克神父的雕像中看到,如果将每种感觉分别给予我们,认识会在何种程度上属于这些感觉,还能看到关于比我们拥有更少器官的生物的本质的奇怪争辩。您认为其他拥有我们所未知的感觉的生物是怎样看待我们的?"(LM, 1096)

如果我们还必须考虑到这样的事实,即一个物体绝非由单

---

① 也就是说,与偶尔的外部原因有关的感觉。

独的某个器官感觉到的,而是由多个器官同时感觉到的,那么由感觉的实在性所引出的问题可能会更加复杂。感觉的实在性是由我们的感觉的"整体"来构成的,这个整体不是由每个个体器官单独传递的,我们部分器官的感觉的不确定的汇总,而是定义了我们的感觉的共同存在,在传统心理学表述中,它的专业术语是"体感"(cœnesthésie)。

这种感觉上的相通,卢梭称之为感觉中枢。那么随之而来的问题是:是什么把每次给予的各种感觉统一为经验中的这种感觉? 对于这个问题,我们知道康德会回答:内在感觉的结构(换言之:时间的形式)。但这并不是卢梭的答案,因为在他看来,内在感觉的结构本身也要求一种统一,这种统一是无法由它本身来赋予的,因为它本身的力量(即作为直觉的先验形式的时间)不是别的,正是外在性。换言之,内在感觉始终以一种自身性的获得或存在——统一和自然的力量——为前提,将自己的各种直觉与这种自身性相联系似乎是合理的。但卢梭并没有从这些方面提出问题,而是更愿意跳过康德遇到并认为可以通过时间的自我感发解决的问题。在实现这一跳跃的过程中,正如我们在"信仰自白"中所看到的那样,他将被引导着明确强调将感受性本身,即感觉间的"相通",建立在一种原始的自我触及基础上,这种自我触及的结构与感觉的触及无关,也与"表象的感觉"(参见 E, 282, 572)无关——甚至与时间性也无关。

因此,如果为了清楚起见,我们接受使用笛卡尔为其观念保留的术语来表示感觉,我们会说:对于卢梭而言,感受性的显现既不能从它的客观现实(表象的感觉)来理解,也不能从它形式的实在性(感觉的触及,或者是——用康德的话来说——作为直觉先验的形式的内在感觉)来理解;不:感受性的显现以其物质实在性不可分割的统一性为基础,物质实在性存在于其感性存在的自我感触中,也即,在其肉体的印象性中。事实上,如果没有这种肉体的物质性,没有这种胡塞尔所说的"质料"(hylè)的自然特性,卢梭认为,我们根本就不可能"认识到我们所摸到的物体和我们所看到的物体是同一个东西"(E,573)。因为,若没有肉体构成性的自我触及,我们就会像孔狄亚克一样,陷入到这种荒谬的抉择中:"我们要么就一点儿也感觉不到我们身外的任何东西,要么就会感觉到五种可以感知的实体,而没有任何办法可以辨别出来它们原来是同一个东西。"(同上)然而,我们所有的经验每时每刻都在告诉我们,事实并非如此。这就是为什么我们应该要问自己:构成感性知觉"身份"的是指向同一个感性物体的所有感觉的相似,还是所有感觉汇聚成的唯一感觉? 换个说法,是感觉中枢,还是判断能力? 还是说,其实都不是?

我们已经说过,《爱弥儿》第一卷对于这些问题给出了一个模糊的第一回答。卢梭在间接地想到孔狄亚克时,他仍然让我们假设他赞成"常识"(sens commun)的结构:"假使一个孩子生下来的时候就具有成人的身材和体力,假使他出生的时候,比方说,就从母腹中带来了种种的装备,宛如帕拉斯从朱庇特的脑壳里跳出来就带着武器似的,那么,这个小大人将是一个十足的傻瓜。一个机器似的人,一个不活动和差不多没有知觉的铸像:他什么也看不见,什么也听不到,一个人也不认识,也不知道把眼睛转过去看他需要看的东西,它不仅看不见他身子以外的任何物件,甚至感觉器官促使他观看的东西,他也不能把它反映到感觉器官里去;他的眼睛不能辨别颜色,耳朵不能辨别声音,身体接触到什么东西,他脑子里才知道有什么东西;他的一切知觉都结合在一个点上,而且只存在于共同的'感觉中枢'里。"(E,280)

这段话基于一个解释性的假想(小大人),旨在揭示身体成为一个感觉的存在的原始条件,显然是在为一个决定性问题寻找一个解决方案,但并没有找到。它的根本价值还是在于提出了这个问题。很明显,在理解是什么使感受性成为现实的时候,卢梭对孔狄亚克的理论进行了检验,以表明它什么也解释不了。事实上,对于孔狄亚克而言,能够超越我所体验到的感觉,并在感觉之后得到印象来源的"真实"存在的,是手所传达的实体感。但如果手是我对于身体的认识本原,那么身体不就是手本身吗?这样的话,我又如何能认识它呢?二选一:要么感觉总是孤立的,但就器官本身而言,它从不为人所知,所以它就不可能像卢梭说的那样"关联"感觉对象。然后我们便可以从中推断出,感觉的来源永远是未知的。要么感觉是"体感的"(cœnesthésique),在这种情况下就有必要考虑大脑中的一个共通点(point commun),这样才有可能实现感觉的统一。但是,在这第二种假设中,除了感觉的统一取决于它本身以外的东西之外,除了它始终在自身以外寻求其存在的身份之外,这个(大脑的)"点"本身仍然是一个不小的问题,因为它本身属于身体,所以只能像所有身体的感触那样被感觉到：以一种外来存在者的形式从外部影响它。

这就是为什么与"感觉中枢"之谜相关的解决方案无法提供任何东西来构建可感受的存在真正的实在性。这个理论预设了一个事实，即"感官性"(sensorialité)是一直在场的事物，它必须要与其他事物共用同一种识别方式(即表象的重言式同一)，这便是卢梭深谙于心的。从这个位于大脑中，但事实上并没有真正定位的点(难道它不需要另一种感觉来使自己得以定位吗？)，卢梭直接开始了对一种完全是另一种秩序的现象的考虑：自我的观念。因此，他补充道："他[这个小大人，类似于孔狄亚克的雕像]只有一个观念，即'我'的观念，他使他的知觉都要符合这个观念；而这个观念，或者说得更确切一点，这个感觉，也许就是他比一个普通儿童唯一具备得多些的东西"。(同上)

正如我们所看到的，这个"普通"儿童在这里充当了"原始自然"、自我的主体内在性的象征性人物，这个人物在许多方面与卢梭在《论人类不平等的起源和基础》中所描述的野人形象相对应。但这段文字明确提到，小大人的感觉与(普通)儿童的感觉的不同之处在于，前者有能力理解这些感觉，将它们看作是"一类"的，识别它们，并因此将它们相互联系——总之，对它们进行比较。现在，这种能力似乎完全取决于"自我的观念"(idée du moi)，或者像卢梭试图纠正的那样，它完全取决于一种自我对于自身可能会有的情感。这是否意味着，这种情感只取决于这种通常来说在大人身上比在儿童身上体现得更为明显的"自身意识"(conscience de soi)？毫无疑问，如果是这种情况，那我们就会承认，在自我和自我对于自身可能会有的表象之间存在一种对等，它与一切构成卢梭主义特殊性的事物都是相对立的……因此，我们不要试图掩盖事实：《爱弥儿》第一卷的这段文字表现了一个重要的障碍，卢梭直到在同一部著作的第四卷，也即在"萨瓦牧师的信仰自白"中，在更根本的基础上才得以解决这个障碍。

因而导致卢梭在《爱弥儿》第一卷中失败的原因，是他不想——出于本质上的"批判"原因——在不借助感觉主义术语的情况下，且在孔狄亚克理论所提出的背景之外去展开他的提问（感觉从中获得实在性？）。因为在这一分析阶段，他打算（没有明确宣布）将这个理论束之高阁，所以不可避免地，卢梭的思想没有得到发展：事实上，他的思想只能继续依赖于，甚至是消极地依赖于感觉主义哲学。卢梭自己是知道这一点的，能够证明这一点的就是《爱弥儿》中话语的推进：在写"信仰自白"时，卢梭其实表明了他在写第一卷时没想过可以正确回答所提出的问题。

当然，虽然注意到这些文字上的犹豫是非常重要的，但我们不应就此止步。重要的是以"自身感触"来纠正"自我观念"的意义。因为，由于这一学说的发展，卢梭在《爱弥儿》中把"内在情感"的原始自我感触定义为感性存在（不论这存在是感性的还是感发的）的实在，也即定义为一切被给予的实在的本质。因此，根据卢梭的伪洛克主义（pseudo-lockisme），一切被给予我们的东西（包括思想）首先是以感受性的方式给予我们的，而这种感受性本身是通过感发性给予我们的。因此,体感远不属于比较评判的范畴,也远不是基于意向性和表象的意识,它更多地是建立在"自我感触"基础之上的。

由感觉的本质和实在性所产生的问题现在反映在了"实存的情感"的问题上,它接收或始终能够接受自身之中和作为自身的所有感觉。从感觉或是感觉中枢中出发,以识别实存的情感的本质,这就是只有在颠覆事物的现象学秩序的条件下才有可能实现的。最终,我们在《爱弥儿》第四卷中瞥见的事实是,实存的情感解释了被给予感觉的存在,而不是相反。但我们可以看到,这种颠覆最初对卢梭的思想是不利的,因为它的结果是使卢梭(在《爱弥儿》第一卷中)以一种混乱的,甚至是毁灭性的方式支持一些武断的,甚至是不合逻辑的立场。因此,为了正确地找到问题的核心,有必要从自我本身,从自我原始力量的展现开始进行讨论。这正是卢梭在"萨瓦牧师的信仰自白"中阐述其思想时的做法。

* * *

其实,卢梭在《爱弥儿》第四卷的中间部分为我们提供了一个出色的"形而上学"梗概,他希望以此作为他"真正的哲学"的构成要素。但在重新提及这一点之前,必须再次强调的是,按照感发性的先验理论形式规范的构成,也许会让卢梭不再犹豫地去解决"第一个怀疑",这个怀疑是他在"我存在着,我有感官,我通过我的感官而有所感受"这一表述(笛卡尔和洛克,唯心主义和经验主义的真正综合)之后所感受到的。虽然卢梭从未提出过这个感发性的先验理论；但是没有人可以否认，自我的感发性问题、主体生命内在的愉悦与痛苦问题贯穿着他的整个作品，甚至还包括他那些看上去不那么哲理，而更多是轶事的自白。

现在让我们来回顾一下，萨瓦牧师在开篇是如何措辞的："我存在着，我有感官，我通过我的感官而有所感受。这就是打动我的心弦，使我不能不接受的第一个真理。我对我的存在是不是有一个特有的感觉，或者说，我是不是只通过我的感觉就能感到我的存在？这就是我直到现在还无法解决的第一个怀疑。因为，由于我或是直接地，或是通过记忆而持续不断地受到感觉的影响，我怎么就能知道自我的感触是不是独立于这些感觉之外的，是不是不受它们的影响呢？"(E,571)

在缺少一种关于情感的纯粹理论以及情感自我触及的理论，还缺少对其"独立"本质的揭示，也即对其绝对主体性的揭示的情况下，《爱弥儿》的读者实际上被引导着以更基本的方式去理解是什么构成了实在性，也即我们所谓感觉的给予(和显现)的模式。在《爱弥儿》第一卷中对"感觉中枢"的相关论述已经能说服读者，即这种实在性从来不是由"我"所感觉的身体器官给予的，因为身体器官，所谓的感觉现象的起源，它本身并不是这样定位的，无法被明确地给予。正如卢梭当时所肯定的那样，这种存在与其说属于感性身体的有机性，不如说它只是存在于"自我体内"(en moi)。

的确，如果牧师没有马上给出这样一种证明，其激进特点有可能马上就会影响到整个学说,那么这个回答就有可能会显得非常含糊,或者说不是很重要。因为宣称感觉只存在于"我体内"就是肯定了这些感觉的显现形式仅仅是内在的,因此卢梭还补充道,"它们使我感受到我的实存"。这个限定在此处是至关重要的:从哲学的角度可以清楚看到,如果这种感受本身没有在生命中预先形成它的"感受自己",那么就不会有感觉的问题。此外,在这些极为密集的书页中,如果说有时卢梭给人以重复双重原始事实的印象——我有感觉和我感觉我存在——,那是因为他首先对知道这两种原始给予可能显现出哪种基本或派生的联系问题感兴趣。我能感觉到自己,是因为我有感觉,不管是什么感觉,不管它们来自何处吗?或者更确切地说,因为我总是已经拥有了对"我"的感触,所以我能够在体内接收这些感觉?如果我们能够确定这个不断受感觉影响的"我"的自主性,那么这个问题就可以得到明确的解决。

我的感觉通过被动性而获得,即使这种被动性证明了感觉的外在因果关系(causalité extérieure),这种外在性也并不能解释一切,因为尽管有"自我以外的存在"(être-hors-de-moi)的刺激,但感觉确实存在于我体内,并以一种内在的方式被感觉到,如那些构成我感受性的组织结构,也即肉体的东西一般。换句话说,尽管感觉的原因具有物质世界的外在性,但感觉从未停止作为我的不可还原的存在的自我给予。卢梭就是这样以某种沉重的风格为代价,审慎地把感觉的这种自属性和内在性表现出来的;在区分了感觉的实在性及其客观因果关系之后,他写道:

"我的感觉是在我体内的,它的原因或它的客体是在我体外的,它们不是一回事。"在得出来感觉的原因不同于感觉的实在性的结论后,卢梭认为至少在这个分析阶段,没有必要指出这种内在地被感受和被给予的印象是否在结构上不同于自身存在的构成性的"感觉自己"。然而,他所提出的问题却使得他要追问:是什么使具有超验内容,并依赖于自我的感觉也具有内在的、感发的内容?因为这个内容,我感受到了我的实存,我感觉到这内容是一种绝对、必然属于我的存在。

即使如唯心主义者笛卡尔的"第三沉思"那样,我们承认这些在我之外的客体,这些从外部引起的感发性的客体只是一些观念,但这些观念所引起的感发性仍会任凭自己在始终以及被给予的我的存在的内在性中,体验构成这种原初的自我给予的东西,用卢梭的表述就是,"使我感受到我的实存"的东西。这就是说,卢梭所提出的批判性问题不仅适用于把存在归结为身体感觉的唯物主义,也适用于把存在归结于意识中的表象的唯心主义;且这两股思潮都没有考虑到感发性的终极结构和实存的情感的基本构成,因为除了存在的客观给予,它们不承认其他任何实在性的给予模式。卢梭清醒地总结道:"因此,唯心主义者和唯物主义者的所有争论对我来说都毫无意义。"

但我们不是已经表明,在"信仰自白"中,对感觉的实在性的本体论阐释,对决定感觉以一种实存的情感以及"我"的模态形式显现的内在性的阐释,已经让位于评判理论了吗?事实上,卢梭认为,应该由这种评判,或者说由其通过"意志"的决定来使人获得这种自主，这种自我的"独立"，这正是萨瓦牧师从一开始就在寻求的。这便是他现在所宣称的："知觉，就是感觉；比较，就是判断；判断和感觉不是一回事情。"（同上）

评判是能够解释存在于（"内在"）情感和感觉之间结构性的本体论差异的标志，前提条件是这种评判本身表现出与感觉相同的结构。卢梭从笛卡尔对于评判的理论中汲取了灵感，并得出其教学本质：理智的有限性和意志的无限性在他身上共存。如卢梭的思想想要说服我们的那样，意志源自一种根本的"我能"的内在性——源自本质的自我的能力，这种能力是自我生命的一种重要决定，凭借这一能力，自我总是可以用自己最微小的行动进行回应——，并且这种意志具有鲜明的"无限性"特点，在这个意义上它就不可能具备理智有限性的条件，而这些条件必然会影响一切智力活动发生的超验环境，那么从这两个原因中可以得出结论，正是因为对（意志的）内在结构的正确阐释，问题总体得到了解决。然而，即使卢梭主义的意志在一种自身的直接经验中显现了其实在性，这恰恰使人联想到了笛卡尔主义的意志，但萨瓦牧师所提出的评判理论仍远未达到，至少可以说，因为其深刻的睿智而与众不同。困难接踵而至。让我们听一听卢梭说的："我只是通过对我自己的意志的认识而了解意志，至于说理智，我对它的认识还不是十分清楚。"（E，586）因此，不仅意志在这样一种与自身（有关的"感触"）共同完成的无声的、直接的体验中揭示自己，而且理智也和意志有着同样的感发性条件，它在主体实在性中揭示了理智。理智就像意志一样，它只有借助这种内在的感发性才会在其内在的本质中向自身揭示，没有比这更笛卡尔式的了——没有比这更真实的了。然而，一旦我们专注于把心灵的"能力"（理智、意志）的自身的内在条件与评判的结构——根据笛卡尔的说法，评判的结构是由理智对意志的决定而产生的——相联系，就会出现一个难点。因为只要这种结构以一种外在的方式与意志和理智联系在一起，我们就无法再理解——究竟在什么条件下——评判如何能像卢梭说的那样被"确定"。因此，设想理智、意志和评判本身之间的联系是一个难点，因为在这种联系中，这些能力相互交织，错综复杂——每一种能力都既是另一种能力的原因，也在本质上决定着另一种能力。因而也就出现了以下表述的不确定性："如果你问我是什么原因决定我的意志，我就要进一步问是什么原因决定我的判断，因为这两个原因显然是一个；如果你已经明白人在进行判断的时候是主动的，知道他的理智无非就是比较和判断的能力，那么，我们将看到，他的骄傲只是一种类似的能力，或者说是从这种力量中衍生出来的；他判断正确了，他就选择善；他判断错误了，他就选择恶。那么，是什么原因在决定他的意志呢？是他的判断。是什么原因在决定他的判断呢？是他的理智，是他的判断的能力；决定的原因存在于他的自身，除此以外我就不知道了。"（同上）

尽管有这种系统性的相互参照，尽管有这种外部决定的模糊作用，但我们要注意到理智、意志和评判——这三者都是"能力"，也即一种基本的"我能"的模态——交织于一个唯一且共同的功能中:比较不同的感觉。但这还不是最重要的。因为正如笛卡尔对于"思考的东西的"第二个定义所说的那样,一旦理智和意志被带回到源自"我思"的模态的共同地位,换言之,一旦它们的基本主体性被考虑在内,就不可能更清晰地构想在评判中把这两种使我们得以了解内在性的能力结合在一起的决定关系。这样,我们便明白了决定我的评判的原因与决定我的理智的原因是同一个,我们明白了它和决定我意志的原因也是相同的:卢梭说,这个原因在"我体内"。如果我体内只有我自己,如果说我体内的一切都作为我生命的实质活着——作为不同于其他任何生命的"活着"——;如果说除了我自己,我体内没有任何东西与生命有纯粹联系,那么只有我自己,只有这种纯粹联系可以决定我的行动、思想和意愿,以及判断。这就是为什么我可以对自己说,我是一个完全自由的存在;或至少这就是为什么我会这么觉得。这也是为什么萨瓦牧师可以有力地宣称:"因此,人在他的行动中是自由的,而且在自由行动中是受到一种无形的实体的刺激的。"(E,587)

为了得出这个结论,即生命是一种激活人类,并使其行动自由的"非物质实体"(substance immatérielle),是否有必要通过这种对评判的"分析"(analytique)来比较不同的感觉? 或许并没有必要。但笛卡尔主义以及感觉主义对于卢梭的(即使是有争议的)影响是如此具有约束性,以至于他不由分说地以为自己只能选择这条道路。为了说服自己相信心灵的非物质性,即心灵的"精神性"(参见 DOI,141),"精神性"一方面构成了自我行动自由的能力,另一方面,相对于影响自我的感觉而言,它也是完全自主的实存的情感的基础,卢梭最终克服了"信仰自白"一开始所表现出的"怀疑"。并不是感觉给了"我"根本的感触,"我"才感受到自己存在。也不是内在感觉,即一种感性视域的形成,与之相对的这些感觉可以被"我"所接收和识别,不是这种直觉(时间)的"形式"形成了"内在感触"。这种感触(内在感触、实存的情感)是特殊的、自主的,是"独立"于整个感受性的。

但有人会问:这种自主的感发性是靠什么产生的呢? 答案是:确切地说,是靠自身的感发性!"自我的感触"不过是恒常、先天的自我触及,它构建了作为基本的"我能"的自我的存在。或者换一种说法,实存的情感作为自身的感触,是一种原始的、不断的自我触及,按照卢梭所说,正是因为有了实存的情感,存在才能够以一种自我享受或自我痛苦的形式来把握其固有的现象学本质,其固有的情感触及。因此,作为绝对的自然基础,实存的情感的享受或痛苦伴随并产生了在我们生存过程中能够影响我们的所有表象(感觉、想象或观念),以及构成我们存在、我们在"肉体性"中展现的所有能力;正是这种享受和痛苦的情感触及决定了自我的生命,因为它是生命的绝对主体性,生命的"原始自然",生命的"非物质实体"。

鉴于此结果,整个决定的顺序都被颠覆了。这种颠覆使卢梭得以通过分析来更有力地捍卫他的先验灵感。因为在这些分析中,真正有争议的是感觉之可能性的条件,笛卡尔是首个使人们认识到这一条件的人,它本身是一种非感性的感受(sentir)——一种"原始的"感受,排斥一切表象的感觉。

因此我们可以得出结论:并不是因为我接受了来自外部的感觉,所以外部就对我造成了影响或者我会在本质上受其影响。我之所以会被外部感觉所影响,是因为我先验地具备了作为一个"感发的存在"的能力——从这一特殊意义来说,我的自我总是已经在自身中自我感发,也就是说,在其个体的生命中自我感发,因此,我总是已经在这种"内在情感",在这种"实存的情感"中被给予并交给我自己,"实存的情感"在最初就在其真实主体性的本质中,在其作为感发性绝对特殊性中,向自己揭示了我的实存。这就是为什么不论感觉的"客观实在性"如何,不论它们的超验内容如何,"持续"(E,571)影响我的感觉的实在性都不可挽回地存在于"我体内","在内部"(LM,1088),这就是为什么这种实在性以根本内在的方式,在我自然的内在性中,如我生命的肉体一般被给予我。

4

论想象在怜悯心活动中的作用：
对《论语言的起源》中一个片段的评注

在《论语言的起源》中，卢梭对怜悯心问题的论述如下："唯有随着知识的增长，社会情感才获得了发展。怜悯虽于人心为自然，但若无想象的发动，它将永远沉睡不醒。那么，怜悯是如何在我们身上被唤醒的呢？通过推己及物，通过分享其他存在物之苦难。我们的受难之感，仅仅在于我们对其他存在者正在受难的判断。我们的感受并非来自自身，而是来自他人。想象一下这样的外推需多少习得的知识作为前提！倘若缺乏关于不幸的观念，怎能有所想象？倘若对于他人所受之苦难一无所知，倘若对它与我共同具有的一无所知，那么，就算看到他人在受苦，我又怎能有所感受呢？一个人若从不反思，就不可能有仁义之心，也不可能有恻隐之心；他同样不会成为一个邪恶、记仇的人。缺乏想象的人只能感受到他自身，他茕茕孑立于人群之中。"（EOL，395—396）

想象的出现并不是为了解决卢梭对于怜悯心的其他定义所

引出的现象学难题,这些定义并没有要求想象去理解现象。如果真有这样的要求,卢梭肯定会马上意识到这一点,并且允许我们合法地谈论他本人对于其怜悯心理论的质疑。事实是,想象除了"填补"了情感的内在性,它也是同情心经验的一种不可或缺的给予。的确:在这种"鉴别性"经验的过程中,我有时会去体验他人的情感——不是那种同情的痛苦或是卢梭所说的"旁观的动物"(DOI,155)的痛苦——,这种体验是属于我的,因此,它与他人自己正在体验的情感并不一样,甚至也不相似。我的同情心所产生的痛苦绝不会与他人所遭受的痛苦相混淆。或者换一种说法:我从未感受到他人所感受的,我从未感受到他人在其自身感发性的实在中所感受的情感;所以我唯一能做的就是想象,这显然完全不是一回事。卢梭因此写道:"我们的受难之感,仅仅在于我们对其他存在者正在受难的判断。"这也就是说,反之,什么都不想象的人,只能感受到他自己。这个结论将会使所有蔑视同情心的人陷入反思……然而,从中可以得出的唯一结论应该是:即使两种情感的性质(当然它们是两种痛苦)相同,我的(同情的)情感和他人的(受苦的)情感也完全不同:体验的类似绝不意味着对它们相似性的肯定。因此,虽然在我的感知中,他人所经历的痛苦总是不同于我可以感受到的,但这种差异正是本质的基础。这种差异如下:我的情感被赋予我,使我活着,它对于我而言是无比真实的,而他人的情感则不然,也就是说,在我的感知中,他人的情感是一种不真实的——从现象学角度看是不真实的——情感。

事实上,这就是卢梭所描述的三个时刻,按照他的说法,这三个时刻可以使怜悯心这一"自然美德"成为一种"认同",这种"认同"永远无法在"推己及人"的过程中完全做到感同身受:

(1) 首先,必须要提出怜悯心的现象学本质,认为它是感发性的一部分;

(2) 其次,必须要考虑到"感知"关系,它产生了一种心理学上不真实的情感,因为他人情感在我看来的不真实性正是建立在这种感知上的;

(3) 最后,必须将所有体验根植于想象中。

但应该从这一切中牢记的是:在这种感发性、感知和想象的结合中,在这种由怜悯心带来的融合中,存在着这样一种本质的不协调,它恰好使怜悯心作为感发性的感知进行活动。而以这样一种方式,这种同情心作为感发性的感知产生的结构,作为一种相连接的分离,或作为一种不混淆的认同,形成了一种认同,这种认同在"自身"和"他者"(当然,我们所说的"他者"是指"他人")之间打开一种距离、一种差异、一种区别的空间,区别的空间的打开使得某些比较得以进行。

由感发性的感知所产生的自身和他人之间的差异使比较(通过评判的方式)成为可能,它不是由情感触及产生的,情感触及贯穿同情关系,且基于怜悯心情感的直接性和内在性。这种差异是由关系本身引起的,因为这种关系具有感知的特点,即是意向性的。换言之,(他人的)情感对于那些"自我关联"这种情感或是"推己"及物的人来说,其不真实性几乎与关系双方所体验到的情感的触及无关,而是取决于富有同情心的"旁观者"(正如卢梭在《论人类不平等的起源和基础》中所称呼的那样)的行为所依据的感知和意义赋予的结构。卢梭在《爱弥尔》中如此宣称:"我们对他人痛苦的怜悯程度,不决定于痛苦的数量,而决定于我们为那个遭受痛苦的人所设想的感觉。"(E,508)

现在,《论语言的起源》中所揭示的"我们的感受并非来自自身,而是来自他人"的原因在我们看来就更加清晰了。

看来,痛苦——我们所说的在同情心中"共有的"受难之感——与受苦的他人在其主体性的绝对内在中所体验到的那种痛苦绝非同一种:基于同情心所感受到的痛苦不同于他人所经历的痛苦,它只产生于我们对于他人的痛苦所形成的不真实表象(观念或形象),仅此而已。此外,我们还要借助米歇尔·亨利的现象学来阐明这一结构的本质。在《显现的本质》§67中,米歇尔·亨利对这一现象进行了如下分析:"痛苦的真实,"他说,"是别人在根本的内在性中对自己的感发和自我揭示,正是这种根本的内在性构成了别人的自身性。相反,在对他人的感知中体验到的痛苦仅仅是一种瞄准的痛苦,这种痛苦在本质上是没有意义的,它被规定为是'真实经历过的'、'他人经历过的'痛苦,也即它由一系列集合的和理想的意义所决定。这正是因为在他人的感知中真实瞄准的痛苦与这种感知的现象学内容并不相同,相反,它对于现象学内容而言从根本上是陌生的,因为这种痛苦对于这种感知的感发性而言是陌生的,它被认为是另一个人的痛苦,另一个自我被摆到了感知的自我的面前。主题经验范畴的多元性、不同自我的多样性是建立在真实感发经验范畴的多元性基础之上的,也是真实感发经验范畴的多元性所要求的。"①

同情心现象的所有重要性都集中在这一点,即:在同类(pareil)和相同(même)的这种对立中,在相像(ressemblance)和相似(similitude)的这种差异中。因为,只要他人的痛苦被视为一种不真实的情感,即一种"构成的情感"(由一种意义构成,这意义甚至如卢梭所说的那般,就是我们赋予受苦之人的情感)的表象,那么同情的"旁观者"就无法像他人一样去体验他的这种痛苦。但是,如果有同情心的存在者无法以同样的方式体会到他人痛苦的情感,如果他只是像卢梭说的,是"旁观的动物",只能感发地感知他人的痛苦,那么谈论"同情"(com-*passion*)还合理吗?

在《论语言的起源》中和在《爱弥儿》中一样,这不仅是想象作为使怜悯心发挥作用的能力的问题,而且是想象作为"社会情感"的问题,并不是像《论人类不平等的起源和基础》中所说的那样,是想象作为"自然美德"的问题。在我们看来,《论语言的起源》的论证的有趣的点在于,它使我们可以通过动词"com-patir"(意为"同情")的前缀——这个"*cum*"指的是一种连接/分开类型的矛盾"认同"——来一窥究竟。而《爱弥儿》中的分析则旨在确定构成了同情心的痛苦的意义。表述如下:"要同情别人的痛

① 米歇尔·亨利,《显现的本质》,§67,前揭,第792—793页。

苦，当然要知道别人的痛苦是怎样一回事情，但不一定要自己去感受那种痛苦。当一个人受过痛苦，或者害怕受痛苦的时候，他就会同情那些正在受痛苦的人；但是，当他自己受痛苦的时候，他就只同情他自己了。"（E,514）

这是什么意思？痛苦作为一种感发性的体验，永远不会给除自身以外的任何事物留出任何位置，它从不指向某种外在的、可见的东西，这是因为一种情感的内在体验始终建立在自我触及的结构的基础之上，这种自我触及的结构使得情感全方位感受其存在，永远不能与自身保持距离。之所以如此，是因为情感在生命中自我触及，它是自我感受的东西，它本身构成了这同一个生命体的自身和自身性。情感在活生生的现在和它直接的、非维度的经验中被感受，为了感受到情感，不需要在它面前升起一个超验的短暂视域。总之，这就是为什么受苦的心灵在其感受的直接性中完全沉溺于自身之中，除了自身，它无法超越其他任何事情，超越除感受的体验之外的任何事物。

我们还要感谢米歇尔·亨利，他在一篇非常精彩的文章中表明，情感的超越（dépassement）本身发生在"情感的内在性"中，也就是说，"感觉朝着它所感觉到的超越"，每次这种超越的实现都会"使得感受无法超越任何东西，无法超越它自身，它是被其自身的实在所掌握的存在（l'être-saisi）"。米歇尔·亨利随即又明确了一件事，那就是如果我们想听到让人产生同情心的事情，我们就会很容易记住这些事情："超越的缺失是在情感中超越它的东西，它对自身的认同。一种这样的超越，即对认同的超越，在它自身之中完成，并赋予情感以内容，向情感敞开，将自己的情感与内容不可分割地联系起来，使其永远承受自身存在的重量。因此，使自己永远作为存在的，其实就是我们所说的'自身'（Soi）。没有运动的运动在自身中完成，在这个运动中，超越作为一种实体和有分量的内容接受了自己，到达自身，体验到自己的充沛。自身就是超越自身，实现与自己等同。"①

因为正是基于这种"超越自身，等同自己"，这种不逾越的超越，这种不外显的运动，这种不出离的出神，一言以蔽之，正是基于这种过剩和它所"包含"的充沛（卢梭毫不犹豫地称之为"生命的超丰富性"），才产生了被认为是微不足道的现象的怜悯感。事实上，与所有其他情感一样，与悲伤或快乐、热情或焦虑一样，痛苦在本质上除了具有内在和明显的特点，还具有充实自我的特点。其实，痛苦不会在我存在的各部分突然爆发。当痛苦来临，它会侵占我，完全地填满我，从而与我紧密相连，不断地将我推向我自己。为了阐明刚才所说的话，或许应该把《爱弥儿》中最后引用的文字与《卢梭评判让-雅克：对话录》中的这段文字作一比较，在《卢梭评判让-雅克：对话录》中，那个叫"卢梭"的人试图从那个叫"让-雅克"的人身上读出原始主体性的本质特征："让-雅克没有稍微前后连贯的预见性，而且完全为每一个让人动心的情感所左右，它甚至一辈子也不知道，是否有一天他能够停止为情感所苦。"(D,818)

---

① 同上，§53，前揭，第590—591。

卢梭这样说只是想要强调,感发性是全方位入侵"整个"自我的东西;这种入侵将时间性压缩为一种活生生的在场(présent vivant),其内在的扩张打消了时间的其他一切维度,过去或者未来,回忆或者预见。他阐述了以下事实:只要"我"还活着,"我"就是始终被或享受或痛苦的情感触及所充实和填满的。更好的说法是:"我"被自己的感发性,被自己所经历的情感"完全化"(内在地统一)了。换言之,自我通过理性及其自身情感而统一。所以它的自身性只根植于实存的情感的自我触及中。在这种实存的情感中,在这种极度被动的情感中,自我的确是完满的。此外,我们一般不是会说:我"满怀"情感——或是说这种情感溢出吗?事实上,通过直接的填满、收缩和扩张而作用于我身上的情感始终是充盈满溢的;也正因如此,卢梭在说到实存的情感的活生生的现在时,宣称它是"始终持续",且"永不枯竭"的(参见 R,1046,1075)。

通常,在这种无限的充盈和饱和中,人们会认识到所谓的"激情"(passion)的存在。这个词被用来指代强烈的、有侵略性的情感,当我们感觉自己完全屈从于它的力量,被体验到的情感所牵制时,这种激情就会迅速侵占我们,甚至不允许我们对它有不同看法。例如,在《忏悔录》中,卢梭描述了他对华伦夫人的激情使他陷入的"狂喜"(ravissement)状态:"我的心充满了一种全新的感觉,它占据了我的整个灵魂,使我不再去想别的事情了。"(C,53)

不过,如果当我们在体验某种情感时,我们感觉到整个灵魂都充溢着这种情感,也即,充溢着这种感发的基调既活跃又感怅的内容,那么,在这种情况下,我们不得不承认的是,只有当我们自己没有承受现象学实在和"他者"的情感的痛苦,我们才能做到去同情他人(去感受别人的痛苦)。因此,从定义情感存在的"情感饱和"(saturation affective)原则来看,正如卢梭明确指出的那样,"要把他目前不用于自身的情感给予别人"。这就是说,只有当一个人不像他人一样受苦时,他才能同情他人。

我们必须再次强调:相同(même)和同类(pareil)不是一回事;感同身受(souffrir-avec)也不是本人感受(souffrir-comme)。而正是这种差异,或说这种区别才是认同的核心问题,是感受的"推己及人"的关键,它解释了为什么卢梭为了考虑同情心的结构,不得不在《爱弥儿》中赋予想象①以特殊的作用。

---

① 即使我们在任何情况下都未曾感受过他人在其内在的客观实在中的痛苦,有时候我们无疑也可以想象这种痛苦。也许我们甚至可以感知到它,因为我们将它"归于"一种情感——其实是一种感觉——而不必承受它印象性(impressionnalité)的力量。这便是卢梭在《爱弥儿》中所描绘的现象,但他没有进一步阐释。他之所以如此轻易地放弃,可能是因为他在《爱弥儿》中所依据的形象与《论语言的起源》中的形象已经没有任何关系了。事实上,《爱弥儿》所涉及的并非是原始的人,而是儿童,是这样一个鲜活的个体,有人对他说敏感性首先属于一种"初生的(原始的或内在的)敏感性",然后才属于一种由外在性(与外部客体的接触)决定的次要或补充的敏感性。当然,这两种绝对主体生命的形象(原始的人和儿童)具有相同的官能,因而关于这二者的学说被古怪地混淆了,《论语言的起源》和《爱弥儿》在这个问题上是处于同一思想视域中的。只是后者产生了某种偏离。1751年的分析还停留在一种阐明"原理"的本体论层面,但1762年的分析便是旨在基于心理学条件,以"教育"为目标,"在一个青年人的心中培养他那开始冲动的日益成长的感情,使他的性格趋向善良"(E,504),这就需要适当运用反思和规劝,使我们能够重新与"自然"隐秘的真理产生联系。

405

说到这里,我们现在或许可以更明晰地重提这个基本问题:如果同情的旁观者永远也无法"对受苦的动物……产生共鸣"(DOI, 155),在其存在的内在性和主体性的自我触及中感受到这个"受苦的动物"所经历的痛苦,如果如《爱弥儿》的作者所注意到的,同情的个体"知道[他人的这种痛苦],但无法感受到它",在这个意义上,"使我们能够感觉到[!]别人的痛苦的,恰恰就是我们的想象[而非感发性]"(E, 517),那么,在这些条件下,我们如何还能严谨地使用"同'情'"(com-*patir*)这个动词呢?

卢梭有时会以一种可以说是间接的方式回答我们所提出的问题,他解释道,爱弥儿在其不可沟通的现象学实在中感受不到他人的痛苦,并不意味着他没有任何情感。他补充道,只不过是爱弥儿所感受到的情感不属于痛苦的范畴罢了。通过想象他人的苦难,以一种"不真实的"方式再现和反映他人的苦难,如此摆在自身面前的意识同时也没有停止自我感发,感受自己,以及感受自己的存在(其主体性)是一种自身的快乐,一种自由的"存在的幸福"。因此,想象别人的痛苦绝非意味着要停止感受自己,因而无法再享受自身。卢梭也写道:"如果第一个使他印象深刻的情景是很凄凉的,则他一回想他自身就会获得一种快乐的感觉。"(E, 514)在《爱弥儿》的这段引文中没有丝毫直接的自我感受的痕迹;甚至暗示了它的绝对反面,即"反身自躬"(retour sur soi),换言之:反思。卢梭还补充道:"当他看见他免掉了那么多的灾难,他就会以他没有想成为那样的人而感到高兴。他分担了同伴的痛苦,而这种分担完全是自觉自愿出于一片好心的。

他同情他们的痛苦,同时又以自己没有遭到他们那种痛苦而感到庆幸。"(同上)

一切都表明,此处在从痛苦到快乐的直接转化中——由于其明显的比较形式——又多了从美德到自私的转变!确实我们没有任何理由否认《爱弥儿》这段文字所反映的只是最坦率的利己主义。那么,怜悯心是美德的反面吗?根据《爱弥儿》和《论语言的起源》中再现的想象在怜悯心实现中的作用,这两部著作是否与《论人类不平等的起源和基础》中的学说相矛盾呢?关于怜悯心问题,卢梭是否从一种(本体论层面的)积极观念转向了一种(道德层面的)消极观念?

这大概是人们可能会想到的。但这并不是真正需要考虑的。因为,在卢梭作出明确的解释之前,我们必须尽力去"调和"这种同情心的道德谴责与颂扬最高尚美德的学说的另一方面。我们还要自问,卢梭的本意是否真的是以令人费解的措辞宣称一些人的不幸成就了另一些人的幸福?即使他的分析常常是模糊的,但他是否想要竭力证明,在利他主义(altruisme)温和仁慈的面纱背后隐藏着嫉妒的恶意?我们是否仅仅只是出于对自己可能的遭遇的担心而去感受他人的痛苦?[1]或相反,是为了从我们没有和他人一样受苦的想法中得到慰藉?

事实上,看似令人讶异的是,卢梭点到为止,他没有对这一

---

① 参见:亚里士多德,《修辞学》(*Rhétorique*),II,8,1386a。

点进行公开讨论，也没能设法去解释它，但这一点至关重要，它与感发性的本质有关。其实卢梭在《爱弥儿》中所阐释的并非是说恶是一种表面的美德的潜藏面孔（正如尼采之后所试图证明的那样），他试图以更为隐秘的方式来表明，一种共同感受的情感，如同情心，只有在与快乐的情感的内在和直接的联系中才能被体验到。或更确切地说：痛苦作为一种情感，它的体验必然会引起使一切情感在现象学中成为可能的自我触及，因为任何情感，只有当它被感觉到，它感觉到自己，从而享受自身时，才能被称为一种情感①。

　　但只要这种快乐和痛苦之间的联系让位于一种外在的关系，在这种关系中，混杂着快乐和痛苦的两种情感相互区分，并归于两个面对面的不同主体，那么我们就不得不得出这样的结论：怜悯心的经验无法阐释一种"高尚"的情感。此外，《爱弥儿》中的这种关系建立在反思和比较的基础之上，单单是这一事实已经使我们将其视为某种程度的算计。但是！不可否认的是：如果没有从源头去考虑一切同情心，那么我们就不可能理解这种情感阐释的条件。卢梭在《爱弥儿》中非常巧妙地称之为存在"超丰富的敏感性"（E，515），即生命以一种坚不可摧的"满溢"的"内在情感"的形式外溢——因而是以一种绝对享受的形式，正如卢梭在《遐想》中所指出的，"我再也没有获得可与之相比的

---

　　① 或许正是在这种内在联系中隐藏着卢梭所使用的表述：享受怜悯心（jouir de la pitié）。

快乐,尽管我也领略到了别人领略过的乐趣"(R,1005),这些依赖于世界的已知的快乐永远都只能是相对的、人为的、插曲的或偶然的……

5

论根植于感发性的行动：
对《爱弥儿》中一句话的评注

众所周知，卢梭在《爱弥儿》中表明："活着，并不就是呼吸，而是行动，那就是要使用我们的器官，使用我们的感觉、我们的才能，以及一切给予我们实存的情感的各部分。"这个命题在表述上是有误导性的，因为并不是行动给人以实存的情感，而是实存的情感给人以行动。换言之，行动从根本上是由感发性决定的。卢梭在其他地方也明确提到了这一点；一方面他肯定："当我们行动的时候，我们需要有一个行动的动机，这个动机对我们而言不能是外来的，因为是我们在付诸行动。"[1]另一方面他明确道："依我看，爱自身是最有力的，它也是使人行动的唯一动机。"[2]但我们不能满足于认为爱自身是行动的原则，它既不是行动秘密的动机，也不是决定

---

[1] 让-雅克·卢梭，《致格兰佩尔·多伏维拉的信》(Lettre à Grimpel d'Offreville)，1961 年 10 月 4 日，CC，XI，第 143 页。

[2] 让-雅克·卢梭，《致卡隆德莱神父》(Lettre à l'Abbé de Carondelet)，1764 年 1 月 6 日，CC，XIX，第 199 页。

性的动机(从定义上来说,这些动机都是超验的),而是行动内在的源头,或更确切地说是本质(从这个术语的现象学意义上,而不是在思辨意义上);这一点还有待解释。我们已经知道,爱自身之于"激情"(之于情感、感触)就如同先验之于经验。它的本体论结构使它可以在内在性领域毫无保留地维持着。现在,为了理解感发性,即以享受或受苦作为自我触及的基调为何以及如何是行动的本体论结构,为了理解感发性为何以及如何是行动的内在源头,我们必须问一个问题:感发性所引起的行动的直接规定性是什么?这正是米歇尔·亨利在其现象学研究过程中提出并在很大程度上解决了的问题,他出版于 1963 年的著作《显现的本质》就是在这个基础上形成的。对于这个虽然卢梭本人并没有问过,但是他的文字却令我们替他提出的问题,现象学家米歇尔·亨利是这样回答的(我们只援引他的研究结果;我们在此处给出的是一个相当长的研究结论):"行动,是实存本身及其本质[我们肯定会想到卢梭的等式:活着 = 行动],它是构成实存的力量,是最初在'我能'中所体验和经历的力量,它也是对这种力量的行使[根据我们对卢梭这句话剩余部分的理解,这是一个利用自身一切器官、感觉和才能的问题。必须说,卢梭在这句话中使用了笛卡尔式的用词,身体可以被翻译为有机的、客观的身体,作为'部分间相互外在'(*partes extra partes*)的延伸的身体,但它是主体性身体的唯一动力,为了实现统一和无形的'我能',它不能被切分成不同的客体部分,这也是伟大的思想家曼恩·德·比朗在卢梭之后所理解的身体。卢梭本人则是始终太过于拘泥于笛卡尔的话语,即使在他的思想中,他已经看

411

到了一个完全不同的方向]。感发性[米歇尔·亨利继续阐释道]是行动的存在,是'我能'的存在,它是[……]实存在其实在性、原始揭示和本质中被给予它自己的存在(être-donné-à-elle-même)。因为感发性构成了行动的本质,'我能'的本质及其意愿,所以它们的关系就不能再理解为两个不同术语之间的关系,一个人对另一个人的决定不能归结为第一个人对第二个人施加的'行动',正如对一个不同于他的实在施加'行动'那样,也不能归结为存在者之间外在因果关系的过程,更不能归结为一种由感发状态所引起的行为举止的动机,从这个意义上说,'我无法在我身上找到驱使我行动的状态或情感'的说法是正确的,不是因为'产生这种情感的是我的行为'[此处米歇尔·亨利援引了萨特的话],而是因为这一被描述的现象中不存在任何二元性,因为情感甚至是这种行为的实在。感发性和行动之间的关系是一种内在的关系,这也就是说,它们之间没有任何关系。感发性和行动的关系不同于行动与其他事物的关系,行动与其他事物的关系从外部引发行动,活着作为一种外来的基础构建行动,感发性和行动的关系是行动本身,这种关系,因为其构成的实在性,恰恰是存在于其感发性中的,在感发性本身之中。正因如此,感发性决定行动,不是那种前因决定后果,也不是作为一种原因、一种动机或者一种理由,而是作为行动的本质。"①

---

① 米歇尔·亨利,《显现的本质》,§ 68,前揭,第 811 页。方括号内文字为笔者所加。

也许重提这段篇幅很长的引文能够使我们开始理解一些东西。首先要理解的是，行动与能力相联系，即同时也与可能相联系。它取决于"我能"以及一些它所依赖的可能性，例如给予它存在的能力。当行动与给予它存在的能力相联系，当这种能力在本质上以及在作用过程中根植于主体性的自我触及时，爱自身就不能成为行动真正的准则——"因此，"米歇尔·亨利在另一本著作中明确指出，"行动只有在其真正的动机中才能被理解，而这种动机恰恰是一种感发的动机"。不过，感发性不仅仅为行动提供真正的动机，"它还构成了行为的本质，这是因为它构成了自己实在性的本质"①。从实在性的角度来看，这就是指生命中的主体基础，行动既与能力、感发性有关，也与"我能"、"感受自己"有关。这一点从上文所引用的卢梭在《爱弥儿》中给出的关于"活着"的定义就能看出。存在于思维领域的可能性，即行动计划，符合在实存中真正参与行动的"我能"的特定可能性——这些可能性是自我主体性必不可少的组成部分。除了与肉身的、活生生的自身共有的能力和感发性（由于它才能占有自身并真正发挥作用），行动还与思维有关。因为思维的任务就是把行动投射到自身面前，"正是它[思维]把行动以一种计划的双重形式摆到自身面前，这个计划同时又以潜在的客观行为的形式提供给自己。因而它是一种设定目标和评估方式的反思对象。"②

---

① 米歇尔·亨利，《道成肉身：一种肉身哲学》，巴黎：瑟伊出版社，2000年，第271页。
② 同上。

413

其次,行动和感发性的原始关系表明,不同于使人"享受[其]天真",一如一种"圆满的、充实的、使心灵无空虚欠缺之感的幸福"(R,1046,1001)的闲适,不同于卢梭想要终身"专注"于的这种"可贵的闲逸",行为在其本质上是始终与一种需求或一种遗憾相关,即一种投射到未来或过去的情感。也就是说,思维的投射本身完全根植于感发性,因此,在行动的存在中发挥重要作用的思维仍然是一种主体性的决定,是一种内在生命的模式。在某种程度上,行动似乎与一种痛苦、一种不满、"提供"行动直接必要性是同样性质的。这就是为什么每一个行动似乎都很难完成,它是由一种"勉强"(malgré)决定的;这也是为什么行动总是伴随着惰性(paresse),这种惰性始终占据上风,使行动变得"困难",同时也使我们这些行动主体在努力中不屈不挠。但之所以说一切形式的行动在其本原中都隐藏着一种根本的、不可化约的"疲倦"(fatigue),主要是因为支配行动的是一种软弱(faiblesse)。软弱(尼采在之后提出了关于软弱的颇具颠覆性的推论)绝不是一种无能的标志,它本身就是一种力量,一种"我能"的模式,但不是其强大存在的(être-fort)的模式。通过对卢梭作品的阅读,在阐释这个作为行动的内在根源的软弱的问题时,我们也许可以得出这样的结论:行动通常是弱者的固有特点,卢梭把这种弱者称为一种"不安"(agité),一种"忧虑"(inquiet)。不过,它指的是这样一种弱者,他通过行动想要拼命地享受(满足其欲望)。他是如此渴求,以至于他的行为将他导向了反思,哪怕只是为了评估用于所要达成目标的方法。《爱弥儿》中如此指出:"一方面他生来就有谋求幸福的欲望,而另一方面又不能充分满足这种欲望,因而他不得不继续不断地寻求满足他的欲望的新的方法。这就是好奇心的第一本原,这个本原是自然而然地在人的心中产生的,但它的发展是必然同我们的欲望和知识成比例的。"(E,429)

事实上,根据《论人类不平等的起源和基础》所提出的谱系学说,"无论伦理学家们怎样主张人的理智在很大程度上依赖于情感;但大家公认,情感也在很大程度上依赖于理智。由于情感的活动,我们的理性才能够趋于完善"。因此,这篇意义重大的论文又接着说,"我们所以求知,无非是因为希望享受;既没有欲望也没有恐惧的人而肯费力去推理,那是不可思议的"(DOI,143)。行动所带来的"理论"建构(指的是行动基于一种投射,这种投射又预设了一种智力活动的意图以及对实现这个意图的方法的评估)使焦虑的主体陷于表象的外在性中,在那里,他最终有可能找到在他和其他人眼中证明行动合理的理由——通过一种对于动机和动力合规的理解,这种证明有时会在他身上唤醒罪孽的苦涩,并且相应地,随着"内疚"(mauvais conscience)①的发展,他的软弱也在增加。其实,正是因为给自己以"我能"之力量的"忍受自己",正是因为决定着主体性施展的原始本体的被动性,内疚感才会自动与我们每个人的"通向行动的路径"(passages à l'acte)相关联,这种内疚感会找到一种方式进入不幸的

---

① 此处作者借用了尼采在《论道德的谱系》中的表述。——译注

让-雅克不安的良心中(这也发生在所有行为主体身体身上,尼采在《论道德的谱系》中解释道:"正是在这里,那个可怕的或许已经变得无法解决的'罪孽与苦难'的思想第一次缠绕在一起。"[1])。相反,现在我们便能更加明白卢梭为什么认为只有完全快乐的心灵——享受其存在,享受自然希望他成为的样子的活生生的自我——才能够凭借心灵的力量"享受[其]天真"。因为从本体论,而非道德层面来看,只有没有任何行动一致的人——可以做到摆脱一切欲望、需求和遗憾的人——才能感觉到自己是天真的。

当卢梭向马勒泽布(Malesherbes)承认"积极的生活对我而言没有吸引力",以及"我宁愿什么也不做,也不愿违背自己的意愿去做一些事情"(LAM,1132)时,他的这番话是否具有自传意义?他的话也表达了他作为一个哲学家的信念,即"什么也不做是人类继自我保护的情感之后最重要也是最强烈的情感"。(也许,此处卢梭更愿意写成"继爱自身之后",而不是"继自我保护的情感之后";但这样一来他就需要明确他对于爱自身的理解,即与完全不同于自私心的东西;或许是出于这个原因,他不想把问题复杂化,所以他选择了用"对自身的保护"来表达。)但卢梭接着说道:"如果仔细观察便能发现,即使在我们中间,每个人也是为了能休息而工作:仍然是惰性促使我们劳动。"我们已经知道,正是理性让我们知道了理性的限度,现在我们明白了工作的

① F. 尼采,《论道德的谱系》,II,§ 6,前揭,第258页。

理由就是为了不再工作。换言之，"休息"就是努力的最终目的。卢梭在《新爱洛伊丝》中写道："他们是为了享受而劳动的。操心一阵之后接着便享受一阵，这样安排才能使我们真正生活得好。休息的目的，是在到冬至后使身心得到轻松，并为下一次劳动做准备，因此，对人来说，休息的必要性并不次于劳动。"（NH，470）对人类而言，如果我们工作确实只是为了享受——享受自身——而工作，这种享受在某种程度上构成了人类的最终目的（télos），那么，休息似乎比工作更为重要。

但为什么对于工作只有一个烦恼，即停止的烦恼？为什么卢梭认为在分析行动的原则时惰性有着和爱自身一样的地位？也许是因为，行动是建立在一种"内在矛盾"基础之上的。一方面，实际上，我们的行动总是以某一事物为目标；行动在其（作为投射的）本原中基于一种动机的意向性目标。但另一方面，行动又取决于"我能"的力量，它能有效地发挥这一力量，没有任何一种主观力量能够在其行动的存在中自我放弃，没有任何一种自我力量能够在其作用之后自我放弃，因为只有给自我以行动能力的主观性的自我触及才能使这种自我能力以及第一人称的方式行使出来。在行动中，自我无法超越自己去瞄准一个身外的目标，它不可能脱离它本身。如果说思维是意向性的，那么"我能"就是某种内在的东西，它从不会离开自身，永远不会脱离它被赋予的身体。因此，在行动中，自我只有在勉强（即尽管它被驱往自身的存在）的情况下才能体验到情感是很少见的。我们可以换一种说法：在有效行动中，存在一种自我跳过其影子的方式。如果自我所投下的影子确实是其自身存在，那么自我就会在行动中努力违背其自身存在。但准确地说，这只是一种努力，以及一种违背(faux bond)，因为在行动中，自我永远不会离开，永远只会落在它的两只脚上，即：落在它自己身上。在现象学层面上，行动应该被理解为一种基于自身的支撑，一种决定自我的有限性的特殊模态①。通过基于自身，自我回到了"它所在的位置"，然后它意识到自己只不过是跳过了自己的影子(它本身的存在自身)。我们可以得出结论：当我们在行动时，尽管以及因为我们的存在在本体论上是被动的，尽管以及因为我们无法脱离"我们所处的位置"，尽管以及因为我们的"自然"总是已经将我们置于生命的内在与印象的平面上，我们在其中体验到实存的情感，我们始终在行动。

这也许就是《论人类不平等的起源和基础》中所说的人类作为象征的历史在理念框架中可以获得的最大意义，这个历史其实就是去自然化的心灵的历史。也正是在这一背景下，卢梭的智慧得到了生动展现。因为最终，除了使自身回归，刺激自我回到自身，重新与其行动的力量相联系，考虑自己的力量，以期能够在内在最大的满足中，在没有任何误会和挫折的情况下实现自己的欲望，它还有其他目标吗？因为这是心灵拥有卓越和"美德"的条件，是心灵感觉自己强大有力的条件：它必须要能够通

---

① 参见拙著:《我是谁:身体和精神的老生常谈》(*Où je suis. Topique du corps et de l'esprit*)，拉韦桑:海墨出版社，2003年。笔者在该书中谈到了这个问题，冒昧请读者参阅。

过自己的方式去感受自己所想要的,因为只有当它能够将自己的所想与自己的所能相联系,我们才能说它的行动完全取决于自身、行动主体,就像完美与自己和谐一致,完美符合自己的自然本性。

事实上,卢梭对路德站出来反对的古老神学格言: *Facienti quod in se deus non denegat gratiam*(尽其所能,上帝不会拒绝赐予恩典)进行了某种纠正,使其为自己所用,在他看来,只有那些尽其所能的人才能得到恩典。对自由的维持、对自主的肯定、对独立的征服都取决于满足自身存在的心灵中所想和所能的平衡。如果对卢梭的学说进行简要归纳,我们能否说为了建立其伦理观,卢梭只对斯多葛学派的"决定"(*eph'hémin*)名言[1]展开了长久的沉思? 或许,卢梭之所以决心从根本上重新思考爱比克泰德[2]《手册》中的至理名言("世间万物,有些取决于我们,有些则不然。取决于我们的是我们的观念、我们的活动、我们的欲念、我们的喜好、我们的厌恶;总之,是我们的所有行动。不取决于我们的是身体、财产、名声、尊严;总之,是所有与我们的行动无关的事物"),正是为了使其意义与当时他作为时代精神的宣扬者所思考的内容——请允许我这样形容——"相适应",也即,使其与冠以"心灵的认识"之名的新知(nouveau savoir)相适应,这一新知最终揭示了主体性,不仅揭示了主体性的功能:例如存在

---

　　[1]　原文为"ta eph'hémin, ta ouk eph'hémin"(哪些由我们决定,哪些不由我们决定)。——译注

　　[2]　爱比克泰德(Épictète),古希腊新斯多葛学派哲学家。——译注

的再现能力或客体的客观性条件(*reprasentare in uno*),更重要的是揭示了其真相:例如生命的自我触及、纯粹的内在性。卢梭认为,继苏格拉底和加图之后,还有圣奥古斯丁、蒙田、笛卡尔和马勒伯朗士,正是因为这些人的共存以及这种共存显然需要做出的改变和改进,才诞生了他的心灵的哲学。

参考文献

除非另行说明，本书所有的卢梭引文都来自贝尔纳·加涅班(Bernard Gagnebin)和马塞尔·雷蒙(Marcel Raymond)主持出版的"七星文丛"中收录的《卢梭作品全集》评注版五卷本(伽利玛出版社，巴黎：1959—1995)。括号中的引用文献也来源于此，均由被引作品的标题缩写和相应卷内的页码组成。

以下缩略语仅指文中被引作品：

A-DSA：Appendices au Discours sur les sciences et les arts；OC，III.

《论科学和文艺》附录；《卢梭作品全集》卷三。

C：Confessions；OC，I.

《忏悔录》；《卢梭作品全集》卷一。

CS-I：Du contrat social，première version；OC，III.

《社会契约论》第一版；《卢梭作品全集》卷三。

D：Dialogues. Rousseau juge de Jean-Jacques；OC，I.

《卢梭评判让-雅克:对话录》;《卢梭作品全集》卷一。

DM:Dictionnaire de musique;OC,V.

《音乐词典》;《卢梭作品全集》卷五。

DOI:Discours sur l'origine et les fondements de l'inégalité parmi les hommes;OC,III.

《论人类不平等的起源和基础》;《卢梭作品全集》卷三。

DSA:Discours sur les sciences et les arts;OC,III.

《论科学和文艺》;《卢梭作品全集》卷三。

DVH:Discours sur la vertu du héros;OC,III.

《论英雄的德性》;《卢梭作品全集》卷三。

E:Emile;OC,IV.

《爱弥儿》;《卢梭作品全集》卷四。

EOL:Essai sur l'origine des langues;OC,V.

《论语言的起源》;《卢梭作品全集》卷五。

ES:Emile et Sophie ou les Solitaires;OC,IV.

《爱弥儿和苏菲或孤独的人》;《卢梭作品全集》卷四。

LAM:Lettres à Malesherbes;OC,I.

《致马勒泽布书信》;《卢梭作品全集》卷一。

LCB:Lettre à Christophe de Beaumont;OC,IV.

《致博蒙书》;《卢梭作品全集》卷四。

LEM:Lettres écrites de la montagne;OC,III.

《山中来信》;《卢梭作品全集》卷三。

LF:Lettre à Flaquières;OC,IV.

《致弗拉基尔书信》;《卢梭作品全集》卷四。

LM:Lettres morales;OC,IV.

《道德书信》;《卢梭作品全集》卷四。

LV:Lettre à Voltaire (18 aout 1756);OC,IV.

《致伏尔泰的信》(1756 年 8 月 18 日);《卢梭作品全集》卷四。

MLM:Mélanges de littérature et de morale;OC,II.

《文学与道德杂篇》;《卢梭作品全集》卷二。

MM:Mémoire à M. de Mably;OC,IV.

《回忆德·马布里先生》;《卢梭作品全集》卷四。

NH:Julie ou la Nouvelle Héloïse;OC,II.

《新爱洛伊丝》;《卢梭作品全集》卷二。

P:Le Persifleur;OC,I.

《嘲笑者》;《卢梭作品全集》卷一。

R:Les Rêveries du promeneur solitaire;OC,I.

《一个孤独漫步者的遐想》;《卢梭作品全集》卷一。

译后记

　　"一颗多情的心,乃是上天赐予的危险的礼物! 谁接受了这件礼物,谁就注定要在世上遭受苦难和折磨……单是他自身,就足以造成他自己的不幸。他拼命去追求善良和高尚的神圣的美,而沉重的生活的锁链却使他蒙受羞辱。他追求至高的幸福,而没有想到他是人:他的心和他的理智将不断地进行战斗,而无止境的欲望将使他陷于永恒的穷困。"[①]

　　几乎无人能抵抗在卢梭作品中关于"心"(cœur)的论述。无论是论科学、论文艺、论自然,还是论爱、论起源,卢梭在其语言的迷宫里编织的"内在性",都一刻不停地拷问着每一位读者:自我与自身内心,是如何共生共存的?"心"为何物? 若追溯帕斯卡尔对于"心"的解读,那么,"心"被看作是感性、直观知识的来源,与"理性"(raison)相对。但是,在卢梭的笔下,"心"这个术

[①]　译文选自《卢梭全集》第 8 卷,《新爱洛伊丝》(上)卷一"书信二十六致朱莉",李平沤、何三雅译,北京:商务印书馆,2012 年,第 95 页。

语,可以理解为由情感能力和道德感受组成的整体。"心"作为个体的直接感知和意识,是与精神、理智相区分的,对应于更似智力集合的"精神",本书的作者、法国当代哲学家保罗·奥迪在导言的开头就点明了卢梭为"心"所奠定的基调:"用来装饰头脑的文化,与滋养心灵的文化之间,着实存在着诸多的差异。"①

保罗·奥迪②出生于 1963 年,1984 年至 1988 年就读于巴黎高等师范学院,在考取了哲学教师资格后,他又进入巴黎索邦大学攻读博士学位,师从法国著名哲学家、笛卡尔研究专家让-马里·贝萨德(Jean-Marie Beyssade),于 1993 年完成博士论文《思想的权威:论让-雅克·卢梭的物质现象学》(*L'autorité de la pensée:essai de phénoménologie matérielle sur Jean-Jacques Rousseau*),之后以《卢梭:伦理与激情》(*Rousseau:éthique et passion*)之名出版。可以说,在这一时期,保罗·奥迪就开始设想一套有关卢梭主义的伦理学体系,并在此后的学术生涯中,不断追问使人类获得自身人类性的条件。

---

① J.-J. Rousseau, *Lettre à Henriette*, 7 mai 1764, *Collection Complètes XX*, sous la direction de Bernard Gagnebin et Marcel Raymond, Paris:Gallimard, Bibliothèque de la Pléiade, 1959—1995:22.

② 迄今为止,保罗·奥迪已出版三十多本著作,致力于深入讨论西方思想界特别是近代以来伦理学与美学之间的关系,比如《伦理学之优越性》(*Supériorité de l'éthique*,1999)、《艺术的迷狂:尼采与美学》(*L'Ivresse de l'art. Nietzsche et l'esthétique*,2003)、《创造:美学/伦理学导论》(*Créer. Introduction à l'esth/éthique*,2010)。此外,他的研究领域还涉及欧陆现象学:《米歇尔·亨利:哲学的轨迹》(*Michel Henry. Une trajectoire philosophique*,2006)、《不可化约:论现象学的彻底性》(*L'Irréductible. Essai sur la radicalité en phénoménologie*,2020)等。

而卢梭思想从来不乏研究与讨论，卢梭与卢梭的评论家们也因此得以相互成就。戈尔德施密特、卡西尔或斯塔罗宾斯基等哲学家对于卢梭的阐释，还在影响着一代又一代的卢梭读者，现在，保罗·奥迪也要为这位"日内瓦公民"留下一段引人注目的解释历史。虽然卢梭从未明确将个人命运与思想激流、道德伦理与政治分离，但是，通过生命现象学的路径，来进入卢梭哲学中的绝对主体性的探究，或许是保罗·奥迪在本书中进行的最富原创性的大胆尝试。本书所要建构的卢梭的"心灵哲学"，还原了一种心灵享受自身的伦理学，即便卢梭被列为政治思想家，其思想的根基也仍逃脱不了一种有关心灵（âme）的哲学。而为了在充满陷阱和岔道的卢梭思想的丛林中自由行走，奥迪则用米歇尔·亨利（Michel Henry）的生命现象学作为指南。

　　奥迪在卢梭的身上看到了一名生命现象学家式的哲学敏感，那么，卢梭主义的生命现象学究竟有哪些构成要素？他又是如何为看似混乱纷杂的"卢梭主义"制定理解框架的呢？本书认为，卢梭的哲学首先是一种建立在"爱自身"基础上的超越善恶的伦理学，而不仅仅只是一种遵循外在世界秩序的道德律令。奥迪认为，尽管康德对这一问题曾抱有幻想，但是，卢梭的伦理学迥异于以约束性要求为基础的严守戒律。这种卢梭主义的心灵哲学，从《论科学和文艺》到《一个孤独漫步者的遐想》（以下简称《遐想》），从黎明到黄昏，以生命现象学的方式鲜活发生着。

　　一切都始于作为生命的自然和内在情感（sentiment intérieur）。后者是心灵的原初情感，来自心灵对自身即刻的、当下的体验。对卢梭来说,"心"首先立即向"我"揭示了我自身的实存,并且,我从这一实存中,获得了一种首先的、直接的、无可辩驳的情感。通常来说,我知道我是什么,并不一定意味着我知道我真正是谁。然而,从卢梭的观点来看,我对自身的认识和我对自身的情感,同样是直接的。当他自问"我是谁?"时,回答即刻涌现出我的内心感受[①]。对卢梭来说,对自身的认识,是意识的直接给予和馈赠。在内心凝视的光芒下,自我一下子发现了自身,并拥有了自身。困难和障碍随之而来:对自身的认识,总是即时发生、时刻更新,因此,自我会自然地受到时间的绵延与变化的影响。而且,当卢梭每一次质问自身,都会发现一个不同的自我,这也是导致他多次用忏悔、对话、遐想等方式,对自身进行反思研究的原因之一。我与自身发生着完美的巧遇,却不能将此种相遇称为"朝向自身的在场"(présence à soi),因为这相当于预设"自身"的对象化;我们应当称之为"现成性"(présenteté),或者说"自身性"(ipséité)。这就是奥迪所说的位于主体性中心的"自我触及"或"自我感发"(l'auto-affection)。在这里,奥迪引入米歇尔·亨利关于自身性的现象学建构,使"自身"(soi)自行赋予自身存在,让"自我"(moi)滑出"朝自身在场"的轨道,从而不再被这一对象性所挟持。这种原始的、隐晦的、无人称的情感结构,还将在"自我"的多样变化的情感中持续地存在。

然而,社会生活似乎成为遭遇一切不幸体验的场所,因为,

---

① J.-J. Rousseau, *Les Confessions*, *Collection Complètes* I, op. cit..

社会状态使得人类自身与"自身"分离,甚至忘却"自身"。那么,如何回到自身,并重新成为自身?奥迪给出的回应,便是上文中已经提到的,建立一种卢梭主义的伦理学——真正的哲学家必须开辟这样一条道路,其尽头便是将"自身"交还给"自身"。至于每一个个体,都必须踏上一条特殊的道路,来寻找自身主体性的中心,即真正的"心"之所在。既然一切都在内在性中生发和进行,那么,个体就必须从其自身的特殊性出发,寻求增强和充分扩张自己心灵的条件。

在奥迪看来,卢梭的整个写作都指向"于生命中存在"的内在性以及"于世界中存在"的外在性之间的对立。正是在主体性的深处与褶皱中,原初的"自我触及"构成了实存的原始材料(donnée),生命借此将自身赋予了自身,这就是心灵对自身最直接的即时性体验。为了更恰当地理解生命通过体验自身,来享有自身的原始出发点,我们也许可以回到卢梭关于"自然之善"的论述:"绝对的善,使某物依其本性而成为它本该成为的样子。"[1]善是生命的实质,至于自然的状态,我们总是将其携带至我们的存在深处,在那里,生命重新拥有自身之地,"于世界中存在"的外在性,便由此被悬搁。

随后,保罗·奥迪开始论述心灵的最基本的原则,即"爱自身"。如果没有对"自身"的爱,要愉悦地享有和占有生命自身,

---

① J.-J. Rousseau, *Œuvres et correspondance inédites*, par George Streck-eisen-Moultou, Paris: Lévy, 1861: 135.

是不可能的。"爱自身",作为卢梭主义伦理学的基石,往往避免不了与卢梭"自爱"的概念产生对话和对抗。这两个概念极富迷惑性,对古今中外卢梭的所有读者散发着致命的诱惑。自爱,l'amour-propre①,从法文的字义来看,更强调对自我价值和尊严的"爱",其情感的构成,往往诞生于社会性的关系之中,需要让"我"的行为值得他人的承认和尊敬。而爱自身,l'amour de soi,以"自身"(soi)为切入点,是自身情感的即刻的直接体验,故而,本书在斟酌翻译时选择将"自身"的概念保留了下来。

此外,我们还可以参照《论人类不平等的起源和基础》(也就是学界简称的《二论》,以区别于卢梭的《一论》,即《论科学和文艺》)中"爱自身"与"自爱"的区别:"爱自身是一种自然情感,它促使每一个动物都注意保存自己,它在人类身上由理智引导,由怜悯心修正,从而产生人性和美德。自爱不过是一种相对的、人工的、诞生于社会之中的情感,它使每一个体都把自己看得比别人更重要,它激发了人们相互之间的一切恶行。"②如果说卢梭在《二论》中将"自爱"归为一种社会状态中人的自尊式的"私有之爱",体现着人类相较于其他动物来说特有的优越性,那么,奥迪要展现的则是一种主体爱自身以及享有自身的内在体验。所以,"爱自身"直抵主体性的中心,是一种先于善恶的最原始的欲

① 卢梭的 l'amour-propre 概念涉及的含义较为复杂,译者根据语境的不同,也将其译作"自私心"。

② J.-J. Rousseau, *Discours sur l'origine et les fondements de l'inégalité parmi les hommes*, Note XV, *Collection Complètes* III, *op. cit.* :219.

念,其他所有的激情和欲望都是其现象化的具现。

伦理学的宗旨在于达成"人"的幸福,完全享有存在的快乐。为了践行这一设想,智慧的人必须将目光转向自身,此时,美德的力量便能使人在自己的内心站稳脚跟,占据一块坚实之地。要做到这一点,人就必须学会认识自己,并通过使自己的意志与力量相适应,来达到与自身的同一①。因此,奥迪在所谓的卢梭自传体的著作中,框定出了一个特定的研究范围。尤其在《遐想》里,奥迪借用梅尼孟丹事件②将苦与乐的情感变化历史解释为:卢梭在生命的最后一刻经由身体上的痛苦体验,达成对自身主体的完全享有,从而把整个外部世界悬搁起来,他将无法再从自己身上找寻到任何世界事件对他产生的影响,而能够认识到情感进行自我孕育的逻辑。虽然当下的卢梭看似被禁锢在主体性的领域中,但他其实却更好地运用了"心灵的晴雨表"③。

在对卢梭的遐想(情感结构)和笛卡尔的沉思(理智结构)进行了非常有启发性的区分之后④,奥迪指出,在漫步的遐想中,漫步者完全与自身一起感受经历,此时,身体和灵魂不可分离,漫步和遐想的对象已然缺席,主体就只能享受他本身思考和行

---

① Paul Audi, *Rousseau:une philosophie de l'âme*, Paris:Verdier, 2008:167.

② 卢梭在《遐想》的"漫步之二"中记述 1776 年 10 月 24 日他在梅尼孟丹山冈附近被一条大狗撞倒后昏倒的事故,他在这一失去意识的过程中经历了一次"出神"(extase)的状态,也借此讨论了生与死、痛苦与愉悦、静与动等生命体验,参考 *Ibid.*:97.

③ J.-J. Rousseau, *Les Rêveries du promeneur solitaire*, Collection *Complètes* I, *op.cit.*:1000—1001.

④ Paul Audi, *Rousseau:une philosophie de l'âme*, *op.cit.*:242.

动的力量,也就是说,最终完全享受他自身的力量。如果说伦理学的要求之一是"成为自身",那么,"走出自身"与自身的矛盾,是否就成为了人类不幸的根源? 卢梭一直坚持认为,人是在社会生活中失去"自我"(moi)的。受"自爱"的支配,社会之人会陷入不歇止的区分和认同的游戏中,他只有在他人的目光中,才能获得某种坚实性。于是,他不再是自己,而只是另一个人的他者;他不再存在于自身所在之处,而只存在于自身所不在之处。这也是为何奥迪在本书开头引用了在《新爱洛伊丝》中圣普乐致朱莉的一封信,以尖刻无情的词句勾勒出巴黎的都市风俗,从而描绘了一幅于虚假之中存在、于自身之外存在的图景。如此一来,奥迪想要为卢梭哲学确立的现象学原则和伦理学意图,已经十分明显。余下的任务就是探讨这种关于存在的情感所涉及的内容。既然"自身"所处的位置,同时也是对经久不变的自然秩序的体验和热爱,那么,对秩序的爱是对自身之爱的必然延伸;当心灵在自己的身上充分发现自身,心灵的扩张力,才能使它与作为生命的自然整体触及情感地相互结合。

与恩斯特·卡西尔的《卢梭问题》遥相呼应的,是奥迪在本书的第七章中所要追问的"真正的让·雅克·卢梭问题"。奥迪在阅读《遐想》时,把握住了一种直觉,甚至是连卢梭本人都未曾清楚意识到的直觉:情感拥有自己独特的活力,在这层意义上,人们不需要从内在性之外来解释情感的调性变化。奥迪在这本书中展示了生命现象学家米歇尔·亨利是如何完全接受这一观念的:痛苦被嵌于自身的原始体验的核心,它是一个被自身紧密束缚的存在。正是在绝对主体的内在性中，一种情感的基调，才有可能转为另一种情感基调，痛苦才转化为愉悦。

然而，根据卢梭的原则，即邪恶以及由此产生的痛苦总是来自外部，那么，这一原则是否与绝对主体内在性中的痛苦相矛盾呢？如果我们顺着这一原则来考虑伦理学意义上的后果，那么，个体的幸福或不幸，来自世界对其产生的影响，来自个体所陷入的境遇的影响。如此，伦理学在实质上也包含对外在性的修正，使得个体以最适用的方式受到情感的触及。比起只专注于在"自身"之内下功夫，个体还应学会与世界进行协商、协调。这正是卢梭曾计划在《感性伦理学或智者唯物主义》中延续的设想。然而，也正是得益于这份设想的落空，卢梭的读者们才能不断津津乐道于这一充满矛盾和惊喜的"感性伦理学"，它不是对于任何特殊性或他者性的认同，而是与一种不断进行非人称化的全体认同。或许我们可以暂时参考奥迪对此做出的解释，他在讨论这个问题时，已经认识到所谓痛苦，源自属于"外边"的卢梭式的"逃避"[1]。这是一种否认的心理反应机制，意在保护自己免受发现自身痛苦起源的折磨，使得个体不间断地修正其内在的感受性(pathos)，直至达成"中间状态"。

如此，卢梭"心灵"哲学的意图，也因内外之辨而显得更为明晰。奥迪在本书开篇，就阐明了他所要呈现的卢梭主义现象学不同于胡塞尔之后的现象学[2]，他也意识到若把卢梭视为一名

---

①   Paul Audi, *Rousseau：une philosophie de l'âme*, *op. cit.*；235.

②   Ibid.；34.

论述"自身性"或者绝对主体性的思想家,就必然先需要悬置"关系"的建立:内在性与外在性的关系,个人与社会的关系,道德与政治的关系,等等。本书绝非某种关于卢梭研究的哲学史的梳理,而是奥迪自身作为一名哲学家,在对另一名哲学家的阅读中,试图进行的哲学创造。我们也欣然追随奥迪生动明朗的思维活力,在启发他的思想家(谢林、尼采、亨利·古耶、皮埃尔·布格林……)的滋养下,在这趟阅读、翻译与思考的旅程中,思维的活力,朝向着主体性及其生命力的深处进发。

需要特别感谢的是与笔者合译本书的吴水燕博士(本书的引言至第七章由笔者翻译,第八章至附录部分由吴水燕博士翻译,全书由笔者统稿),难忘我们为厘清书中各个概念和表达而进行的多番夜谈,她的耐心和严谨时常鼓舞我不断思考和改进。还要特别感谢我的博士导师、"轻与重"文丛主编姜丹丹教授在本书的翻译过程中给予的诸多帮助和支持。

最后也应感谢这场苦乐交织的思想漫游,引领我踏入卢梭的河流。从暮春至深秋,翻译仓促,难免疏漏,敬请指正!

马彦卿

2020 年 12 月初稿

2021 年 7 月修订

于上海交通大学

"轻与重"文丛(已出)

图书在版编目(CIP)数据

卢梭：一种心灵的哲学/(法)保罗·奥迪著；马彦卿，吴水燕译. --上海：华东师范大学出版社，2022
("轻与重"文丛)
ISBN 978-7-5760-3498-1

Ⅰ.①卢… Ⅱ.①保… ②马… ③吴… Ⅲ.①卢梭
(Rousseau，Jean Jacques 1712—1778)—哲学思想—
研究 Ⅳ.①B565.26

中国版本图书馆 CIP 数据核字(2022)第 236897 号

华东师范大学出版社六点分社
企划人 倪为国

Rousseau，une philosophie de l'âme
by Paul AUDI
Copyright © Éditions Verdier，2008
Published by arrangement with SARL EDITIONS VERDIER
Simplified Chinese Translation Copyright © 2023 by East China Normal University Press Ltd.
ALL RIGHTS RESERVED.
上海市版权局著作权合同登记 图字：09 - 2013 - 902 号

轻与重文丛
卢梭：一种心灵的哲学

主　　编	姜丹丹
著　　者	(法)保罗·奥迪
译　　者	马彦卿　吴水燕
责任编辑	高建红
特约审读	陈元瑷
责任校对	古　冈
封面设计	姚　荣

出版发行	华东师范大学出版社
社　　址	上海市中山北路 3663 号　邮编　200062
网　　址	www. ecnupress. com. cn
电　　话	021 - 60821666　行政传真　021 - 62572105
客服电话	021 - 62865537　门市(邮购)电话　021 - 62869887
地　　址	上海市中山北路 3663 号华东师范大学校内先锋路口
网　　店	http://hdsdcbs. tmall. com

印 刷 者	上海盛隆印务有限公司
开　　本	787×1092　1/32
印　　张	14
字　　数	265 千字
版　　次	2023 年 9 月第 1 版
印　　次	2023 年 9 月第 1 次
书　　号	ISBN 978-7-5760-3498-1
定　　价	78.00 元

出 版 人	王　焰

(如发现本版图书有印订质量问题，请寄回本社客服中心调换或电话 021 - 62865537 联系)